汪政權的開場與收場

經典新版

自白

在每一本書正文的前面，照例應該有幾句廢話。這次我破例用了這自白兩字。「自白」就是被指為一個犯罪者的供辭，是的，我確曾為了參加汪政權而被作為罪犯；而且，又確曾於十五年前在法庭上寫過自白。以自白體來為序文，因為有過這一段太寶貴的經驗，我自信或許可以寫得更為勝任愉快。

我曾經執業為律師，代人寫過無數的自白書，而不料最後竟為自己寫自白書了。我又曾經為無數的罪犯辯護，但當我為自己辯護時，卻並不曾發生一絲效力。我當年寫的自白書，原期獲得法律公平的裁判，而結果反而被拿來作為「犯罪」證據。現在我再寫自白，是呈獻給我所有的讀者，而且願意接受讀者們不論怎樣的裁判。

我家聖嘆曾經說過這樣的話：「殺頭，至痛也！無意得之，不亦快哉！」我卻犯了殺頭的罪名而結果並不曾殺頭，不亦尤其快哉？聖嘆又說：「抄家，至慘也！無意得之，不亦快哉！」而我家竟得與紅樓夢之賈府媲美，亦無意得之也，又豈不快哉？為此沾沾之喜，因樂於以自白名我序。

自白書中，應該沉痛地表示出若干懺悔之意，我現在衷心懺悔：懺悔於一生中搞政治，為報人，做律師這三項無可補救的錯誤。

以我完全不懂政治手段的人，為什麼要搞政治？像我不具有政治家心腸的人，又為什麼要站到政治圈的邊沿？「國家事，管他娘！」他人的娘，我又為什麼想管？「天坍下來，自有長人去頂。」中國既有那麼多的「民族英雄」，我是什麼東西？又為什麼也想去幫著頂？而顧亭林害苦了我，我中了他的「國家興亡，匹夫有責」的書毒，不問那時是什麼時代，什麼世界，又是怎樣的一個現狀？盲人瞎馬，胡闖亂撞，最後的為罪犯，寫自白書，還不千該萬該！

過去我以為報人是一項清貴的職業，清得號稱為指導輿論，貴得自命為無冕帝王。因此，我選擇了這個職業。不意四十年浮沉其間，使我知道報紙只是政治的工具，有時且是一個政權的幫兇。同一個人，同一枝筆，於局勢多變的時代，可於炎涼易勢之中，顯出臧否無常之妙。「替天行道」的法庭判你為「罪犯」——報紙更添油加醬地指責你的罪狀了。我罵完了別人之後，不意竟讓別人罵我。我懺悔！我得到了報應！我選擇錯了一個專事吠聲的職業。

我一向天真地視法律為莊嚴神聖，甚至我費了多年的時間去加以研習。當時我做律師的時候，也儼然以保障人權自負。但我忘記了中國「法律不外乎人情」的一句話，有錢好使鬼推磨，我曾為了保障人權而向「替天行道」的法官們關說賄賂，而得邀網開一面。但至自己被指為罪犯時，一樣也行賄求情，雖荷末減，卻又並不能網開一面。我經過了一次體驗，使我明白法律也者，以之為欺世惑眾的工具則可；以之為立國之大本，社會之準繩，將無異如癡人之說夢。一場官司，卻給了我十分寶貴的啟迪。

際此書發行之際，我應先感謝讀者對我的包容。為了償付每天的文債，每一章都是倉卒成篇。為了顧慮周遭的環境，若干地方不得不隱約其辭。而讀者厚我，本書於出版之後，更紛紛對我加以督責與鼓勵；更承日本時事通信社長谷川才次先生經多方審查，尚不以我筆下所寫的為臆造，要求將日文版的版權讓渡，且已與我簽署契約，現正延請名家，從事日譯，預定趕於本年九月份在全日本發行。使汪政權的一段往事，能夠讓日本方面的朋友讀了，於事過境遷的今日，或許為之啞然失笑。這更是我一項意外的收穫。

最後，我更得對政府道達我的無限愧謝之意。當年讓我置身牢獄，我是律師，恰如做醫生的更多了一次臨床實習的經驗；我是報人，更使我有實地採訪的機會。政府慷慨地讓我獲得那麼多見聞，吸收了那麼多資料，真是萬分成全了我，使我於現在飄泊潦倒之中，得以摭拾舊聞，療饑易粟。更使本書得以詳敘收場之經過，而無負於讀者之殷望，其亦有塞翁失馬之意乎？是為白。

西元一九六〇年七月　金雄白寫於香港旅次

目次

汪政權的開場與收場 中

汪政權的開場與收場 中

【附錄】

一〇七、冒險家樂園裡的冒險家

上海地區長江之口，外洋巨舶直通黃浦，環繞於周遭的又是江南的一大片沃土，先天上已得地利之勝。英法等國經過近百年不斷的全力經營，兩租界繁榮日甚。自清末以來，雖變亂頻仍，咸同間洪楊之役，東南幾無一片乾淨土，而租界以彈丸之地，獨能巍然自保。光緒末年的「紅頭」股匪作戰，鄰邑都遭蹂躪，租界以內，還是匕鬯不驚。以後民初革命，鈕永建等率黨人攻打南市華界的製造局；民十三江浙督軍齊燮元盧永祥構釁，民十六國民革命軍驅除軍閥，直搗淞滬，對租界都一例秋毫無犯。反而時局愈動盪，愈增加了租界的繁榮；國勢愈衰弱，愈顯出了外人的威力。到了「一二八」的淞滬抗日，「八一三」的全面抗戰，上海四周，火網交織，炮聲震天，而租界以內，熙熙攘攘，笙歌不輟。居民們爬上屋頂，以悠閒的心情，遙望炮彈掠空而過，火焰直沖霄漢。租界四周的一條短短的鐵絲網，楚河漢界，就劃分出地獄天堂。

兵燹中，各地難民扶老攜幼，從各地蜂擁而至，或求苟全性命，或圖保全財產，滿坑滿谷，以生以息。一世紀中就把上海造成為避亂的桃源，經濟的中心，工商業的集中地，全國的第一大都市，以及冒險家的樂園。但是好景不常，八一三後四年的極度繁盛，也只是迴光返照。「一二八」太平洋戰爭爆發，一宿之間，百年的租界，立成為日軍閥的佔領之地。昔日威風凜凜的英美等國人士，都向日軍登記，最初手臂上纏上一條白布，上面標明著姓名和國籍，神色沮喪，到處受到日軍的盤詰與凌辱。以後一聲令下，拋棄了奢華舒適的家庭，放棄了辛苦經營的事業，一律禁閉到集中營去，以等候不可知的命運的支配。市區中心靜安寺路旁的跑馬廳，數十年中，一向是歐美人士馳騁豪賭之地，也成為「反英美大會」的會場，數以萬計的群眾，在日人指揮之下，振臂高呼：「打倒英美」「建立東亞新秩序」的口號。而又是短短四年以後，再看到原子彈結束了第二次大戰後的情景，又是數以萬計的日本在上海的居留民，在一九四五年的八月十五日，被召集在過去是西洋人的娛樂勝地，一度成為反英美會場的跑馬廳，垂頭喪氣地肅立著，日皇昭和無條件投降的廣播，像利刃一般地每一句刺在日本人的心上，沒有賽馬時瘋狂的呼叫了，沒有反英美時響徹雲霄的口號了，除了日皇的廣播錄音以外，死一般的沉寂。漸漸的啜泣聲起來了，幾乎每個人取出手帕，拭著像泉水一樣湧出的眼淚，勉強掩住了口鼻，不讓悲聲高縱。廣播停止了，日本人對「御詔」行超過九十度的鞠躬時，那時真已泣不可仰了。唯有戰爭，才會不斷出現那樣的場面，胸頭塊壘，眼底滄桑！也許那時每個人神經都給刺激得有些麻木了，誰也說不出所目擊那一幕又一幕的演變，如打翻了一個五味瓶似的，辨不出究竟是什麼一種滋味！

一般的上海人當太平洋戰爭發生，日軍進駐租界以後，起初是有些驚惶，惴惴於本身未來的安危，及至看到日人既並不續演南京大屠殺的傑作，除了繁盛地區及日軍機關門口派有兵士站崗，行人走過，必須向「皇軍」一鞠躬敬禮而外，日軍也且無意於變更佚樂的海派生活。在表面上看，汽油是實行配給了，普通市民有過一個時期停止使用，但不久木炭汽車出現街頭，汽油從黑市中又能隨時買到，一切也就恢復了戰前的狀態。上海市民好似一百年中已習慣於為外人所統治，而上海人更充滿著一份自傲，以為不論滿洲人、法國人、英國人、日本人，只要長期居留在那裡，上海人一定會以物質與聲色來誘惑，一定可以把異族同化。各界各業的人，於是與過去同樣地活躍，冒險家的樂園裡有了更多的冒險家與更多的冒險事業。滬人心目中的日本人，很快就成為過去的法國人或英國人了。反正祖國離得已很遠，抗戰從東南大撤退，只是撤退了作戰的軍隊。土地、人民以及物資，一樣也沒有帶走。

人類有爭取生存的權利，更有享受物質條件的欲望，又以在殖民地主義下久受薰陶，國家民族思想在腦海中久已淡薄。只須戰火不直接燒到自己身上，管他是英國人或日本人；也不管它是蔣政府或是汪政府。酒樓、戲館、妓院、舞廳中，依然充滿了歡笑，上海人有一句俗語：「天塌下來自有長人去頂」，留滬的大資本家們與汪政府中人，誰都去勾勾搭搭，希望能獲得他們的垂青，能夠向日本軍人直接發生關係的，自然更成為天之驕子了。工廠照常開工，商店利市幾倍，投機市場更是大進大出。赤貧的人們，則以負販為生活，走單幫蔚為一時風氣，把鄉間的土產交換都市中的日用品，一往來之間，就可以解決幾個月的生活。火車上擠滿了單幫客，公路上也儘是負販的人潮。女人以天賦的本錢，博取物質上的收益，那時對有勢力的日本人，她們都情情願願地以身相獻。交際花、影星、舞女、妓女，以及坤伶等，有幾個敢說當年不曾受過日人的「雨露」之恩的？

但是，統治者也不會放鬆他的統治手段，表面上做得很寬大，暗地裡偵查得卻很嚴密，租界以內，有多少憲兵隊與特務機關駐紮在那裡？被認為與重慶有聯繫，或者有抗日思想的人，隨時會遭到逮捕。憲兵隊裡的各種酷刑，使人戰慄，皮鞭、口鼻中灌水、老虎凳、用擅長摔角的武士把人摔撲，這種種太平常了。在一間斗室中，放進幾條兇猛的警犬，咬得你體無完膚；水牢裡水深過胸，浸你個三日五日，使你周身腫脹；嚴寒的隆冬，剝光了衣服直挺挺地跪在雪地上，旁邊還加上一把風扇；盛夏的暑天，炎炎烈日之下，四周還開起幾個電爐，等你昏過去了才停止。十八層地獄裡尖刀山血污池，樣樣俱全，不肯招供，則周而復始，請遍嘗一切的刑罰。女人給脫得一絲不掛，給大兵們指點調笑，羈囚的處所，男女不分，某一位影星在憲兵隊中時，起臥、飲食、大小便，就一直與男人在一起。憲兵隊就是閻王殿，中國人的性命是他們作為洩忿取樂的對象。許多事實說明當丈夫被捕以後，憲兵借調查為名，脅迫其家屬，榨取資財倒也罷了，有幾個以殺死她的丈夫為威脅，強迫姦淫。「皇軍」的威風，真是不可一世！

這還不過是個人所遭受的悲慘命運罷了！日軍發動太平洋戰爭以後，決定了以戰養戰的政策。中國地大物博，戰後幾年，日軍已佔領了中國最富庶的地區，米糧、五金、鋼鐵、皮革，任何與戰爭有關的物資，予取予求，一律在搜括之列。日本政府所成立的「中支振興會社」下的各種國策公司，商人組織的「三菱」「三井」等大財閥的大洋行，都是榨取的機構，民間是無力反抗的，汪政權則在主權獨立的名義下，成立了「全國經濟委員會」、「商業統制委員會」等，暗中予日人以掣肘，盡量加以牽制，不讓日人隨心所欲的竭澤而漁。然而人們只知道這是汪政權幫助日人搜括的機構，誰也不會體察到汪政權暗中所發揮的作用。

足使原來是租界內的人民怵目驚心的，則是局部的封鎖問題。凡是任何一個地區發生了暗殺事件，只須預先在街道安放的電鈴鈴聲一響，日本憲兵立即出動，用麻繩將出事地點的廣大四周封鎖，畫地為牢，在屋內的不許跑出門外，在街頭的直立著原來地位不准走動一步，等候檢查身分證，接受盤詰。封鎖的時期，有長至數星期的，大馬路貴州路一段一次大封鎖中，且有餓死人命的事件發生。中國人為了想活下去，口頭中也在說親善，表面上在竭力敷衍，而私室中談話，則稱日本人為「蘿蔔頭」，意思是有朝要把他們像蘿蔔那樣放在俎上切成為一段一段，這只是徒作阿Q式的咒罵而已。

一〇八、為物望所歸的上海三老

上海的租界，雖然完全是外國人的勢力，但為了最少百分之九十以上的居民是中國人，外國人也不能不對若干有聲望的紳士加以籠絡。紳士們為了中國人的利益，有時也出來講幾句話，以表示出他的紳士身分。所以到日軍進入租界以前，公共租界工部局（事實上就是英國的上海租界政府）也已在形式上安插了幾名華人董事，為了維護華人利益的，更有納稅華人會。但是抗戰後國軍撤退，租界已經成為孤島，原來最有力量的地方團體——市民協會的正副領袖，史量才在滬杭公路上，已被人槍擊斃命，杜月笙先留香港，後已赴渝。另一上海人所熟知的虞洽卿，也因了他所經營的三北輪船公司，船隻給徵用的徵用，被擊沉的擊沉，業務無形停頓，更以向海外採辦米糧經營得不好，虧累太鉅，遠赴重慶，一走了之。市商會會長王曉籟，那時也早已離開了上海。社會上似乎完全失去了可以獲得民眾信仰的有重量的人物。當時既並沒有人推舉，自然更並無人組織，忽然有了一致公認的聞蘭亭、林康侯、袁履登的三老出現。

他們既並沒有擔任什麼崇高的職務，又並不憑藉像「三大亨」那樣政治或幫會的勢力，在淪陷期間，也並不與任何日人勾結，用一句最通俗的話，是民眾心理中認為年高德劭的三位。是社團，都請他們擔任一個名義，有糾紛，請他們出而排解，有婚喪喜事，請他們點主證婚。他們在上海社會中數十年，有著他們在社會上一定的地位，但是他們同樣過著清貧的生活，這或許是他們所以能夠贏得民眾信仰的原因。

淪陷區的老百姓，那時像是失怙的孤兒，人們相信三老不會媚敵賣國。尊重他們，就像為了獲得內心的一種安慰，於是尊呼三老是表示內心的崇敬。雖然後來有一個名叫徐鐵珊的自居為四老之一，但是只招來了社會上的嗤笑。三老當時的所以肯任勞任怨，除了為社會為民眾服務這一個目的以外，我相信絕不會有其他理由。以我平時與他們晉接的觀感所得：三老的個性，總評一句，蘭老是方正，康老是通達，而履老則是忠厚。

聞蘭亭是江蘇武進人，民國三十七年逝世時，是七十九歲，他幼時就從家鄉的常州來滬習紗布業，漸漸的在本業中有所建樹，當民十上海交易所正在風起雲湧的時候，最大的一家是虞洽卿主持的華商證券物品交易所，聞蘭亭就是常務理事，另外一家華商紗布交易所則擔任理事長。誰都知道在民國十年左右，當二次革命失敗之後，革命又陷於另一個最低潮的時代，經費異常枯窘，許多黨中重要人物，都蟄居在上海，而藉交易所的盈利來為革命經費的挹注之方。陳果夫、孫鶴皋等均曾為證券物品交易所的經紀人，連蔣介石氏也時常出入其間。虞洽卿固然對於革命曾經有過勞績，即聞蘭亭也不無贊助之功。

當日軍進入租界以後，汪政權想抵制日人的獨佔經濟政策，而成立了「全國商業統制委員會」，又必須延攬一個方正而熟悉上海商場的人物，自然以聞蘭亭在上海商場中的地位，為最適當的人選了。蘭老一生不直接參加政治，敬業樂業以外，惟以社會福利為事。他於三十餘歲喪偶，即不再續弦，茹素念佛，寡欲清心，在現代為物欲所蔽者太多，蘭老倒確是一個難得的人物。他雖然不是上海的土著，但他早以上海作為他的第二故鄉，為保全物資，減除商民痛苦，他覺得義不容辭。當時他提出兩個人能幫他的忙為條件，一個是大陸銀行的葉扶霄，一個就是林康侯，經他幾度的登門勸駕，林康侯剛自香港被俘後解往上海不久，他覺得以他在上海的社會關係，無論那一方面，都不會讓他永遠韜光養晦下去的，以蘭老的盛情難卻，於是答應了擔任「商統會」的秘書長。

商統會下面有「米糧」、「粉麥」、「紗布」、「日用品」等五個分業委員會，蘭老在那時對物資的保全，確是厥功匪淺，尤其如我在前面所述，收購紗布後的不為日人所運走，他的擘劃之功，不應抹煞。事實上以聞蘭亭那樣很剛的個性，更以他的高齡，要他周旋在這樣一個複雜的環境中，無論如何是不可能讓他做得得心應手，他出任商統會的理事長時期並不久，即毅然辭職，以後由唐壽民陳國權等先後繼任。事實上，蘭老最多的精力是用諸市民福利會方面。關於冬賑、回鄉等的幾次救濟運動中，他都盡了最大的努力。愛麥虞限路他的家裡，而且還設著一個秘密電台，為他的乾兒子余祥琴與軍統間通報之用。而勝利以後，他也被捕下獄了！起初羈押在福理履路軍統優待所。每天他以打坐與念佛為排遣他心中的憤怒，有時他自言自語地說：「我反躬自省，為了百姓，為了國家的物資，我是漢忠，而決不是漢奸！」最後被解往提籃橋監獄。

他起初不肯出庭，禁卒來傳他時，他閉目趺坐著，不聞不問，紅紅的面色，飄拂著的一部銀絲樣的長鬚，有凜然不可或犯的莊嚴。禁卒不敢強制他。而經同難的人苦苦勸他，既然抱著我佛入地獄的宗旨，儘管去受審，看國家如何對待你？雖然他到庭了，而還是一言不發。結果似乎判處了他五年有期徒刑，罪狀自然是「通謀敵國，不利本國」了。他的被判為「漢奸」，上海人都曾為他呼冤。他在勝利以前，本已尿道有結石的病症，不久終於在獄中病倒了，終算法官一念之「仁」，交保後送入海格路紅十字會醫院，而病勢已經有進無退。

民國三十七年的初夏，我出獄後去探望過他一次。病榻上的他，已經失形了，他睜開眼一看到是我，口中不住地說：「咦！咦！咦！是你！是你！你回來了！」他再也沒有別的話，兩行熱淚代表了他心中的無限悲傷。當我不堪刺激，來港作小住的時候，噩耗傳來，他撒手西歸了，海格路紅十字會醫院中的一面，竟是永隔人天的最後訣別。

林康侯是上海人，前清秀才，清季任南洋公學的小學校長，旋又主上海時報筆政，以後棄儒服賈。宣統末年，一直至民國二年，他與張菊生、沈曾植、唐蔚芝等創辦蘇州鐵路，以後由政府收回，改為寧滬鐵路。又與張謇、王丹揆、湯壽潛、梁士詒等創辦新華儲蓄銀行，對於國內交通金融事業，不特開風氣之先，也有過很大的貢獻。民十七以後，一直擔任著上海銀行公會的秘書長。抗戰國軍自東南撤退以後，他目擊情勢不穩，來港僑寓，不幸為日軍所俘，押解返滬。固以聞蘭亭的促駕，而在鐵騎橫行之時，確有敬恭桑梓之意，除出任商統會秘書長外，他為社團奔走，盡瘁於慈善事業。人民賴其掩護保全者不少，而日軍於予取予求之際，他與蘭老同心同德，為國家保全元氣。乃和平之後，被捕入獄，先押南市拘留所，受到非人的待遇，經親友的奔走營救，始改押「楚園」軍統優待所。

那時政府似乎不問功罪是非，只論形跡，而他既不曾擔任汪政權中的官職，而終於不免渡過了幾年的牢獄生涯。康老今已八五高齡，現僑寓香港，精神矍鑠，杖履清健，猶在為蘇浙同鄉會等奔走盡力，不但是當代的人瑞，而對其不幸的遭遇，且絕無一句憤懣之辭，前輩手儀，自更非我輩能望其項背了。

袁履登是浙江寧波人，他本是教會學生，又為聖約翰大學的第一屆畢業生，一生以樂育英才為其素志。他在上海社會中，有人緣，亦負時望。先後任公共租界工部局華董、納稅華人會理事等職。其所創辦的寧紹輪船公司、寧紹保險公司等，為上海大企業之一。為人和平敦厚，桃李遍於滬濱。在淪陷期間，他出任了米糧統制委員會及保甲委員會主任委員，對於民食治安，頗多勞績。日軍投降，履老亦以名重閭閻，難逃縲絏，我還記得他在法庭上說：「我出任米糧的事，以必須按期配給民食為條件；我出任保甲的事，以不許再封鎖為條件。」是上海曾處身於淪陷區的人，都知道那時的米糧於海運中斷以後，是何等的重要，日軍劃地為牢的封鎖辦法，是何等的慘酷，他在庭上的口供，真是披肝瀝膽之言，然而一朝被逮，誰也難逃罪責。如三老而負「漢奸」之惡名，未免太忍心了！履老於中共南下之初，一度來港，旋又返滬，即以病卒，死時年七十九歲。

一〇九、無意中揭露了倫常鉅變

在淪陷的八年之中，上海曾經先後發生過兩件倫常慘變的鉅案，當時都曾轟傳遐邇。一件是詹周氏謀殺親夫案。詹周氏因為有了外遇，把她的親夫在新閘路的一間亭子間中，用刀戮斃以後，更一段段的親手把屍體支解，藏諸皮篋，以圖滅跡。乃因血水下流，被同居所發覺而報警破案。這事的經過，雖相當曲折有趣，但我僅得之於報載，現在已苦不能詳其顛末了。而另一件華美藥房小主人胞弟砍斃胞兄案，更曾成為上海人所注目的最大社會新聞。而其破案經過，若以迷信來說，冥冥之中，真若有神差鬼使，而且以後又牽涉到汪政權司法界高級人員間的磨擦，以至兇手終於伏法。首先揭露此案的，卻是我於無意中所釀成。

這事的發生，大約是在民國三十年間。一天，我去我所主辦的上海「平報」。那天來信特別多，而裡面卻有一封匿名函件，來信是在責問我：「華美藥房發生了胞弟殺兄鉅案，如此倫常鉅變，何以報上一字不登？是否在華美藥房的銀彈攻勢下，你們也被收買了？你們得到了多少錢？」報社中每天收到讀者來函，是習見之事，有些都是不盡不實，目的只在挾嫌攻訐，本來並不足以重視。但我仍然照例找負責採訪社會新聞的記者來，給他看了這封來信。像這樣的匿名函件，記者甚至可以不去覆查，報社也不會再去追問，即使經進一步採訪而仍無新發現的話，也就一笑置之。那天，因為我對那位負責社會新聞的記者，數日前剛有人告訴過我，說他在外邊有些不大乾淨，我就無意中採用了來信中的一句話：「這事你得了多少錢？」他當時的聲辯，說既未受賄，而且也絕不知道有此事實。我不再說什麼，他也退了出去。這件事我辦完了例行手續以後，也已完全置之度外了。

不料這事倒真是冤枉了那位記者，他沒有盡職去注意每天發生的每件新聞，倒是事實，因我疑心他受賄而代人遮掩，他覺得有些氣憤，因此一經我的提出，就以全力奔走，一定要查個水落石出，目的僅在想洗刷他個人的受賄嫌疑而已。

華美藥房在上海四馬路書錦里口，外表上規模雖並不十分宏大，但主人徐翔蓀卻是西藥業中的巨擘，而且家產鉅萬，為上海的富豪之一。他生有兩個兒子，長子一向幫他管理業務，前數天突然暴卒，屍體曾經車送法租界的同仁輔元堂驗屍所，經法醫檢驗結果，謂係因病身死，屍體且已由家屬具領收殮，本來此事已告一段落。我報社中的那位記者初步調查，覺得毫無其他疑點，但依照匿名信上的言之鑿鑿，又受了我的責問，心有不甘，一定要窮根究柢，作出一個結論，以便向我交代。而他的本意，是希望匿名信中所說的全出於揑造，那末他的受賄嫌疑，不辯自明。

數天中，因他怎樣也見不到徐翔蓀，就想到辣斐德路的濟華醫院，是他女兒徐濟華開的，因而改以死者的胞姊為目標。他去到了那裡，假如徐濟華能好好的招待一下，把真相用言辭來巧為掩飾，記者手裡並無證據，這事仍然可以遮蓋過去。不料她心中有病，以為事過境遷，報社記者又是來上門敲詐的，竟然給他以最不禮貌的待遇，什麼話也沒有談，就關門把他趕走了。他既為我所懷疑，又受了徐家女兒的閒氣，格外激使他欲罷不能。事有湊巧，報社中的另一位編輯，卻與徐家有一些葭莩之誼，採訪記者就托那位編輯從旁探聽，不料他向徐家的有關方面一查，匿名信上所指陳胞弟殺兄的事實，竟然一點不假。

徐翔蓀那時年事已高，雖然華美藥房還是由他親自主持，而款項的出入，均交托給他的長子管理。長子已經結婚，專心店務，倒是一個克家的令子，或許由於得了父親的信任，性情不免恃寵而驕。次子那時剛在二十左右，在血氣未定之年，未婚而又染有紈褲習氣，那時正沉迷舞榭，與一個舞孃打得火熱，旋且有嫁娶之約，用錢自然如流水一般，因老父嚴厲，要錢總向管理經濟的長兄索取，一個是收得緊，而一個是用得多，兄弟之間，齟齬本來已非一次。

有一晚，弟弟又向哥哥要錢，長子責次子為揮霍，而次子則指長子為把持，兩人之間，遂大起衝突，而偏偏做老弟的出言無狀，哥哥趕著要打他，一追一逃，至無路可避時，無巧不成書，剛剛屋角放有一把利斧，次子順手拿來當武器，當頭一斧，哥哥應聲而倒，傷在要害，又以流血過多，立時斃命。等家人趕到，已經返魂乏術。傷痕是那樣顯著，殯儀館向由警局管理，發現有屍體情節可疑時，必須呈報。徐家知道無法掩飾，一時沒有了主意，經親友商量的結果，自己把屍體送往法租界的同仁輔元堂驗屍所。那裡是一個民間的慈善團體，而由法租界當局監督，經常收殮路斃的流民乞丐，給棺埋葬，有意外事件發生，則報官檢驗。

徐家把屍體送去之後，又忽然中悔，因為如其驗出因傷致命，則兇手難逃罪責。徐翔蓀有偌大家產，又只有這兩個寶貝兒子，長子已經橫死，如次子再要抵命，若敖氏之鬼，不其餒爾？語云：「錢可通神」，而徐家正好有的是錢，於是買通了同仁輔元堂的職員，把一個病死乞丐的屍體拿來頂替，法醫檢驗結果，所填的屍格，自然是：「委係因病致死，並無別情。」但各報派駐在那裡的採訪記者倒是耳目難瞞，於是徐家又花了一筆錢收買記者。

事實上，記者們起初倒並不曾發覺偷天換日的事實，收到了錢反而要探問一下別人何以會大破慳囊。一經查問，真相就無法掩飾，而且知道了事主是豪富的徐翔蓀，但用以賄買記者的錢，又如此其少。中間自然有人不滿。但得人錢財，與人消災，既然已經接受了，也就不好意思再公然反悔。當時居然做得四平八穩，各報一字未登，除了徐家較接近的親友以外，誰也不知道有此倫常慘變的案件發生。屍體也已領回棺殮，事情總算做得毫無痕跡，假如沒有受賄記者之一封匿名信向我揭發，這事自將永無暴露的一天。

我報社中的記者和那個與徐家有戚誼的編輯，窮數日之力，把全案的源源本本寫了出來，向我繳卷。純以新聞的立場來看，不失為一篇不易得來的特稿，我批了照刊字樣，在翌日的「平報」上，就以本埠的頭條新聞披露，頓時也轟動了整個上海。以後又連續登了兩天，申報、新聞報、中美日報等幾家同業，也接著報導這案的內幕，乃成為街談巷議的新聞。這樣一來，卻急壞了徐翔蓀，曾挽出中法藥房的經理許曉初轉托報界出身而與我又有私交的章正範來向我疏通，希望停止刊載。我的答覆是，對於此事，本來毫無成見，但是別報既已同樣登了，我們報紙自不便單獨中斷，如其他能保證各報同時停止再登，我也一定可以辦到。而事情既已鬧大，終於未能取得別報的同意。這樣，每天的各報的社會版中，這一案成為最重要也最引人注目的新聞。

一一〇、政治上的磨擦逼送一命

因為各報的渲染過甚，法租界警務處不能不採取行動了。由捕房律師向上海第二特區地方法院提起公訴，首先開棺檢驗的結果，斧痕斑斑，證實了因傷斃命，罪證確鑿，兇手也就被捕鋃鐺入獄。徐翔蓀舐犢情深，自不忍其次子之再死於非命，他幾乎不惜毀家以圖挽救。外面盛傳那時第二特區地方法院（原法租界會審公堂）的院長孫紹康，以及承辦的推事，有收受苞苴之嫌。而徐家所延聘的律師，也忒嫌高明，教導被告裝傻，法庭上怎樣對他盤詰，他永遠默不作聲。而最後的判決，是宣告處以有期徒刑十年。

在那時的社會，倫常還是受到極端重視，以弟殺兄，歸入於逆倫之列，徐翔蓀一開始對各報的社會新聞記者出錢太少，於是有人恨他的吝嗇，不惜用匿名信告發。迨至長子身死，次子又陷身縲絏，方寸與步驟都亂了，錢又用得太多，行賄受賄，風風雨雨，傳遍了全滬。對此案的判得太輕，更是人言嘖嘖，一致認為其中定有蹊蹺。其實，就案論案，被告如當庭承認長兄動手在前，因防禦過當，一時失手，既無預謀的證據，那末誤殺罪充其量也不過判個無期徒刑，社會上也不至於發生那麼大的反響，況且以後逢到大赦等仍然會有出獄機會。而結果乃愛之適所以害之，被告的當庭不出一聲，不答也不辯，非但不是一個聰明的辦法，反而顯得有情虛之嫌。

最不幸的是剛巧以「廉明公正」自命的羅君強出任了「司法行政部長」，他太懂得迎合一般人的心理，一向主張「匹夫無罪，懷璧其罪」，以表示他的廉潔。所以地方法院一經宣判，他立刻命令檢察官以原審處刑太輕為理由，提起上訴。司法行政部長干涉審判，原是違法的事，但在過去數十年中，幾曾真正有過司法獨立的時候？行政長官，也有幾個不於明示或暗示中曾干涉過審判的？而此案的上訴法院江蘇高等法院第三分院院長喬萬選，又是對君強一味唯唯聽命的人。徐家知道情形險惡，既然上訴是出於當局授意，凶多吉少，這一條小命也就岌岌乎可危。

那時我很討厭政治圈子中奔競傾軋的習氣，君強出任「司法行政部長」以後，屢次約我擔任政務次長，我認為以君強的個性，我絕難與之合作，過去既然已有過一些芥蒂，如何再可以與他共事？因此我又懸牌重新執行律師職務，以示決絕。但外面人不瞭解我與君強之間的微妙關係，以為可以向君強說話的就是我。他們托了耿嘉基請我辯護，條件是願意支付不論多少的律師公費與其他任何費用（當然指的是所謂運動費在內），只要我開價，他們就照給。除了耿嘉基以外，還有其他許多人向我包圍絮聒，以利誘外，有人更以見死不救的大義相責。說案情是我於無意中揭發的，如徐翔蓀的次子再遭極刑：徐氏之嗣，將自此而斬。但是我還是拒絕了，因為我辦的報紙首先揭發了這一宗罪案，而我又為此案作辯護，或者會有人疑心我覬覦多金，最初就懷有製造這一起案子的私意，人言可畏，我終於堅決地謝絕了。

徐家這起案子，經羅君強一關照，承辦人員自然只能仰承意旨，上訴審理中被告還是效金人之三緘，而判決則由十年徒刑，一變而為死刑。最後的希望，只有繫於最高法院的一線生機。那時最高法院院長為張韜（孔修），據說徐家已與他通了關節，甚至外邊的傳言，已決定可免一死，改處為無期徒刑。張韜倒是一個好好先生，不知何以羅君強對他始終取了敵對的態度？案子在最高法院還未到判決階段，在一次「行政院會議」席上，君強公開提出質問，說徐家這一起案子，最高法院有受賄的謠言，將改處無期徒刑，問張韜是不是已經有這樣的決定。張當然極力否認，但此後這案如其不維持原判，無異張韜就有了受賄嫌疑，以此政壇人事上的磨擦，最後竟造成了被告非死不可的結局。

最高法院的判決是最後的判決，所留下來的手續就剩執行問題了。原任地方法院院長孫紹康已因該案涉嫌受賄去職，繼任的是陳秉鈞。剛剛執行的翌日，我因別的事去了君強那裡，陳秉均以法院院長奉命為監刑官，執行完畢之後，他正來向君強報告。我在旁聽他陳述執行經過：執行的地點，不在原來羈押的法租界薛華立路監獄，而把犯人移送到南市，似乎那裡是漕河涇監獄前面的曠地上，豎了兩個短短的木樁，把犯人提出去跪在地上，兩手則反綁在木樁上，頭上替他套了一隻蒲包。到這時，被告知道死期已至，不能再繼續裝傻，於是又呼救命，又喊冤枉。法警用兩根弓弦扣上他的頸部，中間有一段木頭把弓弦越絞越緊，直至完全不能呼吸為止。經過了一兩分鐘的時間，又把弓弦慢慢放鬆，他長長的喘一口氣，接著再絞，到第三次時，肚腹逐漸膨脹了。執行絞刑，一定要經過三收三放，至此法警用腳在他的腹部猛力一踢，嘶的一聲，氣從肛門中洩出，這樣才算畢命，而目突舌伸，七竅流血，形狀很為可怖。死因氣絕之後，還要露屍一宵，等第二天法醫驗過，始允家屬收殮。這是一個很殘酷的刑罰，比了槍斃還慘酷得多。家庭變故，兄弟鬩牆，徐翔蓀的兩個兒子，就在一年中好端端的先後送命。

陳秉鈞向君強報告執行經過完畢後，先自告辭去了。君強倒真是一個忍人，我看他神色不變，像在聽一件完全不相干的故事。他看見我流露出悲切的容貌，睨著我只是笑，他又說：「這條命是我與你兩人合送的，不是你報上揭發這一起案情，本來已經做得神不知鬼不覺了。如不是我堅持依法懲處，徐家有的是錢，可能捕房不會上訴，也可能張韜會從輕處斷。斷送了這條命，我與你應該各負一半的責任。」我聞言為之竦然。我不是為自己辯護，我是無心，而他是有意，儘管殺兄罪有應得，又何必因我而死？由此足見政治太齷齪，司法界太黑暗，而新聞業也真是可為而實不可為也。

一一、特殊政權下的畸形地區

汪政府已經是一個特殊的政權，而在汪政權的治下，更多畸形的地區。華北數省，自其建立，雖經青島會議之後，取消了「臨時政府」，成立「華北政務委員會」，而仍如戰前「何梅協定」之後的華北特殊狀態，徒有名義上與形式上的隸屬關係，實際上為汪政府的權力所勿及。即江、浙、皖數省，支離破碎，國軍、共軍、日軍、和平軍，雜處其間，如犬牙相錯。其間廣東一省，則又為屬於另一種形態的特殊地區。

民國二十七年秋，於全面抗戰一年以後，日軍從大亞灣登陸，粵省韶關以南，全部淪陷。廣州就在日軍導演下出現了「治安維持會」，由彭東原為會長，呂春榮則收集了地方上的游兵散勇，成立了什麼「和平救國軍」，那些自然都是些助桀之輩，人民在鐵蹄下過著悲慘恐怖的生活。

汪政權建立了，最初發表的「廣東省政府主席」是陳公博，然而公博在汪氏離渝的前後，一直為反對另創政權最力的一人，他自更無意於收拾瘡痍遍地的廣東殘局，始終並未到任，乃由「建設廳長」陳耀祖代理。「秘書長」為周應湘、「民政廳長」王英儒、「財政廳長」汪宗準、「教育廳長」林汝珩、「建設廳長」張幼雲。以後「省主席」改為「省長制」，「民政廳」亦改為「政務廳」，由周應湘調任。「建設廳」則由「廣東省銀行行長」李蔭南代。王英儒以後又出任「糧食局長」。至廣州市長則由彭東原、周化人、張焯堃、周應湘、汪屺等先後充任。彭東原由「維持會會長」，而「廣州市長」，最後調任為駐日本神戶領事。「省政府」的警務處長一職，初為汪屺。廣州市警察局長先為郭衛民，汪任「市長」後，一度升任警務處長。宣傳處長由顧士謀、郭保煥、林珈珉等先後擔任。鹽務處則為李尚銘、謝匡、陳偉樞等。其間陳耀祖為汪夫人陳璧君之族弟，汪宗準為汪氏之胞侄，周應湘最得汪夫人寵信，歷陳耀祖、陳春圃、褚民誼三任「省長」終始其事，而從未去職。郭衛民戰前曾任廣州燕塘軍校教官。林汝珩年前死於美國，為公館派三林之一。（三林為林柏生、林汝珩及林珈珉。）

我對於當年廣東方面的事，以遠處京滬，情形相當隔膜，但知首任「省長」為陳耀祖，其後陳在文德路古玩肆中為渝方特工人員所狙擊殞命，先後由「行政院秘書長」陳春圃、「外交部長」褚民誼繼之，以迄勝利為止。上面所述人事嬗遞之跡，係得之讀者鄧瀚鈞先生所函告，其間有無誤憶之處，不敢必也。

我所以稱那時的廣東，為特殊政權下的畸形地區，因廣東雖名為汪政權所直轄，而其一切用人行政，均由陳璧君直接在幕後指揮主持。此種特殊狀態的形成，固然由於陳璧君的愛強好勝，頗欲於其桑梓之鄉有所表現；自亦由於汪氏的伉儷情深，輒多曲徇其意。而最初則以陳公博之不願赴任，陳耀祖資歷較淺，汪府與粵省除遵海道或航空外，中間為渝方所遮隔，鞭長莫及，亦望能有一大員坐鎮其間。於是由汪氏委任陳璧君為「廣東政治指導員」，對一切政務，即「省長」亦須向其請命而後行。故三任省長陳耀祖、陳春圃、褚民誼等或為同族，或屬姻婭，胥出於陳氏的推薦，亦所以便利其指揮也。但汪政府對陳璧君的此項委任，並未正式公佈，僅指令「廣東省政府」遵照辦理而已。此種內幕，現在港的周應湘、李蔭南、陳良烈諸人，應該都深悉其事。

形成廣東畸形狀態的原因，不盡在陳璧君與汪氏的夫婦關係，大半由於陳氏過分剛強的個性，她總是想影響別人，而不肯受別人的影響。或許她自恃對中華民國開國的功勛，中山先生生前且對之優禮有加，不同於其他的同志。所以她的個性有些流於驕矜，我所看到她的外表，就一直如面挾重霜，從不露一絲笑容。

在戰前，汪氏並不是什麼國家元首，而當汪氏會客的時候，不問來者是怎樣一個有分量的人物，傾談稍久，陳氏即昂然排闥而入，高聲說：「汪先生疲倦了，你們可以去了。」一面說，一面伸手示意，逐客出門，但是在淪陷時期，她仍然不改其故態，當她出門的時候，有日方的人向她包圍要求談話，她的侍從人員就把眾人一攔，高聲說：「夫人不談話，不照相。」說畢，不管前面是什麼人，把手一推，頭也不回的逕自揚長去了。前後二十年中，不論處於何等環境之下，她總是維持著這個一貫的作風，也不管對方是什麼人，似乎她從不曾對別人假以辭色。

在汪政權六年之中，陳璧君留京留穗，大約是各半的時間，汪氏死後，則以在粵的時間為多，所以她的受逮，也在廣州。雖然說廣東那時有些割據的情形，但原則上，陳璧君對於汪氏的立場，還是能夠堅守不渝。許多人或許因為她的性情，而影響了對她的觀感。惟在她幕後主持粵省的六年之中，有若干措施，也實在是未可全加抹煞。

二二、陳璧君出任粵政指導員

當彭東原組織「治安維持會」時代，歐大慶是建設處長。此人小有才，而又具有很大的野心。陳耀祖出任粵省「省長」以後，歐大慶藉日人卵翼之力，得任中山縣長。中山順德一帶，本為盜藪，歐蒞任之後，與大天二輩大事連絡，他的計畫是組成一個支隊，以增厚其實力，而且還得到日本駐軍的支持，助以器械，遂得順利進行。迨支隊組成，歐大慶首先擬進攻恩平開平兩縣，歐以為可以為「粵省府」開拓地盤，事前公然呈報陳耀祖備案。

但陳耀祖於蒞任之前，曾先謁見汪氏請訓，汪諄囑槍口決不可向內，只望與重慶合流，謀致全面和平。在此原則之下，所以汪政權的武力，儘量避免與重慶軍隊作戰。陳耀祖抵粵以後，曾向日方將汪氏的意見提出，且得日方同意。陳耀祖即以汪氏的立場告之歐大慶，而歐以有日人奧援，意態恣肆，以為計畫已定，萬無變更餘地，且日軍亦欲利用之以肅清粵省渝軍。陳耀祖阻止無效，乃向陳璧君報告，陳氏謂：歐大慶為粵省府的中山縣長，又兼任支隊長，如其引導日兵進攻恩開，則無異於廣東省府與日軍協攻重慶，這與汪先生槍口不向內的主旨，大相違背。陳璧君乃令陳耀祖立刻把歐大慶撤職，而以鮑文接任。迨日方特務機關長矢崎勘十聞訊，向「省府」交涉，而明令已下，已屬無可挽回。陳璧君能於這種情勢下，不顧一切而斷然為之，其倔強的作風，亦自有其可愛之處。

太平洋戰爭發生之後，香港淪陷，日軍既紀律廢弛，姦淫燒殺，無所不為。而莠民乘機劫掠，民不堪命。其間如革命老同志鄒魯之子及媳，且因拒姦至被殘殺，香港已成為人間地獄。陳璧君聽到了這種消息，她告訴陳耀祖說：香港雖然已經割與英國，但人民十九還是中國人。你為廣東「省長」，在勢不能久離職守，我當代你一行，為民請命。但我不願直接與日人接觸交涉，最好由民政廳長王英儒、外交特派員周秉三、教育廳長林汝珩與我同行，由我親往主持，而以王英儒周秉三負交涉之責。廣東大學、鳴崧學校（鳴為曾仲鳴，河內刺汪案件誤中而殞命者；崧為沈崧，汪氏外甥，在港遭斧劈身死）成立未久，正在物色師資，旅港僑胞中不少飽學之士，大可搶救回省。陳耀祖當然一切唯命是聽。陳璧君遂與王、周、林三人去港，而特務機關長矢崎那時已經先在香港，遂由王周向之交涉，以先行疏散難民，俾其歸返原籍為第一要務。

那時交通未復，請日軍派輪運載，而日人則以軍事倥偬，無輪可以調撥。結果雇了大眼雞船七艘，用小輪拖帶返穗，直至滿載為止。其不及搭船者，則結隊步行，由「粵省府」派隊沿途保護，一路並遍設米站，接濟糧食，總計得以脫離魔窟者約在萬人以上，其間如老翰林張學華、古應芬夫人何明坤等，教育界如謝祖賢、陳煥鏞、鄭震寰，西醫如梁金齡、蔣歧、林開第等，都得藉此機會，脫離虎口。此外有不願赴省者，如胡漢民夫人陳淑子，及女公子木蘭等，則由陳璧君資助其轉往內地，此舉得賴以保全者不少。

廣東一直是缺米的省分，承平之時，除輸入泰越洋米及安徽之蕪湖米外，東北流域，則賴湘贛兩者之接濟，西江流域，則賴桂省之分潤，自太平洋戰起，美艦實施封鎖，越泰遂無顆粒進口，而湘贛桂三省，則以舊法幣為本位，與粵省之中儲券，幣制不同，兩不通用，購買綦難，以至米源枯竭，漸至路多棄孩，乏人撫養。陳璧君為之惻然，創設難童學校，以附設於廣東大學，而由教育系學生主辦。更以汪文恂汪德馨躬親其事。所有難童衣食，均由粵省庫撥給，人數也由數十人增至數百人，窮苦之家，更紛紛把兒女送往教養。陳璧君常親往規劃照料，並組織太太團，輪流為難童沐浴製衣。三十二年三月二十三日汪氏以鳴崧學校落成，特由京赴粵植樹，並特往難童學校參觀，頗加嘉許。曾有兩詩紀其事云：

（一）三十二年三月二十三日在廣州鳴崧紀念學校植樹，樹多木棉及桂。仲鳴歿於三月二十一日，次高（沈崧字）歿於八月二十二日，適當兩樹花時也。

兩手把樹枝，兩淚滴樹根。故人不可見，見樹如見人。
木棉花殷紅，桂花皎以潔。想見故人心，如火亦如雪。
花飛還復開，葉落還復生。有如故人心，萬古常青青。
故人心何在？乃在人心裡。相愛復相親。故人良未死。
樹人望成才，樹木望成林。收拾舊山河，勿負故人心。
故人若歸來，臨風聞此曲。願山益以青，願水益以綠。

（二）三月二十六日別廣州，飛機中作此寄恂兒。

秦淮綠柳未抽芽，南海紅棉已著花。
四野春光融作水，千山朝氣蔚成霞。
老牛含笑看新犢，雛鳥多情哺倦鴉。
乍喜相逢還惜別，卻愁風雨阻行槎。

上詩第一首，曾仲鳴、沈崧均為汪氏的「和平運動」而死，故汪氏詩中，備切哀思。後一首中，老牛用以自況，而以新犢稱文恂，嘉其為難童服務也。文恂為汪氏之女公子。

在太平洋戰爭時期，海上交通為美艦所封鎖以後，一向賴以調劑民食的暹越洋米，已無法輸運，這對粵省來說，是一項嚴重的威脅。而日軍方面反又向粵省府通知，日本所需軍米，擬在粵境劃分軍米區，由日軍直接收購。香港倉庫中洋米存底雖豐，只限於移作日本軍米之用，香港民食需由粵省接濟。同時澳門葡督又派經濟局長羅布赴穗，以澳門米糧存數無多，要求粵省府對僑民立予供應。「省長」陳耀祖面對如此緊急情況，束手無策，即面請陳璧君核示。她當場就決定了八項辦法，交省府施行：

（一）缺米既成定局，不患寡而患不均，處此情況，廣州市應先試辦配給制。

（二）如日軍直接採購，不僅對農村之騷擾欺壓堪虞，政府亦且大權旁落，應責成糧食局統一收購，以一事權。

（三）廣州既施行配給制，日商三井三菱兩公司購存之大量洋米，應全數照來價交糧食局為配給民食之需。

（四）應籌謀對策，設法就近收購湘贛桂閩四省產米。以前日軍封鎖邊境，不許將食鹽運往抗戰區，抗戰區人民久苦淡食，為今之計，應即弛禁以鹽易米。潮汕鹽場由鹽務處汕頭辦事處接管，責成廣東財政特派員督飭重價收購，用帆船運省後用以易米。

（五）廣東軍餉，向由中央財政部發給，即以廣東財政特派員所收國稅抵撥，並不另發軍米。此時師長彭濟華、黃克明、警務處長郭衛民頗感焦慮。陳璧君認為軍警生活不足，足為地方隱憂，應以三井三菱移交之洋米等免價發給，庶不致影響治安。

（六）香港既需粵省接濟食米，應由糧食經濟兩局與港方商洽，以日用品如火柴肥皂等交換，俾資互利。

（七）澳門既無存米，又無存貨，既不忍僑民絕食，如不供應，亦恐蜂擁來省就食，可准由澳門政府出價購買。

（八）中國田畝，向徵田賦，清代稱之謂地丁錢糧，簡稱為丁糧。本來以徵收糧米為原則。以後變為有本徵的，有折徵的，有本折各半的。本徵是全收穀米，又稱為漕，故清代設有漕運總督。折徵則按穀價折錢。廣東原為本折各半省份，自海禁大開，洋米輸入，始改為折徵。廣東雖然為缺米之區，而各縣仍多田稻，陳璧君以為因時制宜，應規復徵糧舊制，改用徵實。又廣東田賦，向分錢糧與警學費附加兩種。錢糧為省財政收入，警學費附加為縣財政收入。徵實之後，規定由錢糧所收之穀，由各縣彙解財政廳核收，撥充為軍警及難童食米之用。

如此八項辦法，陳璧君能於嗟咄之間，斷然有所決定，使皇皇不可終日的米糧問題，獲得解決。其中收購日商三井三菱存米一事，與京滬收購紗布時由汪政權力爭先由日廠著手為同一深得人心之舉。而鹽米互易辦法，以抗戰區缺鹽已久，一旦實行，爭先輸換，抗戰區與淪陷區間，肩挑負擔，耶許之聲，相屬於道。此事實行年餘之後，以鹽船常被美機轟炸，鹽源減少，陳璧君又令「中央儲備銀行廣東分行」將從前收換得來之法幣，為向抗戰區購米之用。粵港澳民食之得以勉渡，實以陳璧君擘劃之力為多。

此外尚有小事數則可記者，於以見陳璧君平時雖似驕蹇無理，而不畏強暴，雖細故必據理力爭，亦不以日軍而稍易其故態。當日軍攻陷廣州後，於通衢要道，遍設崗位，市民經過，必須向之脫帽行禮，稍有疏忽，輒受淩辱。自粵省府成立，陳璧君返穗，目擊此種情形，立召陳耀祖飭與日本特務機關長矢崎勘十交涉，終獲以警察駐崗，解除市民不少行動上心理上之威脅。又廣東淪陷之後，彭東原即出而組織維持會，而竟以廣州淪陷之日，定為廣州的紀念節，機關放假，報紙且發行特刊。民國二十九年「廣東省政府」成立後，適陳璧君在粵，見報紙的紀念特刊，大為震怒，立召陳耀祖與「省府委員」至其寓所訓話，謂廣州淪陷之時，西濠口雙門底等繁盛地帶，盡付劫灰，市民創鉅痛深，尚何紀念之可言？彭東原而為此，尚不足怪，「省政府」竟對此熟視無睹，殊覺荒謬。乃於翌年起，一切紀念儀式，從此全部革除，連日人所辦的迅報，亦不復敢再發特刊了。

一三、日本中共相表裡的組織

汪政府的建立，形式上是一個多黨政制，除以汪氏所領導的國民黨為中心以外，國社黨有諸青來（即現在的民社黨之前身），青年黨有趙毓崧，無黨無派有趙正平、趙叔雍等人的參加。而國民黨以內，又分成公館派與CC壁壘森嚴的兩個系統，仍與戰前的國民政府時代一樣，「黨外有黨，黨內有派」！但國青兩黨不過是素餐伴食，分得杯羹，絲毫不曾起過一絲作用。

在汪政權成立的前後，一度在京滬地區出現過一個「興亞建國運動」，藉日人的包庇，大肆活動。表面上算是像國社黨青年黨那樣的一個政黨組織，實質上是一個受日人驅策像「大民會」「新民會」一般的民間團體。日人想利用無恥的親日中國人滲入汪政府，以獲得情報，左右政權，加緊控制。誰知螳螂捕蟬，黃雀在後，日本人利用中國人，而共產黨則利用日本人和被日人利用的中國人，作為在淪陷區的活動機構。

「興亞建國運動」的「興亞」兩字，一望而知就充滿了日本人的味道。當汪精衛於民國廿七年底脫離重慶，轉抵河內，翌年夏赴日，與日首相平沼騏一郎會商組「府」計畫，一切都通過在華著名特務機構「梅機關」的影佐禎昭在幕後策劃（汪政權成立後，影佐被任為最高軍事顧問，太平洋戰起，又調往南洋，戰後的第二年病死）。當時日本政府希望汪政權以汪氏所領導的國民黨為中心，而容納各黨各派與無黨無派人士。換句話說，日本人的真意，是希望一手扶掖的「維新」「臨時」兩「政府」人員的不被踢出。影佐是清楚未來的汪政權將以怎樣一個形式出現的，有「維新政府」的人參加，還不能滿足他包辦的欲望，他希望培養出一批直接可以聽他指揮供他驅策的中國人，滲透在內。他就想到了組織一個變相的政黨。

當民國二十八年汪政權正在積極醞釀的時候，影佐急急找他在日本時已有交誼的岩井英一商量此事，並以組織所謂「政黨」的責任委託了他。岩井是上海同文書院出身，能夠講頗為流利的國語，與寫出相當通順的華文。在民國二十年左右，重光葵任上海總領事時，他已在駐滬日領館服務，那時他的職位，雖然還不過是一個副領事，但因為他是日領館的發言人，由於職務的關係，與中國報的記者、知識份子，以及上海社會的各界人士熟識。從「九一八」以後，他一直在上海活躍，他所負的任務，可以相信也不止名義上僅是保護僑民的外交為止（岩井於抗戰後期，首調任為廣州與澳門的日本總領事）。

岩井接受了影佐的委託以後，他一念就想到「一二八」以後曾經與他合作過情報的袁殊。經過幾次密談，袁殊表示願意為岩井效力。既有日人作靠山，又有日人供給經費，在當時的環境中，事情還有什麼不好辦的？於是「興亞建國運動」就在上海開始露面了。

說到袁殊這個人，真是有他的一手！侏儒其形，而詭計滿腹，他又名學易，號逍逸，籍隸湖北，留學日本，一口純熟的日語，人們就不會相信他是中國人。他好似天生的一個特工人才，在抗戰前後，情報工作的迅速而正確，推他為第一手。他能與絕對不相容的四個方面，都發生了密切關係，分別供給情報。日本方面，是受岩井的領導。軍統，他是駐滬的情報員。同時他又受命於中共，或許他還是黨員。中統，他因為與ＣＣ的健將吳醒亞為同鄉而又有一些世誼，因此又為中統工作。他從一個方面以自己人資格得來的情報，供給其他的三個方面，又以同樣的手段，竊取情報，供給情報，交互運用。他負責四個不同的方面，而又深入裡層，情報的準確而迅速，也就無怪其然了。

他能夠抓住任何機會，利用任何一個他所能接近的人。我也曾經於不知不覺中受過他一度的利用。時間大約是在「一二八」淞滬抗戰之後不久，有人把他介紹給我。他那時初到上海，還不過是嚴諤聲所主辦的「新聲通訊社」的一名練習記者。相見之初，他就著實恭維了我一陣。以後他又常來看我，表面上是當我為新聞界的前輩，而向我虛心受教。我是太沒有城府的人，而又犯了好勝與愛受恭維的習性，漸漸我與他交上了朋友。

一次當上海市新聞記者改選的時候，他向我表示希望當選為執行委員。愛出風頭，是少年人的常情，我絕不懷疑會有其他作用。論他在新聞界當時的地位，無論如何他是不可能當選的，而我竟為他全力奔走，終於使他如願以償。從此，他在上海新聞界開始露頭角，在這一段時期中，與我的形跡也相當密切。

漸漸我開始對他發生了懷疑，因為他每天在舞場與酒樓中揮霍，這排場決非是一個正當的新聞記者所能負擔，更不是一個通訊社的練習記者所應有。同時他除了與一個影星××有不尋常的關係而外，在各級的妓院裡他都是豪客。他又為我介識了岩井英一，時常約我到最豪闊的「六三花園」等有日本藝妓的酒家飲宴。他們以日本語交談，顯然在避忌著我，而辭色之間，透露出談話內容有很大秘密。種種的跡象，使我意識到袁殊一定在為日本方面作情報，但我絕不曾想到他與中共、軍統、中統都有關係。

抗戰前，吳醒亞到上海來擔任社會局長，他是奉有ＣＣ的命令負著其他特殊任務，因為我與醒亞一度在陳立夫所辦的「京報」同事（他任總主筆，我任採訪主任），有時去到醒亞那裡，每遇袁殊也總在那裡，更使我確定了他關係的複雜，而開始對他懷有戒心，遂決計與他和岩井疏遠。直至抗戰發生，國軍後撤，政府遷往武漢，在報上看到袁殊以間諜罪在武漢被判處有期徒刑，我過去的懷疑，此時才完全獲得了證實。

汪氏等在滬籌組政權的時候，袁殊刑滿後又回到了上海，有時在歡場中邂逅，僅一頷首而未作深談，我可以想到他與日人有關係，而我完全不知他究竟此來又將搞些什麼。大約是民國二十八年，忽然他被「七十六號」拘捕，罪名是「軍統」的在滬情報工作人員，情形相當嚴重。而不料去保他的不是與重慶有關的中國人，反而是敵方的岩井。

袁殊被捕的時機，太有利於他了，剛好在他接受岩井委託他籌組「興亞建國運動」之後。那時，他每天與岩井見面，忽然有一天在約定的時間袁殊例外地不曾去。經岩井分別向各方面查問，才知已被「七十六號」所拘捕。岩井正在需要運用他的時候，於是以袁殊被捕消息報告了影佐，要求影佐向「七十六號」疏通，同時更迫不及待地直接去了「七十六號」看丁默邨，以及日憲派駐在那裡為連絡官的塚本中佐，請求把袁殊釋放。給默邨與塚本拒絕以後，岩井改變說法，說有一項重要任務正交給袁殊辦理，尚未終結，必須由他出來完成，岩井最後的要求，是借用兩星期。

以當時日人的聲勢，「七十六號」終於不能不予以同意。袁殊獲得釋放了，岩井就把他藏在虹口外白渡橋北堍，也正好是日本駐滬總領事館對面的禮查飯店。他以幾天的時間，用「嚴軍光」的筆名，草成了一篇「興亞建國論」，大意說了些如何應與日本協力，早日回復全面和平等一派極端親日的言論，並聲明首先要推動興亞運動，俟發展至一定階段時，將成立政黨。所謂「興亞建國運動」，乃因袁殊的被捕，反而提早露面了。

一一四、興亞建國運動一篇舊賬

「興亞建國運動」的主幹袁殊，除了過去假新聞記者為名，進行種種不同方面的特務活動以外，他在社會上是絕沒有什麼地位的。論他的資格，更絕不配搞什麼政黨。但是在他的背後，有日本人的全力支持，影佐禎昭做了幕後的動力，岩井英一以總顧問名義實際指揮，更由岩井的拉攏而予以支持的日人，尚有千原楠藏（稱為「中國通」的朝日新聞記者，為前副首相緒方竹虎親信之一，戰時回日，以反對東條政策而瘐死監獄）、兒玉與士夫（現在日本政界活躍，與自由民主黨要角河野一郎有密切關係）、武井龍男（大川周明的學生）、岩田幸雄（現任廣島競艇協會會長）、高橋忠作（戰後在日成立亞細亞懇話會，自任理事長）、富岡天行（戰後曾訪問大陸，現在東京創辦亞細亞研究所）。看一看「興亞建國運動」的日方人物，就可以知道日方對此如何的加以重視了。

而且，「興亞建國運動」一開始，本部就設在閘北寶山路岩井私人的寓所（那裡原為新華銀行行員宿舍），掛的牌子不是什麼「興亞建國運動本部」，而索性稱為「岩井公館」，其性質更不問可知。當時中國人方面參加的除袁殊外，有翁永清（時任興建機關報「新中國報」經理，戰後重回中共工作，在石家莊因所乘汽車出事身死）、劉慕清（那時易姓名為魯風，為「新中國報」總編輯，太平洋戰爭發生，又兼任新聞報總編輯。戰後重回中共工作。大陸易手，出任上海市公安局長楊帆之主任秘書，「三反五反」後楊帆遭整肅，劉亦失蹤）、陳孚木（陳銘樞任交通部長時之政務次長，後任招商局總辦。和平後轉入新四軍區，再赴大連。共軍南下，任國華銀行董事長。一九五一年來港，旋被解除國華銀行職務，閒居多年。三年前突然赴穗，據傳他之參加「興建」，係奉廖承志之命，此去為結束此一段公案，向中共作一交代，去歲已因心臟病死於廣州）、張資平（著名三角戀愛小說家，曾與郭沫若鄭振鐸等合辦「創造社」）、彭羲明（北京國會議員，北洋政府司法部次長，戰前在滬與章士釗合作執行律師職務。參加汪政權後，一度任上海市長陳公博之秘書長，勝利後赴日，在東京病死）、汪浩然（洪幫有力份子）、周伯甘（舊雲南軍人，現在港辦「週末報」）、張修明（汪政權時曾出任縣長）、唐巽（CC系）、白某（軍統人員）、汪馥泉（大學教授），以及費一方等。

就這張名單而論，形形式式的人物，雜湊在一起，已極光怪陸離之至。實際上，一切的實權由袁殊秉承了岩井的命令執行，而左輔右弼則是中共的翁永清與劉慕清。以日人的傀儡組織為形式，而其實是中共在滬的活動機構，在淪陷八年之中，現在可以肯定說：中共在滬的地下組織，「興建運動」也是其中之一。

在民國二十八年的秋天，岩井率領了袁殊等八個最高幹部，堂而皇之地赴日拜訪阿部信行首相、近衛文麿樞府議長，以及陸、海、各首腦，在東京耽擱了好多天才回到上海。他們那樣地公開活動，於是引起了汪政權的密切注意。周佛海是創立中共的最初十個代表之一，他是敏感的，他就不以為「興亞建國運動」是日本的傀儡組織，而確定為中共的潛伏機構，他已在暗中準備採取行動。此事終為岩井所悉，通過日本駐華大使館一等書記官清水董三（前數年任日本駐台大使館參事官，現已退休）與佛海約晤，岩井親往佛海家裡當面解釋，全力為袁殊等辯護，堅決不認為他們與中共有任何關係。佛海與岩井只作了假意的周旋，但並未改變他應付的決意。

佛海所採取行動的第一步，因為袁殊被「七十六號」拘捕後，岩井當時出面要求保釋，本約定以兩星期為期的。因此由丁默邨交涉，向塚本提出要岩井負責將袁殊交還。岩井既有影佐為之撐腰，當然置之不理，而袁殊又經常躲在日軍警備的虹口地區，「七十六號」更無法將之實施拘捕，迫得佛海不能不直接向影佐責問。當時佛海的態度相當嚴厲，說假如在汪政權下日本要扶掖一些背景複雜的人另樹一幟，公開活動的話，那末汪政權即停止組織。佛海一攢紗帽，迫使影佐不能不讓步，在「興建」發起後的第二年，即民國二十九年的三月間，影佐找岩井到他家裡，嚴令解散。岩井不能不同意，袁殊等更自然不得不同意。「興亞建國運動」的名稱雖宣告死亡，但袁殊等的活動卻並未終止。他們決定改採思想文化運動為形式，進行他們預定的工作。並以袁殊為主幹，負責領導。於那年七月間，由岩井、袁殊、陳孚木三人往南京與周佛海商談，由佛海答應每月給予三萬元的津貼，作為經營文化事業的經費，就我記憶所及，似乎還把袁殊補為國民黨的「中央委員」，以為「興建」解散的交換條件。

「興亞建國運動」是完蛋了，而袁殊等的活動更為積極，首先創辦了一張「新中國報」，因為每月要向周佛海領取三萬元的經費，於是推佛海為董事長，實際上則利用日本人以外，更利用佛海為掩護。該報以袁殊為社長，翁永清任經理，劉慕清為總編輯。出版的第三天，第一版正中就登了一張日皇昭和的照相，下面的說明，儼然是「天皇陛下御照」。雖然說：汪政權表面上與日人合作，但在汪政權治下的報刊，從不曾出現過什麼「天皇陛下」一類的奴相尊稱。那天我與佛海談到了這個問題，因為他是董事長，弄得他也搖頭嘆息。現在想來，不能不使人佩服共產黨，當他們需要利用別人時，可以不顧一切的做得十足，使人們毫不懷疑。過去潛伏在國民黨機構的份子，還可能被認為是最忠實而可靠的人員。共黨的手法，確實另有他的一套！

「新中國報」中還隱匿著另一個中共重要份子，他是惲逸群。過去他是嚴諤聲所辦的新聲通訊社記者，後來諤聲與成舍我合辦「立報」時又調任為編輯，那時他早已加入了中共。淪陷期間，他在「新中國報」寫稿，形式上並不擔任什麼重要職務，而可能袁殊還要聽他的指揮。他每天往「因風閣」（那是一群寫稿人聚集的地方）抽抽鴉片，講講笑話，有時還為我創辦的「海報」寫稿，為文殊不足觀，內容也從不稍露痕跡，誰也不知道他竟是一個潛伏的共黨重要份子。勝利後不知去向，直至中共佔領上海，他做了華東大行政區的「宣傳部長」又兼「解放日報」的社長，顯赫一時，在三反五反中被鬥倒，現在不明下落。

附設於「新中國報」的，還出版了其他許多刊物，如「興建」月刊、「雜誌」等。單行本也出了不少，「藍衣社內幕」等都曾行銷一時。在淪陷時期，崛起了幾個女作家，如周鍊霞（經常為我所辦的「海報」寫作）、蘇青（原名馮和儀，先為朱樸之辦的「古今」一捧成名，後為陳公博周佛海賞識而自辦「天地」雜誌），而現在馳名海外的張愛玲，她因是前清顯宦張佩綸的後裔，自稱有貴族血液，有些恃才傲物，但她一面與曾為汪政權「宣傳部次長」的胡蘭成秘密同居，一面開始寫作，她倒是為「興建系」的「新中國報」與「雜誌」所捧紅，《傾城之戀》等長篇說部，就是在那時發表的。

袁殊這個人，也真是不可捉摸，「興建」停辦以後，他一度出任江蘇「教育廳長」，先與李士群如水乳交融，以後又依附了羅君強，他與熊劍東一文一武，曾成為君強左右的哼哈二將。他的私生活的浪漫，也不改戰前故態，為了要拋棄髮妻，另娶新歡，不惜報告日憲兵說她是重慶份子而拘捕受刑。曾經為杜月笙寵眷的花國副總統含香老五，與他生過一個男孩子。影星英茵的自殺，外面只知道她因舊情人重慶的地下社會局長平祖仁被「七十六號」槍斃而以身殉情，實際上為袁殊始亂終棄而怨憤自盡。他又曾想與某政要的「媺眷」結婚，其「媺眷」提出先要試婚。在蘇州同宿兩宵，嫌他鼾聲太重，擾人清夢而告吹，此事曾喧傳京滬，成為一大笑話。勝利以後，袁殊還每天出入於羅君強的家裡。迨君強隨周佛海飛渝，他也轉入共區，現在北平「外交部」日本問題研究室做事。

「興亞建國運動」雖並不值得重視，但當時除周佛海外，連岩井在內，都不知道是中共的運用機構。中共勝利後對外宣傳說：「沒有一個共產黨員是做過漢奸的。」看「興建」中共黨的人才濟濟，就可以明白是怎樣一回事了。

一一五、李思浩不願做和平工作

戰爭，促使社會道德墮落，尤其於對外戰爭時，常常會發覺到人心有時竟那樣地可怕！為了一己的私利，不惜甘心媚敵，為虎作倀。日本人的翻譯，憲兵隊的憲佐（憲佐是被雇用的中國人，協助日憲執行職務），其殘忍兇惡，魚肉同胞，有時且較日人為尤甚。但是淪陷區中，豈盡是些喪心病狂之輩？當時社會上流行著一種說法：認為抗日氣氛，淪陷區恐較抗戰區更為激昂。因為淪陷區中，目擊身親，國未亡而先受亡國之痛，即使平時想明哲保身，苟全亂世，而一旦激於義憤，即不遑顧及辱身蒙垢，抱著我不入地獄誰入地獄之旨，與敵周旋。如我前文中所寫的上海三老之外，真正為了哀哀無告的人民，犧牲其一己的，還有李思浩（贊侯）與張一鵬（雲搏）兩老。

李贊老是浙江慈谿人，他是前清舉人，在北洋政府時代，屢屢出總度支，向為段合肥所倚畀。直皖戰爭以後，曾被列為十大禍首，而遭通緝。自國民革命軍北伐建都南京以後，他早已退隱。抗戰軍興，避居香港，而太平洋戰起，香港淪陷，贊老以過去政治上的地位，為日軍所俘，軟禁在香港大酒店，以後又被押解赴滬。

那時的李贊老，已近古稀高齡，早由絢爛而歸於平淡，茹齋禮佛，不復縈心於俗務。我原來並不認識他，而且當我正在青年時代，可能受了國民黨過多的宣傳影響，對北洋政府中人，事先存有成見，尤其贊老曾被稱為安福系的人物，在我的理想中，他一定是鋒芒畢露或者會有濃厚的官僚氣息。不料以後我與他竟然成為同業，而且又共事了二年，他外表完全是一個恂恂儒者，而精細、切實、溫厚的作風，使我對之完全改觀。

贊老由港去滬以後，不久即恢復了自由，住在惇信路一宅狹小陳舊的洋房中，一直在閉門養晦。除了與他接近的親友以外，社會上很少人知道他已以俘虜身分，又回到了這歇浦之濱。

日軍閥發動了太平洋戰爭，一夜之間，佔領了上海中心地區的租界，日軍也像過去我國的軍閥一樣，陸海各有其一定的地盤。上海是被決定為陸海共同管理的地方。為全國輿論中心的上海報社，叢集在以望平街為經而以二馬路至四馬路為緯的一帶地區。那裡靠近黃浦江，因此被劃入為海軍管理的區域，抗戰時原有上海的幾家大報：時報、時事新報、民國日報、大公報、文匯報、中華日報、中美日報、正言報等，都已先後停版。中華日報自汪氏由渝行抵河內，即由林柏生重予復刊，鼓吹「和平運動」。其他則有日人直接經營的「新申報」、周佛海系的「平報」、「興亞建國系」的「新中國報」、李士群系的「國民新聞」，加上「申報」與「新聞報」。

從日軍進入租界，申新兩報仍照常出版，原有人員，無一人敢於離職，但以過去激烈的抗日言論，深恐日軍報復，在職諸人，都為之惶惶不安。此時要希望免為敵人所殘害，只有期望於汪政府的保護了。因為我是望平街的舊人，因此商報同業，都懇托我能為他們先容。兩報的重要人員，幾於沒有一個不曾由我分批陪著他們去謁見周佛海。佛海除面加溫慰而外，答應如其日人有不利於他們的行動時，一定事前消弭，或事後疏解。因此，兩報人員，除新聞報的嚴諤聲中途辭職、申報的趙君豪、嚴服周在日軍接管以後，又繼續做了幾個月，再轉赴內地而外，其他的人，都一直服務到勝利為止。

初時申新兩報的人是那樣地不可終日，而汪政權中人則覬覦者卻大有人在。因為申新兩報是一直賺錢的報館，而且是居於輿論界領導的地位，許多人鑽頭覓縫，全力奔競，但日海軍既然聲明置於直接管理之下，那末，出面主持的人選，當然是要為日海軍所可以相信的極端親日的人。一切活動的人都失望了，首先發表的是申報以陳彬龢為社長。他算是申報的舊人，抗戰前史量才左傾了，黃炎培主持總管理處的時候，彬龢很為史量才所信任，而擔任過申報的筆政。他在香港為陳濟棠辦「港報」的時候，就與日本人發生了關係，所以他的出任申報社長，人們完全不感到意外。

新聞報本來是公司組織，從創辦的美人福開森退出以後，汪伯奇汪仲韋藉其尊人漢溪的餘蔭，數十年掌握了報館的大權。在民十七八改組時，史量才想成為中國新聞業的托辣斯，收買了新聞報的大量股票，一部份則為銀行界方面所購得。那時金城銀行的吳蘊齋方任新聞報董事會主席，汪伯奇任總經理，李浩然、嚴獨鶴分任正副總編輯，日海軍認為力量儘夠控制，人事方面，不欲多事更張，因此一仍其舊，僅責成該報遵循日本的國策而為日本宣傳而已。

吳蘊齋卻不失為一個好好先生，周作民由港去滬，一切退居幕後，而由蘊齋代他出面管理著金城銀行，又為北四行（大陸、金城、鹽業、中南）共同經營的國際飯店的董事長，同時也為銀行界投有大量資金的新聞報看家。蘊齋為了團體與友誼，以照顧辛苦經營的事業，卻並不曾為重慶當局所諒解，尤其他仍然為新聞報董事會的主席，重慶對他下了嚴重的警告。其實蘊齋對新聞報很少問事，什麼都由他的一個親戚鄭鴻彥辦理。重慶的警告，使蘊齋徬徨了，他急於想擺脫這一個職務，而又苦無善策。有人獻計給他，如非他能尋到一個可以為日海軍滿意的人物做他的替身，才有脫身的機會，而且提出了李思浩這樣一個人選來。

蘊齋一面托人向李思浩勸駕，希望他出來在被人侵奪時期中，保全一張全國銷行最廣的報紙。贊老通過秘密電台向重慶請示，重慶也認為由他出面擔當，是最理想的人選，因此覆電同意。蘊齋一面向日軍駐滬武官長近籐提出由李思浩繼任的意思，近籐以贊老肯出山，立即表示了極大的歡迎。不久，李贊老也真是出任了新聞報的社長，他過去與新聞界向無淵源，乃引起了別人的疑訝，但誰也不會知道這其間曲折的經過。蘊齋這樣的苦心周旋，而勝利後仍被捕入獄，雖然錢永銘等到庭為他作證，仍然不免於處刑，難怪他這幾年寄跡香江，投身禪院，要以紅魚青磬、唄葉梵經，來渡他的餘年了。

汪精衛病逝以後，陳公博代理主席，由周佛海繼任上海市長。佛海倒決心想把上海好好的整頓一番，延攬了地方上有分量的人士，組織了一個「市政諮詢委員會」，事實上就等於是一個變相的民意機關。搜羅的人物有顏惠慶、上海三老等，而以李思浩任主席。那時上海的市政，佛海忙於財政、外交等其他工作，日常公事，委之秘書長羅君強，而對於興革事宜，無不採納諮詢委員會的意見。前後將近兩年中，贊老主持著會務，對於民食、治安、市民福利等，都有很大的貢獻。凡是不能由汪政權直接與日人交涉的問題，他都以民意的名義與日人折衝。他幾乎完全不談政治，而關心的只是在敵軍槍刺下的民生疾苦。我當時也備位其間，最初我很奇怪於贊老的過於和易，從沒有疾言厲色、劍拔弩張的時候，而後來發覺他自有一定的不可讓步的尺度，到了這一個限度時，他堅持下去，而態度和緩，不激使敵人引起反感，這樣使問題反而很容易地於談笑中解決。他不時要我們到他的寓所，研究問題的癥結，並指出應採取的步驟。

他也真是一個誠心為人民服務的人，使我無限欽佩於他的前輩風儀與老成典型。日本人屢屢希望他與重慶談全面和平，因為翁文灝是他的親家，當政中許多重要人物又都是他的同鄉後輩，而他總是說二十年來早為閒雲野鶴之身，久已不問政治，始終拒絕了這一項任務。我知道他的內心，他是堅決主張抗戰到底的一人，自然不會為日人所利用。當一九五〇年，我離開上海時，我去向他辭行，他向我表示：將以餘年本著我佛慈悲之意，做一些慈善救濟工作。十年不聞他的消息了，在羈旅中，仍不時為這樣一個慈祥愷惻的老人祝福。

一一六、張一鵬出山一語竟成讖

另一位肯捨身救人的前輩是張一鵬。蘇州二張，一麐（仲仁）一鵬（雲搏）昆仲，頗得東南之民望。在抗戰前夕，敵愾同仇，曾開抗戰風氣之先，要組織「老子軍」與敵周旋。誰也料不到張一鵬最後竟然會在汪政權中，做了六個月的「司法行政部部長」。

張雲搏是蘇州人，前清留學日本時，與汪精衛氏為法政同學。歸國後在北洋政府曾任司法行政部次長，此後在蘇滬執行律師職務，擔任上海律師公會會長很久。他為人短小精悍，而其剛毅倔強的賦性，恰與李贊老的優容相反。東南淪陷之後，他仍留在上海未及撤退。他是不肯自逸的一個人，上海有一個民間福利團體「貧病救濟會」，表面上是由聞蘭亭、林康侯兩老主持，而實際則由張雲搏在幕後負責。他與聞蘭亭之間，常常因意見相左，而兩人又都是容易動火的人，就會不時大鬧，但是他們倒都不是為著自己，各人堅持著的只是怎樣才能做好會務。

其實，日本人也真夠可憐！許多自命「支那通」的人，事實上對中國的一切，並不能深切瞭解。日軍一面殘殺抗日的人，而他自己機構以內，就容納著許多國民黨與共產黨的地下工作人員，如前面我寫的「興亞建國運動」就是一個例子。日本駐在上海的軍部，稱之為「登部隊」，具有對中國人生殺予奪的無上淫威，而「登部隊」以內一個名叫蘇森的高級翻譯員，就是與多方面發生關係的人。他是台灣人，本姓林（此人於勝利後回台，陳誠任台灣省政府主席時期內，曾任民政廳主任秘書，現已辭職，遷住嘉義），在日本士官學校受過政治訓練。他具有新知識，而又研究中共問題。他雖然是日軍部的雇員，但他是反日的。在上海海格路大滬花園內，就建有一個直通重慶的秘密電台，而且有重慶的工作人員派駐在內。同時，登部隊與新四軍作物資交換，又是他從中居間促成。那時他不過三十二三歲的年紀，與一個復旦大學畢業生瞿女士結婚。他對張雲摶卻非常景仰，不時去向他虛心請教，由於他對登部隊方面的影響力，張雲老漸漸的為人所注意。

一次日大使向汪氏閒談中，提到汪政權的人事問題，日大使表示如能羅致張一鵬在「行政院」內任職，以他的資望，可以增強陣營。汪氏想到了在日的一段同窗之誼，也起了請其出山之意。經陳公博與周佛海一商量，認為如能得張雲摶參加，當然是好事，但苦於過去並無深切交誼。他們想到陳彬龢是與他蘇州同鄉，於是由佛海打了一個電報給彬龢，以後公博赴滬，又約了彬龢談了一次，要他去向張雲摶先容。那時雲老住在靜安寺路仙樂斯舞廳對面的一條弄裡，彬龢一見就道達了來意，不料他聞言大怒，拍著桌子說：「你與我兄仲仁為朋友，我與你也已兩代世交，你為什麼不為我謝絕，卻反而來勸我？這分明你是有意來害我。」

彬龢在港辦「港報」的時候，張一麐住在九龍漢口道，相處密邇，往來有素。他們的立場，應該為彬龢所深知，所以張雲摶以嚴辭相責。彬龢當時卻接著說：「我沒有為日本人拉過一個人，但重慶從事地下工作的愛國份子，有六百餘人被日憲逮捕後分別寄押在鎮江、常州、無錫、蘇州的中國監獄中，不審也不判。他們的生命正處於危險的境地，非有肝膽的人出來主持，將不能挽救。我請你出任司法行政部長，希望你能運用權力，使他們得重睹天日，這與你的立場並沒有什麼抵觸。」雲老聽到這一番話，半晌沒有作聲，最後嘆了一口氣說：「那末，三天後你來聽回音吧！」

三天後，彬龢遵約前往，原來他已通過徐采丞設立的秘密電台，把經過情形向重慶請示，重慶的覆電，是由錢新之與杜月笙具名的，電文只短短的兩句：「請念令兄遺志，公病萬勿食冰。」他取出來電給彬龢看，問他懂不懂電文的含義？彬龢一看就知道「冰」字與「彬」字是諧音，意思很顯然教他不要聽彬龢的勸誘。彬龢嘆了一口氣道：「像你還只會為自己打算，那六百人的命運，只可委諸天命了！」不料雲老跳起來說：「我做，但我只做六個月，一天也不多。」彬龢又說：「六百人如能由公釋放，就是三個月也可以，六個月後的去留聽公自便，決不再來相強。」事情就這樣決定了。彬龢覆電給公博，就由汪政權發表為「司法行政部部長」。發表後汪精衛去滬，還親自往張寓去存問過一次。

還記得張雲搏就職以前，在上海華懋飯店招待各界，起立致辭，我清楚記得他聲明了兩點：一、任職以六個月為限，決不多一天戀棧。二、他說：「人家以為南京政府（按指汪政權）是有傳染病的，而我是戴了口罩去的，我保證自己不會被傳染。」他的演辭，公然指汪政權為有毒菌的傳染病，在報上公佈之後，自然引起了汪政權中部份人的不滿，結果還是汪氏支持他，汪氏說：「我一向主張負責任，說老實話，他說的就是老實話。能犧牲一己，現在肯實心為國為民的人太少了，我們不能徒作口舌的爭辯，予他以不快。」這事因汪氏的恢宏，而終於沒有生出別的枝節。

另一次是汪政權收回了租界，上海各界假戈登路「美琪大戲院」舉行民眾慶祝大會，請張雲搏演講。那天我擔任主席，我對收回租界有兩種不同的想法，就國家的主權來說，這自然是一個一百年來的污點；但在中國動亂時期中，租界不但保全了無數仁人志士與避亂逃難者的生命，也積聚了東南的財富，租界收回以後，將失去了這一項人為的保障，今後從事革命工作者，勢必永無藏身之地。因為我心理上有著這項矛盾，我根本沒有準備演辭。事實上主席需要講的話，只須對演講者作簡單的介紹就夠了，而那天雲老來得遲了，我勉強敷衍了十分鐘已經期期艾艾，再有二十分鐘的時間，不知將從何說起，正在為難的時候，他趕到了，一上台說了一些照例的法權等的意見而外，而他的結論，卻寄以無窮感慨，他說：「希望租界收回以後，不要使舉國再無一片乾淨土。」言外之意，對日人勢力的踏入租界，表示異常的不滿。兩次演講中，他能不為當時的勢力所屈服，侃侃而談，處處表現出他的倔強精神。

在他擔任「司法行政部長」任內，經他與日方的交涉，真把寄押在鎮常蘇錫一帶監獄中的愛國份子，如三青團的王維君等全部釋放了。他是法界的前輩，對司法界也雷厲風行的加以整頓，記得一次上海北四川路憲兵隊長去看他，說有一個他的寄女在鎮江被中國法院拘捕了，要求他徇情下令開釋。雲老只厲聲反問他一句話：「你是不是要干涉我們的司法？」使得那個憲兵隊長啞口無言，狼狽而去。

他並不整天做磨桌子的功夫，常常出巡各地監獄，與羈押的獄囚談話。不料他在巡視獄中時沾到了專門傳染斑疹傷寒的白蝨，因此得病，終於不治而死。他死的一天，剛剛不多不少，是就任「司法行政部長」後的整整六個月。一語成讖！事實上，竟為了六百個愛國份子而犧牲。他保證自己不會得到傳染病，汪政權卻並沒有給他任何一絲不快的影響，而他終於死在真正的傳染病中。

苦難的淪陷區民眾！還幸而有幾個人能挺身而出，為他們解除若干痛苦，上海的三老，是大家知道的，三老背後的李贊侯、張雲搏兩老，今天還有誰紀念他們的辛勞？勝利以後，淪陷區有人上書當局，為張雲老表白，而政府終於在他的身後，把他蘇州原籍的祖產都沒收了。人死了，論理刑事責任也自然歸於消滅，不料民國時代，還有類似鞭屍的古風！

我與這兩老，私人間並無什麼恩怨，而在當時受他們一柔一剛的薰陶，對他們「我為人人」的精神，猶覺不盡低徊景仰。淪陷區中的一切，本來全是變局，即表面上與敵人合作的人，不少都有他們的抱負與苦衷，但是千載而後，又其誰知之其誰憫之呢？

一一七、周佛海拒不聽書生之見

汪政權好似注定要成為歷史上的一幕大悲劇，不待二次大戰的終結，在短短六年之中，患難重重，不幸事件已接踵而來。當在滬醞釀時期，想全力進行的全面和平，重慶方面幾乎全無反應，政權既已決定成立，而以日方堅持以「滿洲國」為藍圖，汪氏等以盡力掙扎之故，日期又一改再改，中間加以高宗武陶希聖的叛離，發表的日方提案原件，為舉世所詬病、所騰笑。汪政權成立於民國二十九年的三月三十日，汪氏於同月十九日往紫金山謁中山先生陵寢祭告，為其序幕，而悲聲淚影，儼同喪儀。其後不及兩年的時間，日本倒行逆施，太平洋戰爭爆發，珍珠港的爆炸聲，已成為日本與汪政權同歸於盡的喪鐘。旋汪氏以不堪精神上的磨折，民國卅三年冬，又抱恨以終。那時盟軍麥克阿瑟元帥領導的跳島作戰，已發揮無比的威力，美國空軍對日本本土的地氈式轟炸，由東京而遍及各大城市，日海空軍已近於殲滅的階段，乃不得不以神話式的「神風特別攻擊隊」，用血肉之軀，與熾烈的炮火相拚。而在淪陷地區，以汪氏的聲望與才智，尚且只能稍解民眾一時倒懸之苦，終未能扭轉乾坤，有所作為。陳公博於日暮途窮之日繼位，更何能有裨於大局？汪政權的將隨日本以「共死」，任何人都知道已僅是時間的問題。

那一年，即民國卅四年（一九四五年）的春夏之交，日本在太平洋方面的敗績，已至無法掩飾的地步，於是不得不叫出「本土作戰」的口號了。汪政權中人，尤其惶惶然感到緊張危急。其間最為焦慮的當然是周佛海。他擔負著雙重任務，一面要與日本人繼續敷衍，不使老羞成怒，至使淪陷區的地方與人民為其洩憤的對象；一方面更要負起重慶所交付他的使命，等一天大反攻發動時，如何配合策應。因此與重慶軍委會暨第三戰區的兩個秘密電台，這期間每日通報頻繁。正如佛海寫給蔣先生的密函中所云：「急則洩漏堪虞；遲恐準備不及。」以佛海的處境，誠難做到自全與兩全之道。

在華的日軍，總數約在三百萬人之譜，汪政權區區六十萬軍隊，加以武器窳舊，真要在反攻時擔負敵後作戰的使命，實屬不堪一擊。而佛海於無可奈何中仍對之寄以重視。他時常與我談及軍事問題，以為他可以掌握的部隊，有孫良誠、吳化文、任援道、李長江、郝鵬舉、張嵐峰，以及他直接可以指揮的財政部稅警團，與上海保安部隊，儘管作戰不足，牽制總是有餘。但是這不過是他所作的萬一之想，他自己也知道以當時情形的複雜，今後實屬毫無把握而言。

一次，他與我談到未來的問題，他一再以處境的艱苦，頻頻嘆息。我為了與他私人間的情感關係，發為鹵莽之談。我說：

「你現在的做法，是被動的，是等候著局勢的演變再定應付的方針，事實上，你是在等待不可知的命運的支配。為今之計，應該只有兩條路可走：假如你是忠心於蔣先生的話，並為了洗刷你的與敵人合作的嫌疑，現在應該立即採取主動。一面秘密調遣你認為絕對可以信任的部隊，出其不意，與敵作戰，從裡應以求外合，或許可以提早中美聯合大反攻的時間，也加速了敵人的崩潰。準備完成以後，應該光明正大地發表宣言，表明心跡，歷數日人在淪陷區的罪狀，以及揭發其如何有滅亡我國的野心，昭告世界。這宣言，我願意在我所主持下的南京『中報』、上海『平報』與『海報』揭載。以微弱的兵力，而且在敵人佔領的地區，這樣做當然萬無僥倖之理，但人生自古誰無死？這一死不但洗刷了被人所加於你我『漢奸』的惡名，死得也太有價值了，我認為這是你應走的上策。中策是為著你個人打算了，一切維持現狀，與日人和重慶兩面敷衍，但以精銳的主力，集中至蘇北一帶。日本的失敗，已可以斷言，一旦重慶贏得最後勝利，東來接收，因為你有兵力在手，當局為顧全地方的糜爛，不能不對你有所羈縻。而且，依照過去的事例，在中國，有兵斯有權！當局更不能不有所顧忌。上策是採取積極的主動，中策是運用消極的主動，陳兵以待，看風使舵，自己掌握自己的命運，留一個退步，比之將來俯首貼耳，受人宰割，為保身之計，這中策也值得你的鄭重考慮。你曾經對我說過：『張漢卿的結局，就是我的榜樣。』像你現在的躊躇卻顧，靜候別人到時的生殺予奪，這無疑是下策了。」

我自以為這一席話說得頭頭是道，振振有辭，以佛海的智慧，或者會有所斟酌改變。不料他對我的反應。只輕描淡寫地在苦笑中嘆息，他說：「這是你的書生之見！」話不投機，我自然不便再多說。佛海也就如常的一直因循了下去。

其實這時離日本的投降，已僅僅幾個月的時間。我也問過佛海，日本還能有多久的掙扎。而他的判斷，認為至少還有一年以上，理由很簡單，到此時為止，日本的海陸軍還保有四五百萬人的實力，他們一向熱心於軍國主義，即使太平洋方面完全敗績，日本本土作戰還是有此力量。尤其大部份的兵力在中國戰場，他們誇耀從「七七事變」起，還沒有打過一次真正的敗仗，所以甚至日本本土的戰爭結束，而在中國領土上還可能繼續頑抗。佛海的完全不理我的獻策，以為我想得太單純。

他所焦慮的是日本在中國戰場作困獸之鬥時，人民比侵略當時將要遭到更大的浩劫。他希望以螳臂之力，配合重慶的反攻，阻止日軍最後失去理性的蹂躪。當然，那時他不會知道結束大戰，僅憑藉了兩個原子彈就避免了以後犧牲於戰爭中無數人的生命。雅爾達會議中，雖然羅斯福曾經以美國已有可用的原子彈透露給邱吉爾與史大林，但相信重慶的最高統帥，也可能不會知道。美國的在華軍事人員在決定投擲原子彈之前，與重慶當局，仍在會同部署反攻計畫。佛海也在暗中著手佈置駐軍的分配，以及經費的籌措。

負責對東南地區反攻責任的是第三戰區司令長官顧祝同，雖然他與佛海之間有秘密電台經常保持密切聯繫，但卅四年的夏季，又派遣了高級參謀章鴻春來滬。（陳公博在南京寧海路獄中所著《八年來的回憶》中，指顧氏派了高參柏良與公博商訂軍事共同行動綱領。我沒有見過柏良，可能顧墨三在從事兩面手法，分別與佛海公博商洽。）當然，我事前並不知道，老友何西亞（戰前曾任上海時事新報香港國民日報總編輯多年，與陳布雷因同事關係，有深厚友誼。太平洋戰起，在港被俘，來滬後在我主持的平報撰稿，雖未參加汪政權，但生活由周佛海李士群和我維持的，他向我亦不諱言在第三戰區中負有名義，在滬工作）來告訴我，顧司令長官派了高參章鴻春來滬，佈置地下軍事，希望我引見佛海。當天我見了佛海，他承認電台中顧祝同曾經事前通知過他。那晚由西亞偕章鴻春到我福開森路的家中，佛海的家與我僅相隔十餘步之遙，我立刻就陪了章鴻春去見佛海。他們談話時我沒有參加，記得以後他們又繼續面談過一次。

一天，西亞又來看我，說章鴻春向周佛海商定了要由佛海派一個比較熟悉佛海情形的人，常駐第三戰區司令部，顧祝同所屬意的人選已決定是我，要我向佛海請示何時可以偕章鴻春同赴內地。

雖然我有些奇怪為什麼會要我去，因為我想到可能是出於西亞的推薦，也可能當顧祝同任江蘇省政府主席時，曾經槍斃了一個新聞記者劉煜生，而引起舉國的軒然大波，尤其上海的報界更為憤激。雖然最後由顧祝同托杜月笙出面調停，無形消弭，但當時佛海方任江蘇教育廳長，曾經有電報給我從中斡旋，得使事態不至擴大。也許顧氏還記得我與佛海的關係，就隨便指定了我，所以我並沒有問西亞，等我去見佛海提出這個問題時，佛海說：「我向章鴻春曾表示同意派你去，不過是敷衍他。日本人這幾年對你相當注意，如你去而復返，會立時發生問題；如你常駐那邊，那我有許多事是經你居間聯絡的，我還想不出可以繼續你未完成任務的人。況且策應反攻軍事上的共同綱領，我已與章鴻春當面說得很清楚，以後從電訊中接洽也就可以，事態會隨時變化的，派去的人一經離開，就會變得隔膜。」

我以佛海的堅持，就失去了早日離開淪陷區的機會，也就完全改變了我後半生的命運。以後章鴻春何時離滬，我完全不清楚。而大約三個月後，日本就宣布無條件投降了。佛海終於沒有接受我的這「書生之見」，他太信仰政府，絕不曾為自己設想，至落得個瘐死獄中。而其他握有兵權的，政府多予優容；佛海反正最先，聯繫最密，終不免於家破人亡，可慨也！

一一八、以臨終的心情趕辦後事

章鴻春的事方告一段落，軍事委員會調查統計局局本部的機要秘書袁惕素又潛行來滬了（惕素現在台灣）。我與他的胞弟是共同發起「南京興業銀行」的人，而且平時的感情也不壞。他來要求我對他的哥哥予以掩護，說他的哥哥只為探親而來，並無其他任務。但我知道探親一定是飾詞，軍統局本部的機要秘書，如無特別使命，不會隨便放他到淪陷區的。我仍爽脆地答應了盡我的可能後，隨後他們同來看我。我毫無隱諱地談到佛海的用心與處境，我說：「假如戴先生（笠）真心與佛海合作的話，這裡的一切策應反攻籌備工作，不必費重慶一人一槍一錢，一定盡力接受重慶的任何調遣。從佛海起，大部份人都願意為國家效命，所慮的是軍統局與佛海間的聯繫，不知是否全出於最高當局的意思。」

惕素似乎頗為我誠懇的態度所感動，他表示雖然他是軍統局的工作人員，而他曾經在侍從室做過事，與陳布雷又是同鄉關係，他似乎與布雷有更深的交誼，他說：「我知道佛海先生與布雷先生為好友，布雷先生一直關念著佛海先生，我回渝以後，願意把此地的一切，除呈報軍統局備案外，同時也以私人關係，報告布雷先生。」

我把與袁惕素的談話經過告訴了佛海，更附加了一些意見，我以為現在佛海與軍統間的聯絡，在我們是出於真摯，而軍統可能僅是一種手段上的運用，所有通過秘密電台的來電，雖一律用軍事委員會委員長的名義，但蔣先生是否真知此事，無從證明。況且由蔣伯誠帶去給蔣先生的信，迄今尚無回音，既然袁愓素自告奮勇，願與陳布雷接洽，以布雷與蔣先生的關係以及對佛海的友誼，他為人謹慎，或許可以窺探蔣先生的真意所在，而我們也可以有所準備。佛海頗以我言為是，要我詳細告訴袁愓素此間的一切真實狀況，以及兵力的佈置情形，請他避開了戴笠，直接向布雷說話。如其布雷接受為蔣先生與佛海之間的橋梁，需要進一步接洽時，只要布雷隨便寫一個紙條，上下不必具名，給日軍搜到了也不要緊，反正我們認識他的筆跡，佛海可以派我赴渝與布雷作具體磋商。愓素以為因此或可立一大功，他在軍統中曾一度被禁閉於息烽集中營，他希望能重回侍從室跟布雷做事，於是匆匆提前離滬。他說初步見到戴先生以後，將先有電報。但是他這一去，從此就如石沉大海，直到勝利以後，才隨同軍統參謀長李誦詩等來滬襄辦所謂「肅奸」工作，我又與他再度見面。

又一天，佛海要我去談話，他說：「陳立夫要他辦一個較具規模的印刷機構，以為反攻時作敵後宣傳之用，我付託給你負責儘速籌備。需要多少錢，可以問我要。」我沒有問他是誰帶來的信，我認為不問是否出於陳立夫的意思，既然佛海決心付出生命的代價，從事策反工作，宣傳工具是必要的，而且我也樂於擔任這一項任務，但是我以為要籌備一個印刷機構，錢是小事，需要的時間太久，戰事以後，海運中斷，器材的購買極為困難，因此我提議不如把毫無用處的「平報」停刊，不必另起爐灶，就利用「平報」原有的職工與機器，留待他日之用，佛海同意了我的建議，並且要我立刻進行。

那時已經是卅四年（一九四五）的六月，即使完全昧於太平洋戰爭的形勢，佛海徬徨焦慮的神態，已明白告訴了我局勢的緊張，我像一個患有癌症者經醫生告訴了他的死期一樣，不必佛海的叮嚀，我也急急的需要辦理我經手的一切後事，平報終於在三十四年的六月底停刊了，我是以戰時節約物資為辭，但我寫的休刊辭出了毛病，在那篇文章中，我說：「等待國家需要我們的時候，我們將隨時立即復刊，起而效命。」這雙關的語意，並不曾逃過日本人的注意，他們知道我說的「國家需要」的含義，日本憲兵將對我採取行動。幸而為日人所信任的「申報社長」陳彬龢陪了我分向日本陸海軍報道部、憲兵隊、大使館，以及其他有關機構費盡唇舌，再三解釋，才算又逃過了一關。

「平報」是停版了，但全部職工，一個也未曾解散，因為我個人同時辦了一張「海報」，雖然是一張小型四開報紙，但內容絕不談什麼「和平運動」，更不談什麼「大東亞聖戰」，寫稿的人也極一時之選，現在台灣、大陸，以及香港的許多文化人，還都是那時的編輯與撰稿人員，銷路曾經盛極一時，錢也賺得不少，我就以海報的盈餘，維持「平報」職工的生活。那時紙張來源已缺，早經由「宣傳部」配給，我在停版前抑低了「平報」的發行額，把積餘的紙張，有數百噸，把它砌在夾牆之內，以避日人耳目。更恐怕反攻時電廠被炸，電源中斷，更裝置了植物油發電機，以備不虞。我比了「平報」未停版前反而更為忙碌，其實一切的準備，徒然白費了心力，勝利後吳紹澍來接收後改為正言報，原班人馬，原來設備，換了一個報頭，就順利出版了。原意作為敵後宣傳之用的，卻始終沒有機會能有所表現。

其他，我沒有擔任過汪政權的任何實際職務，排的空名，不須做什麼結束，而我一手創辦的「南京興業銀行」，在南京有自建的大廈，在上海有分行，因為這是能供給佛海機密費用的所在，他也曾以全力來支持。因此行中有著龐大的存款數字。我算一算積存的盈餘，不動產、物資等不計外，所掌握的金條與現款，照那時的開支，即使立即停止業務，也足夠維持兩年之久。我為了一旦反攻開始，將無暇料理，因此分別通知幾個大存戶，如上海市政府、統制會、禁煙總監部、鹽公司以及許多政府機關，將存款全部儘於六月底前提清，準備開門坐食。不料我手下的經副理等，他們固然不知我用意所在，同時，沒有了存款，他們也將無從於中取利，他們誤會我一時為了什麼意氣，竟去通知別人提款，他們卻反而去疏通存戶照常存放。平報是順利結束，毫無後累，而「南京興業銀行」則仍繼續營業，和平後乃加重了我無限的困難。

我真是以臨終的心情，在積極趕辦後事。我不以為國家會對我有所處分，因為我幼稚得確信「國無信不立」的話，雖然我沒有建立一點功績，只是幫著佛海奔走，但秘密電台上不斷傳來對佛海等的嘉獎電報我是看見的，又因為我代軍事委員會委員長駐滬代表蔣伯誠辦理了一切他所應辦的事，他一直向我提出過無數次保證。而自稱有蔣先生親筆手諭、從事敵後工作的前北平市長袁良，我又參加了他的秘密組織。徐采丞從日本人手中取得來的錢，成立了民華公司，把淪陷區物資儘量送往內地的孔祥熙、戴笠、杜月笙、顧祝同等所辦的通濟隆公司，我又是常務董事，而且采丞確言曾向軍事委員會備案。我甚至沒有想到我曾經前後遭過三次通緝，將來在「整飭紀綱」的名義下將不會倖免。我想到的只是眼前的事：日本人可能發覺我的行動而隨時犧牲，反攻時我必須如常奔走，鋒鏑下也無法避免危險。我自已知道不論那一樣遭遇，總之已到了生命的盡頭，要趁我一息尚存，把可以料理的事料理清楚。

兩個月內，差不多一切整理得已有了一個頭緒，隨時準備接受局勢的突然變化。因為自維死期不遠，心理上有了變態，要趁未死之前，儘量享樂，有人看到我帶了成群的女侶，過著豪華的生活，以為我是得意忘形。除了佛海，誰也不瞭解我那時懷著的是怎樣的一種心情。

八月四日美國在日本長崎所投擲原子彈的爆炸，報紙上已宣布了這一個消息，我們只知道這一個新型炸彈威力的偉大，但日本並未發表死傷人數，我們更不知道什麼叫做原子爆炸，這爆炸將迫使日本放棄本土作戰，而日本的投降已在眼前。八月十日的中午，我還在佛海家裡與他同飯，他說由於長崎廣島被炸損失的浩大，看來戰事將縮短於半年以內結束。反正總有這一天會來臨的，我仍然不以為意。那天晚上，我在上海亞爾培路二號的私人招待所中，依然自得其樂地約了許多朋友飲宴。

八月上海的天氣，還是十分酷熱，我們在草地上的晚風中進餐，餐畢回到室內平劇清唱。記得那天賓客不多，有名伶姜妙香、張淑嫻以及名票張四小姐（影星葛蘭之姊），以及影星胡楓等人，他們在輪流吊嗓。我悠閒地坐在沙發上靜靜地聽著。忽然，桌上的電話鈴聲響了，侍役告訴我是周公館來的電話，我一接聽是佛海的聲音，他說：「有要緊事，你立刻來吧！」我送走了賓客，急忙去至居爾典路周家，佛海坐在樓上起坐室中，面容很沉重，一看到我進去，第一句就說：「電台廣播，日本接受波茨坦宣言，宣布無條件投降了！」我為突如其來的消息所驚愕，不料這可以想到的這一天竟是那樣快就來了，我為他的話所驚住，呆立著不知如何作答。

一一九、飛下來鑽出來放出來的

佛海所告訴我的日本投降廣播，這消息來得太突然了！使我情緒一時有些陷於混亂，心裡渾不知是喜是憂。八年抗戰，終於贏得了最後勝利，儘管勝得很慘；勝得很僥倖，而凡是稍有良心的中國人，一定會因國家的得救而感到高興，淪陷地區也可以不再因反攻而重受鋒鏑之苦。但是日本在華軍人的態度既不可測；自己未來的遭遇更不可知，思潮起伏，既然彼此具有同樣複雜的心境，我與佛海遂至相對無言。

正在此時，羅君強醉醺醺地也來看佛海，他剛從虹口參加了一個日本人的宴會回來，宴會是磋商有關上海的某一個問題，君強以上海市政府秘書長的身分代表前往，交涉中，大概日方作了若干讓步，君強滿懷得意地向佛海絮絮作報告，因帶有幾分酒意，就顯得特別輕鬆，而佛海似乎完全心不在焉地在敷衍著他。最後君強又說：他曾經與在座的日軍人談論到戰局，一致認為日本還保持著強大的陸軍實力，即使在太平洋各島中戰況不利，海空軍損失重大，而一旦在日本本土作戰時，將一定給美軍以慘重的打擊，時期也至少能維持至一年以上。再不幸日本本土作戰失敗，那末中國境內的三百萬兵力，更將戰至最後一人。

佛海在苦笑中說：「難道你們還沒有聽到日本投降的廣播？」君強愕然，好似酒意也就醒了一半，默然不復嘮叨。我忍不住問佛海道：「你今後將何以自處？你有沒有準備好收拾殘局的整個行動計畫？」佛海道：「此時我心裡亂得很，不知應如何著手，大體上我一面將先向重慶請示；一面將赴京與公博洽商。政府（按指汪政權）一定應該迅予解散，但要應付這複雜的環境，與收拾六年特殊的局面，我焦慮的是不是能不再另生枝節，至使地方再遭糜爛。我所能為力的，也只能隨機應變。你與君強經手的事，也先好好的作個結束，以等待我最後的決定。」我與君強在黯然中一同離開了周家。

那晚回家以後，自然不再能好好的入眠。我告訴妻以日本投降的消息，彼此商量了一陣，也談不出什麼道理。一切當然應該作最壞的打算，徹夜我在檢討自己六年中的所作所為，更在猜想不知重慶將採取怎樣的手段。我為佛海的命運焦慮；也為了自己的前途而煩亂。這樣輾轉反側，直到天明始朦朧入睡。忽然妻來喚醒我，說蔣公館（伯誠）來電話，有要緊事要我就去。我匆匆起床，一看時間已是中午，胡亂吃了飯，就趕著到了百樂門公寓蔣家。

蔣伯誠自經那次於病況危篤中，為日本憲兵掩捕，替他抽出兩百CC血液以後，高血壓雖未平復，半個身體也仍然癱瘓，惟一時已無生命危險，但一直仍臥床未起。他的繼室前名女伶杜麗雲把我領入房內，有兩個人已先坐在他的病榻之前，我認得一個是曾經為了要優待被捕的重慶地下份子而與他談過的提籃橋監獄的典獄長沈闟泉，另一人卻並不曾見過。伯誠招呼我坐下，為我介紹這一位生客，說就是上海市三民主義青年團的書記長莊鶴礽（莊現在香港辦學校，勝利後曾幫吳紹澍接收了我主辦的「平報」，恢復「正言日報」，後赴台主持台灣省黨部，並出版「平言日報」。我所認為驚異的，是他的報名竟合「平報」與「正言日報」為一。在我刑滿歸來赴台旅遊時，他並曾托人請我擔任筆政，我以一個被接收人員而不免於自慚「形穢」，終於謝絕了他的邀聘）。伯誠一介紹，使我想起了我與他雖未謀面，而淵源不淺。在他剛遭逮捕，還羈押在貝當路憲兵隊時，因他自己不肯供認為莊鶴礽，而限期要毛子佩交人，結果由我供給了「平報」的職員證助子佩脫逃，我也且險遭連累（事詳前記）。而在他坐牢期內，他的一位為邵式軍任看護的胞妹，又不時來我的銀行作經濟上的通商。我與他雖非故人，經伯誠一介紹，就上前與他揮手，歡然道「故」了。但是我心裡在想：他還在服刑期間，如何會自由出入？而且公然由典獄長陪同而來？

伯誠終於開口了，他說：「鶴礽等已經知道了日本投降的消息，他們急於出獄展開工作，提籃橋全體被押的同志推他為代表，要我設法，所以請你來去與佛海商量一下，讓所有關閉在提籃橋獄中的地下工作同志，一律予以釋放。」莊鶴礽也接著說：「我們今晚要出獄，而且一定要今晚出獄。我坐等在此，聽你的回音。」我照事實告訴他：「這事我不能擅作主張，我轉告周先生後再給你們答覆，但我不能擔保能如莊先生所提出那樣緊迫的期間。」

我辭別了伯誠，逕往佛海的家裡。不料佛海一場大病之後，並未復原，一受刺激，又復病倒，我去時正發著高燒。日本駐滬軍隊「登部隊」的參謀長也去看佛海，兩人正在病榻前密商。我不便進去，在起居室中坐候，大約經過了一小時有餘，才看到「登部隊」的參謀長辭出。由於他面部所表現的一臉慍怒的神情，使我感到事態的可慮，我進入佛海的臥室時，看到佛海燒得滿面通紅，而且發出微弱的呻吟之聲，本意不必急急冒昧代陳，但想到沈闕泉與莊鶴礽還坐等在那裡，我鼓勇把蔣莊兩人的話和盤托出地告訴了他。

佛海聽完之後，哼了一聲說：「你不要理這般孩子們的胡鬧，伯誠竟也會不顧當前環境，如此鹵莽！」他喘息了一陣，又繼續說：「剛剛『登部隊』的參謀長來看我，他表示：『在華部隊，將不奉日皇的諭詔，拒絕投降，繼續與中美聯軍作戰。』他進一步希望我能統率我所能指揮的軍隊，共同進退。」我反問他道：「那末你是怎樣答覆他的？」佛海又說：「自然，當重慶軍隊未開到之前，我還不能有太明顯的立場。我敷衍著他，但堅持不應再使瘡痍未復的地方，再受浩劫。但他畢竟也窺察出了我的真正態度，談無結果，含怒而去。在如此情形之下，日人正在謀作困獸之鬥，假如我把日本寄押的獄囚釋放了，我相信他們還沒有走過外白渡橋，勢必再被抓回，可能日軍在失卻理智之時，會加以殺害。我不忍他們到勝利以後，因一時之衝動，枉送生命於□人之手。況且，獄囚是寄押的，要放也得與日方交涉，我雖是行政院副院長，但無權下令，此事也得商之吳頌皋（當時的司法行政部長）處理。他們給我期限，那竟像是哀的美敦書了，誰也不能強迫我這樣做。你去告訴伯誠，要他們想想明白，但我也一定盡我力之所及。」

佛海的話也自有他的困難，他的見地，我於不得要領中，去答覆在焦待中的莊鶴礽。我把佛海的話改得儘量和緩，惟仍然把佛海說的意思完全轉告。不料莊鶴礽跳起來了，他厲聲說：「到今天，你們還怕日本人，我們卻不怕。勝利了！這是你們的立功機會，最遲今晚，我們一定要出獄，你們倒要想想明白。」

當時他說的話還不止這幾句，言辭神態，都超出了請求幫忙的應有禮貌，雖然我原諒他因勝利的消息而陷於狂亂，因有了出獄的機會而失之衝動，我仍然感到憤怒，我認為這是勝利者的姿態，勝利者的面目！他自己不知道現在還是生殺由人的時候，而已忘記了當前的危險，我於憐憫中忍住了怒氣，我告訴他：「這不是怕不怕的問題，而是生命的問題，有生命的危險是你們而不是我們。

我們並不是重慶的工作人員，過去與現在，基於我們的良心，以盡做一個老百姓的責任，不想立功，也無意邀功。假如你認為我們是同志而來商量的話，不應當有此態度；假如認為我們是敵人，那暫時我們無法接受。希望你能恢復理智，轉告大家忍耐一時，周先生一定盡力設法。」

一場無結果的爭論，經伯誠的調停而結束，伯誠勸鶴礽仍暫回監獄，我眼看著沈爾泉帶了他離開了蔣寓，再渡最後幾天的獄囚生活。

我往佛海那裡告訴他這事的經過，我聲明不願再預聞此事，懷著不快的心情回家。那天是八月十一日，似乎到第二天不知第三天晚上，終於由佛海向各方安排好了，讓這批關在提籃橋監獄中渴望恢復自由的地下工作人員，提出釋放。我知道那晚佛海夫人楊淑慧還親自帶領了一批人去至監獄，並給予每一個人以一筆現款。因為局面尚還未定，周太太諄囑他們這幾天要格外小心。淪陷區的老百姓頗有不滿於當年的接收人員的，說是一聲和平，有些從地下鑽出來，有些從天上飛下來。其實應該說：第一批實實在在是從監獄中放出來的。

一二〇、上海第一個被接收的人

局面一變，社會上的一切也全都變了，連友誼與人情也不例外。勝利的消息已傳遍全滬，除了我主辦的「平報」，以及「國民新聞」先期停版外，各報都照常出版，而且又回復刊載出不利於日本的言論。人心於興奮中很安定；就是物價突然高漲。全市重要地區仍然由日兵站崗，日軍佈告繼續負責維持地方治安。汪政權所屬的一切有關機構，都紛紛趕著辦理結束，靜待接收。

八月十三日的下午二時，我在亞爾培路二號吃了中飯，事前接到了中國實業銀行召開董事會的通告，因為我代表官方財政部擔任著常務董事，那天開會辦理結束，這是最後一次的會議了，各種文件都等待我會簽，為了責任關係，我必須參加。我正待出發，忽然黃敬齋來電話，說有要事面商，務必要我等他。我告訴他中國實業銀行董事會開會的時間已到，有事可在傍晚時見面。不料他的口氣突然變得嚴厲，他說：「中統局與市黨部的嵇希中與朱應鵬因要立即開始活動，責成我為他們預備廿輛汽車，五百枝木殼槍，以及配備五千發子彈。」

我對敬齋說：「你是知道我的，我既不管理物資，也不帶領軍隊，我那有這樣東西？」他說：「這是伯老同意的（按對蔣伯誠的尊稱），你必須照辦。」敬齋的口氣，既不像是汪政權的當年同僚，更不像是一向相處無間的朋好，他用的竟是命令的口氣，與敵對的態度。我那時雖已像喪家之犬，而又並不希望成為漏網之魚，惟許多事亟待處理，因此什麼人也不敢得罪，我曾對莊鶴礽隱忍了，何妨再對黃敬齋退讓，我急得要去開會是事實，我說等我考慮後再行報命。我知道他是不會滿意於我這不識時務傢伙的態度的。

我與敬齋的交情，過去不太泛泛。他是李士群的心腹，繼傅也文之後負責七十六號特工總部總辦公廳，李士群出任「江蘇省長」，被日憲下毒暴卒，他又曾以秘書長代理「省長」，他又是士群左右與唐生明等為反周集團之一人。不料士群死後，「國民新聞」的董事長是周佛海，他呈周要求辭職，佛海因為「國民新聞」曾著社論罵過他，早已聲明不管，敬齋的辭呈，也就如石沉大海。他既不敢擅自停辦，而又無力維持。他想到與我曾經同赴偽滿，慶祝「滿洲國建國十週年紀念」的同伴，一路上也談得很投機，因此他與我設法一天一天接近，目的是要我向佛海疏通，准許他脫卸「國民新聞」的責任。我也真為他一再向佛海進言，「國民新聞」乃終得繼「平報」之後而停刊。在勝利以前，我們常在一起吃喝玩耍，而他的夫人金光楣，因為與我同宗的關係，承她的不棄又認我做大哥，誰知時移勢易，連他也來迫我了。但我當時很諒解他自全的苦衷，因此，中國實業銀行會畢以後，我急急又去看蔣伯誠問個究竟。

伯誠告訴我：「事情是有的，既然勝利了，中統急於開始工作，嵇希中來要我轉請你幫忙。但汽車並不需要，槍彈也不必有那麼多，我看能有二十枝快慢機，與二百發子彈，也就夠了。請你與佛海商量一下，早晚能送給我發給他們應用最好。」我又轉往佛海家裡，轉達了伯誠的意思，佛海打了一個電話給「上海市政府保安司令部」的參謀長，讓我直接去取槍彈。我又馳往那裡，從士兵身上挑了二十枝木殼，加上二百發子彈，傍晚時分，又親自送到蔣家，伯誠向我道謝時，我說：

「務請伯老轉告他們，希望不要以我送來的槍彈，就用來對付我們。」伯誠只是向我微笑。

十四日的清晨，還未起床，我銀行裡的一個襄理倉皇來看我，說亞爾培路二號給中統佔據了，把所有的職員逐出，扣留著工人與廚子為他們服役，因為來人持有槍械，所以無抵抗地退出了。我想不到他們竟然以我之槍，攻我之屋，而又來得好快也！既然事已如此，職員們除了報告我以外，實已無能為力。我叫他回去以後，獨自考慮應付的辦法，我明知不會有用，在歷史上、在舞台上，我看慣了被征服者的如何俯身刀俎，任人宰割，但我並不甘心於束手待斃。

說到亞爾培路二號，以後曾成為上海談虎色變的地方。接收以後，至中共南下，一直是中統的上海站。在國民政府退出大陸以前，不少朋友都曾被拘禁在那裡，許多近年出版的書籍中，不時發現「亞爾培路二號」的名字。不料我當年談笑周旋之私寓，竟成為審訊看押之機關。那裡佔有十餘畝地的面積，一所三開間三樓的舊洋房，面對著松柏參天的大庭園，原來是我所辦的「南京興業銀行」沒有在上海設立分行前的辦事處。以後寧波路有了分行，而亞爾培路二號的地方仍舊保存著，就作為我日間會客、夜晚歡宴賓朋之所。因為那裡地方寬敞，又不是公開場所，而且我有幾名擅製法國菜、福建菜與四川菜的廚子，朋友們也時常借來為宴客之所。屋內除了傢俱陳設以外，楊惺華的中央信託公司與財政部印刷廠借我地方儲藏有一部分的資財，我銀行裡配給職員的米油等物資也放在那裡。

朱應鵬原為上海市黨部委員，但我與他是時事新報的同事，一次敬齋陪來要借我那裡舉行畫展，因為我不想開放，自己也每天需要作為憩息之地，當時就婉謝了他，不想這樣就開罪了一個朋友。至於嵇希中我與他原不相識，陳希曾的令弟寶華，戰前向在上海社會局任事，與我本為舊交。

他在香港被日人拘捕後，又遣解赴滬，在滬就依附著李士群，間或也去看佛海。和平之前，他取得佛海的同意，潛返重慶，行前把嵇希中領到亞爾培路二號來介紹給我，說是他的表弟，要我照顧。我絕不知道他是「中統局」的專員，而且他也不曾對我提出過任何要求，我自然不知如何對他幫忙。和平前間或在蔣伯誠那裡見到，相見僅一頷首，且沒有深談過。或許他認為我對人不夠慷慨；也或許他認為我那裡的地點與設備，合乎他的理想，所以收到了我交給他的槍械以後，就立刻以我為目標而採取行動了。

那時我除了去看蔣伯誠以外，還有什麼別的辦法呢？我責問他：「這幾年你以臥病之身，在滬指揮地工人員，我為你奔走效力，你屢屢向我提出過保證。今天政府沒有回來，你是蔣委員長的駐滬代表，有權可以指揮他們，為什麼上一晚我親手送給你的槍，第二天清晨就用來對付我？中統嵇希中接收我的亞爾培路二號，是否出於你的意思？」

伯誠聽了有些愕然，強調他絕不知道此事。說著就叫人打電話把嵇希中找來，伯誠問他：「金先生是自己人，歷年也幫過我們不少忙，你為什麼首先要對付他？」

希中的話講得漂亮得使我有些受寵若驚，他說：「正因為金先生是自己人，中統上海站缺乏適當辦公地點，所以向他商量借用的。」我肚子裡在想：這樣的方式還說是借用？但我並沒有出口。伯誠當然明白這是什麼一回事的，他卻乘機勸解了，他回過頭來問我：「既然如此，你能不能借給他們暫時應用呢？」我還敢說不借嗎？從前供利用時是自己人，現在是罪人敵人了，落得一個「借」字，已經是十足的面子，我說：「現在，我何敢再享用那樣的大房子了，借用不敢當，我願意奉讓。我提出唯一的請求是屋內所有的任何東西都可以一律奉讓，但我藏有線裝書近萬卷，這是我半生心血搜羅得來的，預備自己晚年與兒輩閱讀之用，機關中用不著那些骨董，好不好還給我呢？」

當著面，伯誠也許內心本來就有些抱愧，於是囑咐嵇希中翌日讓我把全部書籍車走。雖然政府對中統並未授有接收之權，在形格勢禁之下，我終於同意了像租界那樣九十九年期的租借。這是勝利後全滬第一處被接收的地方。我僥倖獨佔鰲頭！

第二天我派了個職員居然把書車寄到別處，中統的辦事人員告訴我的職員說：「叫你們的老闆識相些，再要向伯老嚕蘇，我們就要對他不客氣了。」我聞言悚然，從此俯首貼耳，噤若寒蟬。

一波未平，一波又起，我滬西福開森路的住宅，同日下午，當我在外料理其他事情的時候，又出事了。第三戰區駐滬工作人員張叔平派人把我的住宅封了。張叔平是湖南人（此人現在港，與影星張織雲同居），倒是世家出身，他的父親是滿清學部尚書張百熙，本人也酷似一副書生模樣，他與佛海是同鄉，不時在周家出現，我去時常遇見他，也偶爾彼此胡聊。不料他也向我首先下手了，我與他一向客氣，自信無開罪之處，或許因我開著一家銀行，住宅的外表也不壞，遂至引起他的好奇。中統對我還是奇襲，而張叔平索性公然查封了。「借用」的「借用」了，「查封」的又「查封」了，難道我還能反抗？乖乖兒地把家人寄住到親戚那裡，我也住到了朋友家去，好好的一個家，就此於一日之間，拆得東分西散。

第二天，我為了別的事去看徐寄廎，因為我與他有過一段幫助他解決浙江興業銀行內部糾紛的淵源，談話中他說出第三戰區在滬的最高負責人是何世楨，他與他有交情。他要我坐一坐，自告奮勇地去為我疏通。不到半小時他回來了，他說何世楨也不知此事，他表示第三戰區並未奉令接收，

這是他部下的胡作妄為，現在已經下令啟封了。我謝了他，通知家人重回舊居。這一來，使我完全信仰政府是依法的、講理的，我為自己慶幸；更為勝利後的中國慶幸！

一二、周佛海被任行動總指揮

國軍還未開到，接收人員也尚未抵達，而就是地下鑽出來的幾位過去與我相識甚至相熟的人們，已經弄得我焦頭爛額。勝利以前，我們對他們做到謬托知己，惟力自視；一旦局面變動，他們就這樣分清敵我。若論搞政治，倒本來應當如此的。誰教我們天真得背了「漢奸」的惡名，而做可以為日人殺頭的事來？這是對我們這批不懂「政治」大道理而要搞什麼政治者的懲罰！但是這時悔之已晚，而且一切還在開始，未來的遭遇，誰也不敢預為懸揣。

我所參加或投資的工商業雖然不少，但我都不是主持人，無需由我來料理。我在上海實際負責了兩個機構。「平報」在那年的六月底早已停版，我因全部職工患難相從，在出版期間，又被人投了兩次炸彈，放了一次火，他們以生命來博取微薄的薪金，所以停刊時，我出私囊發了一年的解雇金。全體仍照原薪容納於「海報」工作。此時中宣部已經對淪陷區的文化機構廣播：各守崗位，保全全部器材者有獎！所以「海報」仍照常出版，職工們也並未向我提出什麼要求。總算由於他們的諒解，平安無事。

惟有「南京興業銀行」卻糾紛不絕，弄得我筋疲力盡，窮於應付。南京行先來電話，說第一批開到的憲兵，勒令要給他們以一筆「慰勞費」，因為數額太大，而我又不在南京，無人作主，磋商半天，未有結果。憲兵們一怒而將朱雀路總行自建的大廈，把店堂中的全部大理石的櫃檯等設備，一夜之間，搗個稀爛。在此情形之下，總行趕著辦理結束，請存戶提清存款，解散職工，行址也就拱手讓人。

這倒先替我解除了一個包袱，反而免得我多一個後顧之憂。本來房屋落成之日，當賀客盈門紛紛向我道賀之時，我早就公開對人說過：「時局如此，幾年之後，誰來做主人？也不知將會變成什麼機構？」短短五年，竟不幸而言中了。但這畢竟是商業銀行，我又不過是股東之一，大部份南京商界的股東們，他們並未參加什麼汪政權，而終因我不祥之身，連累了他們池魚之殃，至今我還對他們感到衷心的歉咎。

上海寧波路的分行，那時雖然並無接收人員光顧，但應付得也夠苦了。我因戰時幣制不斷貶值，所以把大部份的存款，都買了金條作為庫存。勝利前，金子曾漲到每一兩達一千四百萬元中儲券，而勝利消息傳播之後，連日暴跌，幾日之內低至三百餘萬元一兩。銀行既已宣布結束，存戶當然要來提款。我行裡幾年中有著太多的存款，我不得不出賣金條來應付，市價變動，損失當然不少。到存款提清，庫存也已空空如也了。

本來，在六月底前，我一面通知存戶取回存款，而行裡的人，不肯照我的意思做，以至吃此大虧。我一面曾發給職工以半年的花紅，另加金子、米油等實物。當時我聲明過，將來如局勢突變，環境不允許我另行補償時，請原諒我不另發解雇費了。而正當六年心血廢於一旦之際，不料少數職工們發動風潮了。拉上了鐵門，把副理襄理等軟禁在辦公室內，要求另外再發照原薪八個月的遣散費，相持一日，我不能不挺身而出了。

我打了一個電話去，要為首的人聽電話，我說：「我遺憾於共同相處了六年，到分散的時候，還有這樣一次不愉快的收場。我很珍惜這六年的賓主之情，不管你們的要求是否合理，假如行裡有此力量，我願意接受。但你們都比我還要清楚，應付存戶以後，現在庫存還有沒有現金？我希望還有得多，那麼拿來你們怎樣分我都同意，能每人有八十個月更好。否則，就是事實問題了，能不能相信我的人格，如我能平安渡過這一個時期的話，將來我一定會補償你們。」

聽電話的人回答我，要商量以後再給我正式答覆，半小時後我再去電話，他們過分尊重我用以保證的人格，放棄了原來的要求，風波竟這樣意外平息了。到今天我還對行裡的職工們內心裡覺得感謝與抱歉，因為以後放出去的鉅額存款一筆也不曾收回，銀行完了，連我的家也毀了，我這以人格為擔保的諾言，今生已不會再有兌現的一天了。

佛海於十六日去了南京，我為一切意想不到的事攪得昏天黑地。初以為自己的事已可告一段落，此後將幫同佛海為收拾殘局而奔走。到十九日上午從周家知道佛海將於下午回滬，午後兩三點鐘，我就去了周家等待，適巧羅君強也在那裡。從他的神態上可以看出他很輕鬆，我心中暗暗地欽佩他臨危不亂的定力。

枯坐了一陣，君強向我招招手同到佛海的臥室去，他把門先順手帶上了，面容突然變得很嚴肅，他一開口就說：「老兄：這幾年恐怕你錢攬得不少吧？『匹夫無罪，懷璧其罪』，你是最懂得明哲保身之道的。我看你不必將來等別人問你要，識時務者為俊傑，痛痛快快自動獻出去以後，反而可以使你脫然無累。」

我不料第一個追問我財產的，竟然是兩度結有金蘭之義的他，但我還想或許真是出於他對我的關心，我說：「是不是交給你？」他搖搖頭說：「你知道上海區歸第三戰區管的，張叔平是此地的負責人，昨天他與我談過，希望你交給他。現在你先開一張你私人的財產目錄給我。」他的口氣竟然是命令，我真有些憤懑，但佛海不在上海，與他作口舌之爭也是徒然，我認為他太不瞭解我，以為我真發了大財，一使氣，在佛海臥室外洋台上的小書桌上取了幾張紙，把所有不動產與值幾個錢的動產等，就我自己記憶所及，一古腦兒開了出去，雙手交與君強。他取來端詳了很久，瞪著眼望著我的面說：「你的財產怎樣會這樣少的？」那時我真也忍不住了，我以譏諷的口吻回答他，我說：「我沒有做過官，括不到地皮；我懂得今朝有酒今朝醉，不像別人的裝腔做勢，偽示清廉。」我看他面色變得青白了，彼此就不出一聲，一時陷於沉默的窘境中。

正在僵持的時候，佛海從南京回來了。他上樓時步履顯得有些蹣跚，頭髮散亂，本來他是力疾而去，這時更覺得他滿臉病容。一上樓，先發出微弱的嘆息聲，接著沒頭沒腦的自言自語：「我很難過，我很難過！與公博從發起共產黨起，數十年的交情，到今天會釀成這樣的誤會！」我們還不曾知道佛海在南京險至與公博因周鎬接收中央軍校事件而造成武裝衝突的一幕，所以都莫名其妙他在說什麼，但當時並沒有人追問他。說完，他頹然地坐在沙發上默默出神，充滿了一副懊喪的神氣。

為他管理秘密電台的程克祥來了，取出了一束電報遞給了佛海。他一讀完就從沙發上直跳起來，高聲說：「重慶軍事委員會來電，委任我為京滬行動總指揮！在國軍開到以前，責成我維持京滬一帶治安。」他精神一振，但立即又顯得滿腹躊躇。籌思了半晌，過來向我說：「請你立刻代我擬一個就職談話，即晚送交各報發表。」

我一提起筆，就覺得難於措辭。以佛海在汪政權中處於那樣重要的地位，突然接受重慶當局的命令，擔任新職，應該用怎樣適當的話，向民眾解釋呢？是不是也裝出地下鑽出來的一副面孔，大打官腔呢？況且新職的「行動」兩字，更充滿著特工任務的味道，是不是僅是過渡時期的繼續利用一時，佛海又將怎樣應付當前那樣的環境呢？我比之佛海自己，當然要客觀一些，我不禁為他的前途而擔憂。

我在這樣的情緒下，一時搔首摸耳，隔了半小時，竟不曾寫出一個字來，只有苦笑著對佛海說：「我今天心裡太亂，這個就職談話，只能交白卷了。」幸而那時陶希聖帶來留在汪政權的學生沈巨塵來了，我轉請他起稿，虧他敷衍了幾百字，一下就寫好了。佛海平時任何文稿都是自己寫的，一向不假手記室，那天要我們來為他代擬，足見他的心緒之亂，也一定不下於我。

周太太問我：「方才你與君強關了門密談些什麼？」我據實講了。佛海插口對我說：「莫要以為張叔平一副書生模樣，這幾年他以第三戰區的名義，不知用了我多少錢。這次我與他一起去南京，已清楚知道他玩的是什麼一套把戲，我已上夠了當，你不必理他。現在你如其把財產交給了他，假如有一天重慶的人回來了，又要追問你的財產，你將怎樣交代呢？」

佛海的一席話，使我完全明白了張叔平何以本來無權接收而偏要接收的原因。當然也不盡是他的主動，或許還出於君強的授意。中國的政治竟是那樣可怕的一件東西！利害置於一切的最前面，離勝利消息還不到十天，重慶人員既未抵達，政府還在不斷聲明「寬大」，而我個人，已遭逢到了這樣多的麻煩，而且迫我搞我的又多是平素很熟的人。我如此，其他汪政權的人這幾天的情形，也就可想而知。戰爭已本來會促成社會道德的墮落，更何況於不上軌道的政治？

一二二、新任命下籠罩著的陰影

抗戰勝利後的國民政府，其威望超登到了巔峰狀態。所有淪陷區的民眾，以為政府堅持抗戰直到敵人的屈膝為止，國家且已躋於世界五強之一，多難興邦，此後，怎樣撫慰敵後孑遺，怎樣使之重登衽席，必然會是真正的太平盛世了。因為存了過高的期望，於是加以過分的信仰。甚至汪政權中人，也毫無例外。他們相信政府將會有合情合理合法的措施，無偏無枉無縱的綱紀，來收拾這破碎山河，來昭蘇這劫後黎庶！誰也沒有料到並未奉命撤退的淪陷區民眾，將被目為偽民順民的；所有必須不廢弦誦的學生盡成為偽學生的；而或者為了某一理由而參加了汪政權的人則盡是「漢奸」的。勝利消息傳來了，大家靜候著政府的復員，等待一腦子幻想的出現，確信來的當然是西望八年的王師了。有誰會預料到接收的一幕，將成為歷史上的又一悲劇！

在我無數的朋友中，只有陳彬龢是有其不同的看法。當我亞爾培路的房屋被武力「借用」的上一日，他特地跑來看我。他說：「我已準備了妥當的地方，將有一個長時期的隱藏。今天我來，與其說是辭行，不如說是勸駕，沒有人知道我將離開，除了你，我只看了三個人，佛海先生、李贊老（思浩）與聞蘭老（聞蘭亭），對他們還只是公事上的交代，為了市政府、市政諮詢委員會及市民福利會的緣故。對你，則完全基於私人的友誼。」

我看到他態度的誠懇，我竟「恬不知恥」地告訴他：「我不走，而且我不需要走。我在佛海先生之下，為重慶做過一些工作，秘密電台中曾不斷有過獎勵，蔣委會長駐滬的代表蔣伯誠向我一再提出過保證，我完全信仰政府。關於你，政府不會對你原諒的，你應該離去，我祝頌你的平安。」他惋惜地說：「你過去的事，我有一些知道，但做政治工作怎樣可以如此地天真呢！功罪將基於成敗利害，而不會講什麼是非信義的，你如堅持，我不便勉強，我希望你考慮，否則你會後悔的。」他那時執著我的手，竟流下了眼淚，我頗為他的友情所感動，而我不以他的意見為正確。最後我送他出大門，眼看著他已捨棄了汽車，雇了一輛三輪車疾馳而去。這是朋友中唯一有先見的人，也是惟一勸我不要發傻勁的人。

八月十五日，又是一個重要的日子，決定淪陷區民眾是否將會遭受另一次浩劫的命運的一天。那天是日皇昭和與日本鈴木內閣正式公佈無條件投降的一日，在華日軍，已決定放棄負隅的困鬥，所有留居上海的日本僑民，事前都被召集到靜安寺路跑馬廳的廣場上，日兵在四周佈置了周密的戒備。臨時裝置的擴音器裡，把日皇的投降廣播，一字一句地送入每一個日人的耳朵裡。在場的日僑，聽到日皇低沉的聲音，他們漸漸地垂首至臆，漸漸地泣聲四起。這滿眼的亡國淒涼景象，使目睹這一幕的中國市民們於同情中發出的是痛快而不是憐憫。甲午戰爭以還半世紀所受國家的恥辱，才算在這一天獲得湔雪，而且能目睹他們受到應得的懲罰。當廣播完畢日僑退出廣場時，一個個垂頭喪氣，露出失神的目光，拖著歪斜的腳步，茫茫然像是面對著世界的末日。六年來的無比威風一掃而去，但中國神聖的國土，仍將永留餘腥！

在佛海由京回滬的翌日，一清早我就去看他，他正忙著部署京滬行動總指揮部的事，他看到我

以後，表示要我擔任宣傳處長一職，而天真得已到了愚騃程度的我，竟會向他提出要求說：「假如你定要我幫忙，我願意擔任軍法處長。」佛海聽了我的話，似乎覺得有些意外，他問我：「你怎樣會想做軍法處長的？」而我的答覆，卻愈來愈可笑，我說：「我想殺幾個我所知道的與看到的漢奸們！」佛海為之失笑了，他說：「軍法處長是不適宜於你的，為了駕輕就熟，還是幫忙我搞宣傳吧！」我還有些不服氣，我說：「我學的是法律，我為什麼不能當軍法處長？」佛海搖搖頭，最後說要讓他考慮後下午再給我答覆。

飯後我再去時，在他樓上一向作為起坐室的寬敞洋台上，堂皇高坐著另外有兩個人，一看就是我前文中所記一向被目為佛海手下小人物的程克祥與彭壽，過去他們在周家地位，幾乎相等於被隨意使喚的副官，他們一向追隨在楊惺華的左右，以惺華為靠山。當我進去時，不知道這兩位已經是風雲際會的人物了，我竟然有眼不識泰山，僅對他們隨便略一點頭。

佛海要我坐下後，立刻告訴我：「總指揮部的人事安排已定，而且已去電重慶軍事委員會備案。克祥任秘書長兼軍法處長，述先（彭壽字）任副秘書長兼宣傳處長，錢大櫆任經理處長。請你擔任宣傳處副處長一職。」佛海的話剛說完，程克祥立刻接著說：「現在已不是敵偽時代，你要好好的做事。」這一番話使我聽得心驚膽戰，程克祥以一個為「滿洲國」與「維新政府」科員的腳色，彭壽是道地為虎作倀的江西皇協軍的囑託，一夕之間居然成為佛海的左輔右弼，而且當著佛海的面，說出對我教訓的口吻。我沒有置可否，默然退出。但以這樣的兩個人來充任這樣的要角，使我最早懷疑的「京滬行動總指揮部」是一個過渡時期的特工機構，完全證實了。

晚上，我打了一個電話給佛海，問明沒有別人在他家裡，我又去了。佛海拉著我說：「克祥與述先擔任正副秘書長是雨農（戴笠）來電所推薦，他們似乎與你不對，反對你任宣傳處長，此後你要特別小心，暫時委屈一下，先敷衍了一個時期，再謀脫身的機會吧！」我看到佛海的神色，知道他正有一肚子的難言之苦，而且他此時已失去了自主，我如推辭，將徒然會增加他的困難。我什麼也沒有說就離開了他。

既然佛海透露了這樣的消息給我，雖然我想不出程克祥與彭壽對我不對的原因，唯一可以想到的，平時也許我的態度對他們有些傲慢。繼而我又想到了蔣伯誠，自他經我保出之後，一向視我為上賓，我應該把佛海的處境以及我個人的問題與他商量一下，因為他此時已是重慶在上海的最高人物了。

我仍然趕往百樂門公寓去，不料他已遷到了大西路。我轉往那裡時，門口已掛出了「軍事委員會委員長駐滬代表公署」的招牌，門口停滿了各式各樣的汽車，正有臣門如市之概，與以前蔣寓的冷落，崇朝之間景象已完全不同。我投刺請謁，居然仍立刻被延見。本來我進入時一路就滿腹懷疑，我在想，他為什麼不住到早已佈置完成了的福履理路去呢？

這裡有一段插曲，應該先向讀者補述。原來在民國卅四年的初春，有一次我去看伯誠，閒談中他忽然對我發出嘆息。他說：「為了國家，我把上海的一所住宅都賣了，現在住在這租來的簡陋公寓中，倒也罷了。不過政府正在佈置大反攻，一旦實現的時候，日本人是不會放過我的，那時恐怕我連躲藏的地方也沒有。」當時我雖不曾有什麼表示，而事後我也確然為他耽心，我與佛海商量以後，由我在「南京興業銀行」盈餘項下撥出了一筆款子，恍惚記得是金子一千六百兩，我在三天內就買下了福履理路的一所洋房。前面一宅是兩開間三樓，中間一個花園，後面一宅是三開間三樓。

買定以後，我把道契（租界時代的土地所有權憑證的名稱）與印鑑當面送給了伯誠。他當時還與我客氣，我說：「這是為你到緊要關頭時隱避的所在，我知道你目前的景況，所以墊款先代你買了，這是緊急措置，你收下再說，將來有錢時再還我吧！」承他們夫婦兩位，向我再三道謝。那所房屋比之現在的大西路的公署還要寬敞得多，而且我早已為他佈置好了室內的設備，伯誠為什麼又要另起爐灶呢？避嫌還是別有原因？但我知道這情形絕對不利於我，四周籠罩著的陰影，在我心上越來越深。

好不容易，等到一批又一批的賓客去了，我進入他的臥室，他與以前一樣的殷勤招待著我，問了一些外間的情形，他更對我表示關切，他說：「這幾年承你對我的照顧，以我病廢之身，一切工作全仗你代為出力，你放心吧！我會履行我對你保證的諾言。」那時，我對當前形勢還存有幻想，我說：「謝謝你的好意，國家勝利了，個人的得失，已是微不足道的事。我自已做的事，我願意對政府有個交代，你如能為我證明，當然求之不得。」他又說：「現在外面很亂，恐其他機構對你過去的形跡有所誤會，我先設法保護你吧！」說著就叫人請他的秘書長黃伯樵（前京滬滬杭兩路站長）進來，要他立刻辦一張證明書給我。一會，黃伯樵真的就把證明書撰好送進來了，上面寫得很道地，什麼「查××同志，於淪陷期內——掩護同志，供給經費，效忠抗戰，著有勞績，……合為證明」等語。

這太使我喜出望外了，因為這不但保護了我免於受滋擾之苦，也為我洗刷了與敵合作之嫌，我向他再三道謝。接著我又說明了來意，他皺著眉說：「你捲入了這新的漩渦，對你雖然不好，但堅辭不就，恐怕會另生枝節，不如敷衍一時，讓我再為你設法脫身。」我覺得蔣伯誠對我這樣古道可風，關懷備至，是這幾天中唯一的安慰，而他的意見也都是正理，我應當照做。自此，我也搖身一變，勝利後做起政府委任的「京滬行動總指揮部宣傳處副處長」來了，這機關不是「偽組織」，而我也不再是「偽員」了。於是一身武裝，滿臉官氣，帶了四名衛兵，坐著保險汽車，招搖過市。但是又有誰能知道我那時內心的徬徨與痛苦反十倍於以前呢？

一一三、興奮與惶惑中過了一月

照理說：「唯名與器不可以假人」，政府於勝利後公開以明令發表一個重要地區有關治安的官職，即使不是說為了以酬有功，至少也應該不會是一種手段的延續。周佛海在汪政權中所擔任的角色是那樣重要，故如政府要整肅紀綱，即不應再頒新命，如承認其輸誠有案，則顯然在念其微勞，棄瑕錄用。所以當佛海從秘密電台中傳來了「京滬行動總指揮」的委任時，自難怪其滿懷的欣奮與感激。而我，似乎真是太不受抬舉的人，雖然我在被人稱為偽組織的汪政府中，擔任過不少名義，而我卻並不曾感到有絲毫內疚。一旦在抗戰勝利後的正統政府下，又做起什麼行動指揮部的副處長來，反而有些徬徨不能自已。儘管那時也抱著政府既經任用，或可以不追究既往的僥倖心理，但我還是處心積慮，以求擺脫。也儘管我求去之心，由於翻了身的程克祥與彭壽兩人的氣焰委實難受，但假如只求苟全，又何妨吐面自乾？而我不此之圖，受職一星期以後，終於要求蔣伯誠藉辭「委員長駐滬代表公署」有所驅策，行文「京滬行動總指揮部」准我辭職。

佛海是知道我的真意的，一笑就立即加以批准了，那時我倒真有著無官一身輕之感。我所希望於未來的：今後跳出是非圈外，做一個安份良民，甚至是一頭太平之犬。我把所有的武器分別送給了朋友，本來為防衛「平報」與保護我自己的安全，我有著三十六名武裝保鑣。他們原是在中條山作戰的國軍，被俘後，經佛海要求改為他所主持的稅警團稅警。最初我那裡的警衛人員是由「七十六號」派來駐守的，自「平報」那次被人縱火，而發現把化學品的火種帶進報館的，就是「七十六號」來人中之一。因此，我親往稅警團挑選了廿六名比較精壯的漢子，以代替「七十六號」的那批舊人。我辭去了「行動總指揮部」的職務以後，又把這批保鑣給資遣散了，他們身上都有比較犀利的武器，我收了下來一律送與別人。最後我防身用的一枝新式轉輪槍，也送給了蔣伯誠的兒子宇鈞。

雖然從八月中至九月初，國軍還沒有開到。南京由周鎬為首的地下鑽出來的人員，已鬧得煙霧瘴氣。上海的秩序，大體因仍由日軍維持而表面上看來還平靜，但重慶的地工人員，已四出活動。只要與重慶的大員沾親帶故的，就以地下工作人員自居，有人承認為中統，也有人承認為軍統，但誰也不知道他們身分的真假與職位的高下。所有汪政權的人沒一個不提心吊膽，只要有人向他示意一下，不是自動的以金條珠寶奉獻，就是乖乖兒的讓出自己的住宅，以及所有的傢俱與應用東西。短短半月之間，全滬已有了「王侯宅第皆新主」的情形，日軍不管你們中國人自己的事，「行動總指揮部」更不敢管土行孫們的自由行動。雖然重慶還在不斷表示寬大，要淪陷區的舊員各守崗位，而許多人已預感到事情不妙，溜走的溜走，隱藏的隱藏。惟有我，絲毫未曾作出任何準備。

佛海與錢大櫆每天照常到「中央儲備銀行」辦公，一面辦理結束，而另一方面因為市面上流通的還是「中央儲備券」，所有與重慶有關的在滬工作人員，只要憑一紙字條，就可以領取現鈔。佛海他們忙於應付的，還是為了無限制的支付經費。到最後，「中儲券」領光了，更取出庫存的法幣與關金券。只有金條、銀塊與外匯外幣沒有動用。以後錢大櫆在獄中告訴我，從勝利到中央財政

特派員陳行來滬正式接收中儲為止，於此一個多月中，中儲券的付出，約略相等於六年淪陷時期的總數。所以前文我寫過政府宣布法幣與中儲券的折合率為二百作一，讓人民受不應受的損失，是不公平的。依照重慶中央銀行當天所掛出的牌價，與「中儲」庫存的金、銀、外匯、外幣相抵，中儲券與法幣的兌換，實值每二十八元中儲券抵一元法幣。而其中半數，還是勝利後為重慶方面自已所動用的。所以那時重慶來的人，只要身邊帶個幾千元法幣關金，一換中儲券，就成為相當可觀的數字，正因為來得太容易了，所以從天上飛下來的人，其浪費揮霍，也到了驚人的程度。

重慶正式宣布派來接收上海的隊伍，不是近在咫尺可以立時開到的第三戰區顧祝同部，忽然變了有待空運的湯恩伯部。那時共軍加緊活動，浦東方面已有不穩的情勢，而謠傳寧紹方面的共軍游擊隊「三五支隊」有來滬襲擊的消息。一時風聲鶴唳，人心惶惶。佛海向日軍「登部隊」提出要求，聲明只有中央部隊有權接收，如共軍進襲，希望日軍還擊，否則滬市如為共軍捷足先得，日方應負完全責任。同時，佛海把他可以指揮的滬市保安隊與稅警，開赴浦東一帶防守，以為萬一之備。幸而經先期部署，共軍又以實力懸殊，總算上海又僥倖避免了一次兵燹之禍。

表面上，上海居於最高地位的委員長駐滬代表蔣伯誠，他並不曾因為勝利而帶給他喜悅，相反地他充滿了失望與煩惱。抗戰六年，他以病廢之身，始終冒險在上海力疾工作，被日本憲兵拘捕時，他又幾乎送了性命。他得到佛海的全力協助，也不能不說他曾經為抗戰立過一些功勛。以他與最高當局的關係，他滿以為勝利後的第一任上海市長，捨他莫屬。不料重慶廣播發表的竟然是錢大鈞，他辛苦一場，什麼也沒有得到。聽到這消息之後，一時使他血壓上升，屢屢陷於昏迷狀態，他經常服羚羊角為治標之計。加著他與軍統之間，又攪得不好。一次，軍統人員接收了一處房屋，屋主與伯誠的兒子宇鈞有些交誼，宇鈞就持著我送給他的槍前往出頭交涉。事後軍統以很不客氣的態度通知伯誠，說代表公署無權干預軍統的行動。伯誠一怒，叫宇鈞在申斥之際，順手一記，把他的耳朵也打聾了，半個月才恢復聽覺，身上的槍也給父親繳械，蔣伯誠的滿腹牢騷，與他形式上的優勢，很少人知道有這種微妙的情形。

大約在九月初，正確的日期我已記不起了。第一個到達上海的是副市長吳紹澍，他以英雄凱旋式的姿態進入滬市。那天全滬如癡如狂，以歡迎由重慶派來的正式官員。愛多亞路一帶人山人海，滿街的爆竹聲，歡呼聲震耳欲聾。人民在敵人的鐵蹄下渡過了八年的淒涼歲月，雖然汪政權的確曾盡過一絲迴護的力量，而到了國家勝利的時候，民眾對於政府擁護的熱烈，滿懷將再過承平盛世的日子，不由得不造成那空前的場面。吳紹澍抵滬的當時，嚴惠予為他設宴接風，主要的陪客是周佛海，那晚因紹澍說出了初春佛海給蔣先生的一封秘密信，由他帶渝面呈之際，蔣先生讀到最後，不禁熱淚盈眶的話（事詳前記「一封專送重慶的秘密信」一節中），使佛海一切聽命於重慶的決心，發生了更進一步的影響。

第二個抵滬的，是所謂「海上聞人」杜月笙，那天赴梵王渡車站接他的親友故舊，以及徒子徒孫，又是萬人空巷。傳說中他在重慶時因金潮案而聲勢遠不如前的謠傳，也為之一廓而清。總之，勝利之初，凡自抗戰區來的人，都被人望若神仙，又何況在上海社會有過深厚基礎的杜月笙呢？當他抵滬的第三天，徐采丞來電話要我去看他一次，並且已為我約定翌日下午二時。起初我婉謝了，我聲明過去與他並沒有什麼交誼，不想冒昧驚動。卻承采丞的好意，他說：「一切已為你安排好了，杜先生與戴先生（按指軍統局長戴笠）有著很深的關係，或許他能幫你的忙，我已將你的一切告訴了他，他也歡迎你能去一談。」這樣我就不便固卻，第二天準時去華格臬路杜宅。那裡賓客滿堂，重見國民革命軍抵滬後清黨時代的杜宅盛況。他的手下哼哈二將唐世昌與萬墨林迎我進去，告訴我這幾天杜氏喘病劇發，要我談話儘量簡單。我進去後稍作寒暄，他問我在汪政府擔任過什麼職務，我據實說了。他說話已很艱難，有些上氣不接下氣之概，發出的聲音極為微弱，他說：「你就做過這一些事，當然沒有什麼關係，采丞告訴我，你曾幫過我們不少忙。將來戴先生前，我一定會儘量替你解釋。」我立即起身告辭，前後還不到五分鐘時間，世昌與墨林驚訝我談得何其快也，我苦笑著說：「本來，我就沒有什麼可以與杜先生談的。」但杜月笙與戴笠之間，倒是不僅有通常密切的友誼，而且更有著工作上的聯繫。以後軍統在滬的辦事地點杜美路七十號，就是杜月笙戰前新蓋好的私宅。我與杜一面以後，始終並未得到任何反應，我不知那次他又何以要與我見面。

第三人來滬的，實際上為有關汪政權收場命運最重要的人物戴笠了。軍統是奉命全權主持逮捕、接收等的一切工作。最後他由青島乘機飛京，在南京近郊戴山撞死為止，才由鄭介民、毛人鳳等接替了他的任務。

一二四、戴笠出現在周佛海家裡

戴笠不僅是軍事委員會調查統計局局長，又主辦著中美合作所，得到最高當局寵眷，具有無比的潛力。他悄悄而來，事前我當然完全不知道這個消息。有天中午，我往佛海居爾典路的家去。警衛是知道我的汽車號碼的，駛抵門口，兩扇大鐵門還像平時一樣地不待詢問呀然而闢。車子沿著通過花園的甬道，在室門前停落，推門而入，右面就是樓梯，我毫不介意地也像平時一樣的拾級而登，不料梯旁一名駐守的副官，伸手把我擋了一下，我向他瞪了一眼，仍自管自的上去了。不料周太太的同學一向為她管家的吳小姐與慧海（佛海的女兒）聽到有人上樓，已先等在樓梯口，看見是我，輕輕地告訴我佛海有客，要我到慧海的房裡去坐，意思就是不讓我到佛海的起居室去。我覺得今天的氣氛太不尋常，只好隨著到了慧海的寢室，隔著窗可以望到佛海正與一個肥黑的人交頭接耳地在密談。我忍不住問吳小姐來客是誰，她細聲細氣地說：「是戴先生。」我又隔窗端詳了一下，竟已完全不認識這就是鼎鼎大名的戴雨農將軍了。

十八年前，我是見過他的。就是民十八蔣氏北上與易幟後的張學良在北平見面，我以隨節記者身分在蔣先生的專車上，也就是蔣氏為我介識佛海的那一次。當時戴氏雖是蔣先生的隨從之一，不過他還是不受人們重視的總司令部隨從副官而已。記得是瘦瘦的身裁，白淨的面孔，遠不像十八年後那樣的黝黑肥碩了。前後的形態已經變得很多，難怪對他我已完全想不起了。

在汪政權的這幾年中，佛海曾寫過不少文章，登載在「古今」雜誌與「平報」上。一次，主辦「古今」的朱樸之為他整理已經發表的文字，刊印《往矣集》單行本，佛海因為北伐時我當過隨軍記者，拍過不少新聞照，要我為他尋幾張舊照，作為卷首的插圖。大部份的照片，在抗戰初起時，我鄉間的房屋被炸，早已蕩然無存，而在篋底中，我終於找到了一張攝於泰山頂上日觀峰前的舊照，裡面有蔣氏、孔祥熙、熊式輝、趙戴文、陳布雷、周佛海等數十人。

我拿去給了佛海，他正在欹歔展玩之時，羅君強忽然指著立於最後衛隊中間的一人說：「這是戴雨農。」以後戴氏負責保密工作，為了他本人的安全，他的照相，向不公開刊印於書報之上。因此這張照片被認為是難得的一幀，《往矣集》出版後，此影就成為主要的插圖。說明上還特別指出戴氏，更把攝影者是我也標明了。《往矣集》發行以後，傳來的不經之談，說我公開了戴氏的照相，使他極度不滿。我想或許佛海的不讓我與戴氏覿面，這一段往事，不無原因所在。但畢竟那天周家的情形，顯得過分有些嚴重而緊張。

我不曾逗留多少時候就走了。等同日晚上再去時，佛海蹙著眉頭，正在室中背著手往來盤旋。佛海見我上樓，招招手要我到他的寢室中去。他關上了門對我說：「雨農來了，今午還在我這裡午飯，他表示得很好，或許他能負起一切的責任。」他又躊躇一晌，話題轉了，忽然問我：「你銀行裡還有多少金條？」我問他：「有什麼用，需要多少？」他說：「總數要二千條（按為二萬市兩），我希望由你與（邵）式軍、（孫）曜東、（楊）惺華四人平均分擔。假如籌足交去了，我相信大家將會獲得平安。」我忍不住衝口而出，問他誰要那麼多金條，他期期艾艾的尚未出口，我自已已覺得這問得委實是多餘的，所以不等他的答覆，我就接著說：「銀行裡本來不止這許多條子，但前幾天因為應付存戶提取存款關係，大多數已經賣出了，而且你知道還是賣給中央儲備銀行的。既然你急需，我盡我的力量設法就是。」他木然沒有再作他語。

要我分擔的五百條金條並不是一個小數目，那時，我已不死而僵，怎樣也湊不出這個數目來。三天以後，我再去看佛海，先把我的實際情形告訴了他，我說：「你需要的東西當然是必要的，現金條我已所剩無幾，不敷此數，但銀行裡還有不少房產，我南京的銀行大廈連房帶地，時值就不止五百條，我另外又帶來了幾處住宅的房產道契，由你挑選隨便作什麼價錢，為求簡捷，最好賣給中央儲備銀行，解決你當前的困難。」佛海說：「現在不要了，因為從前的那個辦法已經作罷。」到現在為止，我到底不知道誰問佛海要這二千條的。佛海的所謂作罷，究竟是托辭呢？還是他已另行設法交付了。在當時，盛傳有關接收怪現狀的所謂「五子登科」：條子、房子、女子、車子、與面子，有此五子，可以免罪，也可以買命。但一要就是二千條，這未免太有些駭人聽聞了。

從戴笠到滬以迄與佛海一同飛渝的這段時期中，戴氏幾於沒有一天不在佛海家裡，兩人唧唧噥噥地促膝深談，表面上像是水乳交融，而佛海的神色卻愈來愈沮喪，脾氣也愈來愈暴躁。到了晚上，周公館中還是高朋滿座，羅君強、熊劍東、邵式軍等，也幾乎每天必去。事實上都是去探聽吉凶消息的，雖濟濟一堂，已無復如勝利前的滿室歡笑之聲。沉寂得形成大家面面相覷之狀。比較泰然的是羅君強，他還是那樣地輕鬆。他告訴我，他的前途，決無問題，他與第三戰區有關係，而又與蔣經國有聯繫，他表示得很樂觀，而且好似懷有充分的信心。

但周家的情形，顯得愈來愈黯淡，原來像下人一樣的程克祥彭壽，此時飛揚跋扈，頤指氣使，早有喧賓奪主之概。周家住宅門前本來以厚磚建成的防禦堡壘的，家中數十名警衛人員本來一律穿軍服的，從戴笠到滬以後的一星期，門口的堡壘拆除了，警衛也已改穿了便服，據說就是出於戴氏的勸告。

從勝利以後的一個月中，社會上已漸漸的顯得趨於混亂，到處都是接收機關。而原來留在淪陷區的人，誰也無可否認，明的、暗的，直接的、間接的，不是與日人有關係，就是與汪政權中的人有來往。當然他們都有其不得已的苦衷，有人為了保全自己的身家性命，更有人想渾水中摸魚。而真要如政府那樣地嚴格相繩，那所有淪陷區的人，誰都是順民，誰都可以戴一頂漢奸帽子，人人都是犯了滔天大罪。那時接收機關林立，軍統的李誦詩等已在杜美路七十號成立了機構；中統的嵇希中等也在亞爾培路二號開始活動；憲兵隊姜公美已經開拔抵滬；三民主義青年團莊鶴礽等接收了金神父路盛幼盦的住宅掛出招牌；第三戰區張叔平則住在五金商人陳詠仁家裡十分忙碌。而且下面各有很多分支機構，有許多單獨活動的工作人員，沒有人知道那一個機關是有權接收，那一個機構是奉命工作的。凡是重慶方面來的人，就有無上權威。新新公司的總經理李澤、新聞報的副社長陳日平，首先以漢奸嫌疑遭到了逮捕。

正式開始拘捕汪政權的人，是九月二十七。那天清晨，我已聽到了外面傳來的消息。一早我就到佛海家去，不料進門以後，下面的會客室已經改為臥室，羅君強遷來住在那裡。他一眼看到我進門，嚷著說：「大家都去自首了，你為什麼還不去？我部下比較重要的如滿其蔚、蔡羹舜、葛偉昶等全都聽了我的話去了。」我心裡對他置身事外的優悠態度與風涼話有些反感，但我不想與他爭執，笑笑說：「譬如這次是盛大的招待宴吧！我既沒有接到請帖，就不好意思自己送上門去了。」一說完話不等他再說，掉首逕自上樓。

佛海方在獨自進早餐，滿面愁容，他懶洋洋地告訴我：「軍統已奉命對我們採取行動，許多人被拘捕了；許多人已經去自首。吳頌皋、聞蘭亭等三老都去了，聽說地點是在南市火車站的看守所，雨農說：『進去的人，都予以生活上的優待。』但政府最後的處置，尚未決定。」我說：「剛才樓下君強也要我去，你看如何？」他遲疑了一陣說：「暫時你可以不必去，等待情勢的變化再說。」

這幾天之內，不斷傳來朋友們被拘捕的消息，某人鋃鐺入獄了，家裡也同時有「中美合作所」、「忠義救國軍」等的武裝人員看管，要供給他們住宿，任何東西的毀損與取走，不受物主的干涉。中間也有些不自愛的抗戰英雄們，對婦女有些軌外行動的。令人想到在專制王朝時，對叛臣的妻孥們，可籍沒為官妓的，易代之際，這現象也就不足為奇。我是學過法律的書呆子，還以為假如參加汪政權的人，都違犯了國家的法紀，為什麼不堂堂正正由法院來辦理，而要交付給軍事性的特工機構來主持呢？敗則為寇，當然這只是我的空想！我決定不逃避任何責任，靜候未來不可知命運的來臨。

一二五、人人自危的上海市民們

這時，所有重慶的軍政人員，尤其是從事於特務工作或者負有接收使命的人，他們個個以英雄自居；抗戰期內，住在淪陷區的「順民」們，自然更以英雄相視了。凡是被目為「順民」的人，八年之中，誰沒有吃過「敵」「偽」配給的戶口米？誰又不曾與「敵」「偽」來往過？因此，每個人都有著洗不掉的「漢奸」嫌疑。誰不想自保？而自保的方法，不是說理，更不是講法，他們運用著兩項武器：第一、消極方面，儘量唾罵汪政權中人怎樣「無恥」，怎樣「壓迫」他們做不願意做的事。越是抗戰期間與汪政權中人關係越密切的，罵得也越是厲害，忠義奮發，溢於辭表。這是太值得憐憫的事！不罵，就顯得有同情之嫌，自身就更有遭禍之慮。第二、積極方面，儘量使重慶人員諒解，口頭上的歌頌以外，除了性命，就願獻出所有的一切。於是，重慶有關的人員，住的是設備完善的華麗洋房，坐的是八汽缸的名牌汽車，袋裡有用不盡的金子、美鈔與法幣，身邊有「順民」或「叛逆」們的妻孥、交際花、紅伶、紅舞女等。平時身價自高的影星們，有些是經「敵」「偽」一手培植起來的，有些做過反英美的「春江遺恨」「萬世流芳」等一類的電影。那時，投懷送抱，更獻出她們的靈魂與肉體。抗戰英雄們為了抗戰流血流汗，此時還不應予取予求？真是一朝得志，八面威風！

重慶對收拾淪陷區的手段，也發揮了最高度的技巧，就地取材，因利乘便，運用參加過汪政權的人，以對付不必再運用的汪政權的人。捉人有「七十六號」橫行一時的萬里浪、陳恭澍等。接收有周佛海部下的小人物程克祥、彭壽，以及吳四寶的乾兒子佘祥琴等。既駕輕就熟，更大義滅親。辦得轟轟烈烈，熱熱鬧鬧，其情形大可以借用中共目前的兩句口號：「鼓足幹勁，力爭上游！」但是上海的市民們卻有了人人自危之感。參加過汪政權職位或大或小的人，自然一體「罪」有應得，做生意的難免不與敵「偽」有交易，安份的居民，就與用以自保的保甲有著關係，是「順民」，更是附「逆」！只要抓住任何一點，就有毀家殺身之禍。這就是說：偽了整肅國家的紀綱，所以，只要有人檢舉，只要被林林總總的執「法」人員所注意，誰也就逃不了未來任何的遭遇。其間應付有術、趨附有方的人也不是沒有，這只能說是法外開恩了。

勝利以後的一個月中，看情形越來越嚴重，不像政府所三令五申的將出以寬大。接收人員抱著「超額完成」的熱忱，執「法」如山。程克祥、彭壽等換上了校級的軍服，好不威武！霞飛路的家中，過去一向是冷冷清清的，此時賓客如雲，臣門如市，送禮的絡繹不絕，其間有案可稽的如孫曜東送給×××的妻子六克拉鑽戒一枚，另臥室紅木傢俱全堂。鑽戒的重量還夠，自然欣蒙笑納了。傢俱則彭太太認為質料不好，飭令重換。此事以後曾經鬧到高等法院檢察處，也居然開庭偵查，結果當然為了「事出有因，查無實據」，不了而了。

原「維新政府」舊人中，搜羅古代書籍字畫最多的，要推陳群、梁鴻志兩人。陳群倒不愧有先見之明，勝利以前，早將所有藏書公開，在南京設立了一個「澤存書庫」。自殺以前，更遺囑以全部藏書奉獻國家，料理得一乾二淨。梁鴻志一生收購了不少宋代字畫，以及古版孤本，平時摩挲展玩，愛不忍釋。一聲勝利，其家人想寄藏他處，而為他所阻止，他說：「我無事，這東西將來還是我的；否則一經搬遷，即易散失，即使由別人拿去，還是讓它留個完完整整的吧！」所以全部珍藏，還是好好地放在上海畢勛路他的家裡。誰料梁鴻志避匿蘇垣，尚未被逮，忠義救國軍陳默部隊進駐，放在案頭上的一幅蘇東坡的真跡，立刻不翼而飛。許多宋明版的書籍，家人眼睜睜地望著兵士們已經用來拭穢了。

在提籃橋監獄中時，忽然一天把梁鴻志提審，原來在陳默家裡發現了上面有梁名字的扇面，因此有勞法院查問，似乎陳默還因此被羈押過一時。梁鴻志開庭後回來告訴我說：「我這次被逮，生命不足惜，毀家無所憾，但有兩事將永不能釋然於懷。第一、拘捕我的人卻是我所提攜的『維新政府』的部屬；第二、像蘇東坡墨蹟那樣的稀有國寶，而竟落入於武夫之手。」他又嘆了一口氣說：「你還年輕，而我已是大夢初覺的人了。我誠懇地告訴你：世間有兩件最骯髒而男人最歡喜玩的事，是政治與女性生殖器。你是會出去的，今後，希望你要有勇氣能對這兩樣東西遠而避之。」雖然，這是他出於一時的憤激之談，到今天，我還是一直縈迴著他這幾句將死的善言。

在汪政權中最有權力的人是周佛海，而對重慶效命最力的人也是周佛海。他向重慶軍事委員會反正有案，他奉命經辦了許多地下工作，秘密電台不斷傳來的命令，是立功有獎！但當我於勝利後每次去看他的時候，反而見得神色沮喪，心緒歷亂，他常常一個人獨坐著呆呆地出神。原來是他部下微不足道的小人物如程克祥、彭壽之流，現在居然在他面前，指責這樣，訴說那樣。他們完全不像是他的僚屬，而儼然成為太上行動總指揮了。許多跟從他六年的人，大半都已在縲絏之中，幸而還未入獄的，也都在束手待捕，他更不能不無動於衷，我看他時移勢易，已失去了當年的氣派，竟至一無作為。

軍統局長戴笠留滬時期，幾乎沒有一天不在他家裡詳談，我相信戴氏一定給他以安慰，而且也一定曾對他提出過安全的保證。因為以後佛海在獄中聽到戴氏撞機殞命的消息以後，他曾露骨地表示說：「雨農死，我也完了！」對京滬行動總指揮的事，除了從「中央儲備銀行」中取出鈔票儘量供應以外，他幾乎全不過問。每天他仍照常到「中儲」去辦公，回家後僅剩得借酒澆愁。我去看他時，也不再如前的有說有笑，往往相對而坐，默默無言，偶爾在他臉上露出微微的一絲苦笑，在神情上已可以看出他有了「凶多吉少」的預感。

勝利以後，佛海也的確曾經為了自己的命運而掙扎過。他於八月十六日趕往南京的時候，因為他與顧祝同戰前共事於江蘇省政府（顧任主席，周任教育廳長），戰時靠了密設的電台有很好的聯繫，電訊不絕，信使不絕。戰後第三戰區以駐地關係，應該是受命接收京滬的負責機構，佛海也且視為最大的助力。所以那天同去南京的人，就有第三戰區的在滬人員何世楨、張叔平等。他於啟行時一團高興，而回來以後，始終就絕口不曾提過此事，其結果也就可想而知。

當他在留京期內，曾任汪政權「宣傳部次長」的章克去看過他，章克自稱是新四軍的代表，要佛海帶兵往江北與新四軍合流。佛海因為是中共的「元勛」，所以太瞭解中共的真相；佛海因為還是在長沙曾公祠勸毛澤東加入中共的人，因此也太知道中共領袖們的性格。他拒絕了章克的誘勸，在南京與陳公博鬧了幾乎兵戎相見不愉快的一幕以後，又垂頭喪氣地回到上海。從戴笠與他見面以後，在無數次的長談中，他已死心塌地把自己未來的命運，完全付託在戴笠之手。從戰時直到勝利之初，軍統的運用周佛海，可稱為特務工作上的一項最輝煌的傑作！

一二六、蔣伯誠向周佛海進忠告

我記得那一天是九月二十八日，也就是周佛海飛往重慶前的兩日。他以電話要我到他家裡去一次，我立即前往。他領我進到他的臥室，把房門緊緊地關上了，情形顯得異常嚴重。他沉思了一下，對我說：「我想要你到蔣伯誠那裡去一次，因為有人勸我避開上海這亂糟糟而又多是非的環境，飛往重慶去易地靜養。我心緒已亂，你代我去問問伯誠對此的意見如何？」我聽了他的話有點感到突然，不便詳詢究竟，我只輕描淡寫地問了一句：「那末你決定了沒有？」他搖搖頭說：「因為沒有決定，所以請你去聽聽伯誠的意見。」

這樣，我辭出後就直接去大西路「軍事委員會委員長駐滬代表公署」去看蔣伯誠。那天，代表公署的賓客特別多，我去時會客室裡已坐滿了候見的各式人等。蔣伯誠的太太杜麗雲要我在她的房裡守候，因為她與伯誠的房間正好相對，她說：「今天客人那樣多，不知你要等到什麼時候。你小坐片刻，等裡面的人出來了，你就先進去。」我謝了她的好意，不到五分鐘的時間，她向我招招手，我隨著她到了伯誠的房門口，而從房裡出來的人竟然是丁默邨。他看見是我，有愕然的表情，他莫名其妙地問我，「你也來這裡？」我含糊其辭地答他：「有事。」

伯誠還是病廢在床上，我落坐後直截了當地道達了來意。他沉吟了一下，又皺皺眉頭說：「這事使我為難了，你知道我與戴雨農是不對的，如照我旁觀者的立場說真話，可能會破壞了戴雨農的好事，招人之恨；但不說真話，過去我和佛海是嫖友，這幾年他也照應了我不少。那這樣吧！照我的想法告訴你，你回去和佛海轉述時，千萬不要說出是我的意思。」他停了一下，又繼續道：「其實，佛海既已決定偕雨農飛渝，又何必多此一舉，再來問我？」我忍不住問他：「你怎麼知道他已決定飛渝了呢？」伯誠失笑了！他說：「丁默邨將與佛海雨農同去，剛才你還不是看見默邨來向我辭行的嗎？」我有點出乎意外，這六年中，我發覺佛海竟然會對我講假話。

伯誠突然精神似乎顯得有些亢奮，自言自語地說：「雨農真夠聰明，也真有他的一手！佛海留在上海，雖然已經誠心誠意的聽命中央，但他手裡還擁有可以指揮的數十萬軍隊，雨農不能不防會礙手礙腳，或許有人會出而反抗。調虎離山之後，蛇無頭而不行，這樣更方便於他的『肅奸』和接收工作了。妙計！妙計！」

他忘記我還坐在旁邊，說到妙計時，把他一隻無力的手拍著床沿，此時他回頭望著我，向我正顏相告：「紹澍回來告訴我；儘管委員長對佛海的態度很好，讀到佛海的去信時，還為之流淚。但是，我以為佛海此去，前途還是凶多吉少。因為（一）美蘇兩國的態度不可知。如其美蘇有不利於佛海的主張時，中國與美蘇為盟國，即委員長也將無法為佛海迴護。（二）國民參政員都是好事的破靴黨，像佛海在汪政權的地位，他一下飛機，他們自會立刻起鬨了。（三）報紙最愛唱高調，有這樣的好題目可抓，還不大做文章？（四）佛海可惜了！他與ＣＣ有這樣很深的淵源，而他竟然為後輩戴雨農所主持的軍統效力，恐怕ＣＣ對他也不會諒解吧！佛海一去，情形會變得格外嚴重。以他的聰明，而且過去太熟悉於當局的事與當政的人，又何必再來問我？」說著，他又長嘆了一聲。

我向他道謝之後，再回到佛海那裡。

我上樓到佛海的起居室中，一個在上海前後數十年的老日僑船津辰一郎坐在那裡，正與佛海密談。我那時心裡亂得很，面上完全露出了不安的神情，佛海雖然與船津用日語在交談，但他不時回過頭來看我。等船津去了，他急急忙忙來問我：「伯誠怎樣說？」我一五一十地照伯誠講的話都照直告訴了他。他聽完之後，在室中盤旋，我問他：「CC究竟對你怎樣？」而佛海的喉嚨忽然拉得很高，他含有怒意的說：「難道他們不要我，我跪在他們面前去求他們不成！」我看到佛海的神態已經失常了，僅僅又加問了一句：「到底你去重慶是否已經決定了？」他很乾脆地答覆我：「不曾。」我再沒有話說了，我向他告辭，這是我與他最後的一面。前後三十年的朋友，從此再也沒有能見他了。

因為從他那一天的態度來看，佛海似乎已換了一個人似的，他與我見了面也已沒有什麼可談，程克祥、彭壽等又每天在他家裡，我更看不慣他們飛揚跋扈的情形，周太太又出出進進的一片忙碌，不暇招呼別人。去既顯得無聊，我也就沒有再去。那天晚上，我知道汪政權已到了「天下無不散的筵席」的一天，我決計離家暫時住到朋友那裡。這時天氣還很燠熱，我命廚子特別製備了平素歡喜的西菜，在花園內草地上設了長桌，於夕陽餘暉中與家人作最後一次的團聚。孩子們還不知家破人亡，已迫於眉睫，高高興興地狼吞虎嚥。我與妻子漠然相對，對一草一木，都像有無限的留戀。匆匆地食畢以後，往每間屋內巡視了一周，挾著幾件更換的衣服，悄然而去。從此，就永遠離開了我半生辛苦經營的家。

直到九月三十日的下午，我從晚報上看到了大字標題佛海飛渝的消息。我才知道佛海沒有留給我一句話真的去了。新聞中報導同機而去的除戴笠而外，有羅君強和佛海的內弟楊惺華，以及「中央儲備銀行總務處處長」馬驥良。那時佛海病體未痊，每天本是勉強支持著起來應付當前的一切。馬驥良一直在他身畔照顧著他。君強、惺華、鐵良三人的同去，當然出於佛海的要求，此外，丁默邨是與戴笠當中統局初成立時，同任處長的同事，那當然是與戴氏直接的關係。起飛時間是那天的清晨，起飛的地點是引翔港飛機場。等我看到報紙的時候，大約佛海等已經到了重慶。

佛海飛渝以後，初在嘉陵江畔的一間大宅中軟禁，供應還算周備。一度他的夫人楊淑慧、子幼海等也被一同關在那裡。戴笠死後，移禁到重慶的土橋監獄。到翌年，又解往南京老虎橋監獄。兩審判處死刑，國民政府蔣主席以其反正有案，明令特赦，改處無期徒刑，直至瘐斃為止。這是後話。

周太太在重慶一度被羈，旋即釋放回滬，軍統局又因追查財產，把她與其女慧海，由余祥琴（在軍統中易名林基）經手，拘押在上海福履理路楚園的軍統看守所，朝夕逼查，弄得周太太吞金求死，終於把所有的財產獻出以後，才得留著一條性命回來。

我對佛海的飛渝，個人受了很大刺激，我追隨他六年之中，承他推心置腹，無話不談。當我幾度想退出汪政權時，他總流著淚，拉著我的手，淒然地說：「我們同心協力的做一分是一分，將來如不獲政府諒解，死也死在一起。」言猶在耳，而到了最後關頭，儘管他對君強的驕矜作風，平時深致不滿，對惺華的年少輕浮，頗多戒責，而結果還是相攜與俱。我們之間的關係不能算不深，而及其行也，竟至無一言相告。我從伯誠那裡回來問他時，他還說未作決定。看到了他飛渝的消息，我不能不自笑過去的太謬托知己了。

本來，當我為蔣伯誠奔走的時候，承伯誠的好意，對我的一切，他願意一力承擔，時常拍著胸膛說：「我對你負責，我向你保證。」我總是向他道謝，我說：「為了國家，我願意對自己負責，斧鉞之誅，我不會逃避，功罪是非，我願意受國法的裁判。」這時佛海去了，我有了前途茫茫之感，沒有人再可以商量，也不知將怎樣自處？自己的命運，只有等待自己的決定了。那時每天不斷傳來了朋友們不幸的消息，某一人進去了，某一家被占了。我徬徨得很，也矛盾得很。幾個比較接近的朋友，已有了應變的方法，在亞爾培路一條幽靜的弄裡，住的都是在中國有優越地位的外國人，他們約了四個人，雇了一名廚子，單身住在那裡，打打小牌，談談笑話，即以此為世外桃源。他們要我也住過去，他們有他們的理由：以為搞政治即不必談是非，現在戶口辦得並不周密，決不能挨戶搜索，況且此地住的都是外國人，當局如非得到確實情報，否則決不至於鹵莽行事。他們的意見事後證明是準確的，這幾位藏匿在那裡的朋友，終於一個也不曾出事。而我，有不同的意見，以為我個人對國家的行為應當不逃避任何責任。同時，經過了八年身處在淪陷區中，使我天真地完全信仰了政府，尤其我是學法律的人，我不能不信仰法律的尊嚴。因此，我不理朋友們的勸告，想以「英雄」的姿態，昂然作出了自首的決定，把六年中的一切，向回來的政府有個坦白的交代。

一二七、曲終人未散的南京情況

和平以後的上海，雖然因接收手法所引起的人心極度惶惑，但表面上還能維持平靜。各式各樣的接收人員忙著於幕後進行交易，大約由於無往不利之故，晚間酒樓、舞廳、妓院空前熱鬧。捉人是儘量用「誘捕」方法；接收更是得心應手。汪政權中人，以至在淪陷區所有有地位的、有財富的工商，社會上的各式人士，一個個任憑擺佈，無人敢於反抗；甚且無人願意反抗。政府此時的威嚴，發揮到了極點，使「順民」們看得眼花撩亂，動魄驚心！

作為汪政權首都的南京，反而例外地一片混亂，且一度幾乎釀成鉅禍。日本投降的消息，京滬兩地都於八月十日黃昏後不久收到的，但日政府既未正式公佈，日本陸軍大臣南部還是倔強地下令繼續作戰。在華的日本駐軍，尤其少壯派軍人，叫囂激動，他們固然不甘於身受亡國之慘，更不甘心於向中國投降。他們傲慢地說：我們在華作戰八年，節節勝利，前鋒曾推進至獨山，假如沒有「大東亞戰爭」的發生，最低限度國民政府早已遷至西康。今天，在華還有三百萬人的軍力，大可一戰，如以戰勝者而向戰敗者投降，誓死反對。一部份軍人且以行動迫著直屬長官不接受日政府投降的命令。如前文所述，上海駐軍「登部隊」的參謀長，還曾奉令正式訪問周佛海，聲明在中國地區將繼續作戰的意向。大約那時駐華日軍內部的爭持，與東京少壯派軍人因反對投降而採取激烈行動的情形正不相上下。直至八月十五日日政府正式公佈投降，由於日人傳統上對皇室的尊敬，少壯派軍人終於被上級說服，和平也終於獲得了實現。

周佛海於十五日證實了日政府已正式接受波茨坦宣言的消息，因為按照當時的情勢，京滬地區接收部隊，必然是顧祝同的第三戰區，因於當晚帶同第三戰區的在滬地下工作人員何世楨張叔平等，搭乘京滬夜車赴京，與陳公博會同結束政權，收拾殘局。

汪政權最後的解散會議，公博直等至佛海抵京以後，於八月十六日下午，在南京頤和路新「主席官邸」舉行，凡是汪政權在京的「部長」以上人員，全體出席。由公博任主席，報告日本政府已宣布接受波茨坦宣言而無條件投降，在華日方，亦已分別由谷正之大使、陸軍今井少將、海軍少川少將正式通知，奉行日政府命令。和平願望既已實現，「政府」自應宣告解散。各機關應照常辦公，負責結束，靜待接收。出席各人，無一人對汪政權之解散表示異議，公博即取出預先擬就的解散宣言，當場宣讀，大意是勉勵各地軍隊以統一為重，不得擁兵反抗。會議中對解散宣言僅有字句上的修正，經過很短的討論，就順利通過。惟以政權既已結束，而重慶軍隊尚未開到，在青黃不接之際，把汪政府改為「南京臨時政務委員會」，而以原「軍事委員會」改為「治安委員會」，以為指揮辦理各部門的結束事宜以及維持各地方治安的總機構。同時擬就了電報，托何世楨電第三戰區司令部，轉電重慶呈報蔣氏。至此，汪氏所領導的「國民政府」永成為歷史上的名辭了。自民國二十九年（一九四〇）三月三十日建立，至卅四年（一九四五）八月十六日宣告解散，前後僅經過五年四個月又十七天的壽命。

雖然說：眼看大勢已去，不得不然。但陳公博、周佛海等以次，那時手中還擁著數十萬受過訓練的軍隊，如負隅反抗，東南一隅，即不言逐鹿，或許他們本身不必引頸待戮，尚能有倖存之道。但看偽滿軍隊的一經轉向，試問結果如何？而他們既欣忭於抗戰之勝利；熱望於國家之統一，尤尊敬於蔣氏之聲威，乃不顧一己前途的禍福，俯首貼耳，以等候雷霆斧鉞之誅。這些人，假如真是國家「罪人」的話，這最後的表現，是否還值得人們予以一絲的憐憫？我在本文開始時曾寫出汪政權之創建，淪陷區民眾曾經認為是蔣汪雙簧。周佛海也屢屢笑著告訴我：重慶與南京雖是分別下注，實為共同賭博。譬之在賭場中押「大小」，重慶押大，南京押小，總有一面是押到的，不管開出來為大為小，而押到的卻一定是中國。看到汪政權人最後的態度，也真像在唱雙簧，而再看勝利後國府處置之嚴厲，又好像全不是那麼一回事。讀者們一定會感到疑詫，其實連此中人的我，也一樣糊塗！

汪政權有疾而終，氣一洩，什麼「治安委員會」之類，也不過徒有其表，迨至鎮懾無人，於是魑魅盡現。天上還來不及飛下來，如上海一樣，地下就先鑽出來了。就在汪政權宣布解散的當晚，一個名叫周鎬的人出來行動了。周鎬我絕不認識他，而且以前也從不曾聽到過是怎樣一個人。據陳公博在獄中親撰的「八年來的回憶」中的記載，說是由周佛海推薦為軍事委員會的科長，以後又薦為江蘇無錫區的行政專員，大約是不錯的。他趁情勢混亂之際，存渾水摸魚之心。自稱受重慶委任，用了「京滬行動總隊」的名義，首先佔據了新街口財富所聚的「中央儲備銀行」，在門前掛起了「蔣委員長萬歲」的紅布標語，狐假虎威，先聲奪人。而且公然張貼「告示」，就利用汪政權中少數部隊，胡作亂為。他希望汪政權中人服從他的指揮，但是高級人員有誰會去理他？他想把「陸軍部長」蕭叔宣拘捕，蕭在奔避中周鎬竟發槍在後轟擊，中彈當場身死。「司法行政部長」吳頌臯、「南京市長」周學昌、「宣傳部長」趙尊嶽，都曾給他禁閉在「中央儲備銀行」。

周鎬覺得汪政權既不鎮壓，日軍也不干涉，於是肆無忌憚，益發為所欲為。他於晚間派人至「中央軍官學校」演講，說要接收軍校，軍校向兼校長陳公博請示，公博的答覆是「倘然對國家統一有好處，於地方治安有好處，那就讓他接收！」但是軍校學生都是一群血氣方剛的少年，偏又不肯就範。從十六日晚僵持到十七日的下午兩時，軍校全體員生全副武裝到西康路公博的辦公室四面佈崗，一面表示反抗接收，一面保護公博安全，學生代表要求見公博，表示國家勝利，他們絕對擁護蔣委員長，但不願受不明來歷的人的「收編」。眾意所趨，連公博的勸解也全歸無效。周鎬也居然派兵對壘，雙方建築工事，中間且曾開槍互轟，西康路、珞珈路一帶，子彈橫飛，南京秩序陷於最大的混亂。幸而佛海及時與日軍部小笠原交涉，由日軍部派人通告周鎬，在國軍開到正式接收以前，日軍仍負有維持治安之責。周鎬看到日軍出頭，不敢反抗，就被日軍解除了附和他的部隊的武裝，並釋放了被拘禁在「中儲」的人員，軒然大波，總算得以化險為夷。周鎬於國軍開到後，被審訊槍決了。這事我得之傳聞，經過詳情，卻毫無所知。

由於周鎬接收軍校事件，使陳公博與周佛海從民十共同發起中共時起，數十年的交情，付之流水。公博方面的人，認定佛海倚仗了重慶的力量，賣友求榮，對他發生了最大的反感。今天，公博與佛海先後死事都已十餘年了，身後是非，我殊不必再為佛海作無謂的辯解，但我寫本文的目的，既在提供事實，發抒觀感，則我所耳聞目擊的真相，我還是願意加以贅述：

公博方面認為佛海故意與他為難的理由：一是佛海早已為重慶效力，而公博則並無直接聯繫；二是汪氏逝世後，公博代理「主席」，或許佛海意存覬望；三是周鎬既是佛海的人，且重慶發表佛海的名義是京滬行動總指揮，而周鎬則自稱為京滬行動總隊；四是當周鎬「行動」之際，公博要求佛海制止，佛海先說找不到周鎬，也不與公博見面，情形可疑。

佛海於八月十五日晚車赴南京時，我沒有同去，事實如何，不敢懸揣。但佛海於十九日下午回抵上海後，到家一進門，於沮喪懊惱中連說：「我很難過，我很難過！與公博數十年交誼，最後竟然險至兵戎相見，他以為是我主使的，我有什麼話可說！」說著連連嘆息，且淒然幾至淚下。那時家中並無外人，他又何必這樣的來向我們裝腔做勢？周鎬是他的人，那是不容否認的，論周鎬在汪政權時地位，亦僅是佛海部下的一名小人物。政治也真是一樣太可怕的東西！一旦情移勢易，和平前在周家站著報告的人，此時高坐堂皇，橫眉怒目，指責這樣，數說那樣，佛海只有苦笑而默無一言。

周鎬的「行動」事前沒有得到佛海的同意，是可以想像的。至秩序大亂，佛海真找過他而抗命不來，也是可能的。周鎬自稱地下人員，真正的來歷不明，連佛海也不免於投鼠忌器。據我確實知道佛海南京西流灣家裡的衛隊長周某，我已經忘記了他的名字，他是湖南人，而且與佛海為本家，平時一向對佛海忠順恭敬，而此時首先被周鎬收買，不但不再聽佛海的指揮，事實上佛海已被他在監視之中，一次周太太要坐車出外，那位周隊長也要坐車，竟戟指對周太太說：「哼！到了這個時候，還擺什麼架子？」附和周鎬者且如此，周鎬的氣焰更可知了。

再有周學昌被非法拘禁經過，倒是事後佛海親口告訴我的，周鎬先想追捕學昌，學昌急了逃往佛海家裡，學昌正在向佛海訴苦，而周鎬持槍直入，雖然當時經佛海喝止，暫時退出，學昌就躲在樓上，經半日之久，以為周鎬已經去遠了，逡巡出門，而一離周宅，就為周鎬所捕。學昌是佛海左右十人之一，而且平時也與佛海處得不錯，這時佛海既已不能使妻子免於被侮辱，又不能迴護一個親信人物的被拘辱，假如周鎬的行動，真是出於佛海的指使，最後又何至乞援於日軍的干涉？周學昌為佛海之親信，吳頌皋為佛海之親家，除非是佛海神經錯亂，否則又何至一發動而即以親友為侮辱之對象呢？汪政權於曲終人未散的最後剎那，還造出那樣的誤會，這又是大悲劇中的一幕小悲劇了。

一二八、陳公博避往日本的眞因

正在南京亂糟糟成為無政府無秩序狀態之時，傳來了陳群仰毒自戕的消息，他死得乾脆，也死得乾淨，倒是值得一提。陳群是福建人，字人鶴，行八，人家背後都叫他陳老八而不名。日本明治大學畢業後回國，參加革命很早，中山先生在粵任大元帥時代，他已經很露頭角。北伐時期，任白崇禧的東路軍前敵總指揮部政治部主任。後來在昆明被殺的李公樸，還是他那時的中級部屬。民十六清黨，他與楊虎主持清黨委員會事務，殺戮甚多，後因他與胡漢民接近，開始反蔣。除孫科為行政院長時期，又做過首都警察廳長而外，一直賦閒在滬。但與杜月笙形跡甚密，掛牌做過律師，也做過杜月笙主持的浦東中學校長。抗戰軍興，國軍西撤，他竟參加了梁鴻志領導的「維新政府」。汪政權創建，他歷任「內政部長」、「江蘇省長」諸職。他姬妾眾多，行為放蕩，其實佯狂玩世，八面玲瓏，他在受歧視下參加了汪政權，既得日人的信任，也為汪政權人所戒忌，周旋應付，鋒芒畢露，與任援道兩人，為以「維新政府」舊人身分參加之紅人，在汪政權中聲勢且猶在梁鴻志溫宗堯之上。

勝利以後，他還在南京，深知決不能見諒於蔣氏，早已蓄有死志，但以他的外表而論，誰也不會相信他會決意自殺。他對第一個透露出他真意的人，是「司法行政部次長」汪曼雲。曼雲是與杜月笙有著師生關係，在陳群看來，則是自己人。一天曼雲去看他，他正式告訴曼雲說：「重慶不久要來接收了，對我是絕對不會放過的，與其將來受不必要的罪，還是趁早自裁，求一個痛快。我預備有毒藥，毫無痛苦，只需幾秒鐘的時間，就好脫離這惡濁的塵世。你要，我可以分一些給你。」曼雲固然不相信他會藏有毒藥，而且也不相信他真會有自殺的勇氣，還以中央屢屢表示寬大等的話來加勸慰，而人鶴正告曼雲：「政治失敗了，對勝者不必寄幻想，對自己不必圖徼倖。」曼雲竟未為所動，以為是他的一時的憤激之談，於一笑中辭出了。

而陳群真是從從容容地料理好了家務與後事，寫了一封長長的遺書，最緊要的意思是：「他是中山先生的信徒，願意死後聽總理的批評，而不願生前受蔣氏的裁判。」他獨自上樓，仰毒畢命，前後只有幾分鐘的時間。迨家人發覺，早已陳屍榻上。據猜測，他吃的是氰化鉀，大約很早就向日人方面要來的。陳群的死，證明了他決非像他外表那樣真是狂放不羈的人，看到最後政府對汪政權中人的嚴刑峻法，也證明了陳群也確有其先見之明之處。最少他是真能瞭解蔣先生的。

陳公博與陳群相同的一點是，對於生，已毫不留戀。但公博的責任不同，他要對政府有個交代，並且願意受法律的裁判，絲毫不想逃避責任。他要留著個不死之身，面對現實，在庭上聲述他的理由，對國人剖訴他的衷曲。不過他既已放下了權力，一切變得束手無策，他周遭的環境，隨時可以遭遇不測。實在不容他再存身下去。他決意飛日的真因，有如下的幾點：

（一）周鎬的事情，已使他怵目驚心，他既與佛海有了芥蒂，佛海又接受了重慶的命令，在公博甚至不能不防佛海會對他有不利行動。

（二）他既已負責結束了汪政權，聲明接受重慶命令，重慶軍委會也已委出了先遣軍、行動總指揮等名義，照理他只能聽從先遣軍等的調度，但日本派遣軍總司令岡村寧次告訴他，說接到蔣委員長的正式通知，不承認先遣軍可以執行職務，於是更使他左右為難。

（三）有人謠言公博挾兵自重，如他留在南京，可以指揮反抗，將為國家統一之障礙。他為表明心跡，尤不能不急急於遠離這是非之地。

（四）任援道向他表示蔣先生希望他暫時離開南京，以免增加處置善後的困難。

（五）先遣軍要著手接收軍隊，而「警衛師長」劉啟雄與海軍人員卻不願受編，他無力迫使他們聽從先遣軍，也不能對他們作同意的表示。

（六）開往西康路保護公博的軍校學生，於周鎬事平之後，仍不肯撤退，使公博如芒刺在背，最少形式上有了擁兵自衛之嫌。

（七）那時中共已發動攻勢，南京城內繁盛地區的新街口，已發現新四軍散發的傳單。自稱新四軍的代表章克，且公然向日軍要求投降。江北一帶疊次告急，時安徽的宣城，已為新四軍佔領，蕪湖被圍，六合告急，南京岌岌可危。如共軍長驅而來，公博既無可以指揮之軍隊，不但已身可以被俘，也將無法向政府交代。

（八）林柏生與陳君慧兩家的狗，同於十四日中午被人毒斃。在混亂中，公博等更覺人人自危，可能於不明不白中會被人謀死。

他所唯一感到躊躇的僅是重慶接收人員尚未到達，負責無人，不便擅離職守。剛巧日本駐華派遣軍總司令岡村寧次派其總參謀副長今井武夫，於八月二十一日專機赴芷江向主持中國地區受降的何應欽氏接洽受降事宜，於二十三日又返抵南京。翌早今井往頤和路新「主席官邸」謁見陳公博，報告赴芷江接洽投降經過。並說代表何應欽的副參謀長冷欣將於二十六日來京，中央部隊將於二十七日起開始空運，何應欽本人可於三十日抵達。公博認為這樣可以暫卸仔肩了，他向今井表示：認為他如留在南京，會使重慶對接收工作發生疑慮。他希望能離開南京暫避，以待後命。今井同意他的見解，乃與軍部及日使館方面聯絡，最後借定了中華航空公司的飛機作為交通工具。但因為盟軍總部已有通告給日本政府，日本飛機於二十五日正午以後，就不許再在日本國內飛行。所以如不得已而赴日，公博必須於二十五日中午以前趕到日本。

一切計畫擬定以後，他先寫了一封信呈蔣氏，說明他的心情，信內有「鈞座一有命令，公博自當出而自首」之語。這封信是留給淺海和岡田兩顧問轉致何應欽王東丞代呈的。一封信留給任援道胡毓坤，要他們負責維持治安，因為他們是「治安委員會」的「副委員長」。另一封信是留給冷欣的，請他到達後召集原有軍警機關，維持地方治安。最後還發出了一個通電給龐炳勛、孫良誠、張嵐峰、吳化文、孫殿英、郝鵬舉等。諄囑要靜候重慶命令，不得意圖反抗。

公博把一切安排妥當之後，研究此行地點，他認為原汪政權的轄區，均有軍隊駐守，他去了，更有擁兵割據之嫌。青島為華北地區，為公博勢力所勿及，故決定初步先至青島，再定行止。不得已時，候船轉日本。

至二十五日天色尚未破曉之前，陳公博與他的夫人李勵莊女士、「安徽省長」林柏生、「實業部長」陳君慧、「行政院秘書長」周隆庠、「經理總監」何炳賢、秘書×××等一行七人，齊集頤和路官邸，由軍事顧問部的小川哲雄大尉隨機任嚮導，而在機場照料的也只有軍部的小笠原參謀一人。一行靜悄悄地黯然乘中華航空公司的飛機啟飛，離開南京，初步的目的地則預定為青島。

一二九、專機中一笑飛回作楚囚

陳公博等一行所搭中華航空公司的飛機，出南京起飛後不久，忽因氣候關係，轉向直飛日本。事實上公博如留在青島，那時日本既已無條件投降，海空運載的交通工具，都已成問題，能否再去日本，了無把握，或許隨機作嚮導的小川大尉為了責任關係，藉口天氣，改道飛日。原定日本的目的地是京都，可是又為了機中燃料將罄，乃經濟州島而達西京附近的山陰縣米子機場降落，本來還預備加油續航。那時已近中午十一點，離盟軍通告在是日正午以後，不准日本飛機再在國內飛行的禁令，已只有一小時的時間，乃決定先留在米子暫住。可是公博此次飛日，事前與日本政府毫無聯絡，米子又不是預定降落的地點，因而毫無招待的準備。且機場已先破壞，場中亦且闃無一人，幸有載貨汽車經過，始得載往市區。臨時只找到了一家小旅館，暫時安身。可是戰爭末期，日本國內一切物資已非常缺乏，米糧、副食品等都實施配給，公博等也只好被視為一個普通的旅客，食物就很成問題。直至三天之後，東京外務省始得訊，請前汪政權的經濟顧問岡部長二，及事務官山本晃仲村清市及科長吉川趕往照料。

公博表示在南京混亂時期，來日暫避，束身待罪，以後如蔣先生一有命令，將立即啟程回國。惟以米子地方太小，起居不便，要求在京都覓地居住。乃從米子機場附近溫泉場的望海樓，迎往京都。為避免耳目起見，經商得天龍寺管長關牧翁師同意，借住郊外幽靜的金閣寺為居停之所。他們一行七人，就住在寺內較為深邃的一角，連京都市民，也不知汪政權內的幾個重要人物，在那裡做了最後亡命的藏身之地。

他們行動當然沒有受限制，但誰也不出寺門一步。特別是公博很沉默，也很鎮靜，對於他今後自身的命運，已經有了一個決定，每天只以看書來消遣他最後的歲月。食物是由日本外務省配給的，每隔三天送來一次，麵粉白米是夠吃的，副食以小小的幾尾魚類為多，豬牛肉已被視為珍品，白糖尤其缺乏。他們此時的心情，對食物已經不是一件注意的事了。來往的人，也只有非正式代表外務省的岡部，不時來探視，對他們的生活上作一些照料。

如此在金閣寺住了半月有餘，約在九月十八九日，外務省突派大野局長往見公博，說何應欽有一個備忘錄給岡村寧次，指公博私行逃日，而對外宣傳已經自殺，要日本負責護送回國。公博問大野，他離開南京時曾留給蔣氏一函，究竟淺海和岡田已經負責轉遞了沒有？大野表示不知此事。公博乃又托他致電岡村，候得到確實消息，再定行止。至九月二十四日晨，大野又去看公博，說公博呈蔣氏一函，遲至九月十九日才由岡村交給何應欽。何氏曾派處長鈕先銘往見岡村，希望公博歸國自首。公博當時草了一封電報，要大野回東京拍發，另又照錄一份，寄交何應欽氏。函電原文如下：

南京何總司令敬之兄勛鑒，並請轉呈蔣主席鈞鑒：

公博於八月二十五日離京之前，曾留呈一函，想達鈞覽。數年鬱鬱之私，一旦得達，殊快所懷。公博原決留京待罪，只以當日傳聞，有請公博宜早離京滬，庶免鈞座處置困難。以故對於京中善後事宜，處理完畢，即匆遽離京。此行決非逃罪，故留呈函中，曾有鈞座若有命令，即行出而自首之語。頃聞本月九日總司令部對於公博之事，有一備忘錄致送岡村。二十日復派鈕處長傳達鈞意，輾轉傳遞，今始得悉。公博能回國自首，本為日夕祈禱以求。今既出鈞意，歸心更急。惟交通困阻，船機不通，伏望能派一中國飛機至日，俾得早日回國待罪。區區之忱，尚希明鑒。陳公博叩。有。

敬之總司令我兄勛鑒：

八月二十五日曾於離京之前，曾呈蔣先生一函，托兄及東丞兄轉呈，內容想已達覽。弟之離京，決非逃罪。只以當日傳聞，謂弟再留京滬，將使蔣先生處置困難。因是不得已匆遽離京，以待後命。頃聞總司令部對弟歸國之事，曾有備忘錄致送岡村，復派鈕處長傳達尊意。弟決本留呈蔣先生函中原意，歸國自首。惟有一事請兄代弟轉達者：當日來東，本非夙願，惟無論暫居國內何地，皆有軍隊，深懼予人口舌，造作蜚語。今蔣先生之意既明，弟歸心更急，最好能由國內派一中國飛機來日，俾得早日成行。此種請求，或為逾分，然區區之心，度亦為兄所深諒。再者：本月二十五日，弟為自首事，曾有一電致兄，並請轉呈蔣先生，恐電報梗阻，文意或有不明，茲再抄錄一份，尚乞轉呈為禱。專此即請勛祺。弟陳公博謹啓，九月二十五日。

在這兩封函電中，實已赤裸裸表達出公博當時的心境，勝利後政府頒佈的「懲治漢奸條例」中，指汪政權中人為「圖謀反抗本國」，雖然日本已無條件投降，而公博佛海等尚各有可以指揮之軍隊，與有可以負隅的土地，而俯首貼耳，唯命是從，公博非但毫無反抗的意圖，而且渴望於國家之統一，適身異國，避嫌唯恐不遠，更置一己之生死於度外，一聞明令，即急急求歸。國家整飭紀綱，形式上之如何處置，自為應有之措施，但公博等對國家的心跡，或尚足以邀後世讀史者之同聲一嘆乎？

公博的電報託大野拍發以後，消息沉沉，直至九月三十日夜間，日本外務省駐京都的辦事人山本往見公博，謂已接到外務省的長途電話，中國派來的飛機已飛抵米子。公博聞言，表示稍事摒擋，即當於翌日趕往米子搭機返國。十月一日，公博正在收拾行裝，而近衛文麿為了祭掃他先母的墳墓，去至京都，特往金閣寺與公博密談了兩小時。近衛是發表中日談判三原則，至促成汪政權建立的一人，而公博則是於太平洋戰爭日本已瀕於崩潰之日，繼汪氏而支持殘局的一人，此日窮途日暮，又值公博挺身回國，甘受法律裁判之時，兩人都已抱有死志，形同訣別。談話內容，以無他人參加，雖不可知，而兩人的相對欷歔之狀，自可想見。

在公博等由日回國之前，中間尚有一段插曲。護送公博等由京赴日的小川哲雄大尉，以為公博等一經抵日，即永不會再行返國，所求的恐僅是羈旅異土，了劫餘生了。忽然看到公博作摒擋歸國之計，他暗中竟進行為公博等尋覓藏匿處所，東京的中野，奈良的郊外，以及別府、鳥取等地，均有了準備，糧食亦早為儲藏，以為計策萬全。故於公博離日之前夕，全力勸阻，謂將來如事敗，願以一身當之。而公博死志已決，願挺身以俟斧鉞。故公博與近衛談畢以後，仍於當日晚間，除其夫人李勵莊女士（以何應欽致岡村之備忘錄中無其名字），仍暫時留日而外，與林柏生、周隆庠、陳君慧、何炳賢、×××等六人匆匆就道，趕搭火車至米子。本擬翌日（二日）下午由米子啟飛，乃為風雨所阻，在福岡又住了一晚，始得於三日正式啟程回國。計自八月二十五日抵日，十月三日飛回，留東前後為一個月又八天。在京都時期，公博等也真是做到了閉門思過的地步，並沒有特殊的事情可以補寫。

國府派往日本的飛機，是一架運輸機，除駕駛人員外，派有憲兵連長一人，士兵八人，由日直飛南京。公博在機上，仰視白雲變幻，俯瞰滄海洶湧，態度平靜得像一次旅遊後的重歸故鄉。他曾口占一絕云：

烽火縱橫遍隱憂，抽刀空欲斷江流。
東南天幸山河在，一笑飛回作楚囚。

公博一向具有瀟灑的風度，此詩尤顯得其能臨危不亂之狀。第三句係指東南於勝利之後，未為中共所據，飛回自首，猶能身履國土。而結句的瀟灑從容，於沉痛中備見其風度。飛機飛抵南京上空，已在下午。因為事前消息封鎖，市民全不知公博等之又如舊燕歸來。機場四周，有疏疏落落的憲兵佈崗，迨飛機降陸，戒備森嚴，機場是一片冷靜，僅有武裝憲兵等候。押機的兵士，將公博等移交之後，即分別押上預停在機場上之三四輛吉普車，兩旁各有兵士防守，由一個連長率領，直駛何應欽之陸軍總司令部。本來陸總決定就把他們安頓在陸總二樓的辦公室內暫住，而且已經為他們準備好了床舖。迨到黃昏時候，忽然又用一輛公共汽車，把他們載向城南憲兵司令部拘禁。在憲兵司令部大約又是一個多月，沒有審問，也無其他動靜，至雙十節前後，一行又被解送到

寧海路二十五號去了。那裡，是一所三樓的民房，在汪政權時代，是「七十六號」的南京特工站，曾經羈押過不少政治犯。現在變成為軍統局的臨時看守所了。二十五號的後一幢房屋，是關的陳璧君等，三樓已先有梅思平、岑德廣等二十餘人在那裡。就以二樓的一部份，共兩三間囚室，為公博等的羈幽之所。

勝利後的一切，都有些不尋常的現象，譬如寧海路二十五號，不是司法衙門，而是特工機構。那裡的看守所所長，又原是汪政權裡的下級人員，而搖身一變，竟然成為支配汪政權最高級人員的堂堂看守所所長。他不念昔日的一段香火之緣，頤指氣使，毫無慚色。而且剋扣囚糧，曾使公博等受著最惡劣的待遇。依照法律，有犯罪嫌疑的人，應於被捕後二十四小時以內，移交法院開審，但公博等在寧海路二十五號兩月有餘，除了責令各人寫一紙自白書，要詳述參加汪政權前後經過外，也絕不提審。公博的「八年來的回憶」，就是在那時候所寫成的。

一三〇、起訴書羅列了十大罪狀

在拘禁中，唯一值得一提的事，是主持「肅奸」工作的軍事委員會調查統計局局長戴笠曾親往探視。他與陳公博密談了二小時以上。因為戴笠是與蔣氏最接近的人，所以公博曾經把這八年的經過，詳細地向戴笠訴說了全般心事。也許戴笠也透露過對他最後的處理辦法。事後公博告訴同囚的難友，此事有用政治手段解決的可能。而以後戴氏於飛行中撞機身死了，無人再擔得起不付司法審判的千斤重擔，情勢一變，所有被拘的汪政權人員，一律移送各地高等法院審判。

在民國三十五年的初春，陳璧君、陳公博、褚民誼三人，首先提出押送至蘇州獅子橋監獄。沒有人知道為什麼這三個人要單獨易地受鞫，當局也並沒有宣布任何理由。大約政府對「肅奸」案件，是採取政治內定的辦法，再通過司法審判的形式。所有汪政權人員的命運，因戴笠之死，而完全改變，此時當局已作出了最後的決定。

汪氏逝世以後，陳公博成為汪政權的最高領袖，一旦失敗，當然天下之罪皆歸之了。蘇州的江蘇高等法院，為鄭重將事，由首席檢察官韓燾，親自主持偵查手續，親自起草起訴書，洋洋萬言，羅列了十大罪狀，茲為摘要錄下：

一、締結密約、辱國喪權

「被告與汪兆銘於組織偽政府之初，即與日寇締結基本條約，繼又改訂同盟條約，均承認偽滿帝國，承認華北駐兵及經濟合作，此無異將東北四省割讓敵人，無異放棄華北自主之權。雖簽訂條約者為汪兆銘，但被告身任偽立法院長及中央委員，不能謂未參與末議，自應共同負責。」

二、搜索物資、供給敵人

「偽政府於民國卅二年以後，陸續在上海及各縣，組織各種物資統制委員會。表面雖以確保軍需，安定民生為詞，實際則以賤價強迫收買物資，供給敵人。對於當時淪陷區內米麥麵粉棉花物資之收買，雷厲風行。此為被告任偽立法院院長、偽上海市長及代理偽主席之行動。」

三、發行偽幣、擾亂金融

「偽中央儲備銀行，係於民國三十年間成立，濫發紙幣，毫無限制，一面以二對一之比例，收兌法幣，削弱我政府之經濟力量；一面做成通貨膨脹之現狀。此項偽幣之發行，雖另有主持之人，但偽儲備銀行之法規，則確經偽立法院通過後方能施行。被告身任立法院院長，對於擾亂金融之罪責，亦應共同負擔。」

四、認賊作父、宣言參戰

「自太平洋戰爭發生後，我國對德日宣戰，始終與盟邦合作。故與英美在此次戰爭中，實為一不可分之整個集團。反抗英美，即無異反抗我國。乃該被告竟認賊作父，附和日寇，對於我國之盟邦英美，公然宣戰。至汪兆銘死後，被告繼任偽主席，仍保持其一貫政策，毫無變更，其通謀敵國反抗本國之罪行，更於此可見。」

五、抽集壯丁、為敵服役

「查敵寇自發動太平洋戰爭後，即感兵力不敷分配，乃迫令南京偽政府徵集壯丁，運至南洋訓練，被告與汪兆銘並不誓死力爭，密令各地區抽募壯丁，以應敵人之命。嘗據某報登載河南偽政府運送壯丁數百名至南京時，偽政府大加獎勵。雖當時有無承認敵寇密約，無從發現，然就淪陷區內各地鄉鎮保長，或逕徵壯丁，或向業主勒派壯丁捐款之事實窺察，則偽政府之允許以壯丁為敵寇服兵役，可以斷言。

六、公賣鴉片、毒化人民

「抗戰軍興，各地區之淪陷於敵寇者，範圍甚廣。敵寇在其佔領區以內，實施麻醉政策，大量販賣毒品。偽南京政府不設法制止，乃從而抽收捐款，允許各地開設煙館，公然吸食。據三月十四日上海新聞報所載，在淪陷區內吸食毒品者，數在三千萬人以上。」

七、改編教材、實施奴化

「抗戰以前，各學校所用之教科書，至偽組織時代，一律改編。凡有關於抗日言論及愛國思想之文字，悉予刪除，且禁止教授英文，改習日語。雖主其事者有主管之偽教育部，然被告身為偽中央委員及偽立法院院長，不能諉為不知。」

八、托詞清鄉、殘害志士

「偽政府於民國三十二三年間，曾制定法令，分期清鄉。實行之時，設置封鎖線，斷絕交通。名為肅清奸匪，實則除搜括民間儲藏而外，殆以殘害中央官吏及抗戰志士之伏處淪陷區者為唯一目的，如李士群之在江南，張北生之在蘇北，忠貞之士，犧牲於清鄉旗幟之下者，何可勝數？此等清鄉法令，係被告任偽立法院長時所制定，即至被告繼任偽主席時，猶在雷厲清鄉之中，其殘害志士之罪責，當然應由被告負之。」

九、官吏貪污、政以賄成

「查南京偽政府成立後，上自偽中央官吏，下至各縣偽縣長、偽區長、偽鄉鎮保長，無一不以搜括金錢為目的，賣官鬻爵，賄賂公行。機關之內，幾至無一事不要錢，無一人不要錢。有充當區長數月而腰纏數百萬者，其他可知。上行下效，因而火車輪埠之搬伕苦力，亦從而大敲其旅客之竹槓，當時有紅帽子黑帽子之稱，京滬線上，黑幕重重。即被告本人代理主席時，曾一度至蘇北泰縣，抵達之日，凡床帳被褥，以至毛巾杯碗，無不一一備辦。瀕行時為其隨從之人，席捲以去。一夕之間，該地商會開支招待費用，達一萬萬元之鉅，其貪婪成性，至於如此，可為浩嘆！」

十、收編偽軍、禍國殃民

「查偽南京政府於成立之後，猶積極收編雜色部隊，先後編制所謂第一方面軍，第二方面軍，及第一集團軍等偽軍。合計其數，何啻數十萬之眾。既無軍餉，又未訓練，因而類似土匪之軍隊所在皆是，擄人勒贖，視為固然。其禍國之深，殃民之烈，古今中外，無與倫比。」

本來相罵無好言，於法院之起訴書為尤然。周內鍛鍊，幾成為檢察官的天職。江蘇高等法院對陳公博的起訴書，不像是一個法律文件，而極似不負責任的報紙上一篇夾敘夾議「有聞必錄」的雜評。公博當時怎樣逐條抗辯，皆另詳於以後的庭審情形中。而公博對起訴書的一段結論，有先抄錄在此的必要。不知當時主辦該案的法官，閱後是否也且為之啼笑皆非。公博當庭對起訴書的結論侃侃陳述，他說：

「我看起訴書各點，很多臆測之辭，如『不能謂未參與末議，自應同負其責。』『雖另有主持之人……亦應共同負責。』『然就……可以斷言。』『不能諉為不知。』『當然由被告負之。』其次，有許多不是我的事，或者我都不知的事，或者絕無其事，也羅織起來。又自白書中常有某一件事，不引全文，而只截取了某一段。因此我覺得起訴書中，不是割裂事實，就是摭拾謠言。而且文字間很多是徒快口舌的文章，而不是根據事實的起訴。不過我對檢察官是很諒解的，當日我在重慶、在香港，極力謀黨的團結，國的統一，那情形太曲折而複雜了，並非今日檢察官所能瞭解的；迨至南京以後，為保存國家人民元氣，和日本苦鬥，那情形也太曲折而複雜了，也非今日檢察官所能瞭解的。在今日眾議沸騰，真相不白，尤其是政治是那樣困難而波折，承辦本案的檢察官，即使他心裡很明白，而又肯負責任，那一個敢挑起千鈞重擔，說陳公博可以功罪相抵？那一個敢說陳公博無罪呢？不過，汪先生在生時，我是輔佐汪先生的一個人，在汪先生死後，我名義上總是負政治軍事的全責，那就夠判重罪，其實不必要再苦苦羅織成齊齊整整的十大罪狀也！」

一三一、褚民誼甘爲汪精衛犧牲

日本無條件投降了，汪政權亦隨之而解體。重慶國民政府，陽示寬大，意在株連。陳公博既由日提回，周佛海又送渝囚禁，自九月二十七日起，逮捕汪系人員，各地同時並舉，雷厲風行，竟欲一網打盡而後已。則地位如汪夫人陳璧君者，自屬更無倖免之理。但迄今事隔僅十餘年耳，其被捕經過，報刊已多臆測之談。當時政府既不依通常法律程序進行，竟付特工人員出之以誘捕之手段，用心之深，設計之密，自無怪外間之莫明真相。茲篇所述，則作者得之於隨汪夫人同入籠牢者之口述，事經親歷，堪信其全為當時之事實。

當汪氏病逝日本，於民國三十三年（一九四四）十一月卜葬於南京梅花山巔之際，汪夫人在廣東之親信赴京送葬者三人，為陳春圃（廣東省長）、林汝珩（教育廳長）與汪屺（警務處長）。葬事既畢，陳璧君召諸人集商今後行止。春圃等力勸其及時引退，他們的意見是：「汪先生當時之所以主張和平，純以抗戰屢遭慘敗，土地日蹙，外則國際形勢，英美且對日惟求撫靖，內則共黨坐大，漸成割據之局。如一旦抗戰不克持續，後果何堪設想？故挺身支柱，以不易見諒世人之變局，預為國家維一線之生機，則不論抗戰成敗，不患擔當無人。汪先生毀身為國之精神，早為同人所深仰。但目前戰局已定，德意敗降，日本海空軍亦漸次被殲，勝負之局，不問可知。為國家計，果無繼續提倡和平之必要，而為夫人計，自北伐統一以來，汪蔣之間，屢生歧見，而汪先生在中央黨部遇刺之日，夫人以一時之憤激，出言過於率直，曾使蔣先生怒形於色。他日勝利歸來，能否恝然相諒？更有值得考慮之處。夫人此時勇退，於國無損，而於己有利。」云云，林汝珩、汪屺兩人持之尤力。

陳璧君沉吟良久，卒不謂然，她說：「汪先生赴日療病之日，曾力疾親下手令，以職務交公博佛海負責，現陳周均照常供職，我獨飄然遠引，則凡是我的幹部，勢必隨同進退，無異拆陳周之台。就個人言，我對汪先生為有違遺命，對公博佛海言，則有負友誼，禍福可以不計，良心上殊不願為。對國家言，今日之抗戰必勝，已僅屬時日問題，即我與公博佛海同時引退，亦已無損於國家，但日本駐華部隊，尚有三百萬人，和平政府不惜揚言參戰，造成與日本為盟國同等之地位，以杜塞軍人對我施政的干涉，有我等在，陷區人民尚有交涉迴護之人，如我等同時引退，造成政權解體，日軍於屢敗之後，勢將益加遷怒，以我為敵，橫加摧殘，則陷區人民，將何堪命？我不忍以一己之安全，貽億萬人無窮之禍害。」

林汝珩又言：「公博佛海對重慶均有相當之聯繫，已成公開秘密，汪先生生前與夫人今後，不知與蔣先生間，亦有相當聯絡否？」陳璧君答覆得很乾脆，她說：「汪先生秉承孫先生大亞洲主義之遺訓，認為東亞兩大民族，必須和平合作，故欲於戰禍方烈之際，以精誠斡旋一切。汪先生留渝之時，留蔣一函，即有『兄為其易，弟為其難』之言。自汪先生離渝之後，各行其是，即與蔣無聯絡。至如何勸蔣合流，並明白我人的處境，因佛海與蔣之左右陳布雷戴笠有深切之關係，故任由佛海為之。目下情形，合流既已談不到，我們亦已盡過我們力量之所及，前途如何，可以一任其自然之發展。」林汝珩又說：「陳周既與渝方有聯繫，則一切善後事宜，自應由陳周負責，夫人既無連絡，何必躬冒危險，徒快不慊者之心意。汪先生既已病逝，夫人亦宜去國以跳出這是非圈外。」陳春圃、汪屺亦附和甚烈。陳璧君雖為他們的說辭所感，而意不為動，即出汪氏「雙照樓」遺稿，指一詩相示，原題為「見人析車輪為薪，為作此歌」，詩云：

年年顛蹶關山路，不向崎嶇嘆勞苦；
只今困頓塵埃間，倔強依然耐刀斧。
輪兮輪兮！
生非徂徠新甫之良材，莫辭一旦為寒灰。
君看擲向紅爐中，火光如血搖熊熊。
待得蒸騰薦新稻，要使蒼生同一飽。

陳璧君又淒然道：「這是汪先生早年得意之作，一生行事，均本此意。清末入京謀刺攝政王時，致胡展堂（漢民）函中，即有『我願為薪，子當為釜』之語。汪先生的離渝為和平運動，亦仍是紅爐一擲，甘作寒灰，待新稻蒸騰，為蒼生一飽。我與汪先生患難相從，中道訣別，不願使汪先生手創之局自我毀之。任何犧牲，所不敢辭。」林汝珩仍以為強支殘局，已為不必要之犧牲。陳春圃與汪屺亦持同一論調。陳璧君又朗誦汪氏在北京法部獄中口占之詩云：

啣石成癡絕，滄波萬里愁，

孤飛終不倦，羞逐海鷗浮。

她說：「如你們不願再幹，我自不便勉強，但我以敬服汪先生而仍當於滄波萬里之中，孤飛不倦。京粵同人中，我也仍當以此勉之。」由於雙方堅持，終至不歡而散。事後陳璧君又以此事問褚民誼，褚說：「我與汪先生既有葭莩之親，兼受知遇之德，將不辭一切犧牲，惟姊之馬首是瞻。」以後褚民誼的被發表為汪政權最後一任的「廣東省長」，即以有此情深義重之言，由陳璧君所保薦。卒之同時被捕，由粵之魚窩頭，而南京、而蘇州，而終遭槍決。

陳璧君雖然於汪氏死後，決定了她的態度。但自此留京時甚少，一直住在廣州，對汪政權事，也就頗少過問。在汪氏生前，人每以其對汪氏多所干預，不為世諒，但此則純出於夫婦之私，提供意見。而此時避嫌遠引，誠足徵其能識大體。迨日本宣布投降，她的態度極為鎮靜，有人說她因為接收廣東地區的是張發奎，在國民政府的軍人中，惟唐生智與張發奎曾與汪氏有過深切的淵源，遂謂其以私誼而寄望與僥倖。實則汪氏與張發奎之間早有芥蒂，而造成芥蒂之原因，陳璧君以平時態度倨傲，自有其相當之責任。她自己明知儘管是開國的元勛，此時將未必能邀別人的諒解。而她的甘於遭受未來不可知的命運，當陳春圃林汝珩等苦苦相勸之時，由於這一席之談，可見早已立定了決不逃避現實的志願。

褚民誼真是一個太倒楣的人，他外表好似很糊塗，其實為人還不失為忠厚，雖無力為善，但也絕對是無心為惡的人。當汪氏脫離重慶，潛赴河內之際，他正在上海擔任中法工業專門學校校長職務，只因他與汪氏有親戚關係，一經去函要他參加，他就無法推辭。在汪政權六年之中，他雖擔任過「行政院副院長」、「駐日大使」、「外交部長」等職，都是有名無實。汪氏目擊日人無悔禍之心，而生靈有塗炭之苦，肝火太旺，更往往以褚為出氣之對象，他也總是逆來順受，始終對汪氏從無慍色。迨最後發表他繼陳春圃之後，為「廣東省長」，既有「政治指導員」名義的陳璧君在粵，即使戰局不急轉直下，也仍然只能伴食而已。

褚民誼赴穗就「廣東省長」職務，已是民國卅四年（一九四五）的七月五日，即離日本的投降已僅一月有餘，褚也明知赴粵有汪夫人在，不會有多大作為，所以只帶了「立法委員」高齊賢與日文秘書徐××兩人，抵達廣州以後，前後有兩周的時間，耗於應酬接洽。迨對廣州各方面稍有頭緒，又於八月初匆匆至香港拜會日本華南司令官兼香港總督田中，作禮貌上之周旋。回穗就職未及一周，至八月十日，從廣播中傳來了日本投降消息。這消息自然不脛而走。幸市面仍極平穩，褚的態度，倒也能鎮靜如常，除考慮粵省善後問題，以及遣散省府所屬職員以外，對自身前途，好似全不關心。至八月十五日，日皇及內閣正式下詔投降，褚即與日本駐軍方面接洽，維持治安，靜待政府接收。那時重慶已派招桂章為廣州先遣軍總司令，原警察局長郭衛民為副司令，共同負治安之責，褚每天也照常赴省府辦公。

一三二、陳璧君在粵被誘捕詳情

大約到了八月二十日那天，一個自稱軍統在粵負責人的廣東人鄭鶴影，突來法政路褚寓求見。經褚延接以後，鄭鶴影除表露他的身分以外，談的僅是在國軍開抵前的地方治安問題。翌日又來，表示關於褚的個人問題，或須赴渝解決。至二十二日，鄭鶴影三次見褚，當場取出重慶來電，交褚過目，原電如下：

重行兄（按褚字重行）：兄於舉國抗戰之際，附逆通敵，罪有應得。惟念兄奔走革命多年，自當從輕以處，現已取得最後勝利，關於善後事宜，切望能與汪夫人各帶秘書一人，來渝商談。此間已備有專機，不日飛穗相接。弟蔣中正印。

來電上並附有密碼，毫不像出之偽造。鄭鶴影而且說：他所得重慶另一電文，知專機後日即可抵穗，望即轉告汪夫人早為準備云云。鄭當時的態度不但保持相當禮貌，而且外表極為誠懇，褚對他所說的一切，因之毫不懷疑。他的法政路寓邸，與汪夫人所居，剛剛望衡對宇，所以他立刻去謁汪夫人轉達了鄭鶴影的來意。當時陳璧君表示：所有老友既都在重慶，也應把汪政府六年來的情形，去渝開誠面告。所以同意重慶如派機來接，即當首途。並決定汪夫人帶其長婿何文傑與女傭一名，褚民誼帶高齊賢與徐××同去。兩人分別漏夜整理簡單行裝。那時粵省特產洋桃剛才上市，還購備兩筐，陳璧君擬送與蔣夫人宋美齡女士，褚則擬送與吳稚暉。這樣一切整理就緒以後，就專等機來啟程。

在這幾天之內，市內一切雖無特殊事故，但唯一值得疑訝的是民政廳長周應湘、財政廳長汪宗準、教育廳長陳良烈、建設廳長李蔭南，忽然不知去向。鵠候至第三天，鄭鶴影始來告飛機業已抵穗，希望立刻動身。陳璧君褚民誼及隨員等遂於是日下午三時，齊集省長官邸。陳國強等多人也往送行。鄭鶴影派來了汽車十餘輛，宣布每車只准乘坐二人，車內其餘各人，當然為軍統的「陪送」人員，褚民誼看到那時的形勢，已經知道情形有些不對。車行後，褚問「陪送」人員是否開往白雲山機場登機，而軍統中人說，來的是水上飛機，所以要至珠江上船過渡。

車至珠江大橋附近，已有小汽船兩艘停泊等候，一艘則已滿載了軍統人員。陳璧君等相繼下船以後，鄭鶴影向汪夫人稱，他有事留穗，不能去渝，介紹另一年約三十餘歲的人相見。說完，鄭鶴影即急急登車離去，汽艇亦即開行。那個代鄭鶴影執行職務的人員先宣布說：在飛機上不能攜帶武器，如有，即須交出。汽艇開行方五分鐘，他又取出一通電報宣讀：「蔣委員長現因公赴西安，四五日內不能回渝，陳璧君等一行此時來渝，殊多不便，應先在穗移送安全處所，以待後命。」

那時褚民誼已明白有了變故，知道鄭鶴影過去說的一切，都是預先做好的圈套，但他並沒有出聲。陳璧君此時則已再也沉不住氣，起立拍桌厲聲道：「既是老蔣不在重慶，我就沒有去的必要。若論安全，我自己的家裡，才是最安全的地方。」她堅持著要把船開回原處，而軍統中人見她大發雷霆，不住向她解釋，說是奉命辦理，請她原諒。褚民誼也幫同婉勸，暫時忍耐，以等待事態的進一步發展。以後陳璧君雖已不再堅持開回原處，但一路仍在大吵大罵，使軍統的人，面面相覷，竟也對之毫無辦法。

汽艇就這樣一路開到了市橋，軍統人員又要他們改坐小船，這時，一切已經顯明是怎樣一回事了。陳璧君厲聲說：「我決不下小船去，再聽從你們的擺佈，除非你們用槍打死我。」四邊的手提機槍也正環向著她，形勢顯得很緊張，但她毫不畏縮，還像她平時一樣地用著申斥的口吻，與命令別人的態度，她老實不客氣的瞪著眼說：「老蔣都知道我的脾氣，你們是什麼東西！」雙方一時相持不下，成為一個僵局。

反而褚民誼又向她勸解，認為這樣鬧下去，與事無補，假如重慶方面立心要為難的話，我們只能聽天由命。這批人是奉命辦事，與他們爭吵，也不會有用。陳璧君想想褚的話也不錯，才算下了小船。又開行了一截路，到了李輔群的住宅，那裡顯然早已給軍統接收了，而且已早有了佈置。那裡是一所二樓的房屋，在一個空大院子裡，有十餘個士兵攜著卡賓槍防守。陳璧君等一行被領上二樓，指定兩人合住一房，陳璧君與她的女傭，褚民誼與高齊賢，何文傑與徐××，另一間是看守人員的臥室。

看守人員告訴她們，除了不准下樓以外，行動完全可以自由。飲食用品有需要的，可以通知他們照辦。床上蚊帳、毛氈、涼席等也一切齊備。每天，她們唯以看書、下棋來消磨最無聊的歲月，以及等待不可知的前途。最可怪的是，樓下每天大聲開放著留聲機片，從清早到深晚，終朝無休無歇。與看守人員交涉；推說是另一機構，不便干涉。忽然一天留聲機有了故障，只發出沙沙之音，喧聲一靜，忽然傳來了一陣吃吃的笑聲，陳璧君與褚民誼聽覺很靈敏，斷定這是周應湘與汪宗準的聲音，他們事前失蹤之謎，至此也已明白了一半。

這樣到了十月下旬，約在農曆重陽之後，鄭鶴影又來了，通知要重回廣州。下樓時與四廳長周應湘、汪宗準、陳良烈、李蔭南相遇，原來久已同繫一屋，而彼此不知。當時不許彼此交談，只能相視以目。每一人被送上一輛汽車，兩面有武裝兵士夾持，已經完全是押解的形式。汽車一直駛到廣州法政路附近的一所房屋，勝利前是一個日本軍官的住所，就作為他們新的幽囚之處。每一個人住一間房，待遇很壞，已遠不是市橋時代的情形，但看守人員的態度還算客氣，表面上也還不是監獄的樣子。

那時國軍已開穗正式接收，所有軍政人員，與陳璧君褚民誼非部屬即為舊友，但自廣州行營主任張發奎以次，誰也沒有一念舊誼，前去探望。僅余漢謀派了一個高級人員代表前去，與褚民誼寒喧慰藉了幾句。此時他們也已經陸續聽到了消息。當他們被誘送往市橋的那天，凡是赴省長官邸送行的陳國強等人，全部已被扣留，禁閉在另一地方。所有各人的住宅，亦已被接收佔領。漸漸的天時轉涼，衣服棉被，全付闕如。乃要求分赴各家取回應用，經再三交涉，始准由高齊賢一人前去。高到汪夫人家裡的時候，裡面滿地雜物狼藉，一片蒼涼，所有較為貴重的陳設，以及有些革命歷史價值的文物，亦已全部不翼而飛。最近有人在香港過去某要人的家裡，曾發現了不少是當年汪家的舊物，在勝利後「逆產」人人得而有之的普遍現象下，又有誰還去追究什麼來歷呢？高齊賢去了，真是只許拿了一些簡單的衣被，其他較為貴重的東西，則完全已非復己有了。

在廣州又是兩周餘的時間，軍統方面，派了一個姓徐的去告訴他們，不日將送往南京解決。陳璧君當時說：「我有受死的勇氣，但決無坐監的耐性。」而來人卻委婉解釋：「將來一定用政治手段解決，不會付司法審判的，請暫時委屈一下，為時也不會太久了。」至十一月初，先一日，軍統方面著各人把所有貴重物品全部交出代為保管，連各人身邊的手錶、墨水筆等也無一倖免。飛機清晨由穗啟飛，陳璧君、褚民誼等原來六人外，有陳國強、汪德敬，以及汪氏的長女公子文惺、次公子文悌，再加上一個年甫兩歲的汪氏外孫女何冰冰。許多人擠塞在一架美國軍用飛機裡。至下午四時，飛抵南京。

陳璧君等的幽禁之處，也在寧海路二十一號，戰前本是馮玉祥的住所。他們的囚室，也就是陳公博的後院。我在前文說過，那裡的看守所所長徐文祺，原是汪政府的舊人，勝利前任汪政權的行政院庶務科科長，不知如何搖身一變，又擔當起看管汪政權要犯的所長來了。或許他為避嫌之故，對在押諸人，儘量予以惡劣的待遇，除不准接見外人外，食物竟至以黑麵粉加一些鹽粒製成的麵疙瘩為囚糧，此時他們才算真正的在過著牢獄生涯了。

在翌年（一九四六）的初春，陳璧君與陳公博褚民誼三人，於午夜解送蘇州。旋陳公博褚民誼先後槍決，陳璧君亦被處無期徒刑。共軍南下前，又移送上海提籃橋監獄轉入共手，前後在獄幾達十四年，終以不堪磨折，於一九五九年六月十七日在獄病死。其他與汪夫人同去各人，也分別被處有期徒刑，無一人得邀寬免。

關於陳璧君被捕的經過，約如上述。尚有一亦趣亦慘的小插曲，附帶一敘，或足供讀者之啼笑。

當陳璧君等由穗解京之時，被捕同機而赴京受審的尚有汪夫人之兩歲外孫女何冰冰，不意襁褓之兒，亦犯通敵叛國之罪！在寧海路看守所時，她時常哭著說：「媽媽！我要回家去。」同囚的人們都哄著她說：「這裡就是家呀！」而她還是哭鬧著：「不，不，這不是我的家，我的家不是這樣的。」以一個無知的孩子，竟陷身於縲絏，已經夠辛酸、夠滑稽了，而她照樣還經過偵訊的形式。如狼似虎的獄卒提人時，對每個人一定高呼「×逆××」，冰冰當然也不會例外。她對這樣的稱呼在獄中聽慣了，以後雖然當局念其無知，從寬開釋。但此後好幾年中，有人問到她叫什麼名字，她還泰然告訴人說：「我叫何逆冰冰。」天真無知的孩子總以為這「逆」字是她名字的一部分。我不知這樣是維持國家的紀綱呢？還是給尊嚴的司法以一個嘲笑？

三三、冠蓋滿滬濱的接收大員

周佛海悄悄地隨戴笠飛往重慶，給了我精神上一個很大的打擊。本來，日本的覆敗，汪政權的同歸於盡，隨著太平洋戰爭中日軍的逐步被殲滅，不但佛海清楚地知道，凡是淪陷區的民眾，也已沒有不知道的了。在過去，佛海曾不知反覆向我說過多少次：「我們死也死在一起。」不料最後他一聲不響地帶了羅君強楊惺華走了，行前沒有告訴我一些消息，遂使我陷於極度迷惘之中。

但佛海對自己六年中經手的事，倒一一都先有個清楚的交代。上海市政府已由新副市長吳紹澍接收，軍事方面分別由戴笠與湯恩伯負責，金融方面，重慶派了「財政金融特派員」陳行到滬整理。而佛海所負最大的責任，應該是流通的「中儲券」如何善後的問題。當民國三十年「中儲券」發行的時候，本來以換取日本收回「軍用票」為最大的目的。當時幾經交涉，始決定以二作一收回原由國民政府發行的法幣。此時經過了四年的時間，又以戰事關係，法幣固然貶值了，「中儲券」的同樣貶值，也為當然之理。但希望政府以原價一作二收回「中儲券」，其間如有損失，可向日本索償，這一點，連老百姓也知道將是不會有的。而照勝利時重慶與上海的物價相比，大體上是二十五比一，即「中儲券」二十五元作法幣一元。雖然南京市商會為了表示對勝利的歡欣；又為了博取接收人員的歡心，毫無根據地宣布了「中儲券」與法幣的兌換率為二百作一，老百姓方面也相信是不會有的。

當佛海飛渝前將「中央儲備銀行」移交給陳行時，曾正式佈告民間：「中儲券」的全部發行額為一萬九千萬萬元。而「中儲」的庫存準備，白銀、瑞士法郎、英美等國的外匯、法幣以及「中儲」的附屬機關「中央信託公司」的地產與物資，都不計在內。僅黃金一項，除提前付出市民購買的金證券以外，就有五十萬七千兩。以當時重慶官價黃金每兩十七萬元計，共值法幣八百六十一萬九千萬元，即每二十二元「中儲券」合法幣一元。以後重慶的黃金官價，從每兩十七萬元減為售出價八萬九千元，收進價八萬五千元。如照售出價計算，「中儲」的黃金值四百五十一萬三千三百萬元，照收進價計算，為法幣四百三十萬零九千五百萬元。照前者折算，每法幣一元可收回「中儲券」八十四元，照後者計算，則每法幣一元可以收回「中儲券」八十八元。然而不知何以陳行決定的比率，竟然為二百作一？

財政部長俞鴻鈞對這一項決定，還發表談話說：政府為顧念人民，不使受過多損失。事實上單是政府接收到的黃金，不論從什麼時候的牌價計算，最多售出百分之四十，就足夠收回全部「中儲券」了。而國民政府在這一次幣制的整理工作上，少說點一舉手而賺到了黃金三十萬兩以上，約合法幣二百七十萬萬元之譜。更有一點值得往意的是，如我前面所說：「中儲券」流通額的一半，還是勝利後中央接收人員所取用。當「中儲」副總裁錢大櫆以其經手發行「中儲券」指為擾亂金融而被判處死刑後，在獄室中，他從身邊取出一張黃金、白銀、外幣、法幣等的清單告訴我說：「個人的生死不足惜，但法幣與中儲券的折換率是應當二十八對一才算合理。現在使老百姓於戰禍之後，再受不必要的損失，對於這一點，將使我死難瞑目。」

從前有過這樣的話：「亂臣賊子，人人得而誅之。」汪政權的人，在重慶人的眼光裡看來，自然是「亂臣賊子」了，但誅不誅倒是次要，著重的是其財產似為人人得而「搜」之。因之，上海接收機關之多，連復員的人，自己都弄不清楚。周佛海的京滬行動總指揮部，正副秘書長程克祥彭壽氣焰薰天。蔣伯誠以上海黨政統一委員會的主任委員，被發表為軍事委員會委員長駐滬代表，以王伯樵為秘書長。第三戰區由何世楨、張叔平等成立了第三戰區司令長官駐滬辦公處。軍統由李誦詩在杜美路七十號杜月笙宅成立了中美合作所。中統以化名為劉青白的三人組織，由嵇希中接收了我的「亞爾培路二號」而變為上海站。

湯恩伯抵達上海以後，成立了兩個接收委員會，軍用品接收委員會以三方面軍副司令官張雪中為主委，非軍用接收委員會以市政府秘書長沈士華為主委。十月中旬宋子文到了上海後，又發表設立一個全國性的「敵偽產業處理委員會」及「上海敵偽產業處理局」，委員會的秘書長及上海處理局局長由劉攻芸一人兼任。在中央信託局內，更成立了一個逆產組，以軍統的鄧寶光負責其事。

據張雪中的報告，上海地區共繳到日本槍枝六萬左右，但勝利之前，上海的日本駐軍由松井中將統率的登部隊（即第十三軍軍團），在太湖三角洲一帶，就有七個師團的實力，人數不少於二十萬人。收繳的槍枝何以變得那樣少？也是一件令人難以索解的事。

除這上面的許多機構以外，其他還多著呢！上海市黨部接收了盛幼盦的金神父路住宅，三民主義青年團又接收了盛幼盦主辦的古拔路裕華鹽公司公開掛出了招牌。何民魂以軍事委員會宣導委員名義，在京滬各地設立了地方工作委員會。上海的負責人是王克修，原來是汪政權的上海市銀行性質「復興銀行」的秘書，而又自稱是蔣經國一系的人。那時羅君強的有恃無恐，認為既是中央明令發表京滬行動總指揮部的副指揮，因與張叔平一時交好，以為有第三戰區作後援；王克修把他吸收，又以為與蔣經國有了淵源。社會部特派員陸京士由軍統委為「工人忠義救國軍總指揮」。忠義救國軍的張阿六駐在浦東，而忠救的淞滬區指揮官阮清源（即袁亞承）部開入了市區。而武裝部隊到得最早的有中央憲兵司令部特派上海憲兵隊姜公美，直至憲兵二十三團開抵後，姜公美部份才告結束。

這樣多的接收機關，對於汪政權人員財產的接收，也只好不分彼此，先下手為強，各行其是了。刻薄的上海人至稱接收為「劫搜」，老百姓對勝利後的政府，初步已流露出不滿的表示，而內部的傾軋，也回復了戰前的狀態。軍統與中統之間的磨擦，本屬由來久矣。軍統對委員長代表公署也屢起糾紛，一次軍統接收了一處房屋，蔣伯誠的兒子宇鈞與屋主有舊，出面干涉。軍統不客氣地用正式公事行文給代表公署，指為無權干預，氣得蔣伯老把兒子叫到床前，一記耳光打得一隻耳朵聾了半月之久。

吳紹澍本為杜月笙的學生，自貴為副市長，而且又是國民黨中央執行委員兼上海特別市黨部執行委員、三民主義青年團上海支團部支團長、國民政府上海政治特派員、軍事委員會上海軍事特派員、上海市社會局長。論官階大有青出於藍之勢，他居然敢與戴笠杜月笙相抗。十月底的一天，他坐著汽車駛經大馬路時，被人打了四槍，幸而坐的是保險汽車，得以有驚無險。其他因接收有貪污行為遭到處分的，憲兵隊長姜公美被槍斃了，陳默被拘押後移送至法院了，阮清源據說因與戴笠爭辯而被禁閉了。到十一月，吳紹澍飛回重慶之後，副市長也被明令撤職了。這時期的上海，實在又是一番混亂的景象。

上海的報館，因為都有比較完備的設備，自然更為各方爭奪的對象。其中經過，也顯得極光怪陸離之至。新聞報先由「忠救」方面的陳默接收，因戴笠不同意而又退出。直至十一月，由中宣部派了程滄波為社長，詹文滸為總經理，仍以原來的名稱復刊。申報在勝利後被接收前一直照常出版，以後由陳景韓（冷血）為發行人，潘公展為社長，陳訓畬為經理，名稱也一仍其舊。日文大陸新報在外灘十七號，原是英商字林西報。大陸新報又附設華文的新申報，為日軍在滬的機關報，由湯恩伯接收後改出日文版的改造日報。林柏生的中華日報，原設於天后宮橋堍的市商會商品陳列所內，先由三青團接收，改出青年日報，後經中宣部命令胡樸安恢復戰前的民國日報。新中國報在河南路漢口路轉角，由袁殊主辦，表面上是極端親日的報紙，實際是中共的地下機構，八月十五日日本正式投降的晚上，中統地下工作人員就派人去接收了，十六日又有吳紹澍系的地下總部去接收，出版正義報。僅一天，何民魂又把他們趕跑了，改出革新日報。八天之後，顧祝同的前線日報又去接收，同時文匯報也奉了中宣部東南專員馮有真之命再去接收。馮有真直接主持的中央日報又占了一份，於是「新中國報」成為中央日報、前線日報、文匯報的三位一體。李士群的國民新報，勝利後由代理社長黃敬齋送給了ＣＣ方面的朱應鵬，出版光華日報，又代印中美日報、時事新報與大晚報。但國民新聞，軍統認為是「七十六號」特工組織的機關報，後又為戴笠所接收。至於我所辦的平報與海報，在四馬路石路口的平報，由莊鶴礽代表吳紹澍接收而改出正言報，海報由我送給毛子佩而改為鐵報。

一三四、天真造成了絕大的錯誤

接收財產以外的所謂「肅奸」工作，除了中統、憲兵隊等同樣隨便捉人外，實際上是政府命令由軍統主辦。開始對汪政權人員的實施逮捕，係發動於九月二十七日。事前由程克祥彭壽覓定了原南市南火車站附近的煙犯拘留所作為看守所。許多汪政權中較為重要的人員，數天之內，就先後束手就擒，俯首入獄。外面也傳說當局列有一張人數龐大的黑名單，勢將按圖索驥，一網打盡。除了極少數的人見機離滬他避外，大家都安坐家中，聽天由命。只要有人駕臨，不問是什麼機構，也並不索閱逮捕證，就默無一言地隨著就走。甚至我許多朋友，有人千方百計地去探明了那裡是接收「人犯」的機關，自己帶了一些衣被去自首的。更可怪的是，竟爾有人上門自報汪政權中的履歷，要求收押，而被認為身價不夠，被拒絕接受的。

我自佛海離滬以後，一直在盤算如何作自處之道。眼看著還留在外面的人，已經是親朋寥落故人稀了。佛海一去，我內心已決定了自首，我不怕入獄，因為我太相信政府所一再表示的寬大政策；與勝利前秘密電台傳來的嘉勉之辭。況經八年苦戰以後，河山重光，政府懲前毖後，也一定將是一個循法循理的民主政府。而我所耽心的是機關太龐雜，而且「肅奸」以外，還包含著別的因素。所以我先離開了自己的家，避居在一個朋友那裡，再作最後的考慮。

當然，我與蔣伯誠之間相處不惡，也寄望於他能為我說幾句公道話。在這時期，我到大西路的代表公署去過幾次，承他夫婦倆如前一樣的延見我。但在病榻之前，談的是他個人的事情。他因當不著上海市長而大發牢騷，又因受軍統的壓迫而表示憤慨。沒有一句話問到我的前途，也沒有一句話作關切的慰問。我覺得那時的身分，已經不再是淪陷時期的他家唯一的上賓了。

也就在我決定自首的前三天，我與伯誠談過後退出時，他的夫人杜麗雲忽然要我到她的臥室中去（伯誠病後，夫婦分房而睡），她把一捲土地證與一枚印鑑堅決退還給我，她說：「你不肯收回，將連累伯老。」我自不便強人所難，也就恭敬不如從命了。這份房產，就是民國三十四年的春季，我所買的法租界福履理路一處包括兩所的花園洋房，因他的暗示而送給他的。當時這塊一兩畝的土地，產權憑證卻太複雜了，有租界的道契，市政府發給的土地證，前清時代的方單，還有與隔鄰共有的分道契。當時費了很多的力，才把它統一起來換成了整個的土地證，我又把籬笆拆了改建圍牆，屋內也為之裝修粉飾一新。諸事完畢，才把產權憑證和印鑑送給了伯誠，他要他的夫人與兒子宇鈞去看了一次，認為滿意，才向我千恩萬謝地蒙他賞收了。勝利後，他既沒有搬去住，此時又把原件退還給我，對於我來說，自己的生命且難保，要這身外之物何用？但蔣太太既如此堅決，我也只好於赧赧然中又收下了。同時，使我明白現在的蔣代表已不再像從前那樣稀罕一兩所房屋了。

我對此正在為難之際，上海市黨部委員毛子佩從屯溪與吳紹澍又一同回到了上海。他是給日本憲兵隊拘捕後經我保釋，仍在滬照常活動，第二次日憲又要捉他時，我給了他一張「平報」職員證才得安然歸返內地。這時他來看我，當然彼此的地位，已因局面變動而大不相同。他率直地向我提出了許多問題：一、他在憲兵隊保出後，借了朋友的一張道契，放在我處，問我借過不少錢，此時他表示好不好先把道契還給他。我的回容是：「好！錢不必再還，道契拿去。」二、他過去曾經在小報裡混過，希望把我辦的「平報」交給他，易名出版。我向他進了一些忠告，我說：「老兄，我不客氣的說，你辦報還是半內行，平報是大報，拿去了對你沒有好處。我的一張小型報『海報』，有個五六萬份銷路，人事方面還健全，京滬杭沿線，發行網也還周密，反正我是辦不成了，送給你好好的幹，已夠你今生吃著不盡。」他欣然表示感激。但他又代莊鶴礽要求為吳紹澍恢復正言報。我說：平報本來周先生要我準備策應反攻時作敵後宣傳之用，所以停版後，機器、鉛字、紙張等備得樣樣齊全。人員也都未遣散，那末就送給紹澍吧。以後平報的成為正言報，海報的改為鐵報，就是由於這一次的私相授受而來。三、他又說：我有兩個太太，過去住得太侷促了，有沒有較寬大的房屋？我一想，立刻說：有！本來在福履理路有一處是買來送給蔣伯老的，現在空著。我派人領你去住。那天，他真是出乎意外的滿意。

後來他住到那裡，先是住在前面的一所，不料以妻妾爭鬧，如夫人一時氣憤，跳樓死了，他認為不利，又搬到了後面的一幢，把前面的一幢，送給了章士釗住。前幾年章士釗由北平來港，我為了朋友的一件家務事去看他，也許我這個人太平凡太渺小了，他已不認得我這律師同業，待我通名道姓之後，他才好似恍然裡鑽出了一個大悟，「噢！我上海住的房子，不就是你的嗎？」這早已是被指為「逆產」的，我還敢說是我的？但我又不願抹殺事實，我只好忸怩地向他表示著歉意說：「招待不周，」不知何以他橫了我一眼。

我還在徬徨不決之時，軍統的局本部秘書袁惕素（現在台灣）也調滬在杜美路七十號協助「肅奸」工作了，承他還念及民國三十三年來滬時我為他掩護的微勞，雖然他回到內地前約定由他全力進行，分別向戴笠及陳布雷接洽如何使與佛海作進一步的聯繫，必要時由我赴渝的計畫，去後就不曾有過消息（事詳前記），總算他一到上海就來看我。一見面，他說：「我回去後，就把我們洽商的經過報告了戴局長，他因為本來就已聯絡得很好，所以認為不必再別闢蹊徑，我也因此一直沒有給你回信，但李參謀長（誦詩）也知道這一件事的經過，所以我一到上海，他就對我說：你應當幫你那個姓金的朋友了。今天我來看你，就是告訴你這一件喜訊。」我問他，承當局對我的諒解，使我感愧，但是不是還需要經過一個手續？他說：李參謀長表示：最好你自動向軍統報到，這樣我們才能幫你。否則，目前機構太多，你又不是組織裡的人，在外面，我們就無能為力了。他走後，或許由於他的話，我堅決了我的意思，初步作出了去自首的最後決定。

當天晚上，我偕了妻同去看蔣伯誠。我對他說：「過去，我一直向你表示，抗戰如能獲得勝利，政府有日重新回來，我願意負責我所做的一切，我會向國家作一個交代。現在，我決意日內去自首了。基於這幾年之間的私誼，希望你能對我的家屬有個照顧。」伯誠點了一下頭，我妻插口問他：「伯老，我丈夫過去做的事，你是清楚的，而且你不斷向他提出過保證，他去自首以後，你是不是會保他出來？」伯誠又搖了一下頭，遲疑地說：「只要已經進去的人，有一個人能保出來，我一定會保你。」

承杜麗雲的好意，自動代我迫了他幾句。她對伯誠說：「金先生這幾年幫得我們夠了，你為什麼牽絲扳藤地一定要等有人保出來了你才去保他？」伯誠用責備她的口氣說：「你是女人，那懂得政治上的一套！假如保釋是由我去開的端，以後隨便放人，他們會向委員長報告，一切都推到我的身上。雨農（戴笠字）對我不好，你又不是不知道的。」我怕事情弄僵反而不好，我向妻望了一眼，意思要她不再多說。我又對伯誠道：「保不保倒在其次，我進去以後，希望你能為我證明心跡。」他連說「當然，當然。」我立刻向他告辭。不，我應該說是在向他告別。以後討來兩年半的獄中生活，完全由我自己憑一時天真的主觀所作出的錯誤決定。

一三五、毛森拍著我肩頭說可惜

把我自己的命運作出了一個決定之後，反而又使我有些躊躇起來。為了我是一個報人，而且又是一個律師出身的人，前者總不免有些書呆子氣，後者則過分相信要入人於罪，最少要符合法律所明定構成犯罪的要件。

從「八一三」抗戰發生以後，政府了防為止被日人利用的莠民在後方破壞和搗亂，儘管刑法中已有著外患罪內亂罪等周密的條文，但政府一向是歡喜制定特別法例的，所以那時又頒佈了一項所謂懲治漢奸條例。做過律師的我，常然知道即使是去自投羅網，也得準備一切必要的手續。

在九月三十日的晚上，我開始繕寫自白書。首先我把民國二十六年公佈的「懲治漢奸條例」逐條細讀，尤其把構成漢奸罪責的十款犯罪行為，逐款研究。什麼井中下毒、擾亂金融、供給敵人軍械之類，都是清清楚楚指在後方的人民助敵而言。我在淞滬作戰時，絕沒有此喪心病狂的行為，我又不曾去過抗戰區，這罪名套不到我的頭上。我更以自己的良心，在暗室中逐條逐款與我在汪政權六年中一切的所作所為相核對，對自己下裁判，最後我確認無論事實、證據、法律，我都絕對沒有觸犯。我坦然了，適加確定了我自首的決心；也加重了我無可挽救的錯誤。

我以通宵之力，寫成了洋洋萬言的自白書，分為序論、政治之部、報紙之部、金融之部、律師之部、社會之部、結論等七章，把全部事實，赤裸裸地寫了出來，並附以軍事委員會委員長駐滬代表公署等的公文證明書，以及其他有關文件。這一篇寫得那裡還像是什麼去投案吃官司的自白書，倒是有些像要申請發給勝利勳章的呈文了。書呆子也照例要咬文嚼字的，記得開首要辯明我不是漢奸，所以我為自己寫了這樣兩句：「既非守土有責之吏；更非開門揖盜之奸。」最後也總得自謙幾句。所以我又寫了「報國無方，曾無寸功之建立；附『逆』有據，雖有百喙其奚辭！」的酸腐沖天的屁話。

這樣去自首，總算準備好了應備的手續，但我又再度躊躇了，那樣多的接收機構，那一處是奉命專責辦理之處？更恐怕有些機構，是接財而不接人的地方。政府沒有明令，機關也不分職權，使我有些茫茫不知何去之感。

事有湊巧，當我奉佛海之命，赴偽滿慶祝其「建國」十週年紀念之時，與我共同出席的有一位天津庸報的總編輯童漪珊，我與他相處幾日之中，認為他為人似還不錯。天津的「庸報」，正如上海「新申報」同一性質，是百分之一百的日本軍部的華文機關報，我覺得老童為日人服役，太可惜了，我勸他辭職到南方來，我願意負擔他的全部生活費用。我由偽滿回滬以後，老童真是舉家南遷。他於數年之中，我並不曾為他在汪政府中安插一個位置，只是每天跟隨著我一起為遊宴逸樂之事。他有一位舊同事蔡英，據說為了不願再為日人做事而也南下向他投奔。我就介紹在我的一個做南京米糧統制分會的部屬那裡工作。

就在十一月一日那一天，有人告訴我蔡英在四處找我，終於我約了他在一個朋友處見面了。他告訴我說，他已在陳恭澍那裡做事，陳恭澍奉了軍統戴局長的命令，成立了一個小組，專管部份的

「肅奸」工作。「因為陳恭澍過去是『七十六號』的健將，耳目較近，知道你的事較多，他很『欽佩』你在勝利以前所做的地下工作，他願意保護你，並且為你洗刷。」我聽了蔡英的話，固然覺得突兀，卻完全不知道特工人員的神機妙算。因為陳恭澍原是軍統的上海區區長，抗戰時期，他投降了七十六號，對昔日軍統的同僚，曾展開過激烈鬥爭，吳開先被捕以後，他還親自審問過他，為了顯耀他在特工中的地位，他為「新中國報」寫過一本暴露軍統秘密的書，叫作「藍衣社內幕」，不料現在又還原做起軍統的工作來了。

蔡英轉述陳恭澍的一番話，與幾日前軍統局本部秘書袁惕素對我講的若合符節。我就深信他真是出於善意，於是欣然與蔡英一同去看陳恭澍。說來慚愧，他是「七十六號」當年的一員大將，我卻還是與他初次見面，他竭力把我恭維了一陣，並力勸我去自首，認為躲避不是辦法，他表示最多三四天的時間，稍加調查，一定就可平安歸來。

雖然他說的話，十分冠冕堂皇，但他為了犧牲別人立功自贖的真相畢竟在辭氣之間流露了，我覺得素昧平生的人不會那樣熱心，顯然他不是為公道，而是為的工作表演，我告訴他我早有決定自首的準備，正苦不得其門而入，既然承他熱心，就請幫忙送我到負責的機構去。我告訴他我預備明天再來，今天回去先料理一下家務。他完全同意了我的要求，送我出門時，他以命令的口吻告訴蔡英：「好好的保護金先生，明天同來看我。」從此蔡英就與我寸步不離，他說恐防在這一晚之間，別的機構不明經過，把你先抓了反而誤事。至此，我完全明白了他的來是誘捕，現在的陪我是監視。我仍然完全裝著糊塗，絲毫不露聲色。我通知了我的妻子來與我訣別，在她哭泣聲中，我還竭力對她安慰，要她負起責任來照顧所有未成年的孩子。我還以為即使要入我於罪，也斷然不至於累及妻孥。

那晚，狂風暴雨，落了個一整夜，前塵後事，起伏縈迴，無限的感慨，無限的淒涼！雖然此去的禍福不可知，此時，我忽然想到基於曾經執行過十年律師職務的經驗，深知中國司法界的內情，又追悔於何以竟如此地於鹵莽中作出了決定。曙色未開，我再也不能入睡，風雨雖已停止，而滿天陰霾，仍是天低欲壓的氣候。挨到了九點多鐘，蔡英陪著我先到陳恭澍那裡去，我與他坐上了我自己的車。途中，為我駕車已十餘年的司機，忽然回過頭來向我說：「先生，不料前幾年一批一批關在七十六號的重慶份子，由你去保出後，就是用這部車把他們送回去的。今天，你卻自己坐了這輛車自願去吃官司了。先生，你為什麼那樣的傻！」說著，他有些哽咽了。我頗為他的話所感動，想到皮包裡還留著的一些錢，就取出來一古腦兒的送給他。他連望也沒有望我一眼，他說：「留著你自己用吧！那一個衙門不需要錢的？」說著車子已到陳恭澍的門口，他以得意的笑臉預先迎候著我，蔡英像是個押貨員，把我點交給他以後，就匆匆一揮手逃也似地走了。

我坐了陳恭澍的車子，一路開到了貝當路附近的一宅小洋房，那房子顯然也是接收來的。他上樓去了不久，又下樓領著我到了樓上中間的一間，那裡已經站著一個穿軍服而矮矮很結實的人，陳恭澍為我介紹了以後，連招呼也沒有向我打又掉首而去。那個人先向桌上一翻，取出一疊用十行紙寫的表格，翻到第二頁，我的名字就赫然在內。他指給我看，並用浙東口音告訴我，這裡你是有名字的。說著他在我名字下面的備註項下，填上了「十月二日自首」字樣。我才知道這就是外面喧傳揣測的黑名單了。我從皮包中取出了自白書與其他證件授給他。他要我坐在他寫字桌旁的一張椅上後，把我的自白書全神貫注地從頭到尾讀了一遍。

他放下了自白書，又向我端詳了一陣，開始與我談話了。他說：「你不認識我吧？我倒是深知道你的，我叫毛森。老實告訴你，前幾年我奉派在此地從事地下工作時，被敵憲拘捕後，曾擔任過滬西日本憲兵隊的密探長。以後我又逃往了內地。所以，你們過去的事，什麼也瞞不了我。你在自白書上所寫的，我知道大部份都是事實。……」說到這裡，他停頓了一下，突然伸過手來向我肩頭一拍，轉為同情的語調，又繼續說：「金先生！可惜可惜！你過去所做協助抗戰的工作，只算是友誼上的幫忙，而不是什麼工作上的表現。」我接口說：「毛先生，承你對我的瞭解，我表示感謝。我一切做的僅是求心之所安、以盡國民的天職。我也沒有參加過任何特工組織，我更絕不計較什麼工作成績。」毛森說：「到今天可就完全不同了，那一個機關能為你的工作承認證明？恐怕代表公署的文件，不會發生多大的效力吧！」說完，他陷於沉思中，而我也在想：「原來為國家效力，還有什麼組織關係與工作表現那一套。真是聽君一席話，勝讀十年書了。」

毛森又繼續說話，才把我從幻想中驚醒過來。他說：「這樣吧！我所能幫你的就是送你到優待所去，上海三老之一的聞蘭亭也在那裡，那裡你可以與家中通電話，可以在花園中散步，一切受優待，就是不能出去。」說完他起身與我一起下樓，登上他的汽車，向西疾馳。他忽然問我有沒有帶行李，我才想到除手中的一隻公事皮包外什麼也沒有。就要求他把車子開往福州森路我的家。車到門口，出來的是幫我多年的一名男傭，我囑咐他趕快把簡單的被褥與更換的衣服取來。當他再送上車時，他告訴我上一晚有大批武裝人員到家裡來搜捕我，現在還留有八名忠義救國軍的「定平」部隊的士兵駐守著，我妻子兒女都已失去了自由。我默然點了一下頭，汽車繼續向西開行，我向家門投下了最後的一瞥。我所作錯誤的決定，這時初步證明了實實在在是錯誤了。

一三六、戴笠提出政治解決保證

汽車終於到達了愚園路一條長長弄底的一家住宅門口，使我記起了這原來是吳四寶的家。毛森吩咐衛兵幫同取了我的一肩行李，一直上樓，幾間臥室中已經疏疏落落有了十幾個人，溫宗堯、唐壽民、聞蘭亭、袁履登等都已先我而在。看到我上樓，大家一握手，彼此就黯然相對。毛森向負責的人關照了幾句先自走了。他們有的比我先來一天，有的僅早到數小時。他們告訴我自當局於九月廿七日開始捉人以來，已有幾百人關在南市看守所，這裡是軍統的優待所，與重慶政府的私人有淵源，或者認為淪陷時期有微勞足錄的，才得享受這裡的優待權利。每個人雖尚未習慣於羈幽生活；但每個人都充滿了信心，確信政府將會分皂白、別功罪，有兼顧人情與國法的處置。

在我到達那裡只有幾分鐘的時間，我還清楚記得繼我而來的又一個人，我對他只是有些似曾相識的感覺。他形色倉皇，言語激越，看到每一個人都訴說他的焦急，他宛如一頭飛鳥初初關進籠子裡時那樣的慌亂。他過來招呼我，因為知道我曾經做過律師，所以問我對前途休咎的看法。我既說不出他的名字，又不知道他在淪陷時期做過什麼？其實連我自己未來的命運，也完全不知，教我如何能為他解答？所以我只搖搖頭對他苦笑。他誤會了我的意思，以為我與他沒有交誼而不肯說什麼，他很誠懇而又焦急的向我訴說了一大段，他說：「我是嚴慶祥，前年蘇州商業銀行開幕時，你以董事長身分主持揭幕禮，我來道賀，與你見過的。我不曾在汪政府做過事，只是家父嚴裕棠一生辛苦創建的大隆鐵廠、泰利鐵廠、蘇綸紗廠與成德紗廠四處大企業，淞滬淪陷後，為日人佔據了。家嚴委任我做了四廠總經理，幾經艱苦交涉，始得收回。我只是辦工業，軍統要拘捕家嚴，我挺身出來承擔了，試問我有什麼罪？我有什麼罪？」我看到他惶急失措的情形，忘記了自身的遭遇，反而對他無限同情。我對他說：「照你的說法，那是匹夫無罪，懷璧其罪了。」他長嘆了一聲，又轉頭去和別人訴苦了。

當晚，睡眠就發生了問題，床舖不夠，睡地板倒也罷了。前廣州大元帥府七總裁之一的溫宗堯，以為一室中不應睡那麼多的人，還大擺其總裁架子，堅決拒絕讓我睡在裡面。唐壽民、聞蘭亭等都在幫我說話，我覺得到了今天的處境，這樣的小事，那裡還值得計較？我自動退出，睡在梯頭的地板上。警衛人員來回的腳步，徹夜在我頭邊跨過，我眼睜睜的直望到天光。

幾天之內，陸續又來了七八十人，樓上的三間臥室，已擠得滿滿地。上至汪政府的院部長，下至賭場老闆，可謂群賢畢至，少長咸集。大概在我進去後的一周左右，軍統局長戴笠突然光降了，他由看守的負責人陪同向各室巡視。當他進入我們的一室，我是不久前還在佛海家裡看見過他，唐壽民本來是與他為熟人，但我們都裝作不認識。袁履登看到來人聲勢不凡，趨前問他貴姓，他頭一側，胸一挺說：「戴笠！」他回過頭去對溫宗堯說：「溫欽老，我與令侄應星是朋友，以你過去的資望，又為什麼要投身做那樣的事呢？」溫欽甫用廣東音與他喋喋不休地訴說他的理由，戴笠似乎有些不耐煩聽下去，擺著手要他停止。

他又向我們說：「請各位安心暫時在此地委屈一下，我奉委員長的命辦理這起案子。我知道許多位在淪陷區中為國家出過力，我將盡力為各位洗刷，因為這是一個政治問題，我可以向各位保證：將不經過法律程序，而最後會以政治手段來解決。這裡你們姑且當作一家漂白廠，把諸位在淪陷區中容或沾到的一絲污漬漂洗乾淨，時間也不會太久。此地太侷促了，我已覓定了一個比較寬敞地方，不日請各位搬過去。你們辛苦了多年，那裡就算是一間療養院，先作短期的休養。可能，政府還想借重各位。」

他聲音很低沉，說完話邀唐壽民到樓下去一談。半小時後，壽民回上樓來了，臉上充滿了滿意的笑容，他偷偷地告訴我們：「雨農表示，政府不為已甚，將對我們出以寬大的處理，且將甄別各人的專長再加錄用。雨農要我草擬一份收復區的整頓金融計畫，我也告訴了他在如此環境中，實在無從著筆。好在健庵（陳行）最初是我介紹給政府的，他既已受命為財政金融特派員，還是一切由他來主持的好。」

戴笠又到了別的兩室作了同樣的談話，復與沈長賡等幾人作了個別談話，才離開那裡。戴笠一兩小時的逗留，給了許多本來垂頭喪氣的人以無窮希望與無限幻想。這裡確是太擠了，大家等待著到一家「療養院」去享幾天清福。

在雙十節的前一天，忽然不知誰說出了一個不好的消息。他說聽到下面的警衛人員在講，雙十節慶祝國慶的那一大，將要把我們這一批人裝上卡車，在全市熱鬧地區遊行示眾。許多人聽到了這消息，都為之失色，紛紛議論著假如事情不幸而實現的話，自己將在卡車上採取怎樣的態度？我倒不客氣的說了：「真是要把我們盡情侮辱以求取快的時候，當然不容我們不去。在這六年中，我們的所作所為，上海的市民應該心裡有數，我們自信並非不能見人，我會昂著頭向天微笑，瞪著眼看市民的表情。他們這樣做，應該不是要市民看『漢奸』遊街，而是我們要看人民是否還存著一點公道。」我的話雖然說得有些牢騷，也近乎高調，但大家還是以我這個態度是對的。到了雙十節的那一天，大家懷著一顆忐忑的心，而政府卻真能矜恤我們，而並未實行傳說中的活劇。

雙十節平安過去後的三四天，我們在吳四寶家裡也已停留了約半月。忽然一天清晨，一聲令下，說要當天遷移，大家紛紛整理了簡單得不能再簡單的行李，又在耽心不知將遷往何處。終於開來了多輛汽車，把我們分批裝到了福履理路的楚園。那裡有一宅五開間三樓的房屋，前面是一個花園，底層是禁卒們的辦事之處，二三樓一排五間房，每房五人，就「優待」著我們這一批待鞫之囚。這裡原來是「上海市警察局副局長」盧英的住宅，因為他的號是楚僧，於是房屋就稱為楚園，這個不祥的名字呀！結果就成為一群楚囚的居所。

當我們全體到達以後，看守所主任上來招呼我們了，連聲說：「招待不周，招待不周。」每一間並派發了當天的報紙。他謙恭的態度，真使我們有些受寵若驚。他宣布辦法，是供飯不備菜。梁鴻志的私人廚子也被拘留在這裡，專為我們製菜，每天可集合多人，隔日自由點定。需要金錢、衣服、用品、香菸，可開條由所方派人往家中去取，食物可給資代辦。除了限制下樓及不准親友探視而外，總算盡其優待的能事。

中間有兩個人是更受到特異的待遇，梁鴻志獨居在二樓的一間亭子間中，但准許他的一位新太太每天進來為他料理私人事務，早出晚歸，給了他以最大的方便。另一人是盛老三（幼盦），他那時已七十餘的高齡，而且有很深的煙癮，軍統特准他取來煙盤，公然進吸。鴉片煙味，於是每天瀰漫在這一所特殊的牢房之內。

看守我們的一批警衛人員，是中美合作所的青年學員，他們在抗戰區受訓練，習聞於「敵偽」的如何如何，最初幾天，他們以敵視的眼光向著我們，在他們的心裡，以為所謂「漢奸」也者，必然如他們過去想像中殺人放火無所不為，像日本憲兵隊中翻譯密探那樣的人物。所以看到了我們就怒目相向。而幾天以後，漸漸覺得我們這一批中，有些是風燭殘年，有些是翩翩文弱，於是漸漸地與我們交談了，一問某人是留美的，而某人又是留法的，都有其一套的學歷與資歷，完全使他們驚異得出乎意外。在慢慢對我們刮目相看之時，似乎他們反而同情了我們的處境，非但不再是監視，而處處給予我們以幫助，甚至不惜做出違反紀律的行為，替我們做傳遞消息等的勾當。有過一個時期，林康侯教他們春秋左傳，鄭洪年教孟子，唐海安教英文，孫曜東教唱戲。我們竟由獄囚而變為師尊。我相信，假如戴笠不因撞機身死的話，對於汪政權的這一重公案，真如戴笠所說將有完全不同的處置，至少不會全體交給法院，在「有條有理，無法無天」的怪狀下，見人就判，一判最少要坐牢幾年。

一三七、軍法官不斷來審問我了

戴笠說楚園將是一所漂白廠，可以洗盡認為因參加了汪政權而染上的政治污點，而結果卻證明事實並不如此。本來有人認為汪政權的創建，是在與重慶唱雙簧，尤其周佛海等的行跡，加甚了這項傳說，所以論到實際，該是灰色的，是在半白半黑之間的，而所有的人自送入楚園以後——除了一個鹽商周吉甫因毀家脫難，另一個五金商人陳詠仁因將一隻毛公鼎獻給了政府，又把設備得不壞的家招待了第三戰區駐滬工作人員張叔平住居，因而得以省釋外，其他的人，一律轉解法院。不論有何地下工作，也不問有何犯罪證據，或輕或重，結果全部判刑。所以楚園應該像是染廠而不是漂白廠，把原來的灰色，依照了黑名單所列，一律加深，染成為純黑色。我不敢武斷事態所以會有這樣的演變，是否由於戴笠的突然撞機身死而無人擔當所致。

那裡名稱上是優待所，實際是軍統的看守所，除了所長一名看守我們的行動外，另有軍法處偵訊我們的「罪行」。軍法處長是沈維翰，我沒有見過他，好像他原來也是上海的一個不大為人知道的律師。下面有十幾名法官，倒不愧為人才濟濟！凡是參加過汪政權的，以後法律上都指為「漢奸」——而法官之內，卻就有了好幾個應該也一樣是「漢奸」的人。讓我先介紹出他們的姓名和擔任過的偽職吧！計開：程克祥，偽滿的科員，維新政府宣傳局的科員，汪政權的邊疆委員會藏事處處長。彭壽，江西日本皇協軍囑託，汪政權賑務委員會委員。林基，七十六號大隊長吳四寶的乾兒子。李時雨，汪政權上海市政府警察局的刑事處處長。其他，還有的是，我不再清楚地一一指出了。再加上行動方面有滬西日本憲兵隊密探長毛森，七十六號行動隊長的陳恭澍與萬里浪等。新貴雖是舊人；而同僚已成敵對。當局的意思，恐怕欲責令戴罪圖功，乃不惜以「毒」攻「毒」。

在我們移送楚園之後的第二天，就發下一張表格，要我們把過去種種，詳細填明。再過了幾天，開始問案了！第一個出現的是程克祥，對我來說，那是太熟的人！他是上海洪幫領袖徐朗西的學生，由徐朗西的介紹而投效尚在上海醞釀中的汪政府，經我的審查而核准的。以後我任邊疆委員會的常務委員時，他是我下面的藏事處長。在佛海家裡，我時常看到他把秘密電台中重慶軍委會發來的電報送給佛海。在舞場中，我看到他一直趨奉在楊惺華的左右，而使惺華得到私生活的種種便利。可是，我與他工作上並無直接聯繫，我又是有很深成見的人，我認為人格上我所看不起的人，我承認我的態度會有些傲慢。所以六年中我與他甚至連談話也是很少有的。

勝利後，他一躍而為周佛海的京滬行動總指揮部的秘書長，我由於他的反對，只當了宣傳處的副處長。那時與他有「通家之好」的副秘書長彭壽，兩人的神情上顯出對我有著成見。他告訴過別人，說我平時架子太大，他曾經問我討二十擔米，我都靳而不予，這明明是不給他面子。言下大有不輕輕放過我之意，所以別人曾經要我當心。我能安心任「偽職」，而對勝利後的副處長的皇皇官職終於百計辭去，說老實話，這也是原因之一。

說我架子大確是有原因的，我對他們平時不甚假辭色是事實，他與彭壽捧過一個三流的女戲子，寫了一篇不甚通順的宣傳稿，要登在我主辦的平報與海報，我沒有為他刊出。就在勝利那一年的初夏，佛海的女兒慧海與吳頌皋的兒子在佛海畢勛路的寓所訂婚，於花園草地上散步的時候，程克祥曾過來向我要求，他說秘密電台裡的職員生活太苦，要我捐二十擔米給他們。當時我雖然感到驚訝，何以為周佛海賣命的秘密電台職員，其至連吃飯也發生了問題？但是區區二十擔米，那時是一個很小的問題，我仍然答應了。可是，我事情太忙，過後我忘記了關照銀行裡的庶務處送去。程克祥等急了，送來了一封信，拆開來只有「二十擔米如何？」六個大字，我以為他太不懂禮貌，哼了一聲，把來信撕毀了就沒有去理他。不料睚眥之怨，他竟然會發揮出無毒不丈夫的威風！

那天，他在楚園出現，他的隨從高呼著我的名字，我預感到這時是應該他哼我的時候了。就在我們臥室外面的穿堂中，放了一張桌子，他在中間高坐堂皇。我上前去尊稱了他一聲程秘書長，承他揮揮手要我一旁坐下，從身邊掏出了一隻金香菸匣，取了一支茄力克菸給我，我取來把菸端詳了一下，以不大尊敬的態度開口說：「程秘書長！你不再抽過去的高樂牌而改抽茄力克了！謝謝你賞我好菸！」他瞪了我一眼，接下去查問我的房產，而他的注意力是集中於我同謝克明、許冠群等合辦的滬東齊齊哈爾路仁豐染織廠的股權。那是一家上海首先能自造陰丹士林布的染織廠，戰前的資本是一百萬元，楊惺華看到了設備而眼紅，曾經想攘奪，給我打破了他的迷夢，因之一直恨得我牙癢癢地。這一天他的嚴厲追究，我明白除了要報他自己的睚眥之怨以外，還替他過去一向趨奉的人仗義「鋤奸」。而我所有的答覆使他失望，我太高亢的聲音與一副吊兒郎當的態度，損傷了他的尊嚴。我感謝與我同房的唐壽民與聞蘭亭怕我吃眼前虧。當我抗聲爭辯的時候，他們一直在房中為我念著佛經。程克祥無法以聲勢奪人而不能獲得他預期的收穫，滿面孔不高興而悻悻以去，到梯口還聽到他口中在喃喃地說：「這傢伙！真是一個寶貝！」

為我到家中去取衣物的職員，也偷偷地告訴了我，我福開森路的家，家人已完全失去自由，由彭壽派了八名士兵駐守著，不許出入，只有一個廚子，早上可以出去買菜，但也有兵士隨同監視。彭壽每天出槍對著我的妻子，逼問財產，形勢非常兇險。竟然罪及妻孥，此時我已經有些追悔為何要充什麼好漢而去自投羅網？

再幾天之後，看守員又來喚我去問案，地點在楚園同一弄內的另一所房子，下面客堂中間放了一張案桌，一位瘦小而面上微微有麻點的法官坐在那裡，我一看原來是戰前的同業樓允梅大律師。過去他的事務所設在愷自邇路小菜場側的一個衖堂裡。刻薄的人，對沒有在大樓中另設寫字間的律師，稱為衖堂律師。樓大律師也就是衖堂律師之一。過去頗承他不棄，每逢案件上發生了疑點，總蒙光臨寒舍，不恥下問。此日情移勢易，他是堂上的法官，我已是階下的囚徒，覿面若不相識，情也，亦理也！

他問了我姓名、年齡、籍貫，以及在汪政府的職務之後，我一一都照供了。他接著問：「南京興業銀行的董事長是誰？」「是我。」「總經理呢？」「是我。」「上海行經理呢？」「也是我。」「那末你在平報擔任的是什麼職務？」「社長兼總編輯兼總經理。」「怎麼重要職位都是你一個人兼的？」「請法官明鑑！我們本來就是站在軸心國一面的嘛！意國首相墨索里尼曾身兼八部部長，我與他比，已經覺得太渺小了。」他重重地拍了一下案桌，再也問不下去了。就結束了這一次的審問，我又回到了自己的囚房。

又是幾天之後，另一位不相識的法官又提我去問案，問到中政會的部份時，他問：「你是偽組織中央政治委員會法制專門委員會的副主任委員嗎？」我承認「是。」「主任委員是誰呢？」「梅思平。」「偽組織的一切法令，都須先經過法制委員會的起草通過，可見你對偽組織倒曾經出過大力。」「回法官的話，我一次也沒有出席過。」「胡說！豈有身為副主任委員而不出席一次之理？你倒推得乾淨！」逼得我有冤難明，我不能不拖朋友落水了。我說：「如其法官不相信我的話，你總該相信你同僚的話，我請隔室也在問案的李時雨法官和我對質，他是我過去法制委員會的同僚，請問他，他去出席時有沒有看見過我去出席。」他說了一句「豈有此理！」掩好了卷宗起身去了，我還是呆呆地恭立在案桌的前面，直等禁卒牽著我走，才算把我驚醒了。

楚園裡面，倒曾有不少軍統要人光降過。前香港區的區長王新衡來過（戰後他任上海市政府調查室主任，現在是台灣的立法委員），態度倒還和氣，與熟人唐壽民等親熱地招呼了一次。戴笠也來過一次，卻沒有上樓。林基（余祥琴）也親臨視察，聞蘭亭是他的乾爺，戰時他的秘密電台，也設在蘭老的家裡。勝利之後，大義滅親，蘭老又是他伴送進來「療養」的。此日見面，官職在身，當然不會親親熱熱地再叫一個老囚徒一聲乾爸爸了。而蘭老的態度卻是妙極，他趺坐在沙發上，白鬚飄拂，閉目凝神，口裡在默誦著佛號，聽到他乾少爺的聲音，連眼睛都不曾睜過一睜。

一三八、繆斌為何被殺得那樣快

更有一天，聽到樓梯上人聲雜沓，知道又有什麼貴賓來視察了。我們真是以待罪而又自負的心情，從不向人望一眼。只聽得來人上得樓來，不斷在詢問「金××在那裡？」我想不到有誰會來找我。一下有人進房來了，拍著我的肩頭說：「××兄，你太可惜了！你在偽組織擔任過什麼職務？你又為什麼去參加呢？」我抬頭一看，原來是王一之。

潘公展在上海辦晨報時，最初我擔任過採訪主任，他那時是一個採訪記者。殊不料他也是軍統局的高級職員。我聽過了毛森說我可惜，現在王一之又再來一個可惜。我且不暇自惜，更不受別人的憐憫。我有些負氣地說：「你甚至不曉得我在汪政府裡做過些什麼，又為什麼先來個滿嘴可惜？」他說：「老朋友久不相見，不要抬什麼槓了。我今天在名單上看到你的名字，特地來探望你的。我是杜美路七十號的主任秘書，別的事我沒有力量幫你什麼忙，你太太那裡如有什麼話，我可以為你轉言。」他這樣誠懇地對我，剛才的發作，反而使我有些不好意思了。我不得不謝謝他，我說：「對家裡我已無話可說。但罪不及妻孥，有罪，也應該讓我一身做事一身當，請寄語彭壽，不要對內人逼得太凶了。」他點了下頭，皺皺眉，又與我殷勤握別了。

楚囚生涯，倒也頗不寂寞！有那麼多的熟人聚在一起，每晚商量好了菜色通知廚房，天天有雞鴨魚肉，足供大嚼。有人飲酒遣愁，有人對奕解悶。聞蘭亭吳蘊齋等勸人學佛，間或還升坐說法。盧英留在那裡還有一部四部叢刊，許多人取來翻閱。梁鴻志博聞強記，於書無所不讀，大家又爭著向他為學問上的請益。有時他也做幾首小詩寄慨，或者發起來一次做對。

有一次，他要幾個人以眼前風光，各做一個小說回目。十九是做得無限牢騷，說不盡的滿腔憤怒。我是頑皮慣了的人，以為越是處身困境之中，越要能善自排遣。難友之中，一位在戰前曾任某省民政廳長的，此時雖隨著聞蘭亭念經學佛，本來是一個老尚風流的人物。他在書櫥中發現了一本木刻的淫書「肉蒲團」，又不好意思當眾展覽，地上放了個坐墊，盤膝坐了，雙手合十，誰都以為他在一心南無，向十方禮讚，不料那本書就鋪在一旁，卻正看得津津有味。另一位於戰前久任海關監督，家中本多姬妾，此時猶在中年，每逢酒後，難免綺思。一根未甘閒廢，時時變作怒蛙，他於萬般無奈之中，出而自擊。我就摭拾了這兩件眼底風光，做了一個回目，上聯是：「發動春心，×監督痛打生殖器。」下聯是：「皈依佛法，×次長偷看肉蒲團。」引得難友們暫展愁眉，哄堂大笑，忘記了這是處身在什麼地方，竟值得如此地高興？

在楚園數月之間，似乎並沒有什麼人進來。就是楊揆一、林康侯、唐海安三人由南市的看守所調至楚園優待。一進門看到我們還有床鋪可睡，有可以下飯的菜，看不到看守們猙獰的面目，聽不到士兵們兇惡的叱聲，呆呆地立在那裡，嘴裡不住地說：「天堂，天堂！」兩行眼淚，已禁不住簌簌地直流了。而我們看到他們形銷骨立，囚首垢面，鬚髮鬅鬅之狀，數月暌違，幾已完全變了一個模樣，尤其林康老宛如販馬記中的李奇，觸目傷心，大家只有握手欷歔，更不知如何出一言以相慰了。另一位來的特客是陳公博夫人李勵莊女士，她與公博同去日本，交涉引渡回來時，照會上因沒有她的名字而仍留在日本，此時才由輪船押解回國。在楚園只住了幾天，總算恩施格外，把她放走了。

在還可以有一絲自由的時候，還會高談法律，等到完全失去自由的時候，再也無人談什麼法律了。依照政府自己所制定頒佈施行的提審法，嫌疑人犯應該於逮捕後二十四小時內，非釋放，即需解往審判機關。而我們「療癢」「漂洗」了數月之久，一直在「優待」之中，政府既遲遲沒有解決的辦法，家屬誰也不敢聲請提審。轉瞬卻已是農曆的年關。那一天，卻意外地又添了一個新人。繆斌穿了筆挺的西裝，手裡夾了一隻裝滿了文件的皮包，滿面笑容，氣概軒昂地由人陪了進來。

我認識他還是在民國十六年北伐時期，他正擔任何應欽的東路軍政治部主任的時候。國民政府定都南京之後，他又出任過江蘇民政廳長，政聲卻不甚好。抗戰事起，華北淪陷後，他曾去當真正漢奸團體的什麼大民會的副會長。與名坤伶新豔秋一同在北平戲園裡看戲，遭人狙擊，雖未命中，已夠他喪膽了。不久南下就汪，一度擔任過立法院副院長。在勝利前不久，他去過日本，據說是奉了重慶某當局之命，去與日本談全面和平。以後汪政權的駐日大使蔡培告訴我，說他攜有某人的親筆函件，對全面和平，提出了七項原則。繆斌在東京時期，東條政府曾以國賓之禮相待，為稀有之殊寵。我與他是一度同事，分任「東亞聯盟」文化委員會的正副主任。所以看到他在外幾個月能平安渡過，於此時又姍姍而來，不免上前去殷勤問訊。他笑著說：「雨農因為外面機關龐雜，恐因誤會而被別的機關誤捉，反費手腳。所以要我來這裡暫避幾時，隨時可以回去。」說著，他指指脅下夾的那只大皮包說：「裡面全是奉命工作的證據，我是絕對沒有問題的。」

不料三天之後，他忽然解往南京，臨行前面上不似進來時的神情，已充滿了焦急之容。解送南京以後，他還是看押在寧海路的軍統看守所，與汪政權的其他諸人關在一處，但情形顯得太不尋常。當他解京的前夕，寧海路先是一片忙亂，把關在三樓的人一起遷出，將三樓完全騰空。據看守人員私底下的透露，將有一個特別重要的人進來。等繆斌解京的當日，所方卻又接到了來自重慶有關方面的電報，要對他充分優待。於是看守所長的辦公室，臨時重新佈置，繆斌解到以後，即改為他的臥室，此時他完全像是一個貴賓，而決不像是什麼囚徒。而這樣不過短短幾天的時間，所方又續奉重慶來電，著嚴加看押，因此他不再能享受特惠待遇，遷入三樓，獨自一人羈禁在那裡。不過顯然他的身分仍然與眾不同，由何應欽的總司令部每餐送來豐盛的食物，是指定菜館為他特製的，豐盛得近乎像是筵席，由他一人據案大嚼，狼吞虎嚥。也有同難的人偷偷上樓去看他，他態度與在上海時一樣樂觀，堅信當局一定採取政治手段解決，而且將於極短時期內實現。

一天深晚，大家都在酣睡中聽到不平常的履聲雜沓，每人於驚慌中又不知出了什麼變故。第二天清晨，才知道繆斌又忽然被解送蘇州去了。他從「貴賓」一變而為重犯的原因，據無稽的傳說：他之所以受特惠優待，戰爭後期赴日斡旋和平，確有微勞足錄。而後來的突變，則謂盟軍當局在日政府檔案中查出了繆斌攜去的和平條件。依照在開羅會議中會談的決定，任何一個盟國，不得對日單獨媾和。因此向重慶提出了質問。重慶雖堅決否認了這一件事，而繆斌則終於立解蘇州。解抵蘇州以後，法院以全速度進行審判，司法行政部以全速度加以核准，短短幾個月，首先提出執行槍決的就是繆斌。他皮包中的法寶，也終於全無用處。

他在五花大綁臨刑之前，一路對當局破口大罵，我不便在這裡代他寫出這將死之言了。繆斌究竟何事赴日？是奉了誰的命令？皮包裡有些什麼證據？當局何以要急於把他處死？這是抗日戰爭中的一個謎。現在繆斌與日本的東條都已屍骨早寒，死無對證，又安得再起死者於地下而問之？讀者原諒我對這事不能再有什麼交代了。反正整個汪政權的事，又何嘗不是謎樣的一段往事呢？

繆斌進來的一天，因為是民國卅四年舊曆的除夕，所以那天大家要廚房多預備了一些菜。晚上，起初大家飲酒吃菜，還雜著笑談，到了將近半夜，人人酒已半醺，四面的爆竹聲已震耳欲聾。此時誰都念到了一樣在患難中的家；誰都想到了不可測的前途，不免悲從中來，梁鴻志發起寫一張字，有一天能夠重見天日，大家不要忘了這同處的患難之情。他噙著一包眼淚，用筆在白紙中間寫了「息壤在彼」四個大字，後面還有一個短跋，他首先簽了字，唐壽民、吳蘊齋、朱博泉等幾人與我也都簽了。其實這又有什麼用呢？只是洩一時之憤而已！我們的字還未簽定，而幾間屋裡的呼聲與哭聲已四起，只聽到有人在喊：「我是漢奸嗎？我是漢奸嗎？」這樣引得不哭的人，也隨著為之泣不成聲了。

時間已到了翌年的初春，對我們將如何處置，還是沒有什麼動靜。一天，忽然看守喚我下樓去接見。我覺得奇怪，這裡是不許別人探望的，難道老妻竟有通天的本領？進到看守所長的辦公室，所有看守所長以及法官人等都在那裡。而來人竟是軍統局局本部的秘書袁惕素。他一見我，立刻拱拱手說：「恭喜！恭喜！你是光榮的！」我聽了他沒頭沒腦不倫不類的話，以為他又是來審問我的法官。既來審問，又何必再來挖苦我一下？我面上毫無表情，恭聆著他的下文。他又繼續說：「我是奉了戴先生與李參謀長（誦詩）的命令，作為公事來看你的。你的事調查清楚了，等戴先生北方去一次回來，你就好恢復自由了，現在再暫時委屈幾天，戴先生或許還想借重你呢。」此時我才相信他真是出於善意的來探望我。他又輕輕地問我：「你與程克祥過去有什麼不睦？前天杜美路七十號舉行會報，程克祥攻擊你得很厲害，說像你這樣年青的人，為什麼要受優待？毛森倒幫著你講話，說你是他送來優待的，因為他確信你有過營救與掩護地下工作人員的事實，應該優待，他指程克祥假公事來報私怨是不許的。還有王一之也為你說話。你與兩人有什麼關係？」我告訴他毛森本不認識，我是向他地方自首而由他送進來這裡的。王一之則是過去的同事。惕素又說，「現在好了，程克祥碰了這個釘子。以後想來不敢再提，你可以不必耽心會把你送往南市去受苦了。況且不久你一定可以回去了。但今天我來說的話，千萬不要告訴別人。」我謝了他，他匆匆地走了。我滿懷高興地回到樓上，朋友們問我誰來接見，我含糊其辭地搪塞了過去。每天我等候著有人再來喚我，那將是重見天日的時候了。誰知這僅是一場春夢，以後怎樣也逃不過兩年多的厄運，以及終身被套上的一頂壓死人的大帽子。

一三九、量身裁衣式的懲治條例

不料一切希望完全歸於幻滅！我初意以為袁惕素既然奉了戴笠之命，來通知我不久可以恢復自由的消息，我既已身入樊籠，特工人員當然沒有再施用手段之必要。這消息應該是可信的，而在我焦急地等待之中，不幸的消息卻反而接續而來。

當惕素來過後不久，又有軍法官來提我審問。地點在同一弄中的另外一所房屋，樣子像是一間會客室。來的人卻例外地是三個，他們過去我都沒有見過的。他們居然很有禮貌地要我一旁侍坐，而且有意無意間，讓我看到他們帶來一張壓在桌上的字條，我一眼就清楚瞥見上面寫著嚴厲的字句：「提金逆雄白嚴行追問其財產，查明具報！程克祥。」原來昔日「偽組織」裡我的部下，一度為我「上司」的程法官，此日大義滅親，有似三堂會審，又要把我苦苦地折磨一番了。難道他真是怕了我這個他口中所謂的「寶貝」？難道他在靳惜一枝好菸？自己又為什麼不親來審問呢？今天這個關恐怕會難逃的，但我只有硬著頭皮，等候著他們的擺佈。

一位瘦得有些猥瑣的人首先開口了，他說：「你是做過律師的人，應當懂得法律。我問你的話，你要據實回答。否則，哼！」「是，凡是法律以內的問題，我一定據實答覆。」「那麼我問你：你有幾個太太？」「回法官的話，法律上既不許同時有兩個太太，我也就苦於不能有兩個太太了。」「你不要狡辯，人家都說你是有兩個的。」「那是別人說了不懂法律的話。」「難道你不曾玩過女人，也不曾送過女人東西？」「我很慚愧，瞞得了你法官，也瞞不了派你來審問我的人。我玩過，程先生親眼看見過我，而且非常羡慕過我的。今天我是囚徒了，而從前我自命還是個闊少呢！」「那末她們是什麼人？你送過些什麼東西？」「論人，長三堂子裡有老三老四，舞場中有曼麗、莉莉之類，玩得多，實在記不起了。送的東西有衣服、首飾、現金等，送得多，也實在記不起了。」「你不要儘是這樣油腔滑調，不從實招供，優待了你還不知好歹，你是不是想送到南市去？」「請為我謝謝程克祥先生，已經多承他栽培了。但我既來此地，生殺由人，何苦還要徵求我的同意？請問法官，我實在無供可招，是不是我現在就回去收拾一下東西，隨著你們到南市去？」

我這樣過分強硬的話，完全出於他們的意外。固然那時我心裡懷了滿腔怨憤，抱著聽天由命的態度，以言辭挺撞，徒為取快一時。但我也並非真是什麼好漢，袁愓素前數日來告訴我的話，使我有恃而無恐。但是這三位奉命差遣的法官大人，又那裡會知道其中的底蘊呢？三人竊竊私語了一下，向我又橫了一眼說：「今天對你客氣，是給你一個機會。你自己好好考慮一下，下次還不把你隱匿的財產供出，我們只能對你不客氣了。」那一次，我像與他們在賭「沙蟹」，我看準了他們的底牌是一張小「二」，我在全軍覆沒中，竟贏了這一場舌戰。這是在羈押時期我的最後勝利了，因為從此，再也沒有人來向我問案了。

主持全案的軍事委員會調查統計局長戴笠，那時他押送周佛海赴渝之後，一直以留駐在上海的時候為多。有一次，楚園的一名看守人員，參加了杜美路七十號的紀念週之後，回來偷偷地告訴我們，他說：「戴先生今天在紀念週上，指名指姓痛罵了許多人，其中對潘三省尤其罵得咬牙切齒，他認為有血債的、為日人服役而直接危害人民的，將一律槍斃。其他的人，不會徒以參加的形跡與名義而送法院。」自從這個消息傳出之後，許多同難的人，又很欣奮地無限樂觀。反正凡是失去了自由的人，所以能夠把生命支持下去，就是把一切的消息，自己加以樂觀的想法，讓自己安慰，讓自己陶醉。

但是所有汪政權的人，不待戴笠之死，命運已先決定了大半。在民國三十四年的十二月六日，國民政府又把十三年前公佈施行的「懲治漢奸條例」重加修訂了。我們初由看守透露了這個消息給我們，為了這條例有關我們的身家性命者太大，千方百計地覓得了一份，我詳細看過之後，立刻知道情形太不利於我們了。我在前面寫過，當我自首之前，曾以自己抗戰八年中的行為，與民國二十六年所公佈的「懲治漢奸條例」逐條逐款的對過。因為那時所謂漢奸罪行，條例中都是指在後方幫助敵人為破壞工作與間諜行為者而言，沒有一條是針對淪陷區的。那時立法的人並沒有錯，因為國土一經淪陷，政府既未命令人民隨軍撤退。那末，人民為了爭取他自己生存的權利，或者在敵人威迫下而從事工作，文明國家，以政府既不能保護人民，因之即使有行為失當之處，原情略跡，也就概不為罪。

現在，政府把條例又於汪政權解消之後，而且把汪政權的人員一網打盡之後，而又重加修訂了。修訂條例的第一條，犯「漢奸」罪成立之要件，為「通謀敵國，圖謀反抗本國。」也就是說，其真意是只要參加汪政權的人，就將被認為符合了這一個規定。據說：當時國民政府把條例起草完成之後，送交國民參政會審議，而由好為高論以博清譽的參政員傅斯年主持了這條例的審議工作。原來條例中也規定有「有協助抗戰，有利人民之事實者，得減免其罪。」而傅斯年輕輕地把「免」

字改成為「輕」字。換句話說，不管你對抗戰有著天大功勞，只須參加過汪政權的，也不管你為了什麼目的，與怎樣參加的？以及當時有無其他罪行，依據這條例罪是辦定了的，最多只有輕重之分而已。常然，由特工機構派駐在淪陷區工作的，自然不但無罪可言，而且還得論功行賞。故在羈留中，以「漢奸」審「漢奸」的現象，也就不足為奇。我自首時，毛森拍著我的肩膀說：「你太可惜了！你的一切工作，只算是友誼上的幫忙，而不是組織上的表現。」也就是這個意思。政府雖然不談法治，但無可懷疑倒是一個太講所謂「組織」的政府。

同難的人，推出了幾個過去是法律界的人來研究這個條例。許多人酸腐沖天地居然就法論法。有人認為「通謀敵國，圖謀反抗本國」，不應當僅以參加汪政權為已足，必須有「通謀」與「反抗」的具體事證與積極證據。也有人以為不溯既往，是刑法上的一大原則。譬如說：今天政政公佈了一個禁止吃飯條例，那末昨天吃的飯，因為是在條例公佈以前吃的，老百姓不知道「吃飯」是犯罪，也就不應作為犯罪，否則，就成為古人所謂「不教而誅」了。所以刑法第一條就明定：「行為之處罰，以行為時之法律有明文規定者為限。」同法第二條又說：「行為後法律有變更者，適用裁判時之法律；但裁判前之法律，有利於行為人者，適用最有利於行為之人法律。」許多法學高深的難友，引經據典，堅決認為所謂「通謀」「反抗」，即使參加汪政權就算有這種罪行，但那時法律上還無此明文，依法即不能處罰。雖然法律變更了，裁判時可以適用，但顯然是最不利於行為人的，依然仍不應援用。

我獨持著相反的意見，我以為這次的事件，拘捕等既不以通常的法律程序而出之以特工手段，則將來的審判，決然是以政治手段而巧妙地通過法律的形式。一談政治，就要看當局的運用之妙，如何存乎一心了。假如修訂的條例，不適用於現在的情形，許多政府的大法學家們又何必庸人自擾徒勞一場？況且，這時還在訓政時期，五權雖云分立，但黨權高於一切，黨方的一紙訓令，司法官敢不奉命唯謹？有人反駁我說：「你以為政府把條例修訂，是要削足適履嗎？」我說：「不，不是削足適履，而是量身裁衣。修訂的條例，不僅為我們戴一頂帽子，而且為我們著一件衣服，制訂的人，於量過身裁後定出的寸尺，一定是十分合身的，誰也不必再妄想逃避吧！」公說公有理，婆說婆有理，誰會知道當局的心理怎樣呢，卒之，法理之辯，仍成為一場無結果的爭論。

據事後所知道的消息：假如戴笠不死的話，將有完全不同的處置。認為應當懲辦的，移送法院，概依修訂的條例治罪。認為可以不辦的，則用政治手段解決。或者如張學良之長期禁閉，或者逕行予以開釋。但誰也料不到人有旦夕禍福，戴笠竟會撞機身死！難怪周佛海在重慶聽到了這個消息，立刻就說：「雨農死，我也完了！」戴笠一死，所有在押人的命運，完全改變了。最幸運的當然是見機而能百計隱避，不受誘騙，不存幻想，不為弋獲的人！

一四〇、戴笠撞機身死情勢大變

在楚園中雖然在室內行動還自由，到底與外界完全隔絕。袁愓素來看我的時候，曾告訴我戴氏即日要飛回重慶一行，預定於民國三十五年的二月十二日離渝，遍歷北平、青島、濟南等地，視察「肅奸」工作，要等去了北方以後，再回上海。我與戴氏素乏淵源，為了他的再度返滬之日，即是我恢復自由之時，因此，對他的盼念，乃真有一日三秋之概。

大約在三月中旬，有一天，楚園裡的一切看守人員，有緊張的神色，與詭秘的行動。我們這一批待決之囚，只要看到一些風吹草動，就惴惴焉唯恐大禍之將臨。起初他們守口如瓶，漸漸的有人告訴我們戴氏身死的消息，其中最失望的自然是我了。

因為戴氏的存亡，關係於我們之命運者太大，這裡我搜集了一些資料，先補敘出他撞機殞命的經過。本來戴氏於三月十七日，經過平、濟等地的視察以後，決定返滬。那時，據軍統的公佈，截止此時為止，全國已經拘捕直接為日人工作的，以及汪政權的人員，總數共為五千四百五十五人，當然人數以上海為最多（東北因地區特殊，雖然偽滿成立較久，人員參加較早，反而網開一面，除為蘇聯俘走者以外，其他人員，概不追究。在同一國土之內，同一法律之下，乃有不同之處置。）戴的急於返滬，就為首先決定上海這一批人的命運。

所不可解的一事，戴氏抵平以後，將比較重要的十三人，立即決定移解南京。計有：王蔭泰（華北政務委員會司法總署督辦）、江亢虎（汪政權考試院長）、齊燮元（臨時政府治安總署督辦）、余晉和（北平市長）、殷汝耕（冀東防共自治政府長官）、潘毓桂（天津市長）、汪時璟（華北經濟總署督辦，兼聯合準備銀行總裁）、唐仰杜（山東省長）、陳曾栻（河北省長）、文元謨（教育總署督辦）、劉玉書（北平市長）、鄒泉蓀（北平商會會長）、周作人（華北教育總署督辦）。而最主要的「華北政務委員會」前後兩任的「委員長」王克敏與王揖唐，獨不與其列。東北的附偽份子放棄追究，還有理由可說。而本來拘押在南京的陳公博、陳璧君、褚民誼、繆斌四人，為什麼要獨獨解往蘇州？華北的這十三人，又為什麼要解送南京？東移西調，真不知當局葫蘆裡在賣些什麼藥？

戴氏於三十五年（一九四六）三月十九日上午十一時四十五分，由青島率同軍統局人事處長龔仙舫等七人，搭乘航空委員會DC47型二二二號專機起飛，目的地為上海。在起飛之前，據報上海天氣惡劣，所以臨時改為在南京降落。如果南京的天氣也不佳，那末改飛重慶。為了準備長距離飛行，所以帶了汽油八百加侖。飛機一路平穩地前進，迨飛抵南京上空時，已為下午一時零六分，機上報務員與上海機場聯絡不通，而南京的天氣，雲層過厚，使飛行員視線不清，也不能下降。本來已擬折向青島，同時已有電通知了北平方面。不知他有何要公，非要當日在京滬兩地著陸不可？所以折回青島的飛行不久，北平方面又接機上來電，說決定在南京穿雲下降。

自發出這電報後，即杳無消息，連飛機的下落也不明了。這樣一直到了晚間，南京方面認為飛機定已遇險。當晚即由航空委員會，及中國航空公司與美國海軍分別派機沿途搜索。直至二十日上午，由美空軍在南京板橋鎮附近二十華里之山上，發現了飛機殘骸。奇怪的是，這一座山的名字，竟就叫作戴山！經美空軍通知軍統局後，派員馳往查看，飛機機身已經全部焚毀，僅僅剩得機尾。遺屍共十三具（戴氏與其隨從共八人，連機上駕駛員、報務員等五人，合為十三人。他在北平決定解京的是十三人，現在全機又是十三人。十三，好似真是個不祥的數字了），均已模糊難辨，經尋獲了龔仙舫的圖章一枚，戴及其隨員所佩的手槍四枝，以及戴氏常用的物品幾件。經該局多數人員的研究辨認，根據齒牙特徵及所佩手槍，將戴氏及其隨員七人，分別辨認清楚。乃於二十二日運京成殮，並組織治喪處，以朱紹良為處長。

據目擊該機失事時情形的農民稱：當時該機飛行甚低，先碰及一高約三丈的大樹，螺旋槳一枚即告脫落。繼仍前衝，先碰山腳，再撞山腰，遂發生巨響，全機起火焚燒，火勢直至晚間方始熄滅。

查戴笠，浙江江山人，中央軍校六期畢業。由總司令部副官而軍統局處長，而升為局長，為蔣氏左右最親信之一人。死時年五十歲。戴氏奉令主辦「肅奸」工作，有若干人本已由他決定處死，詎其任務方在開始，遽先撞機殞命，修短有數，天道難知！但以戴氏之橫遭不測，負責無人，本來決定有部份人員可以政治解決的，此時政府雖發表了鄭介民繼其遺缺，但誰也擔不起如陳公博在蘇州高等法院中所謂的「千鈞重擔」，只好不論情節，不辨輕重，一起送向法院，以預定之刑期，作形式上之審判了。但當時我們這一群，對戴笠之死，並不曾感到關係的重要，且更有人正在拊掌稱快。

戴笠死後，楚園以內，表面上仍一切如常。本來楚園是一所私人住宅，周圍都是民房，在最左面的一間房間中，僅不到一丈遠的一弄之隔，窗口相對是一家普通人家。有一天，忽然有人輕輕的拉我過去，我從窗口中對面一望，赫然是我妻子在那裡，那時我心中說不出的是驚是喜。因為下面有士兵駐守著，雖然聲息可達，自然不便講話，難為她想得周到，預先用大字寫在白紙上，像幻燈字幕那樣的一張又一張的取出來，好讓我們看見，第一張寫的是我的姓名，所以別人看到了就拉我過去。她看到我於強笑中掛著淚痕，先是一張寫著：「家人平安」，再一張是「財產已被全部接收」，又一張是「家已另行賃屋居住」，最後一張是「自己保重！」我點頭表示看清楚了，她急急地如逃一樣地離去了。

以後有好幾個人的家屬，都曾這樣地如法炮製過。而為我取錢物的人，受我妻子的囑託，事後暗中又告訴了我家中的經過情形，他說：「彭壽每天取了手槍逼著你太太供出財物，三四個月來，被禁閉在家裡，完全失去自由，一天要經過幾次的逼查。她實在受不了這樣的威脅，已把所有的動產與不動產全部交出了，是祖傳的、是她自己所有的，什麼也沒有留。她要我告訴你，三隻銀行保管箱都領去打開了，連祖宗的手澤也當為財產而被拿去了。她說：要請你對她不得已的環境加以諒解。現在你一家已搬到滬西一處湫狹簡陋的租屋裡住去了，大概可以不再發生什麼問題。」一無財一身輕！只要家人平安，我可以放心了，我也實在累得她們太苦了，我如何還會忍心對她有什麼誤會呢。

而有人還痛惜於一生血汗之積儲頓時化為烏有，還斤斤到法律的問題。當然他們也有他們的理由，以為我們不要說判罪，連起訴也還沒有，如何先把房屋佔據了，財產沒收了呢？不依法律程序，誰給他們以這樣的權力的？假如說是民法上的假扣押嗎？法院又沒有下過裁定。況且刑法上規定要沒收的，也只應限於犯罪所得之財產，怎麼連千百年祖遺的也包括在內？田畝沒收了，連祖宗的墳墓骨殖也當作財產嗎？那不但是罪及妻孥，簡直是禍延祖宗了。我倒聽了為之好笑起來，秀才遇著兵，尚且有理說不清，敗則為寇，還叫什麼撞天屈？抄家就是抄家，從前只要下一道諭旨，家人且要沒官為奴，現在能這樣，已經算深仁厚澤了。法律，又豈是對罪人講的？社會上的口碑，稱之為「劫搜」，不正是已經代我們說了嗎？

在三月底的一天，楚園當局，忽然要我們開出一張隨身的貴重物品，包括手錶、墨水筆、手指上套的結婚戒等在內。我們遵命照開了，當晚就要我們把東西一起交了上去。到第二天，又命令我們全體在押人員，下樓赴花園散步。等我們離開了羈囚之室，發現看守人員在忙亂著澈底搜查房間，情形顯得一天緊張一天。大約戴氏一死，群龍無首，也就無心「肅奸」，顯然已把我們視為是一群的累贅。

到了四月一日的晚上，看守所長通知楊揆一、溫宗堯、盛幼盦、沈長賡、羅洪義等五人，收拾行李，第二天的清晨，即將起解赴京。當第二天他們鋃鐺就道時，我們都送到梯口，兔死狐悲，此時真有「黯然消魂者唯別而已矣」之感。大家知道案子終於發動了，半年來的一切希望，已經成為泡影。政府在整肅紀綱的口號下，每一個人都得準備著接受不可知的遭遇。在自首以前，我是過分的天真，而自成為罪犯以後，忽然變得聰明多了，我能拋開了法律的立場設想，如此竟不幸而居然臆則屢中，而且一一迅速地出現在我的眼前了。

一四一、楚園以外的另一看守所

軍統在上海的捉人行動，始於九月二十七日。剛好於一個月以前，即八月二十七日起，國民政府開始以飛機將武裝部隊分運京滬。每天天空中不斷傳來馬達的怒吼聲，兒童們一聽到就響起一片歡呼，在他們幼稚的心靈中，也以為帶來的將是安定、繁榮與幸福。經過了整整一個月的時間，政府已經能夠控制原來的淪陷地區了。日軍既已由駐華總司令派了參謀副長今井武夫赴芷江洽降，在華的三百萬日軍，亦已等待繳械與接受任何所加給他們的命運。汪政權中人，陳公博等一行，既已遠飛日本，周佛海亦已接受了所加給他過渡時期的京滬行動總指揮名義。所有汪政府的六十萬軍隊，全部歸順，無一人反抗。政府眼看大勢已定，且已佈置好了天羅地網，乃收拾起「寬大」的諾言，在「整肅國家紀綱」的名義下，實施逮捕行動。所有汪政府的人員，一個半月以前還像是喪家之犬，此時一個個不啻成為甕中之鱉了。

我在前面寫過：當軍統於二十七日開始行動以後，較為重要的人士，如「廣東省長」陳春圃、「中央儲備銀行副總裁」錢大櫆、「司法行政部長」吳頌臯等，都已紛紛俯首就縛，但外間還不盡知道此事。我於二十八日清晨往周佛海家裡去時，羅君強就慫恿我去自投羅網，周佛海則要我再稍為觀察一下。我還記得那天佛海獨自一個坐在上海居爾典路家裡騎樓的起居室中，愀然似陷入於沉思。見我上樓，他就告訴了我吳頌皋被捕的消息。頌皋是他的兒女親家（佛海的女兒慧海嫁給頌皋的兒子，不過那時只訂了婚而尚未結婚），應該在他關心之列。也許因頌皋的進去，而佛海問過戴笠以那裡的待遇情形，佛海那天還對我說，南市特闢了一個地方，進去的人只是表面上失去自由，當局極盡其優待之能事。在裡面，是每人一室，而且還可以自帶廚子。佛海沒有騙我的必要，我只能說，他曾一再指我為書生，而他畢竟也同樣是一個可憐的書生而已。

還有一個事後的傳說，很可能是事實，按說戴笠要佛海自己開一張他左右重要人員的名單，說是拿來作為優待或者繼續「借重」的參考，而佛海真是毫不懷疑而照開了。當然，在九月杪的幾天中，正是佛海要決定自己命運的幾天，心緒歷亂，他完全失去了思考力、主動力，甚至應有的一份鎮定。起初他很怕會上了軍統的當，但當戴笠每一次與他談話以後，樣子又顯得有些釋然了，而周遭的形勢，又不能不使他仍然有所戒懼。京滬行動總指揮部的正副秘書長程克祥彭壽，係由戴笠推薦，過去雖是周幾年來的部屬，但搖身一變，現在他們的主人是戴局長了，佛海對他們有了顧忌，而他們再不必對佛海要有所顧忌了，所以他們在周家頤指氣使，咄咄迫人。

佛海自己意味到他已在被舊時的部屬監視之下，所以戴氏要他把家裡一切警衛的措施撤除，他照做了；要他飛赴重慶，他同意了。現在要他開一張名單，自然尤其不必說了。也許佛海的心裡，真還以為是他對舊時部屬的一項最後的照顧。他把可以想得到較為重要的人一起照開了。在他筆下所開出的，不是他主觀上認為有才能的，就是與他私人間有感情的。或許由於他的選擇；也或許由於他的煩亂，名單上中有些較為次要的人物倒開上了，而若干地位較高的反而遺漏了。以「中央儲備銀行」而言，局處長中如國際匯兌局長夏宗德等有幾個就沒有列入。誰也不料軍統以後的查抄拘捕，所有關於佛海方面的人，就以他所開的名單來作為藍本，按圖索驥，幾乎無一漏網。所以在牢獄中時，就聽到許多人在抱怨他、詛咒他，以為是他把朋友與部下出賣了。

我是不幸中還算徼倖的一個，當九月二十七日政府開始捉人的時候，羅君強已經遷入了佛海家的會客室居住，而且他知道在「戴先生照顧」下將隨同佛海飛渝，腦子裡裝滿了幻想；心中充滿著喜悅。他代軍統向我促駕，要我去南市軍統的看守所自首，我沒有能曲徇朋友的好意。佛海也許因我不曾實際擔任過汪政權的正式職務，也要我再看一看情勢的發展。雖然最後我還是去了，而且意外地由毛森送我到了楚園而獲得優待，精神上的折磨當然是一樣的，畢竟肉體上能減少了半年多不堪忍受的痛苦。

軍統在上海收容汪政權中人的地點，一是我前面所寫的楚園優待所，另一處則是南市的看守所。一樣是失去自由的地方，假如說：楚園還是人世的話，那麼，南市只能說是人間的地獄了。那裡離滬杭鐵路的上海南站不遠，原來是汪政府實施禁煙政策後用來作為煙犯拘留所的。前面一所是二樓的房屋，樓上每一邊相對著各十間房屋，樓下部份是看守人員的辦公室，有幾個女犯也關在那裡。本來這裡並不是真正的監獄，所以房間還是用的木門。每間大約十尺闊十九尺長的地位，容納十人以上。但是每一層只梯口僅有一具抽水馬桶，排洩就很成問題。後面一所是軍統禁閉自己人的所在，著名的如忠義救國軍淞滬區指揮官阮清源，軍統舊人，「七十六號」行動隊長，勝利後捉「漢奸」有功的萬里浪等，功成身退，鐵索鋃鐺，此時也在那裡渡囚犯生涯了。

南市看守所中，除了軍統自己人以外，汪政權中人一共有二百餘名，其間較為重要的有錢大櫆、吳頌皋、趙叔雍、嚴家熾、張韜、湯良禮、汪曼雲等。父子同囚的有「中儲國庫局長」俞紹瀛、「最高法院院長」張韜父子，翁婿同囚的有「宣傳部長」趙叔雍與譚仲將，夫婦同囚的有「國信銀行」行長章叔淳與闞四小姐。初在南市而以後因人事上的關係得調往楚園的，有楊揆一、林康侯，唐海安三人。不待解法院而立即提出槍斃的，有中統舊人而後為丁默邨一派的翦建午。

被拘的女性，大約一共是六個人。除其中一個日本女人我已記不起她的姓名外，有李士群大太葉吉卿、吳四寶太太佘愛珍、章叔淳太太闞四小姐、孫科的「敝眷」藍妮（業珍），與徐佩玲。至於她們的罪狀，主要理由，李士群太太是因為她是李士群的太太，吳四寶太太則因為她是吳四寶的太太。平心而論，葉吉卿除了妻以夫貴，對李士群主管部門的人事安排上有些干預，平時態度倨慢而外，對汪政權的事可說毫無關係。士群有些懼內，對妻子就不免於放任。有一次我對士群談起過這個問題，我勸他公事方面不應讓她多所置喙，而士群卻回答我得很痛快，他說：「我過去以留俄而加入了共黨，前後曾遭當局八次拘捕下獄，她為我送牢飯、求人情，曾吃盡辛苦。今天我做了部長省長，還不應該讓她痛快一下！」

士群話說到如此，外人自不便再有什麼可講了。至於佘愛珍，雙手放槍，饒勇善戰，相夫有術，周旋有方，她可以出馬捉人，她有時也對女犯親加審訊。藍妮與徐佩玲，則於六年之中，天生麗質難自棄，不免與日人有些來往，不一定有什麼政治上的關係，最少也為了生意而勾搭，乃以形跡之嫌，至受縲絏之苦。至於闞四小姐，叔淳僅擔任過完全商業性的國信銀行的行長，與汪政府毫無牽涉，論理，怎樣也輪不到對他按上一個「漢奸」頭銜，闞四小姐更完全是一個家庭主婦，他們的夫婦同牢，卻完全因了禍從口出，一言賈禍。

她與一位名門貴婦朱太太不睦，淪陷期間，曾於背後批評過她與某一位「肅奸」當局間的「交誼」。指摘別人的隱私，就不免招來了睚眥之怨，勝利以後，貴人貴婦久別重逢，一經於無人私語中告發，倒真是變成犯了「莫須有」的重罪。以後葉吉卿與佘愛珍解送法院，各被判處了五年徒刑，藍妮以太子妃而得以免究，徐佩玲不知因何神通而獲得釋放。闞四小姐解往法院以後，連最懂如何入人於罪的檢察官，也苦於乏辭羅織，只好網開一面，但已經平白地失去了七個多月的自由。

與藍妮徐佩玲有同樣幸運的，在男「犯」中只徐天深一人，他是陳公博任「上海市長」時代的經濟局長，但他是軍統人員，因誤會而被拘，以查明而釋放。公博那時的與重慶方面聯絡，徐天深也是其中的接線的一人。應該「漢奸」就是「漢奸」，而竟有奉命而為「漢奸」，有獲得默契而為「漢奸」，也有因手握兵權而不當他是「漢奸」的，形形式式，不一而足。莫怪民間對接收一幕，已覺動魄驚心，而於「懲奸」鉅案，尤且為之瞠目結舌了。

一四二、二百餘囚人半年多時間

南市的軍統看守所，當然絕不同於還具有「療養」形式的楚園了。那裡是十足的一所監獄，看守人員也是中美合作所的「定平」部隊，名稱既非優待，情形不問可知。十個人住一間，都是睡在地板上。雖然衣服等也可以寫了條子由所方派人到各人的家裡去取，但食物是絕對不許帶進的。而所方所供給的，是一隻洋鐵皮碟子中裝著一些米質很粗糲的米飯，象徵式的加上兩樣菜，名義上算是一葷一素。吃飯的時間到了，木門一開，十碟飯菜，像拋一樣地在地上推了進來，有時一半就倒翻在地上，看守們當然不理這一些，迅速地又把木門鎖上了。雖然曾經由在押人犯集體罷食，但那裡是牢獄，而且是由特工機關管理的牢獄，「罪犯」會有什麼爭取改良待遇的權利？罷食的結果，自並未邀得當局的矜憐。偶爾在押的人，向若干看守人員賄通了在取衣物之便，偷偷地夾帶進一兩隻鹹蛋，那就是無上的珍餚了。想到家，就不忍吃它；因為是難得，更不敢吃它，等看守人員不注意時，取出來展玩著，到高興得忘形的時候，像孩子玩球一樣地，拋上了又接住，接住了又拋上。

吃，已很成問題，吃了還需要排洩，那更是一件慘事了。一層樓上二百多人，只有一隻抽水馬桶，清晨「開封」，排著隊輪流上廁，輪到的人一急就便不出，後面的人卻嚷著已迫不及待，患腹瀉的當然更不得了。平時要小便，木門上有一個小洞，伸出一隻手讓看守看到是需要排洩的表示，有些是視若無睹，仍優閒地在踱步，直至走近門口，「犯人」哀聲乞憐：「同志，我要小便。」「誰和你做同志？漢奸！」「不，先生！對不起，我要小便。」「這樣忙，我是你用的？」他又遠遠地走過了。便急的到底是大人了！難道就讓它像孩子那樣拉在褲襠裡？年輕一些的，還好咬著牙忍下去，老年的如嚴家熾等；只有便在漱口杯裡。明天，當然還得如常地拿它來作為漱口之用。

法官們也如楚園一樣的跑來問案，注重不在案情而在財產。可能當時政府打錯了如意算盤，以為「中央儲備銀行」庫存的金銀外匯等，只限於充實國庫之用。在抗戰期內，美國曾經兩次借給國府以美金五億，與金子五萬兩。這一筆借款，當時宋子文想取償於「漢奸」的私產上面，所以在「懲治漢奸條例」中，明定著：「全部財產，除酌留家屬必需之生活費外，沒收！」不要說以後事實上沒收就是沒收，執行人員也並不曾為「罪犯」的家屬留什麼必需之生活費，而且不待定罪，早已由接收人員照單全收了。「掃地出門」倒還是這時開的先例。無如「漢奸」們的財產，也並不如他們所想像的那麼多，最大的財產是房屋、設備與汽車，而一律化公為私，只讓接收人員自動分享。可憐時期又不久，不到五年，竟雙手讓給中共受用了。對於國庫，卻並不曾有什麼實際裨益。勝利後復員人員一到上海，就很得意地逢人便說：「我們抗戰八年，流血流汗！」但他們並不曾向日人方面取得賠償，而只在「漢奸」頭上打盡主意。沒收來的財產以後怎樣支配了，當然沒有人問訊，大部份移不動的，送給了中共，我知道前數年台灣還發行過珠寶獎券，這當然就是由沒收而來所留下的次貨了。其間有些當然是「漢奸」們自己的，而恐怕大部份還是「漢奸」們在不曾做「漢奸」時候妻子的妝奩吧。

戴笠也去過那裡幾次，但不曾與「押犯」談話。其他軍統要員王新衡等也去視察過。而其中有一個是特殊的，他敢於去那裡的勇氣，曾深得汪政權中人的欽佩。他是唐生明，是唐生智的胞弟，他畢業於黃埔軍官學校，與戴笠同期而又具有深厚的交誼，他曾經靠了他哥哥的蔭庇，在湖南做過警備司令。在民國二十九年汪政府剛成立的時期，他忽然由重慶間關萬里帶了他的妻子，前電影明星，黎錦暉太太，號稱標準美人的徐來，以及標準秘書張素貞來到了上海。招待他的，就是於淪陷後與日人合作經營內河輪船公司起家，以後又在戈登路開過大賭場發財，專為汪政權人拉馬的潘三省的開納路家裡。

潘三省倒真曾奉他為上賓，供應他住食以及一切花費，那時兩人同出同遊，形跡之親，逾於昆季。莫說潘三省如此，周佛海因為與他是湖南同鄉，也待他很好。汪精衛且推屋烏之愛，更對之另眼相看。他一到上海，汪立刻要他到南京去，殷殷問訊唐孟瀟（生智）的近狀，還給了他一筆數目可觀的現金。因為在國民黨的軍人中，唐生智與張發奎都曾與汪氏有過密切的關係。汪對唐生明的一召見，誰都不再懷疑他為什麼而來，因此他得以安居下來而且過著最舒適荒唐的生活。

而此後，唐生明忽然又與李士群非常接近，士群任「清鄉委員會秘書長」時，他寧願隨他到蘇州在他下面擔任一名處長，更進而成為結拜兄弟。唐生明在蘇滬兩地，整天沒有事做，他打得一手好麻將，每天與士群等作豪賭，而他總是贏的。徐來管得他很嚴厲，遊必有方不算，每次出去回來，還得除了褻衣，要驗明正身，才能放過。但他與影星陳××就曾繾綣過一時，東窗事發，又讓渡給了張善琨。影星們因為他是徐來的丈夫，如李麗華等都爭著叫他姐夫，他也嬉皮笑臉地歡喜與她們鬼混。當李士群反對周佛海最厲害的時候，他是士群左右反周最激烈的一人。士群被日人毒斃，他又成為佛海家裡的常客。而勝利以後，基於他一家和戴笠的特別交誼，非但無事，更委任他主持了蘇州的「肅奸」工作。

那天，他隨著軍統的一批要員赴南市看守所視察。潘三省也正好羈押在那裡，因為戴笠對潘特別憎惡，所以還替他加上一副重鐐。唐生明昂然而過，連正眼也沒有看他一眼，而潘三省自恃對他不止有一飯之恩，急急呼著：「老四，老四，老四！」（唐生明行四），唐生明不能不立住腳了，潘三省用手指著他的一副腳鐐說：「老四！你看這算什麼？替我說說情，幫幫忙開了它吧！」唐老四卻哈哈一笑說：「這有什麼關係？」說完，不等潘三省再講別的話，逕自匆匆地走過了。這使聽到的人回想兩人過去的情形，不免發生了異樣的感想，也欽佩於他氣派的真是不凡！

在南市看守所發生的另一件故事，是萬里浪的被殺。萬里浪原是軍統中的一名行動方面的重要份子，身高才五尺有餘，瘦弱如一書生，誰知他竟是一個殺人不眨眼的傢伙。當「七十六號」成立了不久，他就向李士群投誠，因為心狠手辣，得與吳四寶、潘達、夏仲明、楊傑、林之江等同為行動隊長；上海一時成為腥風血雨之場，都是這幾個人的拿手傑作。據我所知道的，申報的投彈案，就是由他親自表演的。在「七十六號」中他與陳恭澍一樣，是一個「勞苦功高」的人物。而勝利以後，軍統固棄瑕錄用，而兩人為了立功自贖，更毫不留情地以逮捕汪政權人員為卸免其罪責的唯一手段。

當我於自首後還在吳四寶家中的時候，目見萬里浪就曾幾次押著他的獵獲物親來交賬，他看見了我們，還得意洋洋地滿臉驕矜之氣。由他經手以圍捕誘捕方式而來的，總數就在數十人以上。狡兔死，走狗烹，捉人事件初步告一段落之後，軍統下令把他禁閉了。拘押的地點就在南市禁押汪政權人員的後面一進房屋中，小小的一個身裁，拖著一副沉重的腳鐐，這樣的處境，是他興高彩烈捉人時所萬想不到的吧。而當時關在南市的一個日本憲兵隊的中級人員，名字似乎是中村什麼的，他曾經派在「七十六號」裡工作，與萬里浪拍過檔。眼看到時局一變，萬里浪卻反過臉來捉汪政權中舊日的朋友，連日本人都感到氣憤了。當軍法官審問他有關殺害與拘捕重慶地下工作份子時，他自已什麼都不否認，但說一切都由於萬里浪的獻策與行動。這樣萬里浪變成為積案如山，結果不待汪政權人員的解送法院，他已先被提出槍斃了。

在南市拘留期中，曾經有一個日本人用毛氈撕成了條子在囚室中懸樑自盡。另一個我忘了姓名的汪府人員，患病不得適當的治療，而終於瘐斃在內。南市看守所自民國三十四年九月廿七日開始，至翌年四月三日分批解往上海的江蘇高等法院第二分院為止，前後經過半年多的時間。汪政權的人騰空了，那裡又變成了軍統內部的禁閉之所。

一四三、首批七十一人移解法院

這事也確然難怪，由於戴笠的意外撞機殞命，對於汪政權中人的處置，以前的所謂「政治解決」，這時自然更沒有人能挑起這千鈞重擔了。但既然人已捉來，而且家產亦已接收了，總不能平白地就隨便再放出去。留下來的唯一辦法，只有通過審判的形式，以達到預定懲治的目的。大約政府方面等戴笠一死，立刻就作出了如此的決定。我們這批待鞫之囚，卻還在癡心妄想地等候「寬大恩典」的降臨。然而軍法官的問案此時已完全停止了，從看守們的口中，約略如道他們正在緊張地工作，但是禍是福，誰也不敢懸揣。至四月一日的清晨，溫宗堯、楊揆一、盛幼盦、羅洪義、沈長賡等五人解送南京後，至少我就預感到案件在發動了，情形也顯然有些不妙。

四月二日的上午，楚園的看守當局宣布要各人收拾行裝，準備隨時離開楚園。沒有說明去處，也不說遷地的原因。有人還以為可能是將邀釋放了，但大部份都懷著一顆忐忑的心，預感到前途的凶多吉少。當天傍晚，一個年輕的看守偷偷地告訴我，我家裡已經向杜美路七十號查明，所有在押諸人，將分批移送法院，而且名單上，我是在第一批移解之列。不久，這消息知道的人已經很多，有幾位很天真的朋友，他們還滿懷高興，因為戴笠曾來聲明過，我們的在優待所，既是療養，也是為我們漂洗去一重「污漬」。所以夢想一旦送交法院後，將由檢察處略一偵查，即可不起訴處分而獲得開釋。這樣，政府會讓我們完全洗清「通敵叛國」的罪嫌，更以實踐其寬大之諾言。我並沒有什麼先見之明，但因我曾經吃過律師飯，所以知道司法界的情形。我深信一經司法程序，將會用量身裁衣的法律來指出我們這批人的情真罪當。但此時知道了又有什麼用呢？既然已經自投羅網，也只好聽天由命了。

四月三日的清晨，早餐過後，楚園當局分別通知第一批應該移解的人迅速集中行李，準備立刻動身。問他們將去那裡，都回說不知道。我也是被通知者之一，反正行李也真正只有一肩，胡亂地整理捆紮了一下，各自拎了下樓。不久，開來了五六輛十輪軍用大卡車，逐一驗明正身以後，四五個人被驅上一輛車，全副武裝的兵士，握著卡賓槍，坐在車內的前後，形勢的嚴重，好似我們都是能飛簷走壁的江洋大盜，惟一的恩典是沒有把我們另外加上一副刑具。許多不在移解之列的朋友們，面上表現出複雜的情緒，對我們的要去對簿公庭，總不免有些兔死狐悲之感。同時，凡是人，也一定有冀圖徼倖的幻想，因為他們的並不一同起解，於是聯想到可能會網開一面，因此於同情中可以看到眉梢上透出的一絲愉悅。

楚園部份的三四十人上齊了車，即用高速率一直向東行駛。卡車是用帆布遮掩著的，不許揭開向外看望，但在隙縫中依然隱約可以看到馬路上的景象，熙來攘往，六個多月與世隔絕，情形完全沒有改變。僅僅衝要地區的崗位，國軍代替了日軍。車行數十分鐘，車輛停止在一處牆高墉厚的大鐵門前。坐在我左右的一是梁鴻志、一是唐壽民。他們幾乎同時推著我異口同聲地問：「這是什麼地方？這是什麼地方？」口氣中充滿著焦急。

等我說出了「提籃橋」三字，唐壽民是咬牙怒目，梁鴻志則默無一言。大鐵門呀然而闢！全部車輛都開了進去，鐵門又砉然而闔。我們都跳下車來，已有幾十名各報的記者預候在那裡。有些是我多年的同業，有些是我過去的舊部，他們遠遠地向我點頭招呼著，我報給他們以勉強的微笑。不久，又有車輛開到，錢大櫆、趙叔雍、嚴家熾、吳頌皋、柳汝祥（中儲業務局長）、張韜等都來了。那是從南市開來的，兩路會師，第一批一共是七十一人。我們在楚園的半年來都是吃自己的飯，形體上的磨折較少，外表上就與前無大差別。而南市來的一批人，蒼白憔悴，鬚髮鬔鬔，半年不見，前後竟已判若兩人。

提籃橋監獄是我太熟悉的地方，當我在執行律師職務的時候，凡公共租界內第一審判決有罪的被告，立即從捕房移解到這裡羈押。遇有委任我辦理上訴手續的，為了詢明案情，簽立書狀，必須到此接見，因此過去就不知來過多少次了。提籃橋監獄，是上海以西牢著名的地方，現代化的建築，嚴格的管理，最多可以容納一萬餘人，平時也總在八九千人之譜。過去為一代國學宗師的章太炎，也曾是此地的獄囚，因蘇報案被清廷要求租界當局逮捕，判罪後送來執行，做裁縫以渡其多年的獄中歲中。

那裡一共有十二所大監房，忠、孝、仁、愛、信、義、和、平八所而外，有囚禁西人的真正西牢，有醫院、女監與兒童感化院。當我們站在庭院中等候分配入監的時候，使我猛然間想起了一件一年前的舊事。吳頌皋從上海市政府秘書長調任為司法行政部長時，我們為設宴致賀，飯後他要出發視察提籃橋監獄，他因為我掛著中央政治委員會法制專門委員會副主任委員的名義，堅決邀我一同去一次。記得當時我告訴他：我做律師的時候是常去的，至於內部情形，一次全國律師代表大會在上海開會，我以上海區代表出席會議，也曾經去參觀過這所全國最大的牢獄。這不是什麼名勝風景之區，我不想再舊地重遊了。那天頌皋帶了幾個隨從去匆匆巡視了一周，回來時還讚不絕口，他說：那裡高爽潔淨，遠非內地監獄的湫溢骯髒可比。那時在夏季，他還說這竟像是避暑的地方。我想到了這件舊事，特別上前去向他說：「戴先生生前要我們療養，他一死，當局格外優待了，索性讓我們到這裡避暑來了。」他也想到了以部長身分視察時的觀感，聽了我的話，顯得有些哭笑不得的樣子。

依照提籃橋普通罪犯入獄的規矩，一進到辦公室，登記了姓名、年籍、犯罪案由、刑期等以後，先打十個手指的指模，接著在另外一間小室中把頭髮剪成光頭，一把軋剪，足有一尺多長，宛如花園中軋草的大鐵剪，坐下去不到兩分鐘時間，三千煩惱絲已剪個精光，因為人多刀鈍，常會把頭髮吊得眼淚直流，這些他們當然不管了。好在剪自由他剪，頭還自我頭！做罪犯，什麼也不再計較，什麼也不再在乎了。剪光了頭，進入另一室，把周身內外衣服剝個精光，赤條條到洗澡室中，冷水和著臭水，淋浴沖洗一過。發給囚衣一套，毛氈一條，竹筷一雙，於是進到指定的監房，才算完成了入獄的手續。而當局對我們確是特別優待，除打十個指模以外，其他一概恩准豁免，仍然穿了常便服，也不必加帶什麼南冠，從此，就讓我們「從容作楚囚」了。

我們被指定集中在「忠監」，那裡原有的普通刑事罪犯早已遷移一空。因為依照中國的法律，犯內亂或外患罪的，以高等法院為第一審法院，所以「忠監」劃出來成為「江蘇高等法院第二分院」的臨時看守所了。我們被稱為「漢奸」，犯的是「漢奸」罪，照例忠奸不兩立，而偏偏要「忠」中藏「奸」，把「漢奸」關在「忠監」之內。或許是當局故意對我們的諷刺吧！已到了家破人未亡的現在，只要捫心自問，即使當我們為人彘，又將怎樣呢？

每一所監房都是四層樓的建築，每一邊有三十餘間囚室，三面是厚牆，一面是粗粗的鐵窗，建築的牢固，任何人插翅難飛。每一間囚室長約七八尺，寬約四五尺。照例每室非一人獨佔，就要合囚三人。照西人管理牢獄的經驗，如每室兩人，在心情惡劣之下，容易引起互毆而乏第三者從中勸解；又以性欲無從發洩，更容易發生雞姦行為。但是三個人同囚一室，闊度就不夠並頭而睡，所以要兩人睡在一面，而一人睡於另一面。

囚房之內，什麼也沒有，只是牆角一隻洋鐵皮做的馬桶，供排洩之用，大概用過多年了，古色古香，已大可進得古物博覽院。問題就是積穢太多，臭氣薰蒸。左鄰右舍，每一便溺，到處就瀰漫著一股不可向邇的惡臭之味。而且桶口銹爛了，坐上去就像有千百把小刀，直扎你的尊臀皮肉。

囚室之內是沒有電燈的，每隔五六間，外面走廊上高高地裝著五枝光的一盞小電燈，只有一絲黯淡的紅光。更顯得陰森而淒厲。室內當然是不會有床舖的，水泥地上就是我們的安眠之所。

那裡已經先有十幾個人在那裡，是別的機構因去接收財產而發現了人犯，就順手牽羊地捉來了送交法院的。經手逮捕的機關，有中統，有姜公美的憲兵隊，也有忠義救國軍。我還能記得這批我們的「先進者」，有「廣東省長」陳春圃、新聞報副社長陳日平、新新大百貨公司總經理李澤等人，又加上我們這七十一名，總數就有了近百人了。

這是汪政權中人的最後歸宿之地了！不管是要沒收你的財產，殺死你的生命，或者給加上一個惡名，在法律的名義下，自然最為名正言順。中國人唯一的本領，是最能在文字上顯出功夫，過去皇帝對臣民生前有封號，死後有謚法。字字斟酌，褒也褒到極點，貶也貶到極點。而民國建立迄今，政治上的嬗遞之跡，也可從若干惡毒的名辭上得其梗概。有所謂「滿奴」、「亂黨」、「軍閥」、「奸匪」、「蔣幫」等等。而汪政權中的人，一旦解往法院，不待其身後，已先賜諡曰「漢奸」！不給一批人加上個奸字，怎樣能顯出另一批人的忠貞呢？應當！應當！

一四四、提籃橋監獄的五光十色

進入提籃橋監獄的當天，照例上午十時與下午四時，分送兩次牢飯。每人一隻橢圓形洋鐵皮做成的飯匣，大約裝著半匣紅黑色的米飯，飯面蓋上沒有油水的幾葉菜皮，從飯裡發出的一股霉蒸味，直衝鼻觀。誰也不敢下嚥，誰也不願下嚥。這一天，就沒有一個人進食。本來已經到了性命關頭，一天的不吃，又算得什麼呢？

獄方規定，上下午再開放半小時，可以在囚室外面的走廊中散步。其餘時間，都需鎖閉在囚室之內，到了應當退入囚室的時候，看守人員一盤吆喝，即紛紛自動入內。接著一間間大鐵門沉重的關閉聲，看守們以成把的大鑰匙的加鍵聲，這聲音就好似一聲聲的直接打著在押人的心頭。大家在囚室中坐在地上，眼睛所望到的就是前面鐵窗上一根根的鐵條。到了晚上，一切聲音沉寂了，只聽到走廊中看守們來回的步履聲，每一間囚室中間歇地有著嘆息聲，偶然，有人於夢魘中發出了驚呼聲。

交談是被禁止的，同室的人彼此竊竊私語著。這景象非但是黯淡，而且是淒涼。幸而監獄的看守們，倒並不像想像中那樣地加狼似虎，他們不但有人情味，而且懂得生意經。當走過我們室門前，有意無意地與我們攀談。他們表示都是從租界時代開始服務，經國民政府、汪政權，以迄現在。所以對我們同情，也願意為我們效勞。如需要什麼東西，只要在他們制服中可以掩藏的，都可以為我們帶進，就是除了槍械與女人。家書的傳遞，自然更是義不容辭了。當天的晚上，幾乎每一個人都已接洽好了一條夾帶的路子。他們甚至從身邊掏出香菸來送給我們，公然狂吸。

一宵都在輾側中渡過，清晨，指定為監獄服役的犯人，每一層樓的每一邊，運來了一大桶滾水：限定每人只許裝一漱口杯。看守偷帶進來當天的報紙，大家爭著看，嘩！本埠新聞第一條大字標題：「七十一名大漢奸起解了！」次一號字的小標題更有「政治梁鴻志等，經濟錢大櫆等，文化金雄白等。」我自己感到面都紅了！我不敢自高身價，說我是「漢奸」，已經受之有愧，而這「大」字，尤其未免太抬舉我了。我本來在社會上就是一個微不足道的自由職業者，參加汪政權以後，還是個半官半商的起碼腳色，而政府對我過分優寵，六年之中，已先後經過了三度通緝。從汪精衛等離渝以後，國民政府於民國廿八年的春，明令通緝了汪氏一人；到了那年的夏季，第二度的通緝命令是陳璧君、周佛海、褚民誼三人。是年十月，當汪政權在滬醞釀時期，又通緝了梅思平、林柏生、丁默邨、羅君強等二十餘人，而我，竟然也列名在內（我已記不得那次通緝名單中，有沒有以後急流勇退的陶希聖與高宗武兩位重要人物在內）。第四度重慶最高檢察署的通緝命令，是發表於汪政權創建之日，即民國二十九年的三月三十日，把汪政權自汪氏起，院部長以至次長階級的人，又再全部通緝一次。我當時並不曾擔任什麼實際職務，而當局卻又並不曾把我遺忘。至太平洋戰爭發生，日軍開入租界，中國、交通兩行復業，又把兩行的董監事全部通緝。我因周佛海要我擔任了一個中國銀行的董事名義，自然更得敬陪末座了。過去政府的對我逾格重視，已經受寵若驚，現在同業們又意外捧場，我倒反覺不敢再妄自菲薄了。

和平以後，國民黨與共產黨之間，事事都有著歧見與爭執。而唯有一事是情投意合的。在方始勝利後的重慶時代，中共因汪政權是揭櫫反共的，向政治協商會議提出了許多政治條件中，開宗明義第一條就是嚴辦「漢奸」，國民政府卻完全照辦了！現在國民政府治下的報紙，又把我躋於「大漢奸」之列，雖非「元惡」，竟成「大憝」！在我那時讀到了這樣的標題，不禁大感意外。而最近，朋友送了我一本書——《蔣黨真相》，是中共佔有大陸後，於一九四九年八月由「大眾出版社」出版，惲逸群以「翊勛」的筆名寫的，在該書第一五五頁上，居然有如下特別寫我的一段：

「報界敗類金逆雄白，是周逆海手下的紅人，一身兼金融、新聞、律師三界的領袖。不久之前，以八十條（八百兩）黃金購進一住宅，他對部屬說：『過去是混混的，老中央來後，我才真正兜得轉（有面子，有辦法）！』」

共產黨與國民黨的看我倒也是一致的，而中共的所以稱我為「逆」、為「敗類」，口氣之間，顯然以為我與「老中央」有些勾結（當時淪陷區稱重慶國民政府為老中央，而稱汪政權為新中央）。總之，既同被目為「漢奸」，而又一樣被目為「大漢奸」。這一次的自投羅網，最早，我對政府存有幻想；以後袁惕素來看我後，又寄以希望。而經過了六個月又二天的密藏，直等把各人的財產抄沒以後，這時首次把我們的下落向社會公開了。而我，還被劃入於「大漢奸」之列，我是慚愧於不克當此大名，恐怕社會上也不會相信我竟能膺此殊榮，但我清楚在「大漢奸」的頭銜之下，這罪名將是不會太輕的了。

大家正在看了報相顧錯愕之際，忽然獄中另一批服勞役的犯人，兩個人一組，身上繫著鐵鍊，大包小裹的分送食物來了。原來是各人的家屬看到上一日晚報上我們起解的消息，也查明了監獄對未被判決人犯每週可以接濟兩次食物的規定。據說：天還沒有亮，各人的家屬，已經在獄外排成了長長的行列。把東西依次送入，經過了領取卡片、檢查東西等許多手續，到此時才得送進。一隻菜格裡裝滿了平時所喜愛的東西，有雞、有魚、有肉。另一隻銻鍋裡，外面還做好了棉套，嚴密地包藏著。揭開一看，一滿鍋白米飯還是熱氣蒸騰。一個送菜的同難難友偷偷地塞給我一張字條，一看是妻的筆跡，上面寫著：「請安心！我們會以全力奔走的。菜是我自己送來的，這樣我覺得與你離開得可以近一些了。希望你能努力加餐！」許多人在家庭這樣的關切之下，大家都感到了一陣心酸，癡癡地望著飯和菜，誰也不忍下箸，有些人且在掩泣了。大約這一天，又是很少人能夠下嚥。

其中胸襟豁達的也未嘗沒有，梁鴻志是當代的詩壇祭酒，趙叔雍又是詞林巨擘，兩人面對著這樣的場面，竟然以宮體詩互相唱和，把一所陰森森的監獄，描寫成皇宮似的錦簇花團，詩成傳觀，以博同難諸人的破涕一笑。梁鴻志本刻有《爰居閣》詩集，自楚園羈禁，以迄魂斷藍橋，先後又成詩二百餘首，分為兩集，上集名為《入獄集》，下集名為《待死集》，手稿原存我處，幾經滄桑，竟至散佚，我又健忘，迄今連一首也已無法背誦，誠覺多多有負故人於地下了！

汪政權此時命運已定，真是到了收場的時期了。接收已經是五光十色，而審判更屬光怪陸離，我寫本文前後已近五十萬言，更將趁此未死之身，將當年的耳聞目擊，有關陳公博、梁鴻志、周佛海、陳璧君等主要人物的如何受審，如何死事，再詳詳細細地慢慢寫來，以顯出法治國家的如何執法如山，讓我對朋友留個紀念，對歷史有個交代，也讓讀者中有些躊躇快意，有些欷歔憑弔吧！

一四五、陳公博被押上法庭就鞫

若說汪政權是一幕時代悲劇的話，悲劇的主角那當然捨汪氏莫屬了。因為汪政權的創建，一方面形式上是與正在作戰的敵人為友，實質上則如陳公博所說是一個和平抗日的組織；而另一方面，形式上又與本是同根生的重慶國民政府為敵，但汪氏於創建政權之前，渡日訪平沼內閣，與陸相板垣的正式會談，即鄭重聲明即使不得已而建立軍隊，也永不與重慶作戰。汪氏在抗戰最黯淡的時期，建立政權，其最大的作用是很明顯的，如一旦抗戰無力持續，或者以此作為全面和平的橋梁；或者以已建的政權備為法統之延續。周佛海於高陶在港發表秘密文件時，即在報端公開聲明，他說：「如抗戰獲得最後勝利，則現在與日方所訂之一切條約，自然成為廢紙。」（見周氏所著《往矣集》。）直截指出，這已經不僅是弦外之音了。而不足六年的汪政權，終於以日本發動太平洋戰爭而歸於覆敗，汪氏更以舊創新愁而病逝日本，迄今十餘年來，人們於竊竊私議中，時聞寄以哀矜之意，而一到公開場合，又未敢直諒其謀國之心了。

汪氏以外，陳公博的為友殉身，從容赴死，成為悲劇中的第二主角。當汪氏離渝之前，他於民國二十七年十一月初，從成都赴重慶，汪氏告訴了他對日和平主張以後，即力持異議，以為對日既不應和，更不應走。陳璧君甚至厲聲對他說：「你反對，那你儘管做你蔣介石的官去。」到那年的十一月底，汪氏又去電要他赴渝，告訴他決定離渝發表和平主張的決意，他仍然加以勸阻，至汪氏於十二月十八離渝至昆明，派人通知他赴滇會晤，以班機受天氣延誤影響，等他抵達昆明，而汪氏已於先一日去了河內。他曾寫信給張群朱家驊轉呈蔣氏，效辭曹故事，迫蹤赴越，目的還擬挺身斡旋，希望汪氏既已離渝，也應至發表主張為止，而不再進一步作出實際行動。無如民國二十八年一月一日，重慶中央黨部既下令處分汪氏，接著三月二十一日，又發生了高朗街的行刺案件，誤中曾仲鳴。以汪氏易於衝動的性格，一連串的事實，無異驅汪氏於一不做二不休的地步。

六月，汪氏且已赴滬展開「和平運動」，迫成形勢的劇變。公博先於那年夏末，赴廣州與汪氏晤面，還是一貫地懷著勸阻之意。到十二月再赴上海，而所謂「中日基本條約」草約已在開始討論。他看到了草約，認為內容顯然是日本要控制中國。他曾對汪氏懇切指出了這一點，而汪氏非但有衝動的個性，且以自信太深，他對公博說，他的所以要組府，就是偏不使日本控制中國。終於公博又於那年除夕，廢然返抵香港，而出乎意外的是首先發動與日本接洽和平的高宗武，以及在渝參與汪氏出走密勿的陶希聖，突然拆台而在港出現。他想到汪氏衝動的性格，而左右又少可以進言的親密同志，如顧孟餘、陳樹人等既未隨往，次一等的曾仲鳴已死了，彭學沛等亦復留渝。汪氏左右，此時只剩得一向為蔣系的周佛海梅思平等人。佛海雖與公博於民國十年因發起中國共產黨，在滬開創立會時已經相識，但此後近二十年中，以派系關係，很少見面。佛海與蔣氏關係之深，不同泛泛，而佛海過去與汪氏的素乏淵源，亦盡人皆知。以是外間傳言，佛海的忽然隨汪出走，有銜命監視之嫌。至梅思平向來又是CC的一系。汪氏已經易於衝動，而陳璧君更甚。隨汪而去的，陳春圃、林柏生等在汪氏之前，尚無犯顏直諫之力，他覺得汪氏的處境太危險了，而且組府先聲的青島會議亦已倉卒舉行。他為汪氏犧牲的意念，此時實已油然而生。所以當三月初旬，一經汪夫人來港再邀公博赴滬，他就放棄了原有主張，毅然應允。離港赴滬前夕，還與錢新之杜月笙談了一次，他表示一面將赴滬勸阻汪氏的組府，仍然寄以一線之望；一面希望蔣氏能有轉圜的辦法，以免國家分裂局面的出現。當他於民國二十九年三月十一日抵滬之時，周佛海於日記中云：「本日公博到滬，相見之下，悲喜交集。渠謂高陶實非人類，我人因政策不同而離渝，從未對蔣先生有一惡語相加，亦未宣布其秘密，高陶如此，實人類所不能作之事也。」云云。可見公博的參加汪政權，直接原因，係由於高陶之叛汪而純粹為友道上的義憤所激。

但他抵滬以後，目擊組府已如箭在弦，非口舌之爭所能打銷，但汪氏要他出任行政院長，仍堅辭不就，而只允任立法院長。在這六年之中，他最初雖任「立法院長」與「上海市長」，但態度消極，第盡其為友之心，平時亦唯以醇酒婦人為事。迨汪氏於三十三年十一月十日在日本名古屋逝世，那時日本在太平洋戰爭中敗象畢露，覆亡之禍，已迫眉睫。他終於又以殉葬精神，毅然出任「代理主席」職務。

勝利以後，他為避嫌之故，而於民國三十四年八月二十五日乘機飛日，靜候政府命令，願意面對國法，以明責任。至十月三日，以何應欽交涉提回，而以專機由日押解回京。初押寧海路軍統看守所，政府最初尚擬以政治手段解決，等主持全案的戴笠撞機身死，於三十五年三月間，乃與陳璧君、褚民誼同時轉解蘇州高等法院看守所，逕付司法審判。事實上由京解蘇，他的命運也已被最後決定了。

民國三十五年四月五日，蘇州高等法院定期訊陳公博，江蘇高等法院檢察處由首席檢察官韓燾親自承辦偵訊手續，並且草擬了齊齊整整的十大罪狀為起訴書，欲以證公博的「罪大惡極，死有餘辜」。庭期是定於那天的下午三時，而臨時天氣忽然轉變，彤雲密佈，狂風四起，陰森森地一派暗無天日景象。甚至蘇州高等法院庭院中的古柏，也為狂風吹得搖曳不定。下午二時二十分，高院法警警長蘇子民、憲兵第十五團班長葉桂，分率警員四名，憲兵四名，至看守所迎提。那天公博穿淡青夾布袍，西裝褲，戴黑呢船帽。當他步出看守所時，面帶笑容，態度的瀟灑一如平日。經過走廊時，各地報館記者排立走廊兩側，紛紛攝影。旋由憲警押上道旁停候之馬車，解赴法庭。沿途由憲兵十五團協同警察擔任警戒，路旁民眾駐足而觀的擁塞於途。車行七分鐘而抵達法院，直入刑事第五候審室。

是日第一刑庭的佈置，也顯得異乎尋常，庭上除滿布攝影機與錄音器外，中央攝影場更在庭內遍置水銀燈，以攝取紀錄片。庭角設有坐椅一把，以供公博的休息。在上午十一時許，全庭已告滿座，高院發出的旁聽證雖僅二百八十張，而到者卻達五百餘人，法院臨時把法庭的長窗全部卸除，使旁聽席伸展至階石，人多秩序也顯得有些混亂。民眾的如此踴躍旁聽，究不知在淪陷區內，於身親目擊之餘，為對汪政權之首長出於一念之同情，抑真為稱快而視其就鞫也？

至二時三十分開庭，院長孫鴻霖親任審判長，庭長石美瑜為主任推事，陸家瑞為陪席推事。最奇怪的是主任推事石美瑜不倫不類，那天在普通法庭執行職務，而法衣之內，偏偏穿了軍裝，而且還掛上了少將領章。他在淪陷時期，一直留在上海，領市民證，吃戶口米，直到勝利的上一年，英雄能識時務，眼看大勢已定，始轉赴內地。他的夫人劉玉琴女士（任江蘇高等法院第二分院刑庭庭長主審上海「漢奸」案件劉毓桂之女公子），卻仍留上海，不辭玷辱門庭，躬向「汪記偽組織」領有律師證書，在所謂「敵偽時期」，加入費席珍律師事務所，執行保障人權的職務。首席檢察官韓燾，則戴黑粗邊眼鏡，一部烏亂長鬚，飄拂胸前，更覺外相威嚴，風頭十足。

宣告開庭後二分鐘，法警兩名，押公博到庭，而公博似抱有堅決之死志，亦且知這決不是法律問題，所以並未延請律師，僅由高院隨便指定了一位花甲年齡老態龍鍾而又一口吳儂軟語的高溶律師為其形式上的辯護人，卻與操著滿口江北音的首席檢察官韓燾相辯答。這配搭得太妙了，莊嚴法庭，乃如上海舞台上的開演方言滑稽話劇。

一四六、對十大罪狀的逐款答辯

正式開庭了，首先公博答覆審判長照例的詢問：

「年五十五歲，廣東南海人。住南京北平路六十四號。」

問：「未參加偽組織前，擔任過什麼職務？」

答：「我的履歷說來很長，大略是曾任國民黨中央執行委員，國民政府實業部部長，國民黨中央黨部民眾訓練部部長，國民政府軍事委員會第五部部長。抗戰退渝後，並兼四川省黨部主任委員等職。」

問：「你是否國民黨黨員？」

答：「光緒三十三年即參加同盟會，以後改稱國民黨，也一直是黨員，直到如今。」

問：「你有沒有財產？」

答：「這一點倒很難說，如果我自稱沒有財產，人家會不相信；但說有財產，那末連我自己也不相信了。我在地上沒有房子，在銀行裡沒有存款。最好還是請法院依職權調查吧！」

問：「那末你在南京的住所呢？」

答：「是租來的。」

至此，首席檢察官起立宣讀十大罪狀的起訴書後，公博也當庭逐條答覆（起訴書摘要已詳前載）。茲記其答辯的大意如左：

關於「締結密約，喪權辱國」部份，他說：

「我反對中日基本條約，是路人皆知的事實。在『基本條約』簽訂以前和簽訂以後，我都一直反對。二十九年底算是正式簽定了，在正式討論的時候，汪先生叫我參加討論，我堅持不肯。因為我知道修改也只是文字上的事，如果我參加討論以後，那麼簽訂以後，我再不好反對。我要保留我反對的地位，所以不肯參加。

「在簽定後，阿部信行其時是駐南京的大使，他問我基本條約會不會發生影響。我說：絕對不會發生影響。因為：第一、所謂基本條約，顧名思義，應該謀兩國的根本大計，照這個條約的內容，連停戰協定都夠不上，更談不上基本。第二、照近衛聲明，口口聲聲說東亞新秩序，而基本條約內容無一條不是舊秩序，而且是舊秩序中最壞的惡例。不過這個條約固然發生不了好影響，也再不會發生惡影響。

「阿部問我這是什麼意思。我說：一般現象已經惡劣極了，大家都已對日本不諒解，這個條約不過是對日本不諒解中的一個證明而已。其後不論本多、重光來任大使，我都這樣反對。三十一年和東條英機見面，也一樣反對。直至三十二年底，才把所謂中日基本條約廢止。至於同盟條約內容，已取消一切密約附件，更取消所謂華北駐兵及經濟合作，而且更將內蒙返還中國。所剩下來的，只有一個東北問題了。

「對於『滿洲國』這一個問題，我認為不撤銷終為中日間一個極大障礙，而且將為中國生存的一個致命傷，在三十三年的夏季，柴山陸軍次官卿小磯內閣之命來南京，希望與重慶媾和。我首先提出不撤銷滿洲國，則一切無從談起。柴山的答覆，說是可以討論。是年十二月我赴東京，也為了這個問題，小磯對我的答覆可以於和議席上討論。我曾把撤銷『滿洲國』的消息通知了重慶，可見數年來我對於東北問題的真意及設法謀撤銷的事實。現在檢察官單單提出簽訂『基本條約』這一段為起訴，對於我反對『基本條約』及其後廢止基本條約，以及對日要求撤銷『滿洲國』的事實隻字不提，我認為過於割裂了事實。」

關於「搜索物資，供給敵人」部份，他說：

「檢察官願意引用我的自白書作為起訴的理由，那是再好沒有了。因為看看我的自白書，就知南京因為爭取物資和日本苦鬥的情形，不獨不是搜索物資，供給敵人，而是爭取物資，反抗敵人。我的自白書中說：『日本是以戰養戰，物資在所必需，倘然由南京支配，南京一定不肯儘量供給日本的需要。』又說：『日本在二十九年乃至三十年還企圖南京能夠進行全面和平，及後慢慢承認南京是含有敵性的政府了。幾年以來，除對汪先生表面尊重以外，他們發出一種批評，說重慶是武裝抗戰，而南京則是和平抗戰。因為日本既視南京為其敵性政府，對於政治上以前所採取的一種半干涉態度，即不復打算解除。對於南京軍隊的調動，亦且故意拖延，遂使南京無集中軍力的機會。對於經濟，以辦理統制應由民間辦理為名，要求南京在上海成立各種統制委員會，而實際上是由日人把持處理。』關於物資我還有一段說：『南京和日本間的鬥爭一天天的尖銳化，末後日本已採取孤立南京，轉而直接壓迫民間的政策。所說商統會、食糧統制委員會、棉紗布統制委員會等，都是孤立南京的一種奇妙方法。』

「至於徵集廢銅廢鐵，日本曾以獻鐵為名，要求南京協助，南京始終敷衍不理。所謂雷厲風行，我實不知怎麼說法。外間謠傳說：家屋的鐵門鐵窗，都已拆卸。現在我請查查上海的鐵門鐵窗真是都已拆了嗎？徵集的數量若干？便可作為我的反證。因為南京無意於徵集廢銅廢鐵，日本曾說南京毫無戰意，絕不協力。日本且對於南京暨各地政府，起了極大惡感。說到軍糧，日本逕自劃定了他的軍米區，都是日軍自行購買，南京還在與他們爭。這種鬥爭，直至日本投降，尚未解決。所謂供給敵人製造軍械原料及供給敵人軍糧，全非事實。而且因為南京和日本鬥爭，使許多物資，日本都不能拿走，單以棉紗布一項而論，尚有數萬捆存於上海，可以問接收人員，都應該知道的。」

關於「發行偽幣，擾亂金融」部份，他說：

「立法院通過的案是根據中央政治委員會交下，原則是不能變更的，這一點我應該聲明。起訴書說：『此項偽幣之發行，雖另有主持之人。』那麼，我不必負這種責任了。不過，我最喜歡說公平話的，當時中儲券的發行，最大目的是在抵制日本軍票。日軍當日發行的軍票，完全沒有準備基金，把幾種物資統制起來，非用軍票不能購買，藉此抬高軍票價值。因此影響其他物價，一日數漲，真是民不聊生。南京曾經和日本經過幾多艱難交涉，才能發行中儲券，曾使一個時期物價稍告安定，這也是事實。其後物資缺乏，日本更不恤南京抗議，濫加收購，才有膨脹現象。至於今日之物價高昂，我以為是政府的處置問題，而不是中儲券的本身問題。中儲券是有庫存現金準備的，何以與法幣的兌換率一定要以一對二百？使日本占極大的便宜；使物價繼長增高不已，這真使我無從索解。」

關於「認賊作父，宣言參戰」部份，他說：

「太平洋戰爭是發生於民國三十年十二月八日，南京政府的參戰是在三十二年一月九日。為什麼南京要參戰呢？因為日本太平洋戰爭後，在中國搜集物資，供給軍用，毫無止境。南京政府既不能過問，而人民痛苦更不能申訴。因此南京以為欲保存中國元氣，爭回物資，捨利用參戰名義以外，別無良策。而且一用參戰名義，可以要求收回租界，可以要求撤銷治外法權，更希望因此而要求政治與軍事之自由獨立，脫離日本的軍事束縛，以待時機的轉變。

「南京政府自參戰以後，沒有出過一兵一卒，參加太平洋戰爭；也絕不曾出過一兵一卒，和重慶作戰，這都是不可磨滅的事實，應為國人所共見共聞。至於說到『被告繼任偽主席，仍保持一貫政策，毫未變更。』那麼我更有話可說了。我於三十三年十一月二十日就任代理主席那天，曾發表聲明，說：『國民政府還都以來（按指汪政權），自始即無與重慶為敵之心。』繼之強調聲明『黨不可分，國必統一。』我的聲明，當然是指在蔣先生領導下的黨不可分，國必統一，難道要在我陳公博領導之下來統一國民黨和統一中國嗎？

「在對太平洋整個問題，我希望早日結束，我在三十四年五六月，勸日本託中國（重慶方面）出面調停太平洋戰爭，曾對日本大使谷正之表示我的意見。可是谷正之不敢作主，要電東京請示。以後九月，我才知道日本在鈴木內閣登台之前，決定請俄國調停，並有派近衛文麿赴俄商討的決議，遂置我的建議於不顧。我為什麼主張日本託重慶調停？我有我的深意，以為能如此，中國可以增高國家的地位，增強中國在國際上的發言權，並且將來收復東北，不致有其他意外。我這些行動都是有人證物證，絕對不是虛構的。如果這樣行動說可以構成『通謀敵國，圖謀反抗本國』之罪責，那我不願再有所辯白了。」

一四七、國家勝利就恐難免驕盈

陳公博在蘇州江蘇高等法院庭上的作供，與其說是辯論，不如說是提供事實，他不延聘律師，不聲請覆判（上訴），是求死而不是求生。他的所以侃侃陳辭，也只是為明心跡。檢察官所起訴的十大罪狀，就法論法，實在是以想當然的態度而出之以羅織的方法。

關於原起訴書中第五點「抽集壯丁，為敵服役」一款，他說：

「我可以斷然答覆，南京政府不獨絕無此意，而且絕無其事。我從未聞南京政府替日本徵集壯丁，運至南洋訓練，參加作戰。至於所謂密令各地區抽募壯丁，以應敵人之命。至少我沒有下過這樣密令，同時我也相信汪先先沒有下過這樣密令。至於起訴書說：『曾據某報登載：河南偽政府運送壯丁數百名至南京時，偽政府大加獎勵。』要知河南省政府係屬於所謂華北政務委員會範圍，從不聽南京之命，某報如果有此種記載，那此種記載是連造謠也失了根據。且所謂某報究屬何報？起訴書並未說明。至於各地鄉鎮保長有無逕徵壯丁，或向業主勒派代募捐款，我既沒有接到報告，也沒有接到人民控訴，有無其事，不得而詳。起訴書認為南京允許以壯丁為敵寇服兵役，且加以『可以斷言』的結論，我認為純係摭拾浮言，未免過於疏忽。」

關於「公賣鴉片，毒化人民」部份，他說：

「事變以後，日人利用所謂宏濟善堂運售鴉片，絕非南京所得而過問。據傳說：此種收入，均為日內閣及軍部之機密費。南京對此，非常疾首痛心，延至三十三年三月，日本以國內政潮關係，才允由南京政府接辦。南京當時擬定三年為禁絕期，由三十三年起，每年遞減三分之一，販售所亦依三分之一數目關閉。同時月撥一千餘萬元交衛生署設立戒煙醫院，命令各地凡開燈吸食之煙館，勒令閉歇，此皆有檔案可稽。至揚州一地究竟有無大煙館至五六十處，小者不計其數，及滬報所傳淪陷區吸食毒品者數在三千萬人以上，是否事實，我沒有這種報告。不過更比鴉片尤甚的，厥為白麵海洛英等，多由北方私運而來。南京對之更比鴉片嫉惡，曾處製販者多人以極刑，這又是在檔案及報章上可以查考的。如果以公賣鴉片毒化人民為南京的罪狀，事實上實在適得其反。」

關於「改編教材，實施奴化教育」一部份，他說：

「原起訴書也知道我不是主管人，我可以不必多說了。但據我所聞，教科書的改編，是在維新政府時代，而不是在還都的南京政府時代。南京政府還都後認為不滿意，又復重加修改，並且教育部和當時日方的所謂興亞院曾起過極嚴重的衝突。（按：當曾任南京政府教育部長的李聖五在首都高等法院開庭時，此點也被列為罪證之一，但經承審推事金世鼎將過去維新政府之教科書與南京政府修訂之教科書羅陳滿桌，兩相比照，判決書中只有確認汪政權之教科書，並無涉有奴化教材之處。）然而這還是小事，現今教育的最高精神，莫過於三民主義。南京政府還都以後，把維新政府的五色旗恢復為青天白日滿地紅的國旗，國父遺像又重掛起來了，國父遺囑又重新在開會時朗誦了，三民主義又正式公開宣傳了。但我自己還以為不夠，對於提倡民族主義，尤其特別加以注重。「我自白書中有一段說：『南京政府自還都之後，三民主義重復在淪陷區內宣傳，我尤極力提倡民族主義，我深怕人民習慣於日本統治，更怕軍人習慣於日本支配，使中國永遠不能翻身。我對汪先生提議重復設立政治訓練部（按公博且曾兼任該部部長職務）。我的用意，因為南京政府還都的時候，一個兵都沒有，所有的僅為維新政府任援道的綏靖軍，和日本利用完了的謀略部隊。這些部隊在民國二十六年底即歸日本軍隊支配，到了二十九年初南京政府還都，已有兩年多的時間。日本稱謂謀略部隊，只求他們不向日本放槍，其他概所不問。因此部隊中思想龐雜，紀律廢弛。我深怕他們貽害人民，尤其怕他們傾向日本，將貽國家以無窮之患。因此我把各部隊的軍官抽調來京訓練，灌輸他們以民族思想，提倡不可依仗外力，更鼓勵他們以國家自由獨立的精神，勿為外人利用。我就用在成都時對中學生演講的《三民主義與科學》作為藍本，另外寫了一本《政治工作須知》，最注重三點：負責任、求知識、守尊嚴。我的所謂守尊嚴，固然一個軍人，一個國民，不能驕傲，同時卻決不應卑屈。我當時實在看不慣有些人對日本那樣卑屈的態度，我不獨引為國恥，更恐怕由此墮落而使民心不能自拔。』我這番話都不是虛構的，《三民主義與科學》，及《政治工作須知》兩本小冊子還在，可以覆按。如果以改編教材實施奴化教育為我的罪狀，事實又是適得其反了。」

關於「托詞清鄉，殘害志士」部份，他抗辯說：

「我首先應該聲明的，當時所謂清鄉，本為臨時的行政和軍事處置，一切規程命令，無須交立法院通過。我對這一點聲明以後，可以用個人的地位，作清鄉的平心觀察。當時的所謂清鄉，南京政府和日本的見解不同。南京的見解：以為事變之時和事變之後，人民實在痛苦不堪，應當設法使他們能安居樂業，稍稍解除痛苦。當日農村對省政府要納稅，對新四軍要納稅，對游匪要納稅，水深火熱，因此南京才有發起清鄉之舉。而日本的見解則想借此題目，使得容易收購物資。

「起訴書中所說以殘害中央官吏及抗戰志士為唯一目的，我想當時誰也沒有這個意思。但是清鄉多所任非人，則完全為一種事實。自然有些地方因清鄉而百姓得以安居；但有些地方也因清鄉而更加騷擾，因此至三十三年八月以後，已無形把清鄉撤銷了。起訴書內所說：如李士群之在江南，張北生之在蘇北，忠貞之士，犧牲於清鄉旗幟之下者，何可勝數。如果李士群、張北生有此罪行，應由他們本身負之。我固然素來不諉過，也未便冒昧代人受過。而且我自白書中說過：凡是重慶人員有被日軍逮捕的，除非我不知道，或者出乎我力量之外，否則必定設法保釋。我不是藉此欲見諒於同志，而是援黨不可分之義，實行我的主張，這都是大家所知的事，可以去查問的。」

關於「官吏貪污，政以賄成」部份。他說：

「我對起訴各款中，以這一點最所怪詫，因為我最痛惡人發國難財，同時更痛惡人發和平財。以我平生以廉潔自矢的一個人，而加以『其貪婪成性，至於如此，可為浩嘆！』的按語，我不知檢察官是故意加以羌無故實的罪名，讓我容易開脫呢？還是故意拿我來消遣？我在自白書裡曾說：『我最引為恥辱的，是在民國廿三四年，聽到日本批評中國說：中國無一公忠體國之人。同時我更反省到中國之受外侮，常因政治不修而起。我感悟四書有句話：『夫人必自侮而後人侮之；國必自伐而後人伐之。』因此我想：我不來則已，既來應當示日本人以中國並不是沒有公忠體國之人，因此首倡廉潔政治以為表率。而且我更標出四句格言：『復興中國，從做人起。建樹人格，從立志起。』我以為不會做人，也無從救國。國家雖然喪敗，如果人人立志做人，不以和平為發財門徑，或者中國還有出頭的一天。

「不過我承認失敗了，我雖然這樣標榜，而且在上海實際幹了四年，連對僚屬也發生不了很大的影響，貪污一樣層見疊出。對社會也發生不了影響，奢侈淫靡還是茫無止境，人們如飲狂藥，似世界末日將至，能夠享樂一天算是一天，什麼是中國危險？他們似乎毫不在乎，怎樣才可使中國復興？他們更以為全不干他們的事。這真是使我非常痛心！我和檢察官也一樣為之浩嘆的。

「我在自白書裡說：『最後更有一個嚴重問題，那是民德的墮落。自此次戰爭發生，不獨物資打完了，道德也打完了！內地情形怎樣我不深悉，但在淪陷區中，我覺得大眾如趨狂瀾，如飲狂藥，一切道德都淪喪盡了。大家不知道有國家，有社會，有朋友，只知有自己。不知道有明日，只知道有今天。不知有理想，只知道有享樂。我也想過，在一個國家破敗之餘，明日我將如何？我還不知，倒不如盡此一日之享樂，以求一時滿足。但這種風氣所趨，恐怕非一時所能挽救。一個國家勝利，是不是會驕盈？充驕盈之所至，是不是會宴安淫逸？這是我引為極大憂慮的。』我為什麼要潔身自矢？因為我常見許多人做學生時候罵軍閥、罵官僚。及自己做了軍人便是軍閥，自己做了官也便是官僚，我深惡而痛絕之，因此絕不肯蹈這般人的覆轍。而且我們的聰明才力並不下於人，要錢可以做商人，何必做官？既做了官，而且更做了革命時代的官，既應替國家和人民打算；就不應當替自己打算。要之，在別的地方我不敢說，若在京滬兩地，說我貪婪，雖執途人而問之，恐怕沒有一個不失笑的。

「至說到招待費一事。我視察蘇北回京之後，也聽到這種謠言，說泰縣曾因我視察一回，攤派了很大的一筆招待費。我不禁大怒，曾去一函給蘇北綏靖公署政務廳長謝卿雲責備，大意說：『如此實屬駭人聽聞！我承孫良誠總司令的推薦，派你作政務廳長，原想你能輔助孫總司令，現在如此，我實在非常失望！』我雖然不知道這筆招待費是否由謝卿雲攤派，但謝卿雲是政務廳長，我自應責備他，這封信在南京有許多朋友都知道的。至於說床帳被褥以至毛巾杯碗，皆為隨從之人席捲以去，我深信不是事實。因為我去泰縣是輕車簡從。在泰縣僅食了一頓飯，宿了一夜。以幾個隨從，焉能席捲？我以為起訴的理由，也應當使人能夠相信，才可成為信讞。而且我於三十四年八月二十五日離京，曾將支配所餘現款中儲券五十七萬萬元交回國庫，所謂『貪婪至此』的人，恐怕不會那樣做吧！

「說到這裡，我也想替南京官吏辯護一下。在南京之下，我們不能說沒有貪污及發和平財的人，尤其在各地受日人支持的官吏軍人，肆無忌憚，這都是南京所深惡痛絕的，但潔身自好之士，也不勝縷指。所謂賣官鬻爵，所賣何官？所鬻何爵？沒有見起訴書指出。所謂賄賂公行，也沒有說明公行為何事，倘以『幾無一事不要錢，無一人不要錢』兩句話來賅括一切，殊不足以服南京之心。如以在日人管理下鐵路的紅帽子黑帽子的黑幕，也加在南京頭上，更類於深文周內。南京為鐵路腐敗問題，屢向日本使館提出抗議，不下百十數次，這都可以問歷任的丁默邨、傅式說等主管人的。」

關於「收編偽軍，禍國殃民」部份。陳公博說：

「南京之整編部隊，完全為防共及保護地方。同時各部隊亦不願歸日本支配，成為日本之謀略部隊，都希望歸中國政府管轄。南京對於各軍每月均有的餉，均有軍米，在經理總監部有案可查，不能說沒有的餉。各軍的軍官，皆曾分別調京受訓，不能說沒有訓練。至於今日在東南各省，未如山東等地淪入共產黨之手，致勞中央憂慮，各軍不能說沒有微勞。至於說各地有種種捐稅，則南京未接各地控訴，無從制止辦理，亦不能負此等責任。

「說到卅四年春間某偽軍由河南調防蘇北，那當然指的是孫良誠部隊了。那是三十三年年底的事，起訴書說三十四年是錯了。我為什麼調孫良誠的部隊到蘇北？因為我收到情報，共產黨以延安為第一根據地，蘇北阜寧為第二根據地，並且以蘇北為基地，推進江南，以實行所謂『三山一湖』計畫。我為中國前途計，為使蔣先生容易統一計，不能不作出一個對東南的全盤考慮。在蘇北，僅有李長江部的兵力是不足的，因此才調孫良誠部南下，以作東南的屏障。所謂勒派捐稅及拆毀孔廟來作戲院，我均未聞，自更不與聞。南京對於軍隊風紀是極為注意的，首都且設有『平價維紀委員會』維持紀律，雷厲風行。若如起訴書所說，那變成我命令軍隊派捐拆廟了。平情而論，當日若不作此軍事打算，不但蘇北全部淪於共軍之手，恐江南亦早已受其蹂躪。起訴書謂『收編偽軍，禍國殃民』，當時若不收編軍隊，今日東南必全陷於共手，國之受禍，民之受殃，恐更千百倍於今日。我不是替各軍鳴功，這是一種事實，希望大家作一公平的判斷。

一四八、一段結論爲汪代明心跡

陳公博對於江蘇高等法院檢察處起訴他的十點，逐款答覆，他所歷舉的，我相信都是事實。在他的抗辯中，對於起訴書中所指的一切，正如公博所說：「很多是臆測之辭，許多是不是我的事，或者知都不知的事，或者絕無其事，也羅織起來。起訴書中，不是割裂事實，就是摭拾謠言，而且文字間很多是徒為快口舌的文章，而不是根據事實的起訴。」若就法律上的證據法則而言，公博為自己的辯護之辭，反因承辦人員的無能，起訴書的徒托空言，顯得公博的理直氣壯。他在第九點「官吏貪污，政以賄成」中的答覆，明說：「中日戰爭以後，不獨物資打完了，道德也打完了。……大眾如趨狂瀾，如飲狂藥，一切道德都淪喪盡了。大家不知有國家，有社會，有朋友，只知有自己。不知有明日，只知有今天。不知有理想，只知有享樂。……一個國家勝利，是不是會驕盈？充驕盈之所至，會不會宴安淫逸？這是我引為極大憂慮的！」他把勝利後的情形倒給他完全料到了，也罵盡了只知有自己，只知有今天的人。而慘勝的結果，居然驕盈淫逸了，他的杞人之憂，此後四年間，一切事實，都證明了他的不幸而言中，公博的一死不足惜，而國家如此，當政者的遠慮，且不如一個被指為「禍國殃民」者的預見，這真是太值得惋惜了！

公博對於起訴書所指的各點，他還有一個結論。他說：

「起訴書說，我『以偽專使職銜，率領使節團赴日答謝，低首虜庭，歌功頌德。』我那次被派赴日，不是答謝，而是答禮。因為阿部信行以特使名義先來，我才被派答禮。我一生就沒有對任何虜庭低過首，歌頌過功德。那次赴日，首先對米內內閣總理，及外務省的有田提出質問：北平興亞院的森岡，很怕南京政府還都，影響到北方，曾秘密電東京，主張華北應當採取永久半獨立的狀態，有無其事？這一段是載在自白書內，可以查考的。

「我尤其在日本各處和九州帝國大學公開演講，批評日本對華政策。說日本人常說中國人沒有誠意，但中國沒有一個人知道日本對中國的要求怎樣，而要求又什麼是日本的限度。這不是中國沒有誠意，而是日本應該反省。這也載於二十九年我的『文存』中，原文俱在，可以覆按的。而且我歷年所手寫的文章，並沒有稱呼過日本『友邦』，因為我確認日本還不足為友。至於說我『自動取消偽政府，然猶秘密赴日，托庇敵人，一面散佈自殺消息，以冀倖免。』我的離京，是經先遣軍總司令任援道的兩次直接勸告，兩次托人勸告。說蔣先生對我諒解的，我若留京，反使蔣先生為難。同時京滬還發生一種謠言，說我要擁兵反抗，因此我才延至八月二十五日，俟治安穩固之後才離京。臨行之時，又曾留呈蔣先生一函，說明我離京的理由，並說：『鈞座一有命令，公博當即出而自首。』至於所謂散佈自殺消息，還是我回京之後，才知道有此謠言。我既離京，何從散佈？事前呈明蔣先生，又何得謂為『以冀倖免』？我在日本全盛時候，在各地獨往獨來，沒有托庇過日本，焉有在投降時候，反希圖托庇？而且日本在交戰時候為敵人，在投降時為俘虜，一個人而希望托庇於俘虜，雖至愚還不會出此罷？

「再說到政府電令引渡回國，實在說，我是回國自首的，而談不到是引渡的，我在九月二十四日，為了履行我留呈蔣先生函中的諾言，曾拍一電致何總司令（應欽），並托其轉呈蔣先生，希望派一飛機至日，使我早日回國，而飛機也於九月三十日到了日本。但是在回國之後，各報登載都不說是自首，而說是引渡和逮捕，我不勝駭異！然而我在羈押之中，又那能向報紙更正？並且我也不願更正，說引渡被捕就算引渡被捕吧！」

「原起訴中所說，目我為『甘心降敵，賣國求榮，在敵人鐵蹄之下，組織傀儡政府，予取予求，唯命是聽。』至比汪先生為張邦昌、劉豫。我雖不贊成汪先生離開重慶；我雖不贊成汪先生組織政府，但如此比喻，殊為不倫！在從前，汪先生受人痛罵，數年以來，我都沒有替他辯護。因為汪先生曾說過：為國家，為人民，死且不怕，何畏乎罵？而且在戰爭時期，最要緊是宣傳，非罵汪先生不足以固軍心。我認為抗戰是應該：而和平是不得已。汪先生既求仁得仁，我又何必替他辯護？但現在不是抗戰時期，而已是在勝利時期，汪先生也逝世了，我們已不再需要宣傳，應該抑制感情，平心靜氣去想想。當日汪先生來京之時，淪陷地方至十數省，對於人民，只有搶救，更無國可賣。在南京數年，為保存國家及人民之元氣，無日不焦頭爛額，忍辱捱罵，對於個人，只有煞苦，更無榮可求？我對汪先生的行動是反對的；而對汪先生的心情是同情的。到了今日，我們應該想念汪先生創立民國的功勛，思念他的歷史和人格。更應想想在事變之前，事變之中，如何替國家打算？如何替蔣先生負責？對一個已逝世而不能復生起而自辯的人，不應該如此的謾罵和比擬罷！」

「末了，我願意聲明的：我於自白書中曾幾次說，我對於汪先生的心事是了了，而對於蔣先生的心事還未了。所謂未了，因我想：如果中國今日還不能統一，恐怕更沒有良機了；除蔣先生以外，恐怕更沒有人能統一中國了。在日本投降以前，我的工作是鋪好一條統一之路，等蔣先生容易統一，最低限度是使東南不致有意外發生。在日本投降以後，我的心情是絕不願損害蔣先生的尊嚴，蔣先生要我離就離，要我回就回，要判罪就判罪，束身以為服法的範則，使蔣先生更容易統一。本案說複雜是太複雜了，說簡單也太簡單了。因此，請法庭隨便怎麼判，我決定不再申辯，不再上訴了。」

陳公博答辯終結之後，又將其自白書計四十七頁，朗誦一過，歷時兩小時始畢。至五時三十分，庭上宣布休息十分鐘。繼續開庭時，審判長孫鴻霖問：「大家齊心抗戰，而你獨向敵人求和，你知道是違法的嗎？」公博答稱：「和平運動是一個政治問題，所以以政治觀點言，並不違法。」最後檢察官韓燾提出八點為攻擊的理由。再問公博說：「你還要辯論嗎？」公博含笑道：「還要辯論啊！但因檢察官說的滿口江北口音，有些未聽得懂，就能懂的可以稍作辯論。使我最受感動的，其惟方才檢察官所謂『春秋責備賢者』一語，雖然我非賢者，但承認許多事情應該由我負責。不僅華中，即華北種種惡劣罪行，也可由我負責。在南京被押時期，戴笠曾問我何不致函蔣委員長，然我並不肯哀求他人，以有罪終是有罪，無罪終是無罪也。至於說到清鄉是壞事，而將一切罪孽都加諸余身，則我真要大呼『大老爺冤枉矣』！所謂偽和平軍，死於剿共者甚眾，足見彼等頗忠於國家，請勿輕視他們。今天我所陳述各節，不像被告之供辭，全為第三者以客觀立場說話，因只有第三者之立場始能將話說得明白也。深望我的心情能為人所瞭解，至於個人生死，非所計及，但望當局早日判決。」

審訊至此，由年屆古稀之指定義務辯護人高溶律師起立陳辭，聲細如蚊，幾不可辨，寥寥數語，即敷衍了事，即立於其前之陳公博，亦且不聞其所作何語。至晚間八時三十分，由審判長宣告審訊終結，定於同月十二日下午二時宣判。如此鉅案，一庭草草終場，當局對陳公博生死之早有內定，即在形式上之審判，也可以窺見一斑了。

一四九、陳公博束身爲服法範則

關於所謂「肅奸」案件，依據以後判刑的結果，我們可以看出兩點：一、是由政府先決定了原則，而由法院作形式上的審判。雖然行政干涉了司法，但表面上仍不失為一個法治國家，政府僅知「整飭紀綱」的威嚴，當然不再斤斤於五權分立的虛務了。二、量刑的標準，只問職位，無關罪狀。大致「維新」「臨時」與汪政府的最高首長，自是「罪無可逭」，所以王揖唐、梁鴻志、陳公博都難逃一死。其他省長以處死刑為原則，以倖邀末減為例外。部長為無期徒刑，次長為七年至十年有期徒刑，局長為二年至五年有期徒刑。其他，不論是誰，凡稍有涉嫌之處，而被拘解到法庭的，概處以二年六個月的徒刑，用示「薄懲」。

汪氏死後，陳公博為代理「主席」，所以四月五日一庭終結之後，同月十二日即宣告判決。雖然開庭是定在下午四時，到午後一時，旁聽的已紛紛湧至。到三時左右，觀眾雲集，像戲院一樣，不得不臨時添座。三時一刻，高等法院簽發提票，派出武裝法警六名，往看守所提陳公博到庭聆判。那天公博穿青灰色花條呢夾袍，黑皮鞋，戴船形帽，態度非常鎮靜。三時五十分押解到院，四時正，宣布開庭。審判長孫鴻霖、主任推事石美瑜、陪席推事陸家瑞、首席檢察官韓燾、書記官秦道立升坐第一法庭。中央攝影場預在庭上裝置的炭晶燈，此時電光大明，照耀全場，加上攝影的機聲軋軋，法庭又變成為拍戲的攝影棚了。

孫鴻霖起立宣讀判決主文：「陳公博通謀敵國，圖謀反抗本國，處死刑。褫奪公權終身。全部財產，除酌留家屬必需之生活費外，沒收。」公博聽完判決主文，依然神色不變。孫鴻霖再宣讀判決理由，約五分鐘匆匆畢事。

判決理由是公式的，依據的法條，當然是事後修訂以為追溯既往的「懲治漢奸條例」，陳公博是汪政權的「主席」，即此名銜，已屬罪該萬死！況且條文的制訂，即在為一網打盡之計，凡是汪政權的人，必然就是通敵；是通敵，也就必然反抗本國。至於如何通敵與如何叛國，都可以因想當然而加以附會，不必列舉什麼罪證。雖然該條例也訂了：「有協助抗戰有利人民之事實者，得減輕其刑。」而以公博之職位，自更不在考慮斟酌之列。但是孫鴻霖還告訴公博：「如不服判決，可向最高法院聲請覆判；即使被告不聲請，法院也將依職權呈送。」公博向庭上說：「剛剛聽到判決理由，對我的答辯書雖未採信，畢竟是採用了，應該向庭上表示感謝。況且上次開庭時，還容許我宣讀自白書與答辯達兩小時之久，而事後還在報上公佈，我的希望已達，就無容再聲請覆判了。法院所以判我死罪，是為了我的地位關係，也是審判長的責任關係，我對此毫無怨意。本來我回國受審，就是要表示出我束身以為服法的範則。」

公博說完話，就宣告退庭，那時為四時二十分。仍由法警把公博押回看守所羈押。

陳公博在蘇州審訊期內，當然這新聞轟動了全國，他的自白書，以及在庭上的供辭，論理應該是一派的「漢奸理論」，淪陷區民眾受過汪政權的「魚肉荼毒」者，一定將戟指唾罵，然而，旁聽者面上既表露出同情之色，而至公博侃侃陳辭之際，且不時雜以哄堂掌聲，怪狀也，亦奇事也！

他的自白書與答辯書，上海書商彙印成書的，不下十餘種，而民眾竟又爭購一空。甚至某報說他：「開庭時昂首直立，態度從容，至誦讀其長凡二萬餘字之『自白書』時，更見理直氣壯，口若懸河，滔滔直下，竟使聽者動容。」某報則說：「照其聲辯，實無死刑可判。」另一報亦謂：「如此人材，殊為可惜！」當時的輿論，人所共睹，不是我現在在裝點臆造吧！

四月十二日蘇州高等法院初審判決了，三天後，把判決書也送達了，而至五月十四日高院照例呈送以後，最高法院就迅速宣判了，主文是：「原判決核准。」照法律規定，所有死刑案件，雖經最高法院為終審判決，其應否執行，與何時執行，尚須送司法行政部核准。大約司法行政部對陳公博核准執行死刑的公事，於六月一日即送達蘇州高院，距最高法院判決之期，僅為半個月。所以蘇州高院接奉司法行政部命令以後，於六月二日，即將陳公博、陳璧君、褚民誼三人，由高院看守所移送獅子口江蘇第三監獄。公博既已身入獅口，更安有倖免之理？

在公博臨命之前，我願意再稍述我一些私人對他的觀感。我對公博在汪政權之前，了無淵源，在汪政權時期，也可說絕無來往。說句老實話，我除了對他瀟灑的丰度很欣賞，當他於汪氏赴歐，他在上海辦雜誌時所寫的文章，有些共鳴以外，若論他的私生活，我覺得他不免流於狂放。當他在任實業部部長時代，與南京秦淮歌女曹俊佩的豔事，雖然我不知道是否是事實，也或許政治上有作用地予「改組派」人物以打擊，但是在報上寫得如此有聲有色，自不能不使人對他發生不良的印象。

到汪政權時代，雖然我與他私人間並沒有什麼接觸，而在佛海家裡與其他私人寓所，見到的時候，自然要較前為多，因此我對他也有了進一步的認識。可以坦白的說，除了發覺他頭腦清晰，談吐爽朗以外，我對他的印象依然不佳。有時看到他與周佛海、梅思平等睡在煙榻上縱談風月；有時風傳人語，說他與女作家、女明星等不免於慾海浮沉，我頗以為他在汪政權中處於那樣重要的地位，讓汪氏於荊天棘地中為痛苦而煎熬，而他是汪氏左右唯一親信的人物，何醉生夢死，一至於此！更其他任上海市長而後四年，不僅頗少建樹，其本身儘管未聞有什麼貪污之事，而市府所屬機關人員的並不乾淨，亦殊無可為諱。尤其警察方面的公然勒索，道路上嘖有煩言。雖然佛海告訴過我，公博對汪氏，每到重要關頭，常能盡言。那時汪政權中所謂公館派與CC之間，壁壘森嚴，互相對立，而公博與佛海、思平等朝夕過從，往來無間，有問題時能互相平心靜氣開誠熟商，一致對外，他雖不拘小節，而能識大體。這種浮光掠影的觀感，其實以我與他的疏遠，又何能窺察到他內心的所在？

在汪政權中，汪氏是有所為而然；佛海是有所為而來，反對建立政權最烈的則唯公博一人。他在重慶時反對汪氏離渝，在河內，主張以發表豔電為止，希望不再作進一步的發展。在上海、在廣州，他力勸汪氏懸崖勒馬。他在重慶本來不怕沒有官做，汪氏離渝，如他能留而不去，當局為示羈縻，更不怕沒有大官做。而他終以避嫌遠引，又自居於汪氏之知己，犯顏極諫。諫而不聽，來港蟄處。迨聞高陶叛離，深恐汪氏左右再無心腹之人，瞿然以起，兼程去滬，為了朋友，自願犧牲以盡友道。他在汪政權時代一切的趨於消極，而且甘於逸樂，原情略跡，不能不說他是在不得已中以醇酒婦人來忘其當前的苦悶。

叔世友道凌夷，政壇上尤其只知趨炎附勢，暮楚朝秦。公博對汪氏的數十年追隨不捨，耿耿愚忠，方之古人，恐關壯繆之與劉皇叔差堪媲美。有一件小事，可以證明公博確不失為是一個性情中人。我與公博的毫無淵源，已如上述。我創辦了一家南京興業銀行，以有佛海做後盾，營業自是不惡。有一天，禁煙總監部的會計處長顧寶廉，突然送來一筆為數極鉅的款項，說要向我銀行存放，而且口頭約定提款的日期，等於是定期性質。那時幣制正在貶值，只要幾個月的時間，可能會跌去數倍的幣值。我感到太突然了，因為不論為公為私，都沒有存放到我那裡的理由。論公應該存到「中央儲備銀行」，論私應該存在他手創的農商銀行，我以為可能是經手人弄錯了。而來人堅決說：這是陳兼總監（公博）親自批辦的。我又想到搞政治最怕人事關係複雜，我收了公博的存款，又怕佛海起疑。所以為了我幫佛海的忙，那時我願意開罪多年的老友林柏生，避嫌疏離，幾至絕跡。因此對送款的人說，讓我問清楚了再定應否收受。

那晚我把此事告訴了佛海，他也感到有些奇怪。第二天他打電話要我去，他說：「此事我問過了公博，沒有錯，你儘管收受好了。原因是以耿嘉基對於上海法租界情形的熟悉，以及他為人的不錯，前年收回租界改為第八區後，區長一職。應該由他出任，而公博聽信了別人的浸潤，最後自兼區長，使耿嘉基鬱鬱不得志，以後他的舉槍自殺，雖然由於他不甘受日人的折辱，而以自殺的手槍，於遺書中，寫明送給公博留為紀念，使公博愈覺對他充滿了歉咎之情（事詳前記）。續之（耿嘉基字）生前負債累累，公博一問身後事都由你一手料理，於是乃有此愛屋及烏之舉。」從這一件小事來看，更發現了公博能處處篤於友道，我對他的改觀，當然決不是為了存款，因為如他那樣太富情感的人，搞政治就難免不召殺身之禍了。

一五〇、有面目見汪氏於地下了

六月三日的清晨八時半，蘇州獅子口江蘇第三監獄的囚房開封了（獄中術語，囚房之啟閉，稱為開封與收封）。許多人都在外面散步與談話，以疏散他們一夜侷促在鐵窗以內的身心。陳公博正在寫字，雖然應該知道死期已不遠，但怎樣也料不到執行的命令，會來得如此其快！他寫的是一副對聯，倒是管理犯人的典獄長求一個囚徒寫的，聯語是：

大海有真能容之量；

明月以不常滿為心。

聯意是顯然的，上聯還寄望於當局能放寬氣度，對不是真正什麼「民族罪人」，或者政府曾經加以運用或利用的「漢奸」份子，加以寬容，要如大海能容百川之所匯注。但是我相信公博自己決不再存一絲僥倖之心。因為他既要求派機回國受審，為服法之範則，在審訊中，又沒有延聘律師為他辯護，判處死刑以後，更聲明不再上訴。他說得很清楚，這是為了他的地位關係，也是法官的責任關係，他的難逃一死，已成定局，此時自再不必有所哀籲了。下聯卻不能不說是充滿了諷諫之意，希望當局不要因勝利而驕盈；但願能如明月有心，一輪豈能常圓？應知朔望盈晦之道。又誰知政府之終於不克持盈保泰，以至復員未定，戰亂重臨，僅及四年，神州易手，其祚命且不及稱為偽組織之汪政權焉。

當他這副對聯寫得只留最後三個字時，他發現身後有幾個法警立在那裡，這情形是不尋常的，因為獄室中平時絕沒有法警會進入。公博是夠機警的，他已明白了這是怎麼一回事了。他回頭笑笑問法警：「是不是來提我執行了？」法警們竟然不好意思直認，還是呆呆地立在那裡。不回答就是證實，於是公博又說：「那末請勞駕再等幾分鐘，讓我先把這對聯寫完了吧。」他又繼續寫了「滿為心」三個字，又加寫了上下款。一擲筆。起身向法警說：「好了！真對不起，再請稍候一下，讓我回囚室收拾一下吧！」他從容地回到了只留過一宿的監房，取出一支菸，點上了火，送向口裡，悠閒地吸著。把東西略一整理，身上也更換了乾淨的衣服，外面穿著一件藍布大褂，樣子像是要去遠行。

許多難友已經知道了這消息，立在外面個個神色淒惋地看著他。最後公博忽然變得有些躊躇，他在挑選一樣東西，一時委決不下。終於取了一把小茶壺，雙手捧著，退出監房，頭也不回地去到了陳璧君的羈囚之處，面容表現得十分嚴肅，先向陳璧君深深地鞠了一個躬，又莊重地說：「夫人！請恕我先去了，今後，請夫人保重！我此去，可以有面目見汪先生於地下了！牢中別無長物，一把常用的茶壺，就留給夫人做個紀念吧！」

當公博伸手來與她握別的時候，陳璧君縱聲痛哭了！面對著她夫婦數十年來最親密的朋友和同志，此時卻眼睜睜地望著一個活生生的人，在一剎那之後，就將永隔人天。她應該會想到在重慶時，因公博的反對汪氏離渝，曾厲聲說過：「你反對，那你儘管做你蔣介石的官去。」在香港，因高陶的叛離，她曾由滬專誠去港，怎樣以朋友的大義相責，讓公博違反了自己的本願，而赴滬參加。此刻，他因可以了卻對汪氏的心事而表現得視死如歸，生者何堪！當此生離死別之時，陳璧君誠何能免於追悔悲慟之情！

公博又去看了褚民誼，在握手之際，同樣說了：「重行（民誼字）！我先去了，保重保重！」回頭來更向所有的難友們點首招呼以後，才讓法警們簇擁著大踏步走向法庭。

法庭上奉令執行的江蘇高等法院的檢察官、書記官等，早已坐候在那裡，公案前放了一張小桌，一把椅子，上面置好了筆硯紙張。監刑的檢察官先向公博照例問了姓名、年齡、籍貫以後，告訴他說：「你的案子經最高法院覆判維持原判後，又將全案移送司法行政部核准。今天已接到部令執行，你還有什麼遺言？」公博只要求給他寫幾封遺書。於是就在那小桌邊坐下，寫了一封給家屬，另一封是寫給蔣氏的，意思是要陳述對於今後時局的意見，以貢獻於政府應如何的措置。

兩封信都寫得相當長，那時已近中午，而給蔣氏的信，還只寫了一半，公博看了一下手腕上的表，微嘆著說：「當局自有成竹在胸，將死之人，說了也未必有用，不如不寫吧！」他擱筆起身向法官說：「快要到中午了，我不再耽擱你們用膳的時間。我死後，遺書請代交家屬，現在就去吧！讓法官也早些了卻一樁公案。」說完，伸手與監刑官、書記官等握手道別，法官們居然也情不自禁地與他相握。死囚臨刑，竟與監斬官相互握別，這未免是千古稀有的奇聞了。

刑場就在第三監獄以內，當局總算對公博特別優待，沒有像繆斌那樣地還用五花大綁，手腳上也並沒加上刑具。可是情形還是特別嚴重，四周跟滿了武裝法警，木殼槍取在手裡，隨時準備著開放。公博安步前行，當將要行抵刑場之前，回過頭來向執行的法警說：「請多幫忙，為我做得乾淨一些。」他的意思就是希望能一槍了畢。剛走到刑場的一半，法警不讓公博知道，就從後開槍，彈從前面穿出，立時俯到地上，鮮血不斷汩汩流出，又經過了幾分鐘的抽搐，才氣絕身亡。經法醫檢驗後，移送於獄內的停屍室。

公博執行的時候，他的家屬都不知道，以後由法院通知了公博一個在蘇州的親戚，至四日下午一時，才由他的表妹林徐×嘉赴監獄把他的遺體領去，因為這日已是端午節的前一天，天氣炎熱，屍體已有些發臭，即移送婁門蘇州殯儀館，於下午六時三刻匆匆入殮。棺木是公博生前的朋友劉覺所購贈，價為早已貶值後的法幣一百六十萬元，亂世而猶有不避嫌忌如劉覺者，其風義誠屬難得！此後由其家屬運送上海，連墓碑也沒有立，就悄悄地埋葬在一處公墓中了。從此，荒草蠻煙，永埋地下！

這個想以身殉友的人，還希望由他在中間斡旋，能看到黨不可分、國必統一的一天，而終於以叛國的罪名伏法。儘管不說公博求仁得仁，而他早有拼將一死酬知己的決心，他只是求死得死而已！公博對「汪先生的心事是了」了，而另一半對蔣先生的心事，只能抱恨於九泉了。他所認為勝利後的上下驕盈之狀，將貽大患，不料於他死後的三年，居然被他不幸而臆中，大陸也終於不旋踵而變色了！周佛海在南京開審時，應新聞記者的要求而題過「十年以後真知我」的一句，誰知陳公博所預料的局面，竟於三年以後就出現了。

公博死時為五十五歲，遺有一妻二子。夫人李勵莊，子陳幹、陳邁，長公子為正室所出。在汪政權當時，許多要人們的少爺，都不免染有一些紈褲之氣，獨陳幹能夠安分讀書。自公博死後，即赴美留學，現年已三十二三歲了，任職於有名的「西屋電器公司」為工程師，奉母居美，有子如此，公博宜可瞑目於地下！

公博的死訊真是太突然了！當局似乎決定了要把幾個必欲處死的人早日了畢，所以法院的審判草草終場，法部的核准迅速辦理；公博倒有預見，明白當局的意思，所以放棄了上訴的權利，決不希冀一份僥倖，也顯出他到死的一份風度。當公博執行的第二天，報紙上自然都登載了這一件勝利後最大的事件。我們在提籃橋監獄裡的一群，從看守手中取得了報紙，看到這消息以後，誰都有一種說不出的感傷，與說不出的感想。

記得立在我旁邊的是梁鴻志，他急急的讀完以後，默不作聲，離開我們回到了他自己的獄室，半小時後，他取出了一首哀輓公博的七律，以梁眾異的詩才與公博生前的交誼，以及想到他自己的未來，詩意於沉痛中另有一種哀怨，可惜我現在只能記得其中的兩句，那是：

逝者如斯行自念；

路人猶惜況相親！

一五一、梁鴻志匿居蘇州鑄大錯

蘇州高等法院以閃電式的手段，先後把繆斌與陳公博判決執行。上海江蘇高等法院第二分院的看守所，羈禁人數之多，為收復區各地之冠，而猶遲遲未開殺戒。但鐵窗中人，以事實已經明顯地擺在眼前，把過去的一切幻想，已都從睡夢中覺醒，知道不可測的惡運之來，將只是時間問題。在一千多政治犯中，論地位之重要，無過於梁鴻志，別人有此感覺，曾為「維新政府」首長之梁鴻志本人，自然更明白他自己未來的結局了。所以他輓陳公博詩中，即有「逝者如斯行自念」之句，自知將終於不獲倖免也。

梁眾異（鴻志字）是福建長樂人，為清季名宦梁章鉅之後，出身於詩書仕宦之家，讀書能博聞強記。蚤歲舉於鄉，公車北上，會試由房師龔心釗薦而未中，終其身對之執禮最恭。後從段祺瑞遊。民初段任執政，梁為執政府秘書長。直皖戰後，被指為安福系十大禍首之一，列名緝捕，遯隱大連、上海等處，以詩酒自娛。其所為詩，閩籍人士中，與黃濬（秋岳）齊名，為民國以來之詩壇祭酒，刊有《爰居閣詩集》，為海內外傳誦。

當「七七」蘆溝橋事變發生，華北淪陷，日本先想慫恿吳佩孚出組政權，日本大特務土肥原賢二的工作幾乎成功了，吳佩孚且曾經由他伴同露面招待過記者，當眾表示和平主張，但是最後為了條件問題，卒因吳氏的倔強而破裂。於是，又捧出王克敏組織「臨時政府」。王克敏甘為傀儡，據可信的傳聞，事前得到過重慶當局的默契，一切舊時著名的軍閥政客，如王揖唐、齊燮元、王蔭泰、董康、汪時璟、朱深、殷同、余晉龢，甚至魯迅的胞弟周作人等都被網羅在內。

「八一三」淞滬繼起而作全面抗戰，不久，國軍後撤，政府把東南幾省的人民、土地、財富，就全部丟給了敵人，哀哀無告的老百姓們頓時像失恃的孤兒，一任他們自生自滅。

各地立刻就有漢奸們如「一二八」淞滬事變時那樣地組織了維持會，以供日軍驅策。上海是全國最大的都市，連漢奸組織的規模也有所不同，不再如「一二八」時代由蘇北流氓胡立夫組織什麼維持會，而是由一個台灣人蘇錫文出面在浦東出現了連名稱都不倫不類的叫作「大道市政府」。這名稱最初傳播的時候，人們聽了認為是「大盜市政府」，不免為之失笑。本來中國有句成語：「竊國者侯」，歷史上稱帝稱王的，試問有幾個不就是大盜的行徑？真叫「大盜市政府」的話，細想也就並不可笑。

日本軍閥們以「九一八」北大營事變，一夜之間，而攫得東北三省，「滿洲國」成立了，連國際聯盟形式上派了一個李頓爵士調查團後，並不採取進一步的積極手段，英美等國竟也視為既成事實而袖手旁觀。日本軍閥嚐到了第一次的甜頭，看清了現世界中並沒有什麼所謂正義，乃想以整個中國成為「滿洲國」第二。華北既已有了「臨時政府」，在華中也就依樣葫蘆，再來製造一個傀儡政權。

最初，日方屬意於唐紹儀，工作已經做了一半，不料風聲外洩，給重慶的特工人員冒充骨董掮客，在唐氏的上海寓所中用利斧將他劈死。於是，閒廢多年髀肉復生的梁鴻志，經由特務機關長臼田寬三的慫恿，即出而領導組織了「維新政府」。

不知是國民政府不能忘情於淪陷區的民眾呢；還是淪陷區的民眾不能忘情於國民政府？傳說中「臨時政府」的王克敏，是與宋子文有聯繫，而「維新政府」的梁鴻志，則與當時的行政院長孔祥熙通款曲。後者應該不再是什麼傳說了，因為以後在梁鴻志開審當時，孔祥熙曾不惜仗義執言，特派報界舊人薛大可到上海高等法院第二分院出庭為梁氏作證。事後梁亦曾有一親筆函向孔致謝，原文如下：

庸公院長賜鑒：昨者對簿法庭，得知我公曾經覆函章薛兩君，證明鴻志曾輸誠中央，俾薛君得以出庭作證，足徵我公古道熱腸，不遺患難待罪之身，感激涕下。倘邀公之福，得以餘生，著書蠶室，成全之德，生生世世，所不能忘也。謹申謝悃，恭頌

道綏

鴻志謹上

「維新政府」的組織更有些不倫不類，沒有「政府」的「主席」等，僅置有「行政」、「司法」、「立法」三院，以前北京執政府秘書長梁鴻志為「行政院長」；以前廣州大元帥府七總裁之一的溫宗堯為「司法院長」；似乎陳群是「立法院長」。附和的更有任援道、高冠吾、夏奇峰、楊翰西、王子惠、周鳳歧、嚴家熾、陳籙諸人。政府名義上是設在南京，而實際辦事的地點則在上海四川路橋北堍的新亞酒店。旗幟與「臨時政府」一樣，恢復了北洋軍閥時代的五色旗。當那面廢旗

又在租界蘇州河以北的虹口地區，以及閘北、南市、浦東等區出現，人民看到了，有說不出的感想，也有說不出的難過。

事實上，「維新政府」什麼事也沒有做，參加的人，命倒送了不少，「綏靖部長」周鳳歧（前國民革命軍第二十六軍軍長）、「外交部長」陳籙（前中國駐法大使），先後被重慶特工人員暗殺於上海租界。南京一次大宴會中，有人在菜肴中下毒，全部重要人員，幾至同歸於盡。而就在「維新政府」的大本營——新亞酒店中，前晶報主人余大雄被殺死在浴缸之內。

汪政權建立了，由於日人的奧援，青島會議中，把他們幾乎全部兼收並蓄，梁鴻志做了「監察院長」，溫宗堯做了「司法院長」，陳群做了「內政部長」，任援道做了「軍事參議院院長」，夏奇峰做了「審計部長」，嚴家熾做了「財政部次長」，楊翰西做了「水利委員會」委員長。

在汪政權中的梁鴻志，倒是名副其實的「伴食宰相」，他還是做他的詩，收買他的骨董字畫。在我的記憶中，「監察院」總是息事寧人，連一起只打蒼蠅不打老虎的彈劾案也不曾有過。

勝利以後，他希望仍如直皖戰爭以後能以隱匿而逃邏者之目，他知道京滬兩地，目標太顯，於是他把家裡草草的料理一下，就攜了他的一位新娶的姬人及年才兩歲的幼女，賃屋匿居蘇州。在「維新政府」諸人中，他與陳群兩人搜羅古物最富，陳群藏書多，因為日軍攻陷南京時，所有國府要人家的珍藏之品，以倉皇逃奔，不及攜走，都散佚在外面。陳群陸續收買了數萬卷，在勝利以前，日軍在太平洋作戰已節節潰退，自知不免，在南京建了「澤存書庫」，以供市民閱覽。至於梁鴻志除購得若干宋明版本，與珍本、孤本，以及抄本外，更有宋代字畫三十三幅，因以名其齋曰「三十三宋」。當他走避蘇州以前，堅囑家人不許攜置他處，深恐一經搬動，難免散佚，他說：

「我無事，仍為我有；我不免，則籍沒歸官，仍求完整。」不料在接收之初，即已被搜劫一空，最後真由政府接收的，早已所剩無幾。

他所以選擇蘇州為逋逃之處，或者因為「維新」舊人任援道奉重慶之命為先遣軍司令之故，他原是汪政權的末任「江蘇省長」，那時以蘇州為省垣，所以常駐蘇州。梁鴻志尚以為任或能念及當年同僚的一段舊誼，暗中便於迴護。誰知這樣對任援道反而加給了他以一項困難，而在梁鴻志卻選擇了一個極端錯誤的地方。

本來那時的戶口管理並不嚴密，蘇州又多深邃的舊宅，如其真是能蟄伏而毫不露面的話，也可能避過鋒頭，再轉移到更安全的地方。但人總不能深藏不動，他的那位新太太一次要到上海去料理一些私事，不幸在車上給先遣軍司令部的人員發現了，追蹤的結果，查出了梁鴻志匿跡的所在，於是派人圍捕，束手成擒。這是梁鴻志在獄中親口告訴我的經過，他還認為是生平最大的遺憾。然而也有其他方面的傳說：則是梁在蘇州的居處，為他的一個侄婿暗中告密。誰捉了他，應該不是一個重要的問題，像梁那樣的人物，終究是不會逃過這一關的。尤其勝利後的蘇州，軍事雖操之於任援道，而肅奸工作，卻由軍統局委令擔任過汪政權清鄉職務，而又為李士群拜把兄弟的唐生明主持其事。駕輕就熟，本來就何求不得？

梁鴻志被捕以後，立刻打了個電話給任援道，任在「維新政府」因「綏靖部長」周鳳歧被槍擊殞命，他以「次長」坐升「部長」，又是「綏靖軍」的總司令，但當時他是梁的僚屬。因此任於得訊以後，立即趕去會晤，並把梁帶回司令部。這事在人情上言，使任處於一種微妙而又尷尬的地位。考慮結果，由任陪同去滬，與李思浩商量決定。李思浩與梁鴻志是段執政時代的同僚，梁任秘書長，李任財政總長，兩人都是當年段祺瑞的左右手。

李思浩在香港被日軍俘虜以後，與顏惠慶、陳友仁等一同押解赴滬，雖然表面上出來做了一些民間工作，但他與重慶的關係始終並未中斷。勝利以後，軍統局長戴笠的族人戴菊生就住在他滬西淳信路的家裡，保護著他。梁鴻志送到以後，李贊侯自顧不遑，籌思至再，認為除與軍統接洽以外，別無他法。結果，軍統決定把他送楚園優待，與別人一樣，說是最後將會用政治手段解決。

一五二、上海首被判處死刑的人

在汪政權六年中，我與梁鴻志素鮮往來，偶爾在公開場合中見到，也僅一頷首而不交一語。可是我自投羅網之後，戴局長要我們易地「療養」，從吳四寶的家裡遷到楚圈，梁鴻志已經先在那裡。記得那天他穿著一件藍綢大褂，方面大耳，有些南人北相，福建人而說得一口流利國語。看見我們解到，他以歡迎而又難過的表情，與我們握手。而我們都是五個人合占一間大房，惟他獨居在二樓梯頭的一間小亭子間中，身分就顯得太不尋常。

在楚園中，有兩個人是獲得優待中最優待的：盛老三（文頤）可以公然吸鴉片，家裡還派人來為他裝煙，整日與幫會頭子徐鐵珊一燈相對；另一人便是梁鴻志，容許他的新太太早晨來，傍晚回去，為他料理一些身邊的瑣事。做楚囚而有特別待遇，在我們看來，就不是一件什麼好事。同樣，在飲食方面，他也比別人為便利。因為在「肅奸」運動中，他家裡的廚子也竟因池魚之殃而給拉了來，專門為楚園的一群囚犯做菜。我們可以每天點菜，而菜錢則由各人自己支付。梁鴻志是老東家，廚子知道他歡喜什麼，每天都給他做幾碟他平時所喜愛的菜。

從那時起，我與梁鴻志每天閒聊著，我才發現他真是無愧為博聞強記，在史的方面，他能夠隨便說出某一朝、某一帝王的某年發生過什麼事，他連難記的數字也絕不會錯。在詩的方面，那裡有一部全唐詩，我們隨便抽一本選擇一個很冷僻的詩人的詩，讀出上一句，他能應聲而背誦下一句。腹笥之富，我所見當代的鴻才碩學之士不為少，而如他的淵博，還不曾見過。在文學上，我對他是無限欽佩，因此把「前漢」的成見，也為之減低了不少。他鼓勵我做詩，願意為我指點潤飾，而我以自慚形穢，因循蹉跎，終於把這個難得的機會錯過了。

在楚園的幾個月中，他似乎對我特別好，所以由楚園起解到提籃橋監獄之初，囚室還可自由選擇，我的兩面，一邊是唐壽民，而一邊就是梁鴻志。當每天開封的時候，他時常拉著我談話。到提籃橋的第二天，清晨，他就愀然告訴我說：「我不會再回去了，昨晚我做了一個不祥的夢，我身上的紅痣都隱沒了。『紅痣』與我的名字『鴻志』同音，這噩夢不是明白告訴了我的前途？」但第三天，高等檢察署開始偵查，而我與他又一同被提訊。法庭就暫設在監獄之內，有高厚的牆，堅固的鐵門阻隔著，插翅難飛，而這幾步路還得替你帶上一副手銬，每兩個人連在一起，把這一個的右手銬住另一個人的左手。我與梁鴻志是例外，禁卒只要我們手拉手裝著上銬的樣子。這不是格外開恩，而是錢能消災。家屬在外面早已打聽明白那一天開庭，預先付了一筆錢，就獲准通融，免嘗鐐銬的滋味。

那一天開庭的情形，梁鴻志又顯得特殊，別人是由一個普通檢察官隨便問幾句，姓名、年齡、籍貫，以及在汪政權中擔任過什麼職務，主要是還有沒有隱匿的財產。至於加何「通謀敵國」，如何「反抗本國」，自都在不暇查問之列。反正參加汪政權的就一定有罪，理由總是千篇一律，對梁鴻志問的倒也與別人一樣，而問他的人，除了一個普通檢察官外，為昭鄭重，由首席檢察官杜保祺親自出馬。那天回來後，梁鴻志告訴了我以他的開庭情形，我就覺得事情有些不妙。

梁雖在縲絏之中，而吟詠不廢，在楚園時代，成詩一百餘首，名曰「入獄集」。自解牢獄起，以迄其死，又成詩百餘首，名曰「待死集」。曾將其手稿交我保存，而自我出獄，又經世變，不特原稿早已散佚，即其念女諸作，纏綿悱惻，可稱絕唱，只以健忘，竟已不復能再憶錄，而他對我或者在患難之中，有所偏愛，曾贈我五律和七律各一首，亦已只記七律一首之起句云：「所見今知勝所聞，亦狂亦俠亦溫文」，雖係集龔定庵句，而未免出之於溢美，乃反覺有肉麻之感。

客中抄得其「七無詩」，輾轉傳抄，自不免魯魚亥豕之誤，姑錄如下，以見他獄中生活的一斑：

一、「高大禪床佛所訶，只今寢處似頭陀；泥塗已辱心無滓，鼾睡從人笑老坡。」（無床）

二、「隱几紛紜況據梧，了無依傍是吾徒；不須更襲龔開法，兒背圖成汗血駒。」（無几）

三、「不愛長檠愛短檠，誰教駝坐數魚更；十方昏暗燈何用，留取心光伴月明。」（無燈）

四、「舊時端歙幾雲腴，片罐親磨墨亦濡；莫道硯田無惡歲，今年窮到硯全無。」（無硯）

五、「手挈方壺日乞漿，點茶風韻已全忘；縱教留得龔春在，獄吏前頭不敢嘗。」（無茗器）

六、「北海尊前亦屢空，放言吉利論英雄；餘生似酒從渠瀉，拚付囚中更病中。」（無酒，時身體劣極）

七、「難全性命書何用，粗解文章盜亦知；我自讀書半袁豹，並時誰是庾元規。」（無書）

記得提籃橋獄中，第一個被判決的是新聞報副社長陳日平，一判就是無期徒刑，這完全出於一般人的意料之外，他在新聞報僅是掛名性質，除名義外無他罪行。則名位高於他的，又將如何？而對於梁鴻志，法院也似乎特意提早辦理，不久，檢察處的起訴書就送來了，歷敘官銜之外，對罪行都屬推定之辭。承辦人員的顢頇低能，讀後為之啼笑皆非，連欲加之罪，竟患無辭，更是不可思議之事。而天下事竟然無獨有偶，有如此的檢察官，也竟有如此的辯護律師。

梁鴻志延聘的律師是詩酒風流的章士釗，他們又是段祺瑞執政時代的同僚，章於那時曾任司法總長與教育總長，論文章自無愧為古茂。梁的家屬還出了一大筆公費，求得了章氏的一紙辯訴狀，偷偷地送來，引經據典，洋洋灑灑，極像報上的論文。但以法律的眼光看，一派空言，毫無是處。梁鴻志因為我在律師界濫竽過幾年，首先拉我去拜讀一下。我一讀開頭的兩句：「為依法答辯事，竊被告雖曾為漢奸……」就嚇了我一跳，當時我說：「眾老！既然訴狀中開頭就自承為漢奸，那還辯些什麼呢？」他也似乎猛然有所醒悟，他說：「那你替我改一改吧！」我有些惶愧，我說：「大文豪章行老的手筆，我安敢佛頭著糞？」他堅決要把這致命的一句修改，我躊躇了一下，還記得結果是這樣改的：「竊被告雖曾組織維新政府，但並未設置主席，權宜之計，足證仍奉中樞為正朔。……」反正當局既然決定了懲治的原則，辯訴也不過是聊盡人事。

果然，梁鴻志案很早就開庭了。梁在庭上的答辯，主要是出任偽職，曾獲得中央的默契為理由，並且提出了人證與書函為證。但這些事實，結果當然也沒有讓一味「自由心證」的法官採用，似乎與陳公博一樣，一庭了結，就定期宣判。時間我已記不真切，大約在公博執行了死刑的一月之後。

宣判的那一天，當他由庭上回來的時候，我們這同難的一群，都十分關心他宣判的結果。從走廊的鐵柵中，可以看到他遠遠緩步被押送回來。窗口擠滿了人頭，表情都顯出是在為他焦慮，他仰頭看見了我們，開顏一笑，伸出手來舉起了他的大拇指。他意思是說：被判的是第一等的重刑。兔死狐悲，見他還從容鎮定，誰都不免於黯然之感。這是上海方面第一個被判處死刑的人，雖然還可以聲請覆判，無疑最後也必然歸於絕望。

一五三、梁鴻志生前的兩大遺恨

梁鴻志在聲請覆判的一段時期中，雖然還寄望於孔祥熙方面的證言，能為法院所採信而邀末減，但他當然也明白這只是萬一的希冀。所以，自初審判決之後，情緒顯得不像初來時那樣的安寧。有時他也於無人時問我：「你看我的上訴會有希望嗎？」我除了用假話慰藉以外，還有什麼可說的？事實上，他在被移解到提籃橋監獄以後，以其所成詩，稱為「待死集」，即可見其早有自知之明了。

有一天，他忽然拉我進入他的囚室，他於微喟之後說：

「我清楚當局的意思，將不會放過我。我死，無所憾。所不能釋然於懷者有二：不應拘捕我的人而竟然拘捕了我；我一生所收藏的宋代字畫，乃為傖夫所取走，不料，我遭此劫運，而連國粹所繫的書畫亦不能免！這兩事，將是我的遺恨。此外，我所生的幼女，年方兩歲，我已不及俟其成長。我死，如其生母在，自不敢以之相累。過去我與你很少來往，而自陷縲絏，相聚經年，看到你有時為別人打抱不平的傻勁，還有一股難得的血性。而讀你的家書，於字裡行間中，深佩嫂夫人的賢淑，同為難友，況我待死，不復辭冒昧，如我幼女不幸而將來照顧無人，你是一定會重見天日的，就請賢夫婦代盡教養之責。趁我未死，分囑家人，在外舉行一個簡單的儀式，先拜尊嫂為母，使弱息付託有人，我亦庶幾可以死而瞑目。」

當時我突然聽到了這意外的要求，於淒惋之中，錯愕不知所答，躊躇了一下，我說：「眾老！你是我的前輩，況且我與令祖又曾有金蘭之誼，承你器重，你所加給我的這份重擔，我不敢辭，而此事則萬不敢當。這樣吧！我通知家裡，就認令嫒為義妹。」他說：「這是獄室中一個死囚在臨命前的托孤，客氣就是推卻。如以交淺，那麼，我不敢過分勉強。」話說到此，我只有說：「那我只好恭敬不如從命了。」

他握著我的手，相對欷歔，我看到他已經面容慘澹，淚盈於睫，他取出了事先寫好給這幼女的一張遺囑，寫著他累代的家世以及他本人的身世與最後的遭遇，諄諄囑咐她將來如何為人之道。他把自己的死期留著空白，要我將來為他再補上。連同他在獄中所珍藏女公子的一張彩色小照，小照後面又題了一首詩，詩意中充滿了無限的親情，他鄭重地授給我，說要等她長大之後再交付給她。我接受了，而且各別通知了家裡，以後也舉行了一個簡單的儀式，真的收了她為義女。這事離現在已經十五年了，而我已十年不見這位義女了，想必早已亭亭秀發。我受了托孤之重，乃以世局屢變，自顧不遑，萬里萍飄，孤身客寄，對於她，曾未嘗盡半絲的責任，回想當年囚室付託之情，殊覺深負故人於地下！

眾異在羈幽的一段時間中，好似頗不寂寞，自己每於無可奈何之時，吟詩寄慨，而許多難友，又都以詩稿丐其潤飾，其他，請其題紀念冊的、寫條幅的，紛至沓來。惟提籃橋的囚室像是一隻空氣不能流通的花瓶，一面是鐵柵，三面是堅壁，又小又狹，季節還沒有到夏令，已經斗室如蒸，他有著一個肥碩的身體，往往爬在地上寫字，常有汗流浹背之苦。而自己的詩稿，還順次用工楷謄正。我覺得他一生浮沉宦海，尤其曾經參與過段合肥的密勿，他的所見所聞，頗多關係於民初的史實，我自然不便明說他的生命將為日無多，曾屢屢對他用暗示的方法，勸他寫下他的回憶。但是在半年之中，他只寫了一篇六七千字的「直皖戰爭始末記」，內容確多未經人道之處，他也鄭重地交給了我。並且說：「人之將死，其言也善。這一段往事，雖然我寫得很簡略，但都是事實，我全沒有加以諱飾，請你代我保藏好，留待他日有機會時再發表吧！」而我則竟因於兩度無可抗力的世變中，不知又把原稿散失到那裡去了。

「人生自古誰無死？」其實死倒並沒有什麼，而最可傷可憫的，是明知死期已近，而仍然保有一個健康的身體，與一顆清晰的頭腦，即不能不有對生命之留戀，對家屬之眷念，以及對身後種種的躊躇，螻蟻尚在偷生，更何況於人？在梁鴻志聲請覆判以後，一兩個月的時期中，毫無消息。最高法院對死刑的判決書並不送達，一經核准原判，就送司法行政部作最後的核奪而逕付執行。梁鴻志原已不同於其他難友的兩人同室，一送提籃橋，就指定他一人獨住一室，連居處也確有與眾相異之處。大約高等法院於知道了最高法院駁回他聲請的判決之後，在他的囚室之前，夜間專派了一名獄卒，徹夜在門口守視。我們都發覺到形勢的不尋常，而梁鴻志自己也已覺察到這一點。

有一天，他忽然與我偷偷地說：

「你看到我門口夜間的特別加崗嗎？他們防著我自殺，其實，在牢獄中自殺又談何容易？我曾經寫信給家人，要他們送一些毒藥給我，讓我用自己的手，了卻我自己的生命，落得一個乾淨。但是她們太傻了，以為我還會有萬一之望，也許她們不忍我早離塵世，靳不給我，然而又何苦讓我多挨幾天，受盡精神上的磨折呢？現在，我知道為期已近，死沒有什麼可怕，然而假如有一天提我去執行，在我與你握手訣別的剎那，我真將受不住這一份與朋友生離死別的痛苦！」我聽到了他的這一段太沉痛的話。使我也想到那時眼睜睜地看他給人牽著去像一頭待宰的牛羊，將不免於「生者何堪」之感。

於是我急急地想迴避他，與他能夠隔得遠一些。我不忍真有一天與他握手訣別，使終生留著一個慘痛的印象。運用了許多人事的關係，而且支付了一條金條的代價，獄醫認為我「有病」，必須遷入監獄醫院治療。我離開了忠監，由幾個犯普通刑事案件的難友，為我搬著少得可憐的行李，正式住到病房中去。我總算達到了我的目的，但對他來說，讓他更加寂寞，未免太殘忍了。

病房雖然防範嚴密，一樣插翅難飛，但一間大房間中，排列著二十幾張病床，有著鋼絲的床墊，經年沒有床睡了，一旦得此，說不出有一種舒適的感覺。房裡除了病床，還有寬敞的地位，可以容得我們繞室而行，已不像普通囚房那樣侷促得令人窒息。而且獄醫真是「仁心仁術」，得人錢財，與人消災，讓我們與雞鳴狗盜之輩分層而處。還指派了若干人為我們服役，房裡有電燈，醫生用的煤氣灶讓我們煮食物。在失去自由中，用了那一條金條的代價，其所得實益，比了送給法官數十倍的賄賂，要有用得多了。唐壽民、傅式說、趙叔雍、嚴家熾、汪曼雲、孫耀東、鄭洪年、周毓英、謝葆生、張松濤等總有幾十人，都成為無病的病人，享受著特別的待遇。

記得是梁鴻志被執行死刑的前三天，他突然來看我了，送來他為我寫的一張條幅，在我床上靠了一下，他慨嘆著說：「到底是床舒適啊！我大約不會再有睡床的機會了。」他與別人也周旋了一陣，才怏怏地回去。

照牢獄中的規矩，從這一所監房要到別一所監房去，事前必須有正當理由，聲請核准，核准後還得派看守押同來去，咫尺之間，往來委實是一件不太容易的事，更何況他是一個判處死刑的重犯。所以當我送他下樓，到門口的時候，我不能再越雷池一步了，他握著我的手說：「你來，比我便利，為什麼那樣久也不來看我一次？」我用別的話搪塞了一下，答應他日內即去回看他。他接著說：「沒有幾次可以相見了，要來，早些來吧，來晚了恐怕就會見不到了。」我心裡有些辛酸，哽咽得再也說不出一句話，明知他死期已近，人總是有感情的，竟不知如何說出一言以相慰藉，望著他遠遠的走進忠監，我才黯然而回。

這是我最後一次與他見面了，三天之後，果然他就被提出執行了死刑。除軍統直接槍決的萬里浪、蒯建午等諸人外，形式上經過司法程序的，上海卻以梁鴻志為第一人。

一五四、提籃橋獄中四人遭槍決

日期已經完全記不起了，應該是一九四六年的秋季。那天提籃橋的忠監裡，有著不尋常的情形，清晨送了熱水，清除馬桶中的糞便以後，立刻提早收封了。每個人屏著氣退回囚室，從鐵柵門中注視著長廊中的動靜。有時，有人來視察參觀，也會有那種情形，所以大家還在希望不是有什麼惡運降臨到任何一個難友的身上。

幾分鐘過去了，聽到樓梯上履聲雜沓，一群法警出現在眼前，最先一個獄卒手裡拎了大把的鑰匙，直趨梁鴻志的門前。因為已經有了半年的時間，朝夕相見，搞得很熟，人孰無情？當他投鑰啟門的時候，由於一時的激動，手抖得連開門的腕力也失去了。結果，換了一個人上去，才算把鐵門呀然而闢。梁鴻志這時當然知道這已是他生命的盡頭，他過去徬徨焦慮之狀，此時倒反而消失了。整理了一下囚室中的雜物，穿齊了衣服，外面是一件藍色長大褂，布底的緞鞋，神色自若地走了出來，向左右鄰室的難友們握握手，嘴裡連聲說著「珍重！珍重！」就隨著法警等下樓，步履那樣地安詳，還回過頭來向所有同難的人表示告別。法警等他一到樓頭，前後左右都拿出手槍指向著他，形勢的嚴重，使旁觀的人也會覺得有些心悸。

法庭也就在監獄之內，監刑的高院檢察官等早已坐候在那裡，他被解上法庭，宣讀了最高法院的判決的主文，理由自然省略了，再告訴他已奉到司法行政部電示核准，今天就要執行，如有遺言，可以在旁邊已經安放好紙墨筆硯的小桌上書寫。梁鴻志向庭上頷首表示知道了，坐向桌邊的椅上，把袋裡的手錶等雜物，一一取出來放到桌上，特別把他會試時房師龔心釗送給他隨身佩帶的一樣玉器，摩娑了一下，繼以一聲嘆息，就伏案作書。一封是給家屬處分家事的，一封是給蔣先生貢獻國是的。他仍然用懸腕寫小楷，寫得一筆不苟，歷時一句餘鐘，把遺書寫完了，立起身，他是知道陳公博赴刑場前與監刑官握手的一幕，他趨向公案前伸手待握，而上海的法官卻比了蘇州的法官威風要大得多，心腸也要硬得多，理也不理地拒絕了。

法警們一片忙亂，簇擁著他走出臨時法庭。好在庭外就是刑場，那是一片大草地，四周有著一條水泥路，刑場事實上也就在忠監的下面，從忠監樓上的鐵窗中，可以清楚地望到。所有忠監裡的羈押之囚，一等梁鴻志提出，立時又開封了，於是大家都聚在窗口要看一看同難一個活生生的朋友，怎樣在片刻之間，用人為的方法來弄死。大家看到本來法警還要讓梁鴻志繞場一匝，他瞥見草地當中放著一把椅子，知道這是他最後的坐席了。他似乎不耐煩再多走，逕自由草地斜穿過去，走向場中的坐椅，端坐到上面，仰首看了一下皎皎白日，淡淡青雲，忽然回過頭去，對持槍行刑的法警在說話，不問可知是在打招呼，希望他能夠打得準確一些，少受一些痛苦。他正回轉頭去，後面離開他不到兩尺的法警發槍了，克察一聲，原來是軋住了子彈。梁鴻志聞到槍機聲驚跳了一下，法警立刻扳了一下槍，子彈始能射出，從後腦直貫而進，再從口腔穿出，連帶把兩枚門牙都擊落了。法警在後再用足把坐椅用力一踢，人也隨椅而俯倒在草地之上。鮮血從槍洞中流出，抽搐了幾下，兩分鐘內就氣絕身死了。

我受他托孤之重，成了兒女親家，因此，對他的為人，以及他幫段合肥的一段，與組織「維新政府」的一幕，我不願再有所置評。我所感到彌足惋惜的事，論他的學識詩才，並世頗少能與其頡頏，當局為什麼不原其曾與國家最高行政機構的輸誠在前，貸其一死，俾以著述了其餘生，於現代荒蕪的學術界，或可不無有所貢獻吧。

當局既然在上海方面也開了殺戒，除梁鴻志以外，其他較為重要的人，自然也不能免。這裡我先附帶談一談我在獄時目擊被執行死刑的其他三個人。其中傅式說、蘇成德是汪政權方面的；常玉清則是日人的爪牙，實際上卻與汪政權無關。

傅式說（築隱）是上海大夏大學三個創辦人之一，在教育界有相當地位，夫人是章太炎的女公子，唱隨甚得。而他的參加汪政權，則以日本通的關係，又出以無黨無派的社會賢達身分。當汪政府在滬醞釀時期，他設立了一個機關在法租界亞爾培路二號，吸收了不少大學教授及專家等人物。至汪政權成立以後，初任「鐵道部長」，以後又調任為「浙江省長」，照政府的內定，「部長」如在汪政權中不是特別重要的人，以無期徒刑為止，「省長」則就很難倖免。所以他被逮入提籃橋監獄後，初審就判了死刑，理由是「開府兩浙，罪不容誅」，接著上訴也被駁回了。

在他死前的一段時間中，他一直與我們同住在監獄醫院，而猶孜孜於小學的研究。自被判死刑以後，我看他對生死之間，很躊躇也很畏怯，每一次聽到傳喚接見，他總以為是來騙他出去執行死刑的，趦趄不敢舉步。我們很怕他臨死的時候，可能會表現出貪生的態度。不料真到執行的那一天，卻反而顯得很自然，在法庭上寫完給家屬的遺書以後，還做了給他夫人的五絕一首，結尾的兩句是：「人間歡樂少，天外月長圓。」他視死為解脫，似已了澈人生的真諦了。那天是民國三十六年的六月十九日。

蘇成德是山東人，曾經在蘇聯受過特工訓練，一向是中統方面的人。「和平運動」在滬展開，他很早就成為「七十六號」李士群下面的一員健將，擔任過「特工總部南京區區長」、「首都警察廳長」、「上海市警察局副局長」等職，而他的被判處死刑，倒不是為了職務，而是為了「罪行」，但這「罪行」卻是冤枉的。原來重慶方面的上海市黨部委員張小通，在滬活動，被「七十六號」拘捕了。其實一個市黨部委員，在當時的情勢，也未必一定會死，如吳開先、王先青、毛子佩等都不是捉了仍然放了嗎？而惟有張小通卻以過去人事上的傾軋關係，在抗戰前與他同事的人，有不慊於他的，在丁默邨與李士群面前說了他許多壞話。丁李因恐已經參加汪政權而從前是他市黨部的舊同事，必然也會有營救他的，於是索性解到南京去執行槍決。蘇成德是那時的南京特工區區長，他以職務關係而為「監刑官」。法院遂認為張小通是他所殺，遂被判處死刑。

蘇成德在被執行之前，自知不免，預先寫好了遺囑。執行的那天，被押赴法庭時，依然健步如飛，法警要在左右扶持他，他摔脫了。一到法庭，他看到庭內白晝開著電燈，不等法官照例告訴他奉令執行的話，他先問法官：「為什麼白天還要開電燈？是不是法庭裡面太黑暗了？」法官只好顯出一副很尷尬的樣子。他的身體又特別壯健，到了刑場，坐上椅子，執行的法警在後持槍發彈，已經貫穿腦殼，別人是立時俯倒，而他一掙扎竟仰倚椅背，兩目圓睜，形狀極為可怖，法警把他推倒地上，又補上一槍，才算氣絕。他以張小通案奉命監刑而被殺，代人受過，知道內情的人，不免為他叫屈。

常玉清本來是一個幫會中人，一向是上海的地痞流氓，在上海公共租界泥城橋開著一家「大觀園」浴室。淞滬抗戰，國軍西撤之後，日人就利用無恥的敗類，為其鷹犬。常玉清有著不少亡命之徒的徒子徒孫。日軍就要他組織了一個叫做「黃道會」的機構，給他錢，要他暗殺抗日份子。在民國二十六年冬至二十八年的一段時期中，上海租界以內，就曾發生過不少暗殺案件，那都是常玉清的「傑作」了。而「黃道會」的成立，事實上還先於蘇錫文的「大道市政府」。勝利以後，他當然被捕了，也羈押在提籃橋監獄，積案如山，百口難辯，所以法院立刻判處了他死刑。

他肥得像一頭豬，體重總在兩百磅以上，而又生著一對豬眼。執行死刑的那天清晨，他還在走廊中穿了緞子長袍，在練他的太極拳，成群法警上來通知他要去執行槍決了，他掙扎著說：「我還在上訴！我還在上訴！」賴著死也不肯下樓，法警把他推的推，拖的拖，才算拉了出去。到了庭上，還在說上訴的話。而結果被押赴刑場時，半途中已經昏倒了。那樣重的一堆肥肉，法警們為之束手無策。就在通向刑場的一條長衖中，半途就開槍擊斃了事。就當局處死的數人中，我感覺到一點，為什麼平時殺人不眨眼的傢伙，到自己臨死的時候，就會惶怯得昏厥？上海有常玉清，而南京有丁默邨。文弱書生如陳公博、梁鴻志、林柏生、梅思平、傅式說等反而能從容不迫，視死如歸，這或許真是讀書養氣之功吧？

在國民政府時代，上海被執行死刑的，就是我上面所說的這幾個人，至於錢大櫆、盧英、潘達等的以後被槍決，則都已在國民政府撤退時，將羈押在提籃橋無期徒刑以上的人留交給中共之後的事了。

一五五、江陰之虎常熟之狼的死

日本的民族性在戰爭中暴露無遺，得意時的驕橫自大，咄咄逼人。在他們所謂佔領區的所在，一個尉官階級的軍人，已經掌握著生殺予奪的大權，佐級以上，自然更不必說了。一副猙獰的面目，周身神聖不可侵犯的神氣，滿嘴粗鄙的言辭，完全像是失去了人性似的。及至失意時候的卑屈恭順，表演得竟又那麼自然，不由我不想到「惟驕人者能諂人」那一句老話了。但是，我們也不應當完全抹煞了他們忠君愛國以及能守紀律的精神，儘管他們是敵人，看到了投降以後他們的遭遇，他們的表現，也不能不使人感動。

統兵作戰，打勝仗容易，打敗了而要於兵敗如山倒時收拾殘局，就不能僅僅依靠主將的指揮駕馭了。平時沒有嚴格的訓練，士兵沒有嚴守紀律的精神，就會弄得不堪收拾。日本於戰敗之後，在中國境內有著三百萬的部隊，他們甚至於八年戰爭中說出「沒有打過敗仗」的狂言，而一旦日皇下詔投降，終於沒有再製造出一件抗命的不幸事件，這以日本自身來說，是難能而可貴了。前文我所寫上海跑馬廳中日本僑民恭聆日皇投降廣播時的情形，全體肅立飲泣，一片淒涼景象，雖然是他們自食其果，但也不能不使看到的人承認日本確是一個有充分組織的國家。除此而外，我在處身牢獄之時，又目擊了日本民族性可欽與可畏的兩幕。我欽佩他們忠君愛國的精神，我震悚於日本一定將會再有一天重起，黷武主義也不會因戰敗而從此戢止。

在縲絏之中．中國人有了一個可悲的現象，散漫、自私、偏狹，都會於在在處處中流露。當人類在社會上周旋的時候，誰也戴起了紳士的假面具，彼此之間，總保持著相當的禮貌，自己也竭力要裝出一些風度。但是一到牢獄，立刻把真面目暴露無遺了，正如男女一成為夫婦，再也不必有婚前談愛時的種種顧忌，再也不必裝出過去一派虛偽的殷勤，隨便說出他們要說的話，做出他們想做的事。同為難友，而不能如「涸轍之鮒，相濡以沫」，反而是傾軋、爭執，以至於陷害。有許多以往是屬員，在外間一見面就會奴顏婢膝的，而此時可以反唇相譏；有許多本來曾受恩深重的，而此時可以怒目戟指。譬如說：有一個人在汪政權中曾經擔任過相當高的職位，而判處了較輕的刑期，就有人可以上前去當面責問：「你為什麼判得那樣輕？你化了多少條子？」其實這人判輕的刑期，不會加重到別人頭上，而竟然會有人不代難友慶幸，反而表現出嫉妒的劣根性來！這難道也是人類的本性？

日本人反而有著完全不同的情形，他們看到牢獄裡的禁卒，規規矩矩的向他行禮，對於過去的長官，仍然與平時一樣的尊敬，並不因情移勢易而前恭後倨。本來，日軍投降以後，有一部份也羈押在提籃橋監獄中，不過與我們並不在同一所監房，我們是「忠獄」，而他們是「孝監」，以後大部份在「以德報怨」的「寬大政策」下遣送回日了，一小部份有血債的，移送到了軍事法庭審判。不知何以有一個海軍大將（我已完全記不起他的名了）仍然留在那裡？

民國三十五年（一九四六）的寒冬，那位日本海軍大將犯了重病，移送到監獄醫院來等死。監獄醫院雖也有幾個獄醫，也備了一些藥物，但幾乎全靠美國戰時剩餘物資的捐贈，要應付一萬多囚犯的疾病，供求相去太遠了，肯去做獄醫的，學術也當然決不會高明，於是讓汪政權的兩任「上海市衛生局長」袁濬昌與袁矩範擔任了義務醫生。我遷到醫院以後，獄方指派我做他兩位開方的助手，所以讓我知道了一些真實狀況。藥物是那樣少，有寒熱而能給他一兩片「阿司匹靈」，已經算恩施格外了。外症，普通給他一些滾水洗洗。一般的刑事犯，家中沒有食物接濟，牢獄中的囚糧，營養是談不到的，一般都以缺乏維他命而犯著嚴重的腳氣病，而監獄所給他們的藥物，是將麩皮煮了水，給他們飲服。在如此的醫療狀態之下，曾業律師而又是幫會人物的張德欽囚死了，那個海軍大將的臥以待斃，也自然不必說了。

等他扛到病院時，已經在彌留狀態中。他的病房，就在我那一間的前面，剛是在樓梯口，一面是牆，三面是鐵柵，毫無遮掩，那時正在隆冬天氣，寒風陣陣，我們本來就叫那一間為「風波亭」的。那位海軍大將就直挺挺的躺在兩塊木板上面，身上只蓋了薄薄的一條棉毯。板床的左右，放著兩條長板凳，分坐著四個日本海軍軍官，大約都是尉佐的階級，原是這個海軍大將的舊部。他們筆挺的坐在那裡，目不轉睛地注視著這個舊日長官臨終前的面容，各人臉上毫無一絲表情。這樣在朔風中整整坐了一日一夜，我們奇異於他們竟然沒有走動過一步，直等那個海軍大將咽氣了，他們替那死屍拉上毯子，遮蓋住面部，才深深的鞠了三個躬，滿含眼淚，列隊正步離去。這是何等的精神！使目擊的人，在欽嘆中不期會有震懼之感。

而本來在「忠監」對面的「和監」裡，也奇特地關著兩個日本憲兵頭子，報紙上稱他們為「江陰之虎」與「常熟之狼」的。那「江陰之虎」的名字，似乎是下田二郎。勝利後，經軍事法庭判處死刑以後，我又目擊到他們執行前壯烈的一幕。

所有汪政權的人的執行死刑，刑場都在獄內，而「江陰之虎」與「常熟之狼」的槍決，臨刑前還曾遊街示眾。那天，大約是民國三十五年的初秋吧！獄中曠地的通道上，已站滿了武裝軍警，形勢突然顯得十分緊張。當局為了怕這兩個死囚的倔強掙扎，派了一個會說日語的翻譯，同了一名獄卒，去通知他們家屬接見，當他們向下面一看這不尋常的情勢時，當然知道這是什麼一回事了。他們笑笑，對那個譯員說：「不要騙我們了，那是……」說著兩手平舉，作出開槍瞄準的姿勢。兩人又對語了幾句，再告訴那個譯員說：「我們等待這一天已很久了，我們早求能光榮地為國捐軀，現在成全了我們，一小時以後，得以重歸國土，我們也將永遠置身於神社中了。」說完，回到囚室，把衣服脫個精光，周身用清水洗抹了，穿上了進入牢獄時的軍裝。兩人並立著，向東方行了很深很深的九十度鞠躬，嘴裡像在默禱什麼。遙向祖國行完禮，回身隨著譯員下樓，一出門看到兩行的軍警，舉手行軍禮，大踏步前進。這不像去伏法的死囚，還很威武地像在檢閱部隊。如此，一直走出了獄門。

下一天，更從報上看到，他們押赴刑場遊街示眾時，直立在卡車上，意氣軒昂，大聲唱著日本的國歌與軍歌。這一狼一虎，在淪陷時期的無惡不作，當然死有餘辜，但看到他們為國家而真能視死如歸，日本到今還只有十餘年的時間，國勢已在重振，這不能不歸功於忠君愛國的精神。對這狼虎的死，也使我曾經深受感動。

一五六、有條有理無法無天數例

和平以後，在東南地區的復員情形，對所謂「敵偽」產業的接收，民間目之為「劫收」，而法院對汪政權人的審判，既制定了量身裁衣的懲治條例，一網包收，其間的暗無天日，笑話百出，早已口碑載道。從前叫做「八字衙門蕩蕩開，有理無錢莫進來！」而那時社會上送給法院八個大字的定評，叫做「有條有理、無法無天。」下句的「法」，兼指法幣而言，上句的條，竟然不是法條，而是金條。不管是「劫收」，或者是「有條無法」，在汪政權中人身受者固覺痛心，而國事如此，軍政司法人員的行為又如此，為國家想，即除了身受的汪政權以外的人，也會覺得痛心吧！

無「法」則一定無天，有「條」真能有理嗎？也並不如此。因為所有在淪陷區的人，無可避免不與日人接觸，所以不問是否曾在汪政權做事，幾無一不可說是符合於懲治漢奸條例的規定，任何人判決有罪，也決不至抵觸量身裁衣的法律。懲治漢奸條例所定的刑罰是死刑、無期徒刑，或五年以上有期徒刑。判死刑是不錯的，不但顯得法官的奉「公」守「法」，而又可表示出他的弊絕風清。當然判無期徒刑或五年以上有期徒刑，也都法有明文。即使從輕判了五年以下，依照刑法的加減，青天大老爺對量刑也自有權衡。其間輕重出入，妙用就在這裡。當時凡是被捕的一定起訴，起訴的也一定有罪。有「條」也並不真能有理。但有了條即不說你全屬無理，據說論情節應判無期徒刑的，因為有「條」的關係，採信了一部份辯訴理由：得減處為十五年或十年的有期徒刑了。

用了條子的結果，不在乎理之有無，而獲得輕判的優待。我因為曾經執業做過律師，所有同難者的訴狀，大部份都交給我過目，而且很多人的辯訴狀還是由我寫的。因此關係，難友們也給我看偷帶進來的家書，某人用了多少條，某人事前法院方面據中間人的傳言，本應判多少年，因有了「條」「法」的關係，可以從輕末減為多少年，在家信中讓我知道得一明二白。這一筆條子的數字，應該我知道得比別人更為詳細，除了中間也的確有人假名招搖以外，「有條有理，無法無天」的話，並不曾冤枉了當時號稱莊嚴執法的人員。

無「條」而又無「法」的又怎樣呢？且不要說審判的結果，會被處遠浮於罪的刑罰，即在開庭時法官的嚴厲申斥，已足夠你魂飛魄散。數萬人的案件中，本來極光怪陸離之至，而對無條無法者的庭訊，一問一答之間，有時會使人哭也不是，笑也不得的。就我記憶所及，先舉出兩起案子的實例吧。

一件是上海三友實業社的以物資供敵的「漢奸」案件。三友實業社起初是製售棉織品的，淪陷時期，一度改營成藥，也附設了一所牛奶棚，供應鮮奶。或許老闆沈九成出名有幾個錢，不知如何卻會把他的兒子捉來了，也居然以「漢奸」罪起訴了。開庭時法官問被告：「你牛奶棚的牛奶供給不供給敵人飲用？」被告答：「是訂戶，我做生意，不能拒絕。」法官說：「日本人是我們的敵人，那你顯然在以物資供敵。」「請庭上明鑒，敵人向我訂飲牛奶，我怎敢拒絕？一拒絕，他們會說我抗日的，又誰能保護我？」法官把桌子一拍說：「你不會去報告警察？」這位倒不愧是烏天大老爺，虧他怎樣說出來的？警察且怕日軍，報告豈不惹禍？而且據我知道，那位大老爺在淪陷時期也是在淪陷區中一樣吃戶口米，一樣向日本「皇軍」鞠過躬的，當時老百姓是怎樣的處境，他何嘗不知道？而此時他高坐堂皇，老百姓的不敢與他分辯，也正如淪陷時期他的不敢與日軍分辯，反正被統治的老百姓永遠是錯的！這案審理結果，也居然以牛奶為物資，判處了兩年半的刑期。

另一起案是「中央儲備銀行國庫局局長」俞紹瀛的兒子，在該行某一處小縣中任辦事處主任。承審的法官邱煥瀛問他：「為什麼你要在偽組織中做事？」他的答覆是「家庭開支大，不做不能活，所以父親要我在他做事的銀行裡擔任一名職員。」法官厲色說：「你父親做了漢奸，你就應當殺了他！」懂得法律的法官，居然當庭教唆殺害直系尊親屬！無他，沒有錢的「漢奸」，而有勞法官費心升堂問案，怪不得使他肝火大旺也。我所舉這兩個例子雖然是事實，但讀者正不妨當它笑話看算了。

為了無條無理，鬧得最大的一件事，是周更生的病斃案。周更生原是上海的一個小商人，淪陷時期與日本人做了些生意，發了些小財，勝利後也被拘送到提籃橋監獄，以漢奸罪待審。入獄以後，一直患著病，纏綿不癒，而且病勢日見沉重，屢請交保出外就醫，法院始終待價而沽，擱著不予恩准。

大約是民國三十六年的三月，一天清晨起來，「開封」以後，有人去探望周更生的病，不料發覺他早已氣絕多時。更一檢查他的遺物，有他母親的一封來信，大意說：「你的病怎樣了？我憂急得日日夜夜不能安睡。關於你交保的事，我向法院已遞了好幾次聲請狀，一直沒有批下來。原因是必須先送十條金條，我四處張羅，已籌到了七條，現在尚缺三條。但不論用什麼方法，我一定會設法籌足的，望你安心養病，再忍耐一時。……」誰知周更生的一條命，竟為了缺少三條金條，終於不救。當時看到他家書的人，不免興了兔死狐悲之感，消息一傳出去，全獄頓時沸騰了！

事前我完全不知道有這一件事。因為那所監房是五層樓的建築，我住在五樓，而周更生是住在底層，而且平素我與他向不交談。這時我只聽到呼號聲、叫罵聲、搥胸頓足聲、震撼鐵門聲，一呼百應，全獄天翻地覆。不要說監內一片混亂，人人如醉如狂，聲音不但鬧到了外面的街上，連高等法院也知道了這事。獄中吏役怎樣的喝止，以積忿在心，當一千餘人情緒激動的時候，已經無法輕輕地平息下去。

這樣大鬧了一小時有餘，高院派了庭長劉毓桂出現在獄內。高院方面表示如此人多口雜，無法查明真相，要每一層樓推舉代表二人，有什麼意見，可向劉庭長當面陳述。我在獄中一向是好事的人，而這次例外地不想多事，聽到要推舉代表，就躲向廁所中去了。五層的十個代表推定了，本來並沒有我在內，不知是誰突然喊出了我的名字，立刻引起一片掌聲，蘇成德等從廁所中把我拉了出來，五樓的一群難友把我高高擎起，坐在他們的肩頭送下樓去，在喊著我的名字與鼓掌聲中，我已經絕無推諉的餘地。十個代表先一商量，又推我做發言的總代表，這樣我雖不是禍之首，形式上是成為罪之魁了。

劉毓桂已坐待在一間辦公室中，當我們魚貫進入，居然恩施格外，還讓我們這班囚徒坐下。他板起面孔說：「你們如此鬧監，是不是想暴動？有什麼話，可以提出來，這裡是法院，也是監獄，不許隨便胡鬧。」他說完，眾人望著我，我戰戰兢兢地起立，先尊稱一聲「劉庭長」，我說：

「請庭長明鑒萬里，政府替我們戴上了一頂『漢奸』帽子，已覺百身莫贖，現在庭長再替我們按上一項暴動罪名，更將萬死難逃。但我們這一群手無寸鐵的文弱書生，又處身在鐵窗之內，怎樣能夠暴動呢？到現在為止，發生的就是呼號，有過什麼暴動的事實呢？庭長給我們下的暴動罪名，我們實在再也當不起了。同難的人死在裡面，法律難道不許我們有一絲同情之心的表現嗎？現在庭長准許不自由的囚犯能夠自由陳述，但我不敢在尊嚴的法官前面亂說。我想先請問庭長：你學的法律與我學的法律是不是相同的？假如我讀的與劉庭長用的根本不同的話，那我因不懂現在的法律而自然不敢有所胡說亂道了；但假如現在你用的還是我從前學的那一套，那我願意一知半解地在庭長面前放肆了。」

說到這裡，我停了一下。劉毓桂知道我在譏諷他，他狠狠地瞪了我一眼，我卻以他的白眼當為青眼，我又接著說：

「當然，應該我所讀的法律也就是現在高等法院所通用的法律。那末，我又要問；周更生應當不應當交保呢？依照我所學的法律而論，一個羈押的犯人，不問其犯罪情節之輕重，假如在獄患病非保外顯難痊癒的，必須予以交保！刑事訴訟法上規定得那樣地明確。周更生現在死了，死的事實，已足以反證當時實在具備必須交保的原因與理由了，然而法院居然並不曾准予交保，終於讓他死在監獄之內。

「以周更生的死，就可以這樣說：法院是違法了，而法官是瀆職了。反過來講，假如周更生的病決不是絕症，所以法院不給他交保，但周更生現在的死是事實呀！如此，最少他的死可說不應死而死，那就足以反證監獄沒有盡其應盡的責任，給他以必要的照顧與適當的治療，以至草菅人命。但監獄既是高等法院的看守所，則高等法院就不能辭其咎了。法院違了法，而不許犯人作合法的要求，這不像是一個法治的國家，我們也不像處身在法律的圍牆之內。」

說到這裡，劉毓桂的頭低下去了，連向我白眼的興致也消失了。

我繼續說：「同樣犯的是『漢奸罪』，為什麼有的患了重病而不准交保，而有的並沒有病而特許交保？」劉毓桂插嘴了：「是誰？」我說：「有重病不准交保就醫而死的是周更生；沒有病而交保外出且在報紙刊登廣告為人治病的，也是犯『漢奸罪』的是儲麟蓀醫生。不知庭長有什麼理由來加以解釋？」我又故意等了一下，接著說：「我們不想聽劉庭長解釋了，為什麼犯同樣罪名，有人可以交保，而有人不能交保呢？犯人雖不敢與法官相視而笑，最少也應該彼此莫逆於心吧！」

這時，劉庭長又忍不住向我白了一眼。我想，在他的心裡，恨不得再加我以褻瀆尊嚴罪，立刻起訴。但劉庭長我一向是認識他的，他的女兒劉玉琴、女婿石美瑜都與我很熟，劉庭長終於隱忍了，真也顯出他的寬大。我說的這一段話，還僅是我們的開場白，我為一時的血氣之勇，忘記了自身的處境，以及將遭逢的後果，竟又滔滔地說下去了。

一五七、對一個放肆囚徒的懲罰

一個犯人放肆到如此程度，真像目無王法似的。現在想來，若是專制時代的官吏，一定會一拍驚堂木，大呼混帳，或者拖下去重責三百屁股。但劉毓桂到底不愧為民主政制下的公務員，真有風度；也真有修養！他不動聲色地整襟危坐，讓我這個犯人一味的昌言無忌。

正在這時，一位平時很具威風姓江的牢獄科長，走進室內。他好似真怕我們「暴動」，因此虎視耽耽地立到了劉毓桂的身後，預作防衛。許多同難的朋友曾受過他不少次的侮辱。我這時情緒已很激動，一年半積儲的滿腔怨氣，但求儘量發洩。我指著這位頂頭「上司」說道：

「以這位江科長為例，倒是牢獄中的三朝元老，他在租界時代是洋人的雇員，『偽組織』時代是道地的『偽員』；現在卻蟬聯為真政府的科長了。別的人只要與『偽組織』拉扯上一絲關係，有人用匿名信向法院一告發，檢察官就照例起訴；審判官更照例判罪，一判也就是起碼兩年半的徒刑。而這位江科長呀！卻洪福齊天！非但沒有做犯人，而且由偽員一變而為管理犯人的真員。在他，應該知道帝德皇恩，政府對他可謂仁至義盡；在他，也該想想畢竟是漏網之魚，理應稍稍斂跡。尤其對昔日的『漢奸』同僚，念過去的一段香火之情，多少該有些惺惺相惜，懷著兔死狐悲之意。不料，狐非但不悲，還要假借虎威呢！對在押諸人，稍不當意，一開口就『媽的』連聲，若是現在他仍然是『偽組織』的漢奸，偽員而不知自愛，猶有可說。豈有『媽的×』三字，竟出之於堂堂真政府官吏之口？實覺有玷官箴，不成體統！況且說我們『犯法』，『犯』的是國法，還不是犯什麼人的家法。請劉庭長明鑒！為使國家稍全體面，請他以後鄭重說話。

「最後我不得不聲明的，我對江科長的斗膽冒瀆，僅是一群犯人們哀籲，我們已備受磨折，更不願他人的同遭厄運。所以對江科長儘管認為荒唐，還不忍有檢舉其為『共犯』的意思。不過，以後希望他摸摸自己的良心，給我們以一絲同情。」

話說到這裡，我斜睨了這姓江的一下，他那具二百磅左右臃腫的身體，已在微微顫抖，額汗不斷地在兩頰下流。這副可憐相，我忘記了他平時的威風，實在更不忍再往下說了。

最後，我代表向劉庭長提出要求了，我說：「庭長！過去，在南市的軍統看守所中，張國元（汪政權的國民政府委員）病死了，而在鈞院管理下的看守所中，張德欽以外，周更生已經是第二人了。假如我們這批人真是罪大惡極的話，不必使我們一個個的囚死獄中，還是讓我們暫時苟延殘喘。反正生殺予奪，都在庭長的一念之間。留著這許多條命，多費政府一顆子彈，明正典刑。這樣，大可以一顯國家的紀綱，一顯法律的尊嚴！所以，我們提出的要求是：一、以後如其再有患病的人，與認為犯罪嫌疑不重的人，應該依照我們所知道為政府所公佈施行的法律，予以交保釋出；二、延長『開封』時間（開封就是開啟囚室，使押犯得在室外走廊中有散步的機會），免致繼續削弱健康；三、獄吏應停止以穢語罵人。這三點最低限度的要求，我們以為是合情、合理、合法的要求。」

我說完了話，劉毓桂不愧為一個老吏，也許當時他也認為我們的要求，天理、國法、人情上還說得過去，他心平氣和的說：「你們提出的要求，讓我回去向郭院長（雲觀）報告後，下午給你們答覆。院方將儘量考慮接納，但以後不許再吵鬧！」說完，他急急地離去了。我們也各自回去，向全體難友們報告經過。大家聽到劉庭長的結論，都覺得興高采烈地，以為我聲淚俱下的一席話，真是感動了筆下隨便可以要人性命的法官大老爺的天良，連我自己也有些陶醉了，因為劉庭長當時的確曾經表示出同情與誠懇的態度。

到了收封的時間，有人主張在沒有得到滿意答覆之前，全體不回囚室，也不讓周更生的屍體遷出，可憐而又糊塗的我；「犯」了法，還想守法，我反而做了法院的幫兇，勸告人家，劉庭長既未拒絕我們的要求，那末在他沒有正式答覆以前，我們就應該等待。否則，不服從監獄的管理，將是我們錯了。

這撈什子的法律真害死了我！當我自首以前，徹夜檢討，以為我並不曾犯法。關起了已一年半之後，仍絲毫未曾獲得啟迪，還在迷信法律。難友們也同我一樣的謹愿，居然接受了我的勸告，乖乖兒各自回自己的囚室，我們又聽到鐵窗沉重的落鎖聲。同時，周更生睜著眼還在等待他慈母湊滿三根金條保他出去的那具屍體，也被獄方迅速地移走了。

到了下午，照平時應該到了開封的時間，卻並不曾開封，走廊中反而加多了大批禁卒，形勢顯得很嚴重。誰都看到有些不妙，起初還有人嚷著開封，而獄方的宣布，卻代替了高等法院的答覆。謂由於押犯的無理取鬧，決定以禁閉為懲罰的方法，最少今後的幾天中，不再開封。禁閉到幾時，要看監犯們的改悔情形而定。

這一個宣布，太出於我們這十分愚蠢的一群的意外了，政治解決已經變為司法懲治，而不料為了這一點人類應有的同情心，向法院的哀籲，劉庭長考慮請示的結果，竟然作出了如此的決定。在政府一貫的手段下，本來，以已經失去自由的人而想爭取自由，即使是最小的一點，既成籠中之鳥，也就無異於夢想了。所以我對同難的人說：犯人「犯」字的俗寫，本已明白告訴了我們，一邊是犬傍，古人造字的時候，原就說明一做犯人，便被視同畜類，而另一邊的「巳」字，也就是「死」字的一半。周更生白白關死了，再關死幾個又有什麼關係呢？

有人提議用絕食的方法來抗爭，而有人認為以挨餓來感動司法當局太不值得，於是全監寂靜無譁，不知是為對周更生的靜默哀悼呢；還真是在閉門思過？逆來順受，也許人類就是一種最抵受不了壓迫的動物，汪政權中人，又一次俯首貼耳！勝利後的一切，對汪政權中人來說，政府的威嚴，實在已達到巔峰狀態。

對一般人的懲罰，就以禁閉作為了事，但惟有對被認為是「禍首」的我，當然不肯從輕發落。下午，突然一個看守來通知我，要我立刻收拾一下所有的東西，隨著他走。因為現在羈押的地點是從前外國人住的監房，雖然裡面有一所問吊的刑室，住在裡面，不免覺得陰風慘慘，但一切設備，較之其他關中國人的監房為好，面積寬大一些，而且裡面建有簡單的抽水馬桶。這或許是當局的苦心，對一般「賣國的漢奸」們的特別優待，但優待了還要肇事，就難怪當局要震怒了。

在周更生一事發生以前，高院方面本想把我們這一群廢物利用，有已經判決確定的，本應送大監執行。所謂大監，就是與普通犯盜竊案的刑事犯雜處在一起，不再有通融優待之處。法院利用的決定，凡其中曾經學過法律的，仍然留所服役，指定把一部英文的英國民法，分擔譯成中文。其中李祖虞、趙鉦鏜、孫紹康、孫祖基、吳凱聲，和我等諸人，已經確定了擔任這一項工作。就因為我開罪了劉毓桂，膽敢為首滋事，出言頂撞，所以取消前定，要提早解往大監執行，把我移送的地點是仁監。

這消息當然立刻傳遍了整個監房，但沒有人再提出抗議，也並無人發動為我聲援，幾乎是全體一致沉默，寂靜得像看到一具屍體的將要放進棺木，誰都會想到讓我孤獨地一個人解送大監，一定會遭到加倍的淩虐。儘管我為了大眾，而大眾並不能為我的後盾，而我應該原諒他們在積威之下，已經是敢怒而不敢言了。事已至此，畏怯又有什麼用？我等待著任何磨難降臨到我的頭上。整理好了所有的東西，還記得那天身上是穿了一套淺灰色的呢質夾襖褲，一手提了一捆被褥等雜物，腋下夾住了少得可憐的衣服，另一手拎了一隻搪瓷的便桶，由兩名看守押在身後，我昂起頭準備離開那裡。當我一回顧的時候，發覺每一個難友的面部，像是目睹同難者押赴刑場殉難前同樣的表情，我知道他們在為我耽憂，我點一下頭來表示訣別，就這樣走向不知將遭到些什麼的另一處。那一天是民國三十六年的四月一日，也剛剛是我自投羅網的一年半。誰教我如此的不受抬舉不知死活呢？對這樣一個桀驁不馴的囚徒，還不應該好好的收拾一下！

一五八、最後勝利屬於放肆囚徒

沿著監獄裡的夾衖，一路行去，越過了幾所監房，寒風一陣陣襲著我的身體，一片蒼涼。那時神經好似已變得麻木，茫茫然並沒有什麼特別的感覺。行行重行行，終於走到監獄的辦公室，那是我們於一年前由楚園解來的時候已辦過手續的地方。獄吏要我按了十指的指模，登記了姓名、年齡、籍貫、犯罪案由等以後，還蒙另眼相看，並不曾辦理照例手續，不須換囚衣，不必脫光了衣服檢驗肛門曾否有過被人雞姦的痕跡，也不需去洗和著臭水的冷水浴。僅僅檢查了一下名為行李的雜物，在我胸口的衣服上縫上了一塊布質的囚徒的號碼，推我進向裡面的一間。原來這是一間新犯的理髮室，裡面有幾張凳子，我坐上了一張，一個中年的矮鬍子過來為我剪髮，手裡一把剪髮大軋刀，大得可以在花園刈草，連著皮帶，通向下面腳踏的木板，用腳一踏，軋剪的齒輪自動開闔，剪一個頭，只要推動三四次，就把滿頭黑髮剪個精光，時間最多是兩分鐘。因為齒輪不太犀利，往往把犯人的頭髮一根根吊起來，痛得眼淚直流。

我剛剛坐下去，過來的那個矮鬍子本來也是服役的犯人，他向我端詳了一下，失聲叫道：「你是金老師？」我愕然，因為我從不曾教過書，以為也許是他誤認了。我回過頭去說明了這一點，當他看清楚我以後，反而說：「真是老師！」原來周佛海創辦財政部稅警團時，曾先開辦了一個幹部

訓練班，要我去擔任學科方面法律部份的講師，他就是稅警團裡的一名營長，確曾上過我的課。居然因為有了這一段師生之誼，他不忍讓我受痛，腳踏時改緩了許多，剪一次髮，經過了五分鐘的時間，才算畢事。那晚我就待在監獄辦公室牆隅的鐵柵之內，睡在冰冷的水泥地板上。與我一起的人，都是普通的刑事案犯，骯髒，粗獷，我有如羊入虎口。而我那位「高足」，也極盡其弟子之道，偷偷地又塞給了我一包香菸，我就在那裡眼睜睜地渡過了一宿。

翌日的清晨，解往大監去了！當我進入仁監時，監獄裡的一名看守長張福林，是著名兇惡的酷吏！他出現了，雙手背在身後，握著一根大竹片，教我們排齊了隊，點過了名，指著其中一個犯人問道：「你犯的是什麼罪？」那個人答覆的聲音很輕，回說：「是竊盜。」張福林立刻舉起了竹片，向他的渾身上下亂抽亂打，口裡還不住地罵著「臭賊！臭賊！」挨打的人只用雙手抱著頭，莫說不敢反抗，連走避也不敢。也許看守長打得手酸了，一停打，就橫了我一眼，厲聲說：「到這裡的人要知道安分守法，否則，哼！」我才明白原來剛才表演的那一幕，是在向我施下馬威。我不知那裡來的勇氣，還他一個白眼，同樣也回了他一聲「哼！」

這樣，我被送進了仁監的監房，獨佔一室，左右的鄰室，每間都是三個人，而且都是殺人強盜等判處大刑的重犯，腳踝上都有一副鐵鐐，日日夜夜只聽到不斷地傳來鐺鋃、鐺鋃的聲音。格外使人心煩意亂。看守長又下令對我的處置：一、長期禁閉，不得享受開封散步的權利；二、不准任何人與我交談，否則重罰！我就被孤零零地隔絕著。

好動成性的我，最初幾天，在一間七尺長四尺寬的囚室中繞室盤旋。早上，門一開，一個難友由獄吏押著把我的便桶取出了，迅速地關上門，又迅速地離去。吃飯的時候，把一隻洋鐵皮製成的囚糧罐，從鐵柵中塞進，急急的走開了。一個星期之後，我自己覺得四肢癱軟，渾身無力，食欲完全消失，情緒更極度低落，自己唯一的感覺，是等候死神的降臨。

每天，我就睡在水泥地上，像是患了重病那樣地已剩得懨懨一息。而張福林真有他虐待犯人的一手，把認為犯了獄規的監犯，特別拉到我室前的走廊，施行體罰。不是幾個如狼似虎的獄卒，把一個監犯按翻在地，用木棍打屁股，直打得皮開肉綻；就是喝令監犯雙膝跪在地上，把他們一隻手綁實在椅上，用竹板打手心，十幾下打下去，立時紅腫高脹。朴擊聲、呼號聲鬧成一片。最初，我不忍看，閉著眼裝死，做出不聞不見的模樣，忍受一切的橫逆。

兩個星期之後，不知怎樣又重起了求生之念，為了求取生存，就會產生無比的力量。忽然我有了決心，有了勇氣。再一次有同難者在我面前被打時，我索性站起身，圓睜著眼，注視著他們。張福林對我說：「你看看，不守規矩的人的處罰，就是你的榜樣。」我的聲音卻比他高，我不客氣地說：「你敢？」他哈哈說：「我管理過幾十年監獄，說我不敢打一個囚犯？」我說：「看守長！對我，我不客氣地說，你是不敢的。我沒有什麼神通，我只知道有法律。假如你打我，我一定反抗，反抗的結果是激怒了你，你會下毒手的，下毒手一定重打得讓我受傷。而這正是我所祈求的，那時我會向法院告你，刑法上的規定，獄吏虐待犯人，可以判個幾年徒刑。儘管現在司法黑暗，官官相護，我倒不在乎，因為官司打輸了，最多加我幾年，我還是住在這裡。你輸了，對不起，也來做犯人，那時你與我平等了，你失去了權力，平時受你虐待的人一定報復。看守長！我知道做犯人的痛苦，我不願你來，所以忠告你，你要鄭重考慮，同時，我也因此斷定你不會敢打我。」

我看到他有些毛骨悚然的樣子，回身走了，連繼續打人的興趣也立時消失了。

一不做，二不休。當天晚上，我寫好了一封呈文，與一紙信件，呈文是預備送給國防部、司法行政部、上海市政府等許多有關機關。信是寫給上海各報的，題目叫做「一個犯人的呼籲」，羅列了監獄當局的十大罪狀，有剋扣囚糧、虐待犯人等等。當張福林巡視走過我門前時，我叫住了他，我說：「張看守長，對不起，你們這樣對付我，我不能坐以待斃，困獸猶鬥，我要反抗了。明人不做暗事，我已寫好了兩個文件，但在寄發之前，要先給你看看，裡面說的都是事實吧？在八千多囚徒之中，我寫得還不愧為一個刀筆能手吧？這是我給你們的最後機會。」

張福林一手把我的文稿搶了去，也許他還看不懂，因此並不先讀一下，就先急急問我：「不經許可，你有什麼本領可以將這書信送出獄牆之外？不要糊塗得再自討苦吃吧！」說完還顯出一副很得意的神情。

我倒並沒有故弄玄虛，連做法也不想瞞他，我說：「假如四十八小時以內我沒有辦法把文件送出，那我甘願領受你有甚於打手心打屁股的任何私刑，好讓你逞足威風。但我要明白告訴你，你不要以為獄卒是你管理的，在你管理之下，他們為犯人私帶東西進來，夾帶私信出去，早成公開的秘密。儘管我告訴你以後，你檢查得嚴，我可以請獄卒帶口信，或者打電話到我家裡，要我的律師來接見我。政府還在裝作法治的模樣，總不好意思公然剝奪犯人接見律師的權利吧！那時，我公開交給律師要他投遞，你只好對我瞠目而視。當然，你也會自己監視我，但你不能四十八小時不眠不食。當然，你也可以派心腹的獄卒不替我帶口信，但是，看守長，待遇那樣菲薄，獄卒會貪我的錢而不聽你的命令的，我這個辦法，不是嚇嚇你吧？」

張福林到底是一個不識字的粗人，遠沒有劉毓桂的老練，不等我的律師來，已經瞠目結舌了，聲音也放得緩和了，他告訴我說，讓他報告典獄長後，再給我答覆。

第二天，他就來告訴我，奉典獄長之命，從現在起，對我停止禁閉，白天，可以在獄內自由行動。十天以後，索性把仁監的五樓，專門作為政治犯的執行所在（感謝他稱我們為政治犯而不是漢奸了）。因為現在還存放著囚衣，而且需要掃除，要我耐心再等待。

果然，在這十天以內，他發動了數十名獄囚，把五樓存儲的東西搬移一空，而且重新粉刷一新。我的一間獄室外，還裝了一盞光明的燈泡。整理好了，要其他的獄犯把我的「行李」搬上去，而且把樓頭的總鑰匙交給了我，對我說：「自己關好梯口的總門，不要讓普通犯人上來。鑰匙你自己管，給你自治。以後，到晚上才收封，這樣你該滿意了吧？」

這時，我倒真是衷心感謝政府對囚徒的寬大。我又高踞到鐵窗裡面的窗檻上，嘴裡啣了一支香菸，有悠閒自得之概。那裡居高臨下，可以遙遙看到我原來關在一起的許多朋友們，他們也抬頭望到了我，起初是一愕，以後發覺了我已打開了一條血路，搶回了一條性命，不禁有人豎起了一隻大拇指表示我有辦法。但我並不得意，因為我感到法院的唯利是圖，監獄連收拾一個囚徒的本領也沒有。貪污一定無能，我是身受者，為了國家前途，這應該不是件好事，一時忘記了小我的勝利，不免有些感傷之意。

一五九、有啼有笑的獄中人百態

但是，不能不說上海提籃橋監獄方面，對汪政權中人確實曾給予以最大的優待。在我牢獄生涯的兩年半時間內，兩度換過典獄長，他們似乎對汪政權中人都抱有一絲同情。監房既然與普通的刑事犯隔離，連監獄的病院也並不例外，讓我們這一群，另外分占著一層樓，而又特別指派了幾個年富力強的普通刑事犯為我們服役。所有粗重的工作，一律由他們擔任。典獄長更不時邀請幾位到他的辦公室去談話，口稱×先生，讓坐，奉茶，談笑風生。最尷尬的是獄卒，平時在囚室內是叱罵隨心，而此時則變為趨承恐後了。

看守長除了要顯一顯小吏威風的張福林以外，其他大部份也並不曾當我們是囚犯，有時來作閒談，態度竟完全是請教的樣子。就是普通的獄卒，也很少故意為難，一方面由於他們都一直住在淪陷區，在他們的心目中，我們還並不真是「罪大惡極」的一群，而且許多現在歸他們監管的人，都是不久以前耳熟能詳的人物，多少還有些偶像作用。同時，他們又做著囚犯們的大主雇，當他們輪值上班的時候，帽子裡、衣服的內層，以及綁在褲內小腿上的，都是被監獄認為違禁的物品。其中有家書、香菸、火柴、刀片、藥品、金錢，以及任何不能公開帶入而又為極端需要的東西，這就是說：危險品除了槍械，體積大得像一個女人而外，一律可以帶進。獄卒那時的任務，已變成為犯人的運輸工具了。

這樣整齊的人物，而且是集體的囚犯，在提籃橋的監獄史上應該還是第一次。這一批罪犯，儘管已經過了洗劫，但百足之蟲，死而不僵，仍然不是如平時監犯那樣地都是赤貧之輩，家屬為了儘量減少獄內人的痛苦，把羅掘得來的錢，儘量化用在法院以及監獄方面。法官是一定鉅數才收，倒真成「一芥不取」，而獄卒則是細大不捐，冒著職務上被開革的危險，以博收戔戔之利。所有帶入的東西，並不按件計值，一般的情形，都由家屬預先接洽好，每個月給予固定的酬勞。也許從一個犯人身上所得的月費，還要遠遠高出他原來的薪水。在這樣兩利條件之下，獄卒與犯人之間，就融融洩洩，顯得一派祥和。

人類本是最虛偽的動物，身上披了一重衣服，就覺得人類真是有異於禽獸，至於冠裳黼黻之流，好似尊嚴神聖，而一旦把彰身之具剝光了，也許其醜惡且更甚於禽獸。在人性方面的表現，亦復如此。在社會上周旋的時候，每一個人都帶著一副假面具，誰都彬彬有禮，儼然紳士模樣，及至置身牢獄，彼此之間，同屬囚犯，就不再有什麼利害上的關係，也就不必要什麼虛偽的掩飾，於是本性暴露了，也許可以說得更深刻一些，是獸性流露了。幾乎大部份的人，變得自私、偏狹、暴戾、陰險，為了一個很小的問題，或者一樣很小的東西，會發生很大的爭執，禮讓等所謂人類的美德，一古腦兒不再存在了。

過去我對有幾個很欽敬的人，在牢獄中原形畢現，立時使我完全失望了。像溫宗堯那樣曾做過廣州大本營七總裁之一的身分，而在楚園時期，竟不惜對難友向軍統打小報告而冀圖獲得優待。像「中央儲備銀行副總裁」錢大櫆，在勝利以前，何等的享用，而到了牢獄以內，由於家產的被查抄

得很澈底，而他的妻子又正熱戀著一位醫生，食物的接濟全無，連香菸也至斷絕，同囚的有著他不少「中儲」的親信舊部，誰也不再理睬這過去趨承唯恐或後的上司了。囚糧是難於下嚥的，迫得他過去的一名保鑣見義勇為，以勞役換來的錢，對這舊日的主人按時送食。什麼朋友的道義，什麼夫妻的恩情，這時都讓你看個清、受個夠。

但是，也應該原諒獄中人的心境，在備受磨折，而又到了生死關頭的當兒，懸懸於未來的命運，憂傷煎熬得影響了性情。加以長期禁閉，生理上的刺激，變得容易動怒而流於暴躁。性欲是囚犯的一大問題，獄中儘管也有著不可避免的同性戀的現象，若干普通囚犯中，同樣會有賣淫的人，而且有人還在從中兜攬，代價是香菸一包。但汪政權中人，相信還無人有此雅興。

堅強的是暴躁了，而素性懦弱的則變為頹喪，常常發現有人作歇斯底里式的哭泣，想到家，想到過去，想到前途，就無法抑制他的情緒。失去自由的人，才會知道自由的可貴。收封以後，在一間狹小的囚室中盤旋，心裡說不出的愁悶，胸口像要爆裂，腦子陷於昏沉，天上的飛鳥掠過，恨不得也插翅高翔。我是莫名其妙的人，到真正悶得無可排遣時，獨自回想著過去舒適的生活，一個膩侶的聲容笑貌，一件得意事的得心應手。自已在幻想中陶醉於已往。因為我想保護我自己，身體既已受到了折磨，不要再把腦子自已再去摧殘，看到別人在哭泣時，我去鼓勵他們的勇氣，我時常說：「搞政治，成功為主席、院長、部長；失敗就被槍斃、坐監。一時成功的人，不必忘形；一朝失敗的人，又何用追悔。」

真的，許多人在勝利以前，官唯恐做得不大，鑽營得唯恐不力，而現在的政府，偏偏判刑不問罪行，但論官階。此時我倒占了很大的便宜。汪政權的人事之權，幾乎完全操在周佛海手裡，我是近水樓台，有時有空缺出來，承他總先來徵求我的意見，而我也一直搖著頭表示婉謝。有一次，他說：「你真不想做官？」我笑笑說：「不是不想，而是無官可做。」在他的疑詫中，我接著說：「這次政府成立，高官厚爵，裂土分茅，不是講的什麼資歷與能力，全憑私人關係，立地雞犬同升。在『還都』以前，我們的十人組織，預備分任十部次長，現在，周學昌已任南京市長，羅君強先後任司法行政部長與安徽省長，而李士群則兼任警政部長與江蘇省長。即不是十人組織中的顧寶衡，還都時僅為司長階級，而現在且已為糧食部長。要我做，除非也做部長。但我看看他們都不像什麼部長的樣子，如真要我做，我自己先照過鏡子了，我也不像。所以，我沒有官可做。」佛海當時固然給我說得啼笑皆非，以後也就不再提對我安排之事。勝利前也許有人以為冠蓋滿京華，斯人獨憔悴，而現在我倒可以少卻一重追悔了。

我們這一群人，精神上的刺激過重，而身體上的不至太受影響，還是靠了家中食物的接濟。普通罪犯，每月只准家屬送食物一次，而我們特別准許每週兩次。泰半的家屬，都親自將製成的食品，於破曉前後，攜來獄門前排隊，依次輪候。飯鍋用了棉套包裹著，裡面是熱騰騰的白米飯，大口熱水壺裡沸滾的是湯，飯格裡是各式各樣的菜，加上水果、罐頭、乾點，惟恐獄中人的餓死。我們就以兩次的接濟，精打細算，用為一周的糧食。此外，親友還被指定在永安公司購買罐頭，可以寫明姓名，自公司直接送至獄中，人們看到汪政權中人到了日暮途窮，依然有此享用，又誰知家人節衣縮食，奔走張羅之苦？

獄中生活，最難挨的是漫漫長夜，下午五時收封以後，每一個人都關閉在自己的囚室之內，每一層樓頭的鐵門也下鍵了，廊間只剩得獄卒的履聲蹀躞。於是一片喧聲，隔著幾間房還在高聲交談，此外有的在引吭高歌，有的在揎拳叫罵，間雜著嘆息聲、呻吟聲，鬧得人們片刻難安。聲浪到午夜以後才漸漸地低息了，在如豆的燈光下，靜得無比淒涼，睡在冰涼的水泥地上，轉輾反側，憂慮、憤怒，在胸中交織，再也不能闔眼。燈光斜射，把鐵窗的黑影橫照在獄室的牆壁上，一眼望去，百感交縈，陰森森地好似置身在墟墓中，在人間的地獄中。這難挨的歲月呀！但由不得你不能不一日又一日的挨受下去。

說荒唐，也荒唐得可以！說腐敗，也腐敗得委實不成樣子！記得民國三十六年農曆的歲暮，不知是誰發起，在獄中來一次盛大堂會，這請求居然還被獄方批准了。絲管都從外面送入，獄內還用木板搭上平台，八音齊奏，一闋高歌，人材顯得還嫌寥落，更從別的監房裡調來幾名原來是唱戲為業的煙毒犯，登台表演，與眾同樂，歌聲掌聲，驚天動地，誰會相信這還是監獄？

我因為學過法律，這時見得特別忙碌，難友們都以法律上的意見相詢，大部份人的辯訴狀都要我起草。政府對我們的懲處，本來成竹在胸，死談法律，不免庸人自擾，而人們處於絕境之中，總想稍盡人事，獄內人對我的直接請求，已覺應接不暇，而每一個都聘有律師，他們因為與我同業，我又是箇中人，索性轉言由我捉刀。每天我日以繼夜的手不停揮，到了晚上，數十步外高懸在半空的五枝燭光電燈，光線實在不夠了，我索性把舖蓋一捲，坐在上面，膝頭鋪了一張硬紙板，不看行數，就用鉛筆在上面亂畫，積累了幾個月的時間，把我的一雙眼睛生生地弄壞了。但是我有收穫的，不但打發了無聊的歲月，因為難友要我寫，一定得將真相告訴我，於是把秘密傳遞進來的家書也給我看了。某人向法院用了多少金條，法官允許減判幾年徒刑，並且指示辯訴應著重於那一方面，才能使他定讞，這秘密讓我全部知道了。當年的司法界，下自高等法院，上至最高法院，以及司法行政部、司法院等，此中有人，呼之欲出，我不敢說這幾個人全是貪污的，但也未必都是有人假名招搖，從中取利吧！當年的汙吏之中，在港在台，現在優遊餘年的還不少。口碑早已載道，稍存忠厚，讓他們自己去撫躬自問吧！

一六〇、褚民誼在蘇獄臨刑情形

在東南一帶，各地牢獄中，都繫滿了汪政權中的大小人物，但除上海的提籃橋以外，大部份較為重要的，不是關在南京的老虎橋，就是放在蘇州的獅子橋監獄，換句話說，不膏虎吻，定飽獅腹。

從民國卅五年春，當局決定於戴笠死後，變政治解決為司法懲治後，蘇州方面，第一名以閃電手法被槍決的是繆斌，其次則為陳公博，中間除陳璧君當局忽以一念之仁，得免一死外，論資歷，自然應輪到褚民誼了。

誰能瞭解為什麼當局一定要置褚民誼於死地呢？他在任何政權中，都碌碌無能，只是一個幫閒的角色，大家都應該可以承認他是不能為惡也無力為惡的人。而在國民黨裡，他是具有相當深長的歷史。還在他留法時期中，已經與張靜江、吳稚暉、李石曾、鄭毓秀等從事革命工作，為了出版宣傳刊物，自己排過字，為了籌措經費，更開過豆腐店，在革命歷史上不能不說他有微勞足錄。他學的是醫，而他的博士論文，是把雌兔解剖後，研究其月經與性欲方面的現象，因此人家曾稱他為「兔陰博士」，在學術方面，也顯出他為人好似不拘小節的樣子。

褚於回國以後，在黨的方面，歷任國民黨中央監察委員，而在政的方面，因為他與汪氏有姻婭之誼，一直追隨著汪氏。汪任行政院長，他當過政院秘書長。但他本人對做事，倒真是俯仰由人，自己並沒有什麼政見、抱負與政客必有的野心。他過去為人所不滿的是他於公餘之暇，好踢毽子、放風箏、打太極拳、拍崑曲，學醫而一生不為人治疾，閒來則臨摹幾筆顏字。而最為人所詬病的是全國運動會在南京舉行時，曾為香港的游泳選手楊秀瓊執鞭趕馬車。也許那時風氣未開，於是有人認為有辱官箴；若以近代眼光來看，一個政要於公餘打高爾夫、玩橋牌，事實上並不為奇。但我相信他與楊秀瓊之間，卻並無什麼曖昧關係。反而到汪政權的後期，年事已高，忽然與某要人的「敝眷」來往甚密。臨老入花叢，也許也是於無可奈何中的醇酒婦人吧！

中日抗戰發生時，他正擔任著上海「中法工業專門學校」的校長，國軍西撤，他仍然留在上海，暗中還為重慶政府擔任一些工作。汪氏離渝由越抵滬以後，由於他和汪氏過去的淵源，要他參加，他自然沒有拒絕的勇氣。在汪政權六年的時間中，他雖擔任過不少名義，在滬醞釀時期，他任國民黨中央黨部的秘書長。汪政權成立之前，又任「還都籌備委員會主任委員」。汪政權創建了，起初汪氏想給他「海軍部長」的位置，事實上汪政權那來什麼海軍，冷衙門也不過把他投閒置散而已，而且還遭陳公博周佛海認為滑稽而告吹。以後雖出任行政院副院長、外交部長，但政院既由汪氏自兼，而實權又操之佛海之手。至駐日大使，那時日本政府既一切仰軍部鼻息，試問尚有什麼外交可辦？汪氏死後，他又任治喪委員會副委員長，把汪氏飾終之典辦好之後，更隨著陳璧君同樣以殉葬精神，赴粵任廣東省長。此時離開日軍的投降，已僅一月有餘，事實上又為汪政權的廣東地區辦後事而已。

勝利以後，為軍統工作人員與陳璧君同時在廣州被捕，先解南京，旋又與陳公博、陳璧君同解蘇州。民國卅五年四月十七日，蘇州高等法院開庭審訊，對他的起訴，指出五大罪狀：

一、附和汪逆，反抗中央；

二、隨同簽訂喪權辱國條約；

三、對英美宣戰；

四、助敵成立振興公司；

五、在廣州擅加關稅。

褚在庭上答辯的大意說：

「年六十四歲，住南京西康路二十一號。我與汪先生的關係，論親戚為連襟，論私誼為早期留法同學，在黨則為同志。而我以對汪先生的為人，一切非常敬佩，所以與他感情之篤，非僅為親戚同學同志之故。在『一二八』事變之後，方出任行政院秘書長，直至民國二十四年十一月汪先生在中央黨部被刺後同時辭職。二十七年七八月起，擔任上海中法工業專門學校校長，其間曾因校務，兩度赴渝有所接洽。至汪先生如何與日本接洽談和，根本不知其事，即近衛聲明與汪先生發表豔電，亦均毫無關係。至南京政府（按即指汪政權而言）成立，已距首都淪陷，在兩年之後，淪陷區民眾痛苦萬分，以為有一政府與敵折衝，可以稍解人民倒懸。況南京政府承黨國大統，與重慶實為相輔相成。我的所以參加，亦不欲以國家作孤注一擲，南京政府之建立，可為國家前途留一餘地。至對日所簽條約，雖為外交部長之責任，但我並未副署，不應責令負責。若論粵省加稅，我且不知有此事。若說我是叛國之囟，實覺太不敢當。但我仍然願意請求一死，一死或足以滿足若干人之希望，省得我再活十年，虛耗國家囚糧。如能將我囚糧供我子女求學，我願足矣！總之，蔣汪兩先生救國心同，今一則賚恨而終，一則光榮獲勝，汪先生在九泉之下，對國家的剝復，當亦笑於九泉。我能於國家勝利後隨汪先生於地下，更所甘心。」

蘇高院於同月二十二日下午，終於宣告了死刑的判決。在向最高法院聲請覆判期內，黨內老同志，不少為他向蔣氏緩頰，其間以當年留法同志吳稚暉、李石曾等奔走尤力。且曾以美國方面的一位白司令對褚聯絡協助的證明文件，面呈蔣氏。經蔣氏考慮後，親筆於美軍文件上批准免予一死，文件交由褚之家屬收執。親友歡慶，以為可有生理。果然，褚案以其保存中山先生手蹟有功為理由，由最高法院發回蘇州高院更審。褚氏女公子孟嫄持蔣氏之續命符由滬搭車專程赴蘇，向高院呈遞時，不料在車上獨有此重要文件竟被人竊去，雖然事出離奇，但無從證明是否另有原因。而褚民誼終以鐵券既失，起死無方，更審仍判死刑。

褚當庭說：「我對判決極為滿意，因為死刑是我自己所要求的，相信當局與檢察官也一定可以滿意了。」據一個從事特務工作的人，事後親口告訴我，當他在勝利以前，奉派至淪陷區工作，臨行請訓，當局即說萬勿與褚民誼接觸，像他那樣毫無作為之人，當局何以早懷成見，對他見嫉如此之深？實在令人難以索解。

褚民誼受刑的一天，是卅五年八月二十三日。蘇州獅子橋監獄於清晨開封後不久，他正領導著許多難友在作太極晨操。突然若干法警出現在他的身後，他知道事有蹊蹺，回過頭來笑著問：「是不是提我執行？」法警們倒忸怩地不好意思直截承認，還向他搖搖頭。他又與難友們繼續操了一節，再回頭一看，法警依然未去，此時他斷定真已到了生命的末日，遂向難友們一拱手說：「對不起，只能就練到這裡了！」法警們跟著他回到監房，他整理了一下雜物，又整一整衣裳，復檢出了

一雙新襪想換上，躊躇了一陣，又放下說：「還是留給孩子們穿吧！」有同難的朋友在旁幫他料理，結果還是勸他換了新襪。

首先，他向汪夫人陳璧君訣別，當陳璧君涕泣的時候，他還是連聲「珍重」。這樣，法警就押著他出去，許多難友都跟在後面，一直到二門口，已到了獄犯不許超過這界限的地方，大家站住了，他回過身，抱拳過頂，作了一個大揖，嘴裡還在說：「請各位留步，請各位留步，還是請先回去吧！」但是誰也沒有走。他又指指旁邊的一間空屋說道：「反正半小時後，我又重回到這裡可與大家見面了。」原來那正是一間停屍室。在褚民誼有些視死如歸，而聽到他的人，就不免同聲飲泣了。

過堂以後，立即押赴刑場，成群的新聞記者，早已聚候在那裡，有些過去還與褚相熟，手裡的攝影機對準了他在拍照。褚那時已鬚髮皆白，又向他們笑笑說：「請各位當心，這次希望能照得好一些，因為這是拍我照片的最一次機會了。」就這樣，一路走向獄內的刑場，還未到草地的中央，執行的法警乘他不備，突然在他腦後開放一槍，子彈貫穿腦殼而出。照例，受槍的人，一定直仆倒地，大約褚氏平時練習太極拳確有些功效，當他中槍之後，一個鷂子翻身，又掙扎了幾下，才仰跌在地。鮮血從創口不住的流出，經過了一兩分鐘的抽搐，才算畢命。繼陳公博之後，又一人追隨汪氏於地下了！

以褚在國民黨裡的歷史，以及他在汪政權中所擔任的職務，若論罪行，應該罪不至死，而終於難逃極刑！迄今其夫人陳舜貞等猶羈留大陸，情況不明，但其遺屬之淒涼現狀，自不待言。

一六一、陳璧君到底是怎樣的人

陳璧君在汪政權這一幕中，自不失為一重要的人物。不僅僅由於她是中華民國開國的元勛、汪精衛的夫人；更由於她有著強項的性格，與不同於尋常婦女的作風。

汪精衛在民國史上是應該有其地位的，但也不能不說陳璧君對汪是有著相當的影響力的。她以同志的立場，兒女的私情，鼓勵汪氏獻身革命。同謀行刺前清攝政王載灃，就是驚天動地的一幕。但也因為她不遜的態度與凌厲的辭色，不斷為汪氏招怨樹敵。在汪政權一段時間中，她所負公開的名義，仍然是從國民黨第一屆起一直蟬聯著的中央監察委員，那是完全一個空洞的名義。而實際的任務，則是廣東的政治指導員。單就汪政權而言，她在粵時期的專權，形成割據之局，令人有「請看今日之廣東，究是誰家之天下」那一種感想。但她不畏強暴，對日本人且為所欲為，也不能不說在胡騎縱橫之下，確實曾經為民間減除了一分痛苦。

人們不慊於陳璧君的，最主要就是因她辭色的凌厲，以為她憑藉了汪氏的地位，乃有此一股驕矜之態。幾乎曾經與她晉接過的，都會有同樣的批評。不問怎樣有著高貴身分的人士，往訪汪氏，她可以毫不客氣地代為擋駕，面上無一絲笑容而厲聲地說：「今天汪先生不見客。」就隨便饗人以閉門羹。或者某人與汪談得正在興會淋漓，她可以排闥直入，瞪著眼說：「汪先生疲倦了，有話改日再談。」又毫不留情地下了逐客令。國民黨的老同志，固然無人不對之搖頭蹙額。即如民國二十年中央黨部舉行五中全會，汪氏被暴徒開槍行刺，蔣氏聞警出來撫慰，她會憤然向蔣氏曰：「蔣先生，用不著這樣做的，有話可以慢慢商量，何必如此！」其意顯然指蔣氏為主使者了，如此怎安得而不結怨於人？又如軍人中親汪者有張發奎等人，而最後的疏離，說者也歸咎於由陳璧君的驕蹇所致。

她與汪氏的待人接物，適得其反。汪氏態度溫文俊朗，而辭令更婉委動人，一席晤談，就能博得人們的好感，每於談笑之間，化敵為友。至於陳璧君，則非但不假辭色，而且每每出語傷人，常有挾善意而來，終懷睚眥而去。但我們不能不原其半由性格使然，半由於積漸之故。當年中山先生在日，且對之另眼相看，其餘如何香凝輩，一向趨承恐後。在汪政權時代，她已經垂垂老矣，人矮而肥，面頳而厲，更傲岸不近人情，直有冷若冰霜之勢。汪政權中人無人不怕她，也無人不討厭她，背後我們不客氣地稱她為「老太婆」。但是她對朋友與汪氏的部屬如此，在淪陷區敵人槍刺之下，對任何日本人也是如此。

最近我去日本時，遇見了前廣東特務機關長兼香港民政長官的矢崎堪十，他在廣東時與陳璧君時有直接接觸的機會。一次在宴會席上談到汪政府當年舊事。他問我：「汪夫人判的什麼罪名？」我說：「當然是什麼通謀敵國了。」矢崎聽說，啞然大笑，他說：「說別人通謀敵國猶可，說汪夫人通謀敵國，就有些近乎滑稽。莫說她向我們通謀，有時我們去晉謁她面談一件事，她看到我們日本人就像有氣似的，不是指責這樣，就是訴說那樣，喋喋不休。我們都怕了她，連聲辯的勇氣也沒有，只好諾諾連聲而退。所以，說她通謀敵國，連我們日本人也萬難置信。」

當汪氏病逝東瀛，在京安葬已畢，太平洋戰爭日軍之敗象畢呈，她那時儘可飄然遠引，陳春圃、林汝珩、汪屺等勸之尤烈，而她認為「今日之抗戰必勝，已僅屬時日問題。有我等在，陷區人民，尚有交涉迴護之人，如我等引退，造成政府解體。日軍於屢敗之餘，勢將益加遷怒，以我為敵，橫加摧殘，則陷區人民，將何以堪命？我不忍以一己之安全，貽億萬人無窮之禍害。」這是怎樣一種肝膽！又豈尋常婦女所能有此？

她平時的態度凌厲，就是我，也以為她憑藉了汪氏的地位。而勝利以後，已經是屈為階下囚了，在粵被誘捕的經過，已詳前述，她仍然對軍統中人頤指氣使，呼叱詬責，並不曾稍易其常態。據說她繫在南京獄中時，最初提訊的時候，獄卒照例直呼其名為陳璧君，她立時瞋目怒叱：「陳璧君這個名字是你叫的嗎？當年國父孫先生不曾這樣叫過我，你們的委員長不敢這樣叫我，你是國民黨下面雇用的人，你配這樣叫我？」從此，獄卒們不稱她為汪夫人，就叫她為陳先生了。她這態度的對不對，是另一問題，而以一巾幗婦人，能不為威武所屈，不是我的阿私，大丈夫且難，況於為一獄囚之女流？

陳璧君晚年，不為人諒的又一點，是指她為好貨，在粵東的時候，人言嘖嘖，誠不免有聚歛之嫌。還記得有一次，周佛海因公將由滬搭專機赴粵，那時我們都還住在上海愚園路一一三六弄的時代，佛海正將啟行赴機場，忽然汪邸的副官送來箱篋一事，說汪夫人之命，托佛海帶往廣州。箱篋體積不大，而極為沉重，佛海笑笑對我說：「或許裡面盡是黃白物吧！」這雖然是笑話，而弦外之音可知。

她蚤歲以華僑富室女，毀家輸財，投身革命，而晚歲如此，是否都難逃於如孔子所說「及其老

也，戒之在得」的公式？但據接近她的人解釋她那時的心理狀態：

「汪夫人的不免於好貨，主要還是在民國二十七年脫離重慶之後，一旦抵達越境河內，豔電發表了，和平主張提出了，汪先生本決意偕同汪夫人、周佛海、曾仲鳴、陶希聖等赴法，而孑身離渝，旅費立成問題，至不得不請重慶派往河內挽勸的谷正鼎向政府請求資助。以後因曾仲鳴的被刺，汪先生認為被迫太甚，起了組府之念，搞政治就需要錢，而汪先生猶留居河內，周佛海、梅思平、陶希聖、林柏生等在香港開始展開活動之時，幾乎不名一文，而有賴於周作民、錢新之、杜月笙等以友誼關係資助了港幣三萬元。汪夫人一生初次受到了那樣左支右絀的教訓，也許這是使她突然改變常態的最大原因。」

許多人先不滿於陳璧君的，迨其身陷縲絏，而依然能強項不屈，對軍統人員，對獄卒，對檢察官，掀眉怒目，捶台戟指，絕不因環境而有所畏懼，在法庭上的侃侃陳辭，理直氣壯，鬚眉且難，就不能不對她刮目相看了。惟其她有著強項的性格，所以她就毅然參加革命；也惟其她有著強項的性格，而後為汪氏開罪了不少同志故舊。

她是虎虎有丈夫氣的人，也許一生中很少有流淚的情形吧，但她於民國三十五年六月二日，移送蘇州獅子橋江蘇第三監獄以後，當陳公博、褚民誼先後提出執行槍決，趨前與她訣別之際，也不免於老淚縱橫，泣不成聲。汪氏停靈於中央黨部之日，卜葬於南京梅花山巔之時，我並不曾看到她如何的哀慟，而與同志生離死別，就無法再抑悲懷，以她一生的倔強，在此等處，可以見得其自不失為情性中人。

當她在蘇獄的一段時間中，不少汪政權的人都同繫在一處，也許這是她一生中所沒有過的溫柔吧！她不再是落落的神態，對難友們常常殷勤地撫慰，常欷歔著說：「你們的被累，都是為了汪先生！」有家境貧寒，而不能接濟的，她真肯解衣推食。到了盛暑，買了成擔的西瓜，分享各人。獄室燠熱，她又懇求當局由她出資蓋搭涼棚。這時，她又完全表現出是一個慈愛的母性了。

一六二、有鬚眉氣概有兒女情懷

行將於本文中結束陳璧君一生之際，我既已指出了她的小疵，也不能不再補敘她的略歷。無論如何，她獻身革命的功勛是不應抹煞的，而與汪氏一生的情深伉儷，至死靡他，也是足風末俗的。

陳璧君，字冰如，原籍廣東新會縣外海人。生於光緒十七年舊曆十月初四日，死於一九五九年六月十七日，享年六十九歲。她的先人在檳榔嶼經營橡膠業，漸成鉅富，舉家就一直僑居在那裡。當清末汪氏奉中山先生命，赴南洋籌募經費，宣傳大義。汪氏在各地演講，而陳璧君還在齠齔之年，竟然醉心於革命而無日不往聽講，她對汪氏似乎是一見傾心，固然為中山先生「驅逐韃虜」的革命精神所感召，也無可諱言她為汪氏俊朗的丰神所吸引。等汪氏在南洋的任務完成，擬赴日覆命時，她毅然提出了捨棄家庭投身革命的要求。她攜帶了家財，偕汪赴日，立得中山先生的批准，參加同盟會，並指定住在東京的同盟會女宿舍中。那時革命經費正在最拮据的時代，陳璧君的捐獻，起了很大的作用。從此同盟會中的女性同志，陳璧君乃與秋瑾、何香凝鼎足而三。

在留日時期，汪氏與陳璧君之間，除同志關係外，私人情誼也與日俱增。光緒三十四年戊申，汪氏隨中山先生河口起義失敗之後，再度返日，而同盟會忽起內鬨，張繼、章炳麟等擬倒孫擁黃（興），而同盟會在日的唯一機關報——民報，又以清廷交涉，被日政府所封閉，革命大業竟陷於空前低潮。汪精衛認為非幹出驚天動地的大事，不足以激揚意志，重圖團結。他屢與黃復生、陳璧君計議，決定捨身謀刺攝政王載灃，以為震驚天下之舉。計議既定，由黃復生先赴北京，設「肖真」照相館為掩護。汪與陳璧君也於宣統元年十一月相偕而往，因清廷早已懸賞五萬元購緝，於是變易姓名，潛蹤密藏。經過了三個月時間的勘察，終於覓定載灃由私邸進宮每日必經的地安門外什剎海之銀碇橋下，埋藏炸彈，以電流通橋上，擬俟車過，按鈕轟之。

自宣統二年庚戌二月十五夜起，汪與黃復生冒寒往橋下掘土，至第三夜，因犬吠驚覺巡邏者，黃汪先後被逮，羈法部獄，清廷以不欲殺汪激使革命行動之加速爆發，又以汪氏文弱韶秀，當庭所書供辭，洋洋數千言，意氣激昂，字跡尤挺媚，肅親王善耆有憐才之意，乃判處終身監禁。直至武昌起義，弛黨禁，諮政院對汪案提質詢，兩廣總督張鳴歧，徇粵人請，亦電奏釋汪，乃於宣統三年九月初六日奉旨出獄。

當汪氏繫獄時期，陳璧君雖以未曾參與掘土工作而獨獲倖免，但她仍不避艱險，留住北京，奔走營救。在汪氏定讞之前，以為此「大逆不道」的罪名，自將萬無生理，而陳璧君獨於此時，密函汪氏，示愛意，願以終身相托，不以生死而易志，這實為恆人所難能。

此後兩人情好之篤，可於汪氏在獄中寄陳璧君「金縷曲」一詞之纏綿悱惻見之。原詞繫以長敘，尤反映出那時緊張嚴重之情形，特為照錄如後：

金縷曲（民國紀元前二年北京獄中所作）

余居北京獄中，嚴冬風雪，夜未成寐，忽獄卒推余，示以紙片，摺皺不辨行墨。就鐙審視，赫然冰如手書也。獄卒附耳告余：此紙乃傳遞轉輾而來，促作報章。余欲作書，懼漏洩，倉猝未知所可。忽憶平日喜誦顧梁汾寄吳季子詞，為冰如所習聞，欲以書付之，然馬角烏頭句，易為人所駭，且非余意所欲出。乃匆匆塗改，以成此詞。以冰如書中有忍死須臾句，慮其留京賈禍，故詞中峻促其離去。冰如手書留之不可，棄之不忍，乃咽而下之。冰如出京後，以此詞示同志，遂漸有傳寫者。在未知始末者見之，必以余為勦襲顧詞矣。此詞無可存之理，所以存之者，亦當日咽書之微意云爾。

別後平安否？便相逢淒涼萬事，不堪回首！
國破家亡無窮恨，禁得此生消受；又添了離愁萬斗。
眼底心頭如昨日，訴心期夜夜常攜手。一腔血，為君剖。
淚痕料漬雲箋透；倚寒衾循環細讀，殘鐙如豆。
留此餘生成底事？空令故人僝僽。愧戴卻頭顱如舊！
跋涉關河知不易，願孤魂繚護車前後。腸已斷，歌難又。

詞中「訴心期夜夜常攜手。」「一腔血，為君剖。」又「跋涉關河知不易，願孤魂繚護車前後。」諸語，一字一淚，柔情如許！與陳璧君函中「忍死須臾」句，均至情流露，感人肺腑。

汪氏出獄以後，有情人亦終成眷屬，兩人於民國元年結婚，女嬪相即為何香凝。終其生，雙方情愛無間。民國十二年黃埔軍校創辦之際，經費不敷，陳璧君猶鬻飾物以助其成。但她除對中山先生執禮甚恭外，其他黨內同志，常盛氣開罪，國民黨元老，幾無人不對之不滿，近親中如朱執信為汪氏之甥，且常揚言汪氏而有此內助，將為終身之累，甚有殺之為快之語。汪氏溫婉如處子，丰神有玉樹臨風之概，陳璧君則肥矮而貌僅中姿，性情又傲岸，但終汪氏之生，未嘗有二色。自國事以至家庭細故，汪輒曲徇其意。而陳璧君之對汪，亦愛護無微不至，雖然平時汪氏對之備極容諒，而凡值真怒，陳璧君亦從不敢爭。汪氏於民國二十五年結婚紀念日賦七律一首以贈云：

依然良月照三更，回首當年百感並。
志決但期能共死，情深聊復信來生。
頭顱似舊元非望，恩意如新不可名。
好語相酬惟努力，人間憂患正縱橫。

情意深厚，二十五年如一日，亦正有如詩中所云「恩意如新不可名」也。後五年，陳璧君早垂垂老矣，而汪氏詩中，仍有「悲歡離合無數重，喜爾清光總如故」之句，是真情人眼裡出西施矣！

當汪氏在日本名古屋醫院病劇之時，前後數月，陳璧君有衣不解帶的精神，而為汪氏治療之勝

沼醫生告人，汪氏的骨癌症，其疼痛有異尋常，這唯有醫生才能知道，但汪氏於病中，儘管在極度痛苦之際，而從不出呻吟之聲，對醫療人員的態度，還是謙恭和婉，一如平時。醫生囑咐他的飲食起居，也無不儘量遵守。但陳璧君獨多所干預，辭色亦咄咄逼人，但大家原其愛夫心切，從不與爭。他們夫婦給人的觀感，就一直如此。

以陳璧君的性格，儘管她到獄中，一再表示她有受死的勇氣，而乏坐牢的耐性，但當局似乎不欲其死，也不欲其生。民國三十五年初春解抵蘇州後，屢經偵訊，就於三月二十八日經檢察官起訴，控以「漢奸」之罪。起訴書已編列為「起字三九六號」了，指她在汪政權中擔任中央監察委員的職務而外，因她粵寓的案頭有著「明」「崖」兩本密電碼，於是說她「足見與汪駢肩主政，把握實權，聲勢烜赫，至為明顯。」也羅列了她五大罪狀：

一、說她慘殺地下同志，但並未舉出被害人的姓名。

二、說她兩月駐京，兩月駐粵，取決粵政，目的在斷絕政府物資來源。此點非但說得籠統，而且情罪不當。

三、與汪同惡相濟，陳春圃辭廣東省長以後，返粵主政達四月之久。又收編張逸舟及前第四路軍李輔群部，並派王英儒赴泰為聯絡員，許少榮調任為民政廳長，何麗閒代汕頭市長。

四、主持特務，是因為特工總部華南區本部廖公劭、陳賡廷、簡樹等有各項情報分送給她之故。

五、用人行政，一切仰敵鼻息。

一六三、陳璧君償精衛填海之願

至四月十六日開庭，那天旁聽的又是人山人海。其有不慊於陳氏的，以為她平素傲岸，此日俯首就鞫，想看看她的狼狽之態；或有同情於汪氏的，也想聽她如何供述，以打破汪政權六年中謎樣的內幕。

陳璧君出庭時穿了一件黑色的旗袍，架上一副細邊的眼鏡，圓圓的面孔，虎虎的生氣，仍然是神色自若，目空一切，態度之驕蹇如前，辭鋒之凌厲益甚，在面對生死關頭之際，而仍能有不屈不撓的表現，汪政權下數以萬計的人被逮、被審，當庭不是諉責於被迫參加；就是侈言於先有默契。許多人更作繭自縛，斤斤於當局特製的法條之內，以求解脫。而陳璧君卻以為汪政權是一個政治問題，而絕非法律問題，她在庭上的抗辯，為汪氏辯白，為汪政權辯護，為從汪諸人開脫，很少說到自己的個人問題。對當局抨擊，對法官譏嘲，有時且近乎申斥，常使檢察官韋維清為之狼狽不堪，她的強項，雖巾幗而有愧鬚眉。在她辯論的時候，旁聽席中不時傳出掌聲，而她的若干言辭，事後更予人留著一深刻的印象。

她指檢察官不懂政治，而且也不配懂政治。她不承認汪氏有甚麼錯誤；更不承認汪政權的賣國。她問檢察官：「說汪先生賣國，重慶治下的地區，由不得汪先生去賣；汪政權治下的地區，是中國的淪陷區，也就是日軍的佔領區，並無一寸之土，是由汪先生斷送的。在淪陷區是淪陷了的土地，只有從敵人手中爭回權利，還有甚麼國可賣？日軍攻粵，廣州高級長官聞風先逃：幾曾盡過守土之責？我們赤手把淪陷區收回，而又以赤手治理之，試問我們收回後怎樣能交還重慶，重慶又怎樣能來接收？」

她又說：「今天，你們以勝利者的姿態來審問我，為什麼不想一想？假如當年日本的炸彈，不投於珍珠港而投之於西伯利亞，今天將又是怎樣的一個局面？若說為了國家的利益，不得不與他國出之以盟好的手段，這樣而就被認為漢奸。那末，中國的漢奸應該不止親日的汪先生一人。我等為救民而死，我死也甘心了。」

陳璧君在庭上的辯論，雖然贏得若干人民的同情，但並未能變更當局對她預定的處置。或許還是顧念她為中華民國開國的元勛；也或許平時受夠了她的睚眥之怨，所以，在民國卅五年（一九四六）四月廿三日，給她定讞了，卻並沒有要她死，是判處了她無期徒刑的終身監禁。她聆判後對法官說：「我對判決絕對不服；但也絕對不要上訴，因為上訴的結果，必然還是與初審一樣。」從此她就在蘇州獅子橋的江蘇第三監獄中執行，她自稱沒有吃官司的耐性，而此時偏要讓她受盡餘生的煎熬。以她躁烈的脾氣，又加上目擊同囚的陳公博、褚民誼等先後被提出槍決。公博是汪氏最親密的同志，陳公博、顧孟餘為汪氏之左右手，其情形正如中山先生對汪精衛與胡漢民同樣的倚畀。而褚民誼又是她的妹婿。當他們就刑前趨前訣別的時候，一向堅強的陳璧君也不免為之老淚縱橫了。重重刺激，她致命的心臟病乃種因於此。

當一九四九年的初春，中共渡江前夕，國民政府為應變而南遷，政府重要檔案、庫存、物資，以及從汪政權中所沒收得來的珠寶，非遷穗，即運台。而對羈押在牢獄中的汪政權人物，不知是誰作出了一項特殊的決定，就是：除了已經執行死刑者以外，凡被處無期徒刑以下的一律釋放，判處無期徒刑以上的，分由南京的老虎橋、蘇州的獅子橋，一律移送上海提籃橋監獄繼續羈禁。當局移走了他們的私產（不能移動的房產等，接收者享用了僅得四年，此時當然也只好拱手讓人了），而仍然扣押他們的人身，倒很合古諺「棄櫝藏珠」之義。汪政權中被處重刑的百餘人，中共抵達滬濱，就像剩餘物資那樣地轉入了中共之手。

那時集中在提籃橋的，現在我還能想得到的名字，已寥寥可數，只及全部的幾分之幾了。此刻經過了十年的時間，有的已被中共槍決了，如錢大櫆、盧英、潘達等人，有些是瘐斃了，如陳璧君、汪時璟、吳頌皋、徐蘇中、盛幼盦等；唯一徼倖的是蔡培的因病得以保釋。大部分人則因為禁止與家屬通信接見，早已生死不明。

國民政府移交給中共的汪政權獄囚，就我記憶所及，有陳璧君（中央委員）、王蔭泰（華北司法總署督辦）、江亢虎（考試院長）、余晉龢（北平市長）、潘毓桂（天津市長）、汪時璟（華北聯合準備銀行總裁）、唐仰杜（山東省長）、陳曾栻（山東省長）、王謨（華北教育總署督辦）、劉玉書（北平市長）、鄒泉蓀（北平商會會長）、陳春圃（廣東省長）、羅君強（安徽省長）、吳頌皋（司法行政部長）、錢大櫆（中央儲備銀行副總裁）、盧英（上海市警察局副局長）、潘達（七十六號行動隊長）、蔡培（駐日大使）、楊惺華（中央信託公司總經理）、陳日平（上海新聞報副社長）、周學昌（南京市市長）、徐蘇中（文官長）、周隆庠（行政院秘書長）、陳濟成（駐偽滿大使）、郭秀峰（宣傳部次長）、夏奇峰（審計部長）、盛幼盦（裕華鹽公司董事長）等，我太健忘了，這張名單當然是掛一漏萬，而且還不免有誤記的。旅中並無參考資料，容俟他日再為補正吧！

我真有些莫測高深，不知當局何以會作出如此的決定？假如汪政權中人真是罪大惡極的話，國有常刑，殺之可也！否則國事至此，何不網開一面？即不然，亦儘可押解台灣，以貫徹其刑罰的目的。汪政權是揭櫫反共的，而那時國府面臨的危機，是與中共作生死鬥爭，那何以定要以反共的人而交諸共黨之手？其他的人不必說了，陳璧君既為國民黨同盟會時代的老同志，又是對締造中華民國有功勛之一人，中華民國有國法，國民黨有家法，怎樣處置她都可以，為什麼要以黨的元勛，黨的中委，而委諸敵人之手，使其備受折磨而終至瘐死獄中？是則徒使親痛仇快而已，又抑何其忍也！

當一九五〇年我還留在上海的時候，中共對提籃橋的獄囚們依照一般常例，每隔相當時期，還准許家屬接見一次。那時據獄內傳出的消息，附共的國民黨中人宋慶齡、何香凝等，曾經為陳璧君向中共當局疏通釋放。而中共的條件，必須陳璧君有「悔過」的公開表示。那年的初春，提籃橋獄內特別集中群囚，召開大會，要陳璧君當眾認過。

四年的羈幽歲月，卻仍不曾使她豪氣消盡，她登台演講，她說：「如其中共與蘇聯友好，是為了國家的前途，那末在當年抗戰形勢不利於我的情況下，汪先生的離渝與日人周旋，彼此又何能分其涇渭？假如說中共政權的建立，是為了為人民服務，那汪先生才是真為淪陷區哀哀無告的人民服務。我是最知道汪先生的人，我有為汪先生表明其心跡的責任。」她並歷舉汪氏生前與日人爭持的事實，始終無一語有所譴責。這一次的演講，就確定了她的命運，從此也就斷絕了她出獄的希望。

移滬以後，陳璧君的病勢逐漸惡化了，以獄中營養的關係，以及身受的遭遇，況且已屆高齡，至此，也只不過僅能遷延時日。而其家屬又都離開了上海，經過接收之後，家產蕩然，其公子乃不得不在港重刊汪氏生前遺著《雙照樓詩詞稿》，以書款戔戔所得，匯滬為她的療病之需。

至一九五九年的三月，陳璧君病勢已到了危急的程度，於是獄方把她移送至監獄醫院。又纏綿了三個月，終於在六月十七日下午九時，病逝獄室。自勝利被逮以迄撒手西歸，兩易朝代，六遷囚處，前後在獄渡過了十三年有餘的羈幽生涯，距汪氏之死，且已十六寒暑。因為長子孟晉，次子文悌，長女文惺，次女文恂均在港，三女文彬，又在印尼為修女，上海沒有直系親屬留居。當她病歿之後，才由獄方輾轉詢問其親友，領屍收殮。有些為了環境關係，不敢挺身出任，最後由一個子媳的近親，將其遺體領回火化了，一代半命女傑，也終於化為劫灰！

遺灰不久由滬運抵了廣州，遲至一九六〇年的仲秋，因辦理手續需時，始由家屬派親戚赴穗垣迎來香港。骨灰是陳在一隻紅木小匣內，潔白無垢，先供在她次女公子的寓所舉行了一次家奠，然後雇了一艘遊艇，集合了在港的親友暨同志部屬四十餘人，靜悄悄地乘艇出發，環繞著香港的領海，將骨灰散放在煙波浩淼的海水中。留下小小的一撮，以備他日的歸葬首丘。以陳璧君的不以貴賤而易態，與汪氏的不以生死而易志，及其死也，猶以遺灰一償汪氏精衛填海之願，她儘管有許多可以指摘的地方，也不能不說始終沒有因環境的變易，而湮沒她反抗的革命精神，女流中又能有幾人可以企及之哉？

一六四、周佛海的私產究有多少

汪政權中汪氏以下最有權力的人物，應該不是陳公博而是周佛海。有人認為我寫的汪政權幾乎寫成周政權，固然我以私人交往的關係，所得資料，實際上偏於佛海的一面，而我於最近一次旅日期內，日人談到當年的經過，也無不認為汪政權的一切重要事務，自決策以迄執行，事實上泰半也確由佛海獨任其難。佛海終於與陳璧君同其命運，瘐死獄中，而政府對佛海的處置，總算在汪政權諸人中已能獨邀「寬大」的「恩典」了。

佛海在勝利以前，還清楚當局的態度，他不是親口向我說過：「張漢卿就是我的榜樣」嗎？而自日本的突然投降，把他的心思搞亂了，他既自恃有些「功勳」，陶醉於秘密電台中不斷傳來的嘉獎之語，也許他又中了「國無信不立」的書毒，政府寬大的宣示，使他迷亂了。勝利以後，先之以京滬行動總指揮名義的發表，繼之以吳紹澍所說當他面謁蔣氏呈送佛海的私函時，蔣氏讀後竟為之流淚的告語。戴笠抵滬以後，又無日不在佛海家中盤桓，兩人閉門密談，當然戴氏更一定曾給他以許多保證。我所看到的佛海那時的態度，有些以戴氏所開遠期的支票當作免死的鐵券。戴氏對佛海的說服，應該可認為特工史上最大的成功吧！

佛海那時手裡握有數十萬可以指揮的軍隊，中央儲備銀行中存有可以運用的五十多萬兩黃金，確有舉足輕重之勢。當局的把他以全力爭取過來，真是太聰明的辦法，而戴氏僅憑三寸不爛之舌，竟取得了佛海的完全信任，甚至他忘記了身邊兩個軍統中的小角色──程克祥與彭壽且如此其跋扈。他也絕不理蔣伯誠認他飛渝四不可的諍言。在一九四五年的九月三十日清晨，戴笠押了周佛海、丁默邨、羅君強、楊惺華、馬驥良等專機飛渝了。從此，周佛海做了甕中之鱉，也許他還以為只是嘉陵江畔的一名特客罷了。

政府的「肅奸」，照例以肅產始！如周佛海在汪政權中所擔任「財政部長」與「中央儲備銀行總裁」兩項職務，一定被認為是堆金積玉，富可敵國了。就在汪政權未覆亡以前，民間早對佛海有過謠傳。大約是民國卅二年，他南京西流灣的住宅，以失火重建，實際上日人為見好於佛海，一切建築材料且都為日方所贈送，而社會上就曾轟傳過這一次祝融之禍中，佛海家藏的數十箱現鈔，給全部焚去了。連佛海自己也聽到了這傳說，曾經為之失笑。這幾年我又在報刊上看到有人寫佛海當年窮奢極侈的生活，說目擊過他家裡的痰盂也是純金製的。佛海即使有錢，他到底還是讀過幾年書的人，又何至庸俗淺薄一至於此。而社會上往往對臆造不經的事實，也居然有人會信以為真的。

如其我說佛海真是一芥不取的話，那是諱飾得太過分了，我為他經手的，鹽的方面，盛老三就每月有一定的貢獻，其他方面自然也可能會有相當的收入，但我相信他真不曾向他部下要索過。而他所必須支付的機密費，以及應酬各方的津貼與酬勞，每月也為數不貲。尤其他受命擔任的地下工作，重慶不會給他經費，他更不能報在汪政權的賬上，靠他的官俸，又有多少？挹彼注此，事所難免。然而那時財政部附屬的稅收機關，也確實貪污盛行。就我直接獲得資料，上海所得稅局向商人勒索，有一次我一個親戚因為局方要他交付幾十倍於應付的稅額而向我叫苦，經我出面斡旋而解決。又有一次，我先父母卜葬滬郊，運柩經過中山路稅關時，竟公然要我出賣路錢。有許多事佛海當然是不知道的，有的佛海在「用人不疑」的自信心下，乃使墨吏敢肆行無忌。當時有貪污情形完全是事實，人們當然把他部下的賬，一起都上在他的身上了。

佛海也真有他莫名其妙的一套用人哲學。更有一天，我們許多人在與他談到財政機構的貪污情形，有人且指出某人的如何如何，而佛海卻說：「天下烏鴉一般黑，現代還有誰能見利而不忘義的？某人做久了，也許刮得也不少了，應該可以適可而止。如換一個新人去，那將像一個餓癟的臭蟲，吮血吸髓，恐怕更要變本加厲。」他說來似言之成理，但他的言論，有時也自陷於矛盾。民國三十三年，浙江省長項致莊有調動的傳說，項方有人托我為他緩頰，我問佛海項致莊是否將調動，他承認是事實。我說：「你與他過去是江蘇省政府的同事（佛海任教育廳長，項致莊是保安處長），況且他在浙江任內，不要錢總是事實。」不料佛海竟然說：「假如做官只要不愛錢，那請個泥菩薩去，豈非連飯也可以省了？」而項致莊畢竟調走了，卒由丁默邨繼任，以迄於勝利。

佛海手裡並沒有太多錢的另一證明，他在我所辦的南京興業銀行開了一個往來戶，專為支付一切機密費之用，盛老三鹽方面的錢，也就直接存入這一個帳戶中，而數年之內，他時常會開出空頭支票來，而且數目缺得很多。但周太太手裡，不能說毫無積蓄。那時幣制在不斷貶值的時候，誰都手裡不會放什麼現款，周太太錢的來源，也並不全是汪政權時代佛海搜括所得。她有的是很名貴的珠寶飾物。

在民國二十八年，佛海剛由香港抵滬以後，有一天，周太太忽然與我談到「富貴在天」的大道理，她說：民國十六年國民革命軍剛剛底定淞滬，有一次淞滬特派交涉使郭泰祺舉行盛大的晚宴，參加的都是金融界與所謂上海名流，那晚赴會的貴婦們都盛裝而往，滿身儘是珠光寶氣，而我則了無飾物。當回到我們住的霞飛路霞飛坊的亭子間中時，佛海問我是否羨慕她們的財富，我還笑著說：「我有這個命，將來不怕沒有，沒有這個命，有了也會保不住的。」不料十二年之後，我現在所有的，珍貴且遠遠超過我當年在貴婦人身上所看到的。

她說得一時高興，翌日還堅邀我去國華銀行的保管箱中，參觀她的寶藏，鑽石、翡翠、珍珠、寶石、無一不有，多而且精。我倒禁不住問她佛海那裡來這麼多錢買這許多寶物，她說：「我嫁他時，他還是饔飧不繼的窮學生，從日本回國後，教書時寫出了這本『三民主義理論的體系』為教材，民十六年後由上海新生命書店印行，成為國民黨黨義書籍中最權威的著作，全國中等以上學校都採為黨義教科書。十餘年中，版稅的收入著實可觀。佛海與我約定了這書得來的版稅全部歸我，我沒有其他用途，就陸續都購置了飾物。」

周太太告訴我的，我相信也是事實。但以後因佛海與女伶筱玲紅的一段羅曼史，周太太約了我與筱玲紅又同去過一次銀行，她願意以飾物之半分給筱玲紅，而換取她正式嫁佛海為妾，三人同住，以便監視為條件。那一次我又看到她的東西是添了不少。也許佛海比較值錢的私產，就是保管箱中的這一批飾物了。

勝利以後，軍統的追查財產，不管佛海的實況如何，自然也以他為最大目標了。大約軍統也知道佛海手裡不會有錢，所以當他與他的兒子幼海一起關在嘉陵江畔時，並沒有向他直接查問。而周太太與女慧海則在滬被拘押了，就關在我們移解到提籃橋以後的上海福理履路「楚園」，由軍統的余祥琴主持追查。日夜不斷的疲勞詢問，周太太不堪磨折，一度吞金求死。最後，除上海居爾典路以及南京西流灣的住宅早被佔據外，國華銀行的保管箱被打開了，寄存在親友處的細軟都獻出了，僅以身免，才算獲得了自由的恢復。

當局有一件不太合理的事：佛海有每天寫日記的習慣，汪政權前後六年之中，也一日都未曾間斷過，這是有關汪政權最重要的史料，佛海於勝利以後，也把它鄭重安放在國華銀行的保管箱中。以後保管箱被打開了，這起自民國二十八年，迄於三十四年的七冊日記，也一併給軍統所沒收。而沒收以後卻不曾當作為文獻來保管，而是由主管的中央信託局逆產處處長鄧寶光取來供他為私人消閒的讀物。當我自牢獄歸來以後，周太太以為日記並不是財產，要我交涉索回，整理後為佛海寫傳記。我曾為之交涉再三，而終遭拒絕。

一九五〇年鄧寶光在滬投共。還曾來過香港一次，他抽了佛海民國二十九年的那一冊，以為途次閱覽之用。帶港後為陳彬龢所見而借去。迨鄧寶光由港返滬，竟忘未索回。以後陳彬龢以港幣三千元的代價賣給了創墾出版社，一度登載於「熱風」雜誌，又曾出過單行本。這是佛海日記流落人間的經過。至其他的六冊，刻已不知散落於何處了。

此外，佛海的私產，有為國民黨所漏未查抄的，是愚園路柳林別業的一所房屋，那是民十八佛海正為蔣氏司筆札時，皖主席陳調元為見好於佛海而送他的。共軍抵滬以後，周太太自動獻交中共，而中共特為此發表了新聞，又把佛海痛罵了一頓，造成求榮反辱的事實。筱玲紅成為佛海秘密的外室以後，生了一個女孩子，佛海死後，她則有意為佛海守節撫孤，而周太太餘恨難消，與幼海又向中共報告後，籍沒了她僅能恃以活命的私蓄。現在從報上看到，迫得她重現色相，又在偏僻的鄉鎮中登台演唱，重為馮婦了。

一六五、渝郊特客變成虎牢獄囚

國民政府決心興大獄，以嚴刑峻法，懲治汪政權中人，別人自不待言，連與軍事委員會有直接聯繫、最高當局承認反正有案的周佛海，對他也僅網開半面。所謂整飭國家紀綱，似乎還在其次，而政府之所以如此雷厲風行，或許更有其外來的壓迫，與內在的原因在。

由於美國原子彈的在日境爆炸，蘇聯大軍的向東北進兵，旬日之間，使日本不敢再作困獸之鬥，而宣告無條件投降。這使重慶方面全出意外，不期而有勝利來得太快了之感。在手忙腳亂之餘，對淪陷區的如何接收，對汪政權中人的如何處置，憑一時的意氣與一時的利害，不能不說措置有些乖張凌亂。若說通日即為「漢奸」，那末「滿洲國」成立在先，何以恩施格外，政府卻下令對滿洲中人除溥儀等已被蘇聯俘虜者外，概置不究？若說偽滿中人在東北淪陷後為國家權力所不及，至被迫參加，因而法外施仁，則偽滿久經日人訓練且有較佳裝備之數十萬軍隊，又何以不予收編？反供中共利用，增厚其力，而貽陸沉之禍？

民國二十六年抗戰軍興，本來刑法中早有著外患罪與內亂罪的規定，而政府還特訂了「懲治漢奸條例」。勝利以後，又感覺所謂「漢奸」也者，其成立之要件，要在政府管轄區域內為虎作倀通敵謀叛者而言，汪政權成立於淪陷區內，根本不合條例之規定，於是事後量身裁衣，於行為完成之後，而又因法無明文處罰，於是重加修訂，以貫徹嚴辦的目的，這不能不說根本違反了刑法「不溯既往」的大原則，也傷損了國家的法治精神。修訂之前，政府草案中本有「協助抗戰，有利人民者得減免之」的規定，一送國民參政會討論，主持審查的為專唱高調的大炮傅斯年，把草案中的「免」字改為「輕」字，於是即使立過天大的功勞，只要一有形跡之嫌，即難逃「漢奸」之罪。

國家懲「奸」以外，卻還附帶著另一項副作用。抗戰期內，軍費支出浩繁，財政不免於拮据，因此乃謀桑榆之務，於是而法幣對中儲券，應該以二十八對一收回的，弄成為兩百作一，使人民於劫後餘生，更負擔這一項不合理的損失。而對汪政權中人，更有沒收全部財產之規定。本來籍沒抄家，係封建王朝之苛政，現代刑事政策，應沒收之物，明定僅限於犯罪所得，常局不擇手段的措施，不特為後來開惡例，也只便了貪官污吏的私圖，於國庫既無裨補，徒使社會秩序陷於混亂。

國民政府本身，在抗戰八年中，鑒於汪政權中人不乏「身在曹營，心存漢室」之輩，在敵人鐵騎之下，猶躬冒萬險為中樞效命，未必一一都欲置之於死地。中共儘管於勝利以後，對汪府中人收容了不少，我所知道的軍人就有吳化文、郝鵬舉、李明揚等，文人就有高冠吾、邵式軍、袁殊等。但中共有著他的政治目的，第一：汪政權揭櫫反共，此點與重慶不無有些聲應氣求之處，而對中共則自然視為敵人。其次，淪陷區為全國的心臟之區，地域且廣及蘇、浙、皖、鄂、贛、粵、冀、魯、豫，以及內蒙諸地，而規復接收，悉由政府主之，共產黨乃以懲「奸」為藉口，實欲造成收復區混亂之局面。因此，重慶時代的政治協商會議，中共所提政治條件的第一項，即為嚴辦「漢奸」。大概重慶當局只要對本身並無直接利害，也落得順水推舟，於是收拾起「寬大」的諾言，實行「紀綱」的整飭。在中共的心目中，是以「毒」攻「毒」。於是軍事上則東北的偽軍，人棄我取，林彪悉數收容之後，即資為攻略之資本。而收復區內，既稱偽民，即無人不可涉嫌，至弄得雞人不寧，人心全失，卒成失去大陸悲劇的原因之一。

迨至實行「肅奸」，倒楣的一批，家裡有些錢，則「匹夫無罪，懷璧其罪」，平時有些睚眥之怨，則一封匿名信，如響斯應，緹騎立至，罪責難逃，連祖宗傳下的基業，也一併沒收，本人則兩年半徒刑，已算從輕發落。至於法院經辦人員的貪污盛行，「有條有理，無法無天」，那是口碑載道，通國皆知。幸運的則除了被認為有「組織關係」而得倖免之外，還請他們駕輕就熟，箕豆相煎。此外，勢力與人情，也有起死回生之效。這裡可以舉出男人女人的一個例子：藍妮初押在上海南市看守所，立法院長孫科表示是他的「敝眷」，於是當局愛屋及烏，得邀釋放。從維新政府而轉入汪政府為「水利委員長」的楊壽楣，勝利以後也拘押在南市，據說他的令妹楊令茀，在美國與杜魯門的特使馬歇爾相識。馬歇爾使華後，在與最高當道談話中提及了他，又因投鼠忌器，而免予追究。如此的「肅奸」，一切表現的事實，又幾曾真像為了整飭國家的紀綱？

而「肅奸」運動的由「寬大」而嚴辦，由政治解決變為司法審判，關鍵所在，可說完全由於軍統局長戴笠的突然撞機橫死所致。戴笠一死，沒人再挑得起這副千斤重擔。事實上除了部份日憲兵的密探、翻譯等喪心病狂之徒，利令智昏，甘為虎倀以外，其他以人事上的關係，或多或少都會與派駐在淪陷區的地下工作人員有所接觸。而反間諜工作，則以軍統總其成，事關保密，其間細微曲折之處，唯戴笠一人知之。戴笠死，既無人敢向蔣氏直接進言，亦且無人有此肝膽，敢蒙庇「奸」之惡名，挺身而為人洗刷。所以戴笠一死，上海的軍統看守所就把所有羈押的人，一律移送法院，卸除重擔。也正因為戴笠一死，周佛海就憮然地說：「雨農死，我也完了！」

這個嘉陵江畔的特客——周佛海，因相信戴笠的話而毅然赴渝，因聽到戴笠的死而爽然若失。他是向不會作詩的人，獄中於無可奈何的生活中，也學吟詠以寄慨，錄其兩詩如下：

偕妻兒幽居渝郊嘉陵江

山草萋萋山鳥飛，鄉居雖好意多違。
親朋遠隔音書斷，妻子同羈事業非。
滿目瘡痍悲浩劫，連天烽火欲安歸？
國憂家難渾無賴，愁對嘉陵送落暉。

送內子由渝飛滬

前途風浪惡，驟別更魂消。
家室皆分散，天涯共寂寥。
憑欄溫舊夢，對月立中宵。
明月驚相顧，關山萬里遙。

佛海的詩是不足道的，但可以反映出他獄中哀怨的心境。「前途風浪惡」這一句，也可見其一旦身入甕中之後，自知前途必然凶多吉少。果然，在一九四六年的秋季，汪政權的人早已全部解送法院，陳公博梁鴻志等且已執行死刑，他也被以專機押解赴京，關在首都高等法院的老虎橋監獄。這裡我先抄一段佛海任江蘇教育廳長時，為其編審室主任的湖南同鄉易君左所記探望佛海在京獄時的情形如左：

「我從西北回南京，遇著周佛海的夫人楊淑慧。我說：『我要看看佛海去。』淑慧很驚奇，同時淌出了眼淚來。這是因為當時在南京的周佛海的朋友以及他的部屬，都諱莫如深地怕提起周佛海三字，免遭『漢奸』的嫌疑，自然更沒有人敢到監獄去探視他。

「一天，我隨楊淑慧到老虎橋。楊淑慧真是一位既淑且慧的太太，她費了多少心思，化了多少錢，才打通了獄吏的途徑，每週可以出入監獄兩三次，送點衣服和牢飯，還得經過嚴厲的檢查，看人嘴臉。

「我被引進去後到了一處，一派高牆裡面，有一棟小房子，周佛海等便幽禁在那裡。牆中間開一個小小的圓窗，由粗鐵絲網著。周佛海從小窗子那邊出現了，穿一件長袍，光著頭，氣色還好。一見我來，笑著說：『君左，隔著鐵窗，我們今天無法握手了。』這次是他重慶出走後，我們第一次見面，百感茫茫，而他還幽默如常。我站在窗口和他談了一小時之久，他只希望我送些畫報給他，因為這裡太寂寞，旁的東西又都不許看。

「和佛海談話將畢，發現窗內小院裡一個正打著拳的停下手腳，走來窗口看我，原來就是羅君強。君強是我的朋友，又是我的學生，他還是那樣年青、漂亮，比以前還胖了些，滿臉堆著笑容，向我頻頻點首。我和羅君強又談了一些話。接著窗口又出現兩個面孔，一個是丁默邨，一個是楊惺華。丁默邨罩著一個口罩，說是傷風，楊惺華有些憔悴，神態仍自若。

「那知第二天，丁默邨便被拖出槍斃了。周佛海那時已由特赦改判死刑為無期徒刑，羅君強是無期徒刑，楊惺華比較輕一點。（筆者按：楊惺華初審亦被處無期徒刑，上訴中政府遷穗，案卷遺失，無法定讞，共軍渡江前夕，亦被移滬轉入中共之手，以迄於今。）我和他們談話後便告辭出來，周佛海忽然又喊我回去，我問：『還有什麼事？』佛海又笑道：『你回去最好寫一篇文章，題目是虎牢探奸記，是漢奸的『奸』，不是監獄的監字呀！』我也笑了，對佛海道：『你還是這樣開玩笑。』「關在牢獄裡還開玩笑，我真佩服他的鎮定。」

一六六、蔣氏官邸中低沉的哭聲

佛海解抵南京老虎橋監獄以後，經過了首都高等法院檢察處的例行偵查手續以後，不久就被正式起訴了。除了一視同仁的所謂「通謀敵國，圖謀反抗本國」之罪外，更著重他所負財政與金融兩項的責任。為了預防聽審的人太多，特地借了夫子廟的大殿為法庭。而法院對他，也顯得特別鄭重其事，由首都高等法院院長趙琛親任審判長。開審的那天，果然旁聽席上座無虛席。在鞫訊中，周佛海的抗辯，也不時為掌聲所打斷。這現象，陳公博、陳璧君而外，周佛海鼎足而三。我們不應引以為喜，該為國家的法治前途而嘆息。

趙琛與周佛海原是朋友，那天當然一個是堂皇高坐，一個是侷促階前。趙院長倒真是不念舊誼，執法如山，當照例問過了姓名、年齡、籍貫、住址以後，奇峰突起，問到了題外文章。趙琛問：「你的離渝隨汪，參加偽組織，是否為了想做部長？」佛海答：「審判長是知道的，我部長做夠了，民國十八年我就做了中央民眾訓練部長，民國二十七年我又代理了中央宣傳部長，我並不希罕為了想做部長而參加南京政府。」

佛海對於被訴「通謀敵國，圖謀反抗本國」的抗辯，他說：「這一點的起訴，與我的情節太不相符。我參加南京政府的前半段，是『通謀敵國，圖謀有利本國。』因為民國二十八年底我隨汪先生離渝之時，唯一國際通道的滇緬公路被英國封鎖了，我們的與國英美兩國，仍然對日本一味撫綏，抗戰形勢極度危險，我希望能與日本直接談和，以挽救危亡。我參加南京政府後半段的情節，是『通謀本國，圖謀不利敵國。』在與日本直接談判之後，我發覺日本的並無誠意，我更通謀了本國，希望做些不利於敵國之事。我與中樞數年之中，既已取得直接聯繫，我的一切工作，也大都奉中央之命而行，假如不是原子彈提早結束了戰爭，在中美聯合反攻時，或許我會能有更多的表現。」他並舉出了戴笠、蔣伯誠、吳開先、何世楨、袁良、張叔平等許多有關人士為證人。

佛海在庭上說的話，以我與他六年中交往之密，我相信他說的確是由衷之言。而且，有部份太機密的話，為了國家的利益，為了領袖的尊嚴，他因顧識大體，寧願不為自己辯護而隱忍了下去。退庭之後，當他被押返監獄時，成群的新聞記者上前去請他在紀念冊上題字，他只寫了一句話，是「十年以後真知我。」現在已是離他題字在十年之後了，國際的形勢如何？中國的現狀如何？台灣與日本間的關係又如何？人之將死，其言也善，無奈給他不幸而言中了！

佛海一切的辯論，並不曾影響政府既定的方針，初審的宣判，還是處了他以極刑。雖然還有聲請覆判的機會，但前途太渺茫了，也真太險惡了。佛海的夫人楊淑慧知道刻舟求劍，一味倚仗法律的正當途徑，將無法挽救她丈夫的性命。她瞭解到中國人法律不外乎人情的話。佛海在參加汪政權以前，不但隨侍蔣氏，前後十有餘年，而且為部長、為中委、為CC的十個最高幹部之一、為黃埔系裡的領導人物。凡是政府中的要人都是他的同志與朋友。周太太幾乎向所有有力量的人磕遍了頭、訴盡了苦，但誰也為了避嫌之故，不敢向蔣先生進言。

她救夫心切，不得已而呼籲於異黨。因為一九二一年中國共產黨在滬成立時，佛海以日本海外支部代表資格為出席的十代表之一，而且還被選為副主席（主席是陳獨秀），據說：毛澤東還是由他在長沙曾公祠會面談定，而由他介紹入黨的。毛以次周恩來等中共要人，在滬、在漢，也都與佛海曾經有過一段香火之緣。所以當周恩來到南京時，她去看了他，要求他向當局說情，這本來是病急亂投醫的辦法，也不過姑妄試之之意。而共產黨人不愧透剔玲瓏，真能窺測別人的心意，他告訴周太太說：「我不是不肯為佛海幫忙，我不說，有人還能念他十餘載追隨之舊誼，六年中驅策之微勞，或許尚能有一線生機。我一說，是反速其死了。甚至，你今天來看我，也萬不要讓別人知道。此外，假如佛海手裡還握有任何證據的話，趕緊呈送上去，好讓別人放心，也許還能有救。」周太太聽得毛骨竦然，知道他說得有理，倒並不是托辭推卻。

在「肅奸」運動中，自有許多掮客在四處活動，招攬生意，有人介紹她與某一個保密機關的首長夫人見面，那位貴夫人拍胸擔保，自稱回天有術，代價是黃金一百五十條（一千五百兩），周太太相信她的丈夫確實有此魄力，於是東拼西湊，如數籌措到了這一筆鉅數送去。以為贖命有方，從此可以高枕無憂，不料錢是化了，而最高法院的判決，還是維持了高等法院死刑的原判。現在佛海唯一可以不死的機會，只有國民政府主席依照約法之規定（那時憲法尚未制定），予以特赦之一途了。

佛海生前最好的朋友，是軍事委員會委員長侍從室的同事陳布雷，從民國十六年起，蔣氏所發表重要的文電，大半出於他們兩人之手。他們私人間更有著很深的友誼，平時兩人幾於朝夕相見，無話不談。佛海離渝隨汪以後，固無時不以布雷為念，民國三十四年春，由蔣伯誠轉給吳紹澍面呈蔣氏的那一封佛海的私函，一開頭就是這樣寫的：「職離渝經過，惟布雷知之最詳……」有人懷疑佛海離渝，不會讓布雷知道，但我誓言目睹佛海的親筆函中，確實有此二語。周大太一切營救的方法都走盡了，最後只有不斷向布雷哀籲。布雷一生唯謹慎，他只知如何效忠於蔣氏，很少應朋友的請托而肯向當局有所進言。為了友誼，也經不起周大太的糾纏，他竟破例地為他昔日的朋友，向蔣先生懇求，而且終於得到了蔣氏的同意，給予周太太謁見的機會。

到了蔣氏指定的日期，由保密局局長毛人鳳陪同下，領她到南京蔣氏的官邸。進入室內，蔣氏已經坐候在那裡，周太太一見到這國家的元首，是她丈夫多年忠心相事的領袖，現在，生死就操在他的手上，她止不住眼淚簌簌地下流，面向著他，立刻就跪到在地上，她只剩得抽咽與悲泣，什麼話也沒有講。其實，什麼話還用得著講嗎？佛海為什麼要參加汪政權？參加以後與蔣氏之間的關係如何？勝利前這六年中他做了些什麼？戴笠雖然死了，蔣氏應該是最清楚的一個人。今天，周太太所祈求的，不是什麼功罪是非，而只是能留得她丈夫的一條性命。她以無言來代表千言萬語，除此而外，她還能說些什麼呢？

室中的空氣，顯得淒涼而嚴肅，除了周太太低沉的泣聲而外，萬籟俱寂。蔣氏面色也很鄭重，還不時皺著眉頭，終於他向周太太以輕緩的語調說話了，蔣先生說：「這幾年，對東南的淪陷地帶，還虧了佛海，我是明白的。起來，安心回去吧，讓他再在裡面休息個一兩年，我一定會讓他再歸來的。」蔣氏的寥寥數語，以一個私人的家室來講，已經是生死肉骨的綸音。她爬在地上再磕了三個摯誠的感激的頭，含著一泡眼淚，隨了毛人鳳退出官邸。

這一段事實的經過，是我從牢獄裡回來以後，周太太在悵惘與悲痛中親自告訴我的，應該不會是什麼空中樓閣。

周佛海的一生，風險重重，這次已經是他第二次的死裡逃生了。民國十六年清共的當時，他由武漢逃奔南京，途次上海，為陳群楊虎所捕，幾遭槍決，也是由周太太的奔走營救，得以逢凶化吉。這次終審已判處了死刑，最高當局又以一念之仁，面允貸其一死，而他終於在精神體力無法支持下，最後病死獄中，而他的不克自永其年，未免太辜負了當局對他破例顧恤的大恩大德了！

一六七、全國一人政府下令特赦

是蔣先生所答應的事，還有什麼辦不到的？更何況區區周佛海的一條性命。終於經首都高等法院初審判處死刑、又經最高法院覆判核准、更經周太太聲請覆審遭駁回之後，事實上已只等司法行政部的命令執行了。山窮水盡，正是束手待斃之時，民國三十六年春，國民政府主席蔣中正公佈了一條特赦令，承認周佛海於民國三十年起，已向政府反正，勝利以後，維持地方有功，依照約法，予以特赦，將死刑改處為無期徒刑，終身監禁。原令如下：

民國三十六年三月二十六日國民政府令：

查周佛海因犯「懲治漢奸條例」第二條第一項第一款之罪，經判處死刑，褫奪公權終身。現據該犯呈報：其在敵寇投降前後，維護京滬杭地治安事蹟，請求特赦。查該犯自民國三十年以後，屢經呈請自首，雖未明令允准，惟在三十四年八月十九日，軍事委員會調查統計局續為轉呈，準備事實表現，圖贖前愆。曾令該局局諭轉知該犯，如於盟軍在蘇浙沿海登陸時響應反正，或在敵寇投降前後，能確保京滬杭一帶秩序，不使人民塗炭，則准予戴罪圖功，以觀後效等語，批示該犯，則可免其一死。經交司法院依法核議，前據呈復，該犯既在敵寇投降前後，能確保京滬一帶秩序，使人民不致遭受塗炭，對社會之安全，究屬不無貢獻。可否將該犯原判死刑，減為無期徒刑，理合呈候鑑核等情。茲依約法第六十八條之規定，准將該犯周佛海原判之死刑，減為無期徒刑。此令。

主席蔣中正

對這一條特赦令初看一下，覺得一派官腔，無窮笑話。若逐字細讀，更覺矛盾百出，好似為作者所杜撰。當這一份特赦令發表時，我猶在縲絏之中，報紙為獄中禁物，轉輾覓得一份，略一過目，就覺懷疑滿腹。數年來我只記得其大意，而早已忘記了明令的原文，直至本書寫到此處，為求真實起見，窮了數日之力，始於香港大學的馮平山圖書館中，檢出民國三十六年香港「國民日報」的三四月份合訂本，將所刊載之原令，一字不易，照抄發表。於再度捧誦之餘，前塵歷歷，益使我發生了無限感想。

因為：政府之所以對周佛海頒令特赦，說是由於周佛海於判處死刑之後，始行自動呈報其於敵寇投降前後，維持京滬杭地治安有功。佛海的曾否呈請，我並不知道，但他對東南治安真是維護有功的話，事非細小，有關機關，所司何事？而必待本人呈明經過，始予考慮？這說法徒然顯得官吏的太過懵懂，而國家對功罪的太過馬虎。

其次，命令中事實上無異承認了周佛海的與重慶暗通款曲，最遲亦為民國三十年（即一九四一年汪政權成立之翌年）間的事，而命令中偏偏不說反正，巧妙地稱之為「自首」。試問周佛海人在京滬，又何能向重慶自首？如係通過與軍委會聯絡之秘密電台為之，雙方既經通報，則既經取得聯絡，自為獲准反正，而決不應再稱為自首。況佛海時猶置身虎穴，當局尚須加以運用，更何能「明令允准」？如「明令允准」，不啻明告敵人，加速其死。再按當時「懲治漢奸條例」中本有明文規定，凡於勝利前自首有案的，得免除其刑。佛海如果確已自首，則司法之判決應為「免刑」而不必再勞國家元首之特赦。即依普通刑法之規定，犯罪自首，應減輕其刑，法律僅有鼓勵之規定，從無拒絕之理由（刑法總則第六十二條），所謂「屢經呈請自首，雖未明令允准」云云，就法論法，束身待罪的自首，居然也有准不准的，是奇聞也，亦笑話也！

而更大的笑話是明令中說：「惟在三十四年八月十九日，軍事委員會調查統計局續為轉呈，準備事實表現，圖贖前愆。曾令該局局諭轉知該犯，如於盟軍在蘇浙沿海登陸時響應反正……准予戴罪圖功，以觀後效等語。」查日本政府通過其國家通訊社（同盟社）宣布接受波茨坦宣言，為民國三十四年的八月十日，日皇與鈴木內閣正式宣布無條件投降，則為同年八月十五日。那末八月十九日，日本早已投降了，軍事委員會調查統計局為什麼再要於此時轉呈？國民政府又為什麼再要令周佛海「如於盟軍在蘇浙沿海登陸時響應反正」？假如我當時對這一條特赦令，不留一些印象，現在又於國民黨主辦的黨報「國民日報」上照抄下來，連我也將認為是語無倫次了。當局的所以在這三百餘字的一條明令中弄得矛盾百出，而又完全抹煞了在勝利前佛海對於抗戰的「不無貢獻」，也足見其還有著我所不知道的微妙曲折在內。

此外，再就這條特赦令來看，有幾點是值得注意的：

純以法律立場來說，假如佛海真是屢經呈請反正，那末「處理漢奸條例」中本有明文規定：「有協助抗戰，有利人民之行為者，得減輕其刑。」姑不論佛海之投汪，是否做過有利人民之事；

而佛海之反正，總屬為了協助抗戰。那麼佛海在法庭上的自白，以及他所提供的人證物證，足夠證明他確已反正，那何以司法人員毫不採信，不予末減，而仍處極刑？即不說司法官有違法之嫌，也就不能辭其失入之咎。

其次，勝利以後，政府對參加汪政權的較重要人員，一概否認了暗通款曲之事實，如陳公博對軍事方面，與顧祝同、何柱國有聯絡。情報方面，民國三十一年（一九四二）起即有兩個秘密電台與重慶通報：一是與委員長侍從室的劉百川，一與軍統局的陳中平。甚至為「維新政府」首長的梁鴻志，也且與行政院長孔祥熙有聯絡，而法院對之，全加抹煞。

周佛海的離渝隨汪，事前是否先得當局的核准，事關國家機密，佛海生前，我從來不敢向他探問，但他的離渝，既然陳布雷「知之最詳」，我是深知布雷的為人的，他對蔣氏的忠貞，與他一生處事的謹慎，我想他是絕不敢欺矇領袖，如此大事，竟會隱忍不報。即佛海等抵滬以後，汪政權即將創建之際，談全面和平，則滬渝之間，猶且信使絡繹。與重慶有密切關係的錢新之、杜月笙、周作民等，在港仍公然作雙方橋梁，暗通聲氣，且曾資以經費助其活動，一切蛛絲馬跡，通國皆知，而政府竟撇得一乾二淨，何以必要裝得如此壁壘森嚴？

其實政府能運用幾個「叛徒」，正顯得手段高明。或許當局既以汪政權中與日人周旋，稱之為「通敵」，則政府與「偽組織」的「漢奸」們有來往，豈不成為「通奸」？通敵叛國固不可，通「奸」謀國，其名亦不雅馴，為了政府的尊嚴，為了領袖的威信，犧牲幾個人以顯出當局的威風正派，大約也是不得已而為之吧。問題就在司法人員的顢頇無能，既不懂法律，更不懂政治，對周佛海兩審中本可依據事實、證據、法律，判他一個無期徒刑，豈非可以絲毫不著痕跡？而定須於嚴刑峻法之後，再勞國家元首出頭露面，法外施仁，下了一條牛頭不對馬嘴的赦令，使民間加深了「雙簧」的誤會。這一批法官，委實太不更事了！

蔣先生親口向周楊淑慧答應羈押一兩年後，仍然將讓佛海回復自由，而結果特赦令下，僅能免其一死，據說那是蔣氏左右，有人竭力反對之故。然而不使佛海「明正典刑」，即使這一份恩典，已經算是浩蕩的異數了。抗戰八年中，陳公博之外，淪陷區南北政權首長中，「臨時政府」的王揖唐，「維新政府」的梁鴻志，以及「冀東防共自治政府」的殷汝耕，既無一倖免，而次一級的人物，如梅思平、林柏生、丁默邨、齊燮元、傅式說、胡毓坤、李謳一、管翼賢、姜西園等也不稍寬貸。

據民國卅六年（一九四七）七月廿三日中央社發表司法行政部正式公佈關於處理全國「漢奸案件」情形，截止是年六月底止，檢察方面已結者四萬零九百五十四件，未結者八千二百六十一件，其中起訴者二萬三千四百二十四人。審判方面，已結者二萬一千五百九十件，未結者七千一百五十七件。其中科刑者二萬六千九百七十人，判處死刑者三百卅一人，處無期徒刑者九百零二人，其他為年期不等之有期徒刑。連同軍事機關合計，處死刑者已有二千七百二十人，無期徒刑者有二千三百人。如此說來，周佛海的特邀寬赦，雖不能還其自由，已屬全國一人，恩出自上了。

特赦令中也提到他於勝利之後，維護地方秩序，不無貢獻，對此我更有兩點感想：第一、所有汪政府的武裝軍隊六十萬人，佛海可以指揮的，總在半數以上。如其他負隅以求自固，或投共再圖一逞，東南半壁，尚不知是誰家之天下。中樞也未嘗不明白這一點，所以儘管對汪政權的軍隊稱之為偽軍，而仍悉予收編，對偽官幾概予錄用，孫良誠、吳化文、郝鵬舉、李明揚、張嵐峰等只要手上有實力，即不再問其功罪是非，甚至佛海的直系部屬熊劍東（稅警團副團長），也且為中央所重用。而佛海獨以輸誠出於至誠，所保全者尤多尤大，乃俯首聽命之餘，反而難逃罪責，雖寬赦而仍為罪囚；雖非明正典刑，仍然病死獄中，與其他諸人相較，不能不為佛海叫屈。

第二、勝利後佛海所保全的，所謂地方秩序，不幸而塗炭者為生靈，對政府來說，尚非有關痛癢之實利，但「中央儲備銀行」移交之黃金五十萬七千兩，既不無對國庫稍有裨補。所謂敵偽物資，珠寶已經入庫，房屋供官員居住，其他於「劫收」時代大部份早已化公為私外，而政府於民國三十五年六月二十日公佈：已經變賣之敵偽物資（未變賣者與直接公用者當然尚未估計在內）價值已達法幣二千五百六十九億餘元。這保全的力量，也應該歸功於佛海。中樞的予以特赦是情真理當，但特赦而仍為終身監禁，仍不免顯得其尚有欠恢宏也。而在佛海則已覺出於望外，他聽到了特赦的消息，曾吟有句云：「已分今生成隔世，竟於絕路轉通途。」時年恰為五十。

一六八、周佛海身歷興亡感慨多

政府特赦的結果，並不能留得佛海一命。他於一九四四年患過一場心臟病的重症，纏綿經月，本已到了絕望的地步，幸賴日政府派遣專家由日飛京，攜帶了一枚特效藥及時搶救，始得奪回一命。但是醫生曾經告誡過他，最少要充分休養半年，不僅要戒酒戒色，而且絕對不能再勞心勞力。而以當時佛海在汪政權中所處的地位，委實由不得他偷閒憩息。起床以後，僅僅經過兩三周的時間，就照常辦事了。他需要應付汪政權的政務，又要完成重慶所加給他的任務，日夜操勞，當時即感有難於支持之勢。

勝利以後，事實上佛海已經一反常態，完全失去其固有的光芒。半生酒色淘空了的身體。汪政權六年中要應付寧渝兩方繁劇與複雜的任務，他時常因發高燒而臥病，當呻吟床榻之時，仍然要力疾處理必要的工作。勝利後局面初變，就給他重重刺激。他與陳公博從民國十年共同發起中國共產黨時起，已經為朋友、為同志。在汪政權時期，又同為汪氏左右的股肱，兩人也比較投機，而汪政權才告解體，在南京就因周鎬事件，幾至兵戎相見，造成無可解釋的誤會。我更明白他內心中的無限徬徨，因為他為重慶所做的工作，都是由秘密的無線電台通報。從重慶發來指示與嘉勉的電報，儘管由軍統局出面，電文前面也總寫著「奉委座諭」等字樣，但都是由他自己派人錄下的電碼，如其當局否認，就算不得什麼反正的真憑實據。他唯一認為可以表明心跡、表現事實的，就是如特赦令中所說：「如於盟軍在蘇浙沿海登陸時，響應反正。」

從民國三十二年，日軍在太平洋作戰初露敗績時起，他已處心積慮地在積極佈置。軍事方面，他與汪政權下的各地軍人積極聯繫，俾一旦有事，收指臂之效。而他更以「稅警團」與「上海市保安部隊」的幾萬人，為基本武力，擬俟美軍與國軍聯合大反攻時，在敵後發動，裡應外合。在日人監視之下，就是這樣的秘密行動，也正如佛海上蔣氏的親筆函中所謂「急則洩漏堪虞；遲恐準備不及。」至卅四年的夏，第三戰區派來的高級參謀章鴻春，就是為了作策反配合的決定。在軍費方面，他以「中央儲備銀行」的名義頻年購進了大批金條，更以收購紗布、發行金證券等名目，逼迫日本將成噸成噸的金塊運滬積儲，表面上是為「中儲券」的發行作準備，實際上是籌措未來策反的軍費。

在宣傳方面，於民國三十四年的六月底，將我在滬主辦的「平報」停版，積儲資材，留用人員，加強設備，以為反攻時敵後宣傳之用。無如兩枚原子彈結束了戰爭，勝利真是來得太快了！他的苦心盡付流水，讓他永遠失去了明心跡、建功勳的機會。已往的勞績既不可恃，未來的命運無限渺茫，於是使他變成焦急、煩躁、徬徨與深思。以我旁觀者的觀察，一切既已轉眼成空，壯志銷磨，只落得個求生之念。戴笠來滬與他數度見面，他已經失去了自主力，要他拆除家門口的防禦工事，他照辦了；要他解除衛士的武裝，他聽命了；甚至要他飛渝候命，他也隨同啟程了。

在重慶郊外嘉陵江畔幽居的時候，妻子楊淑慧、兒子周幼海也同被羈禁，而軍統對妻女追問財產的嚴厲，處處顯出情形險惡。他所唯一寄望的人物戴笠，又復撞機身死，使他禁不住說出了「驚心舊友成新鬼；澈耳呼聲變怨聲」的哀訴。陳公博、褚民誼等的先後執行死刑，不僅是兔死狐悲，自然更是驚心怵目。

由渝解京以後，當年是何等聲勢，此日情移勢易，與一般舊屬同作獄囚，儘管他故作曠達，還說什麼「敢嫌朋舊世情涼」，然而人情上的刺激，畢竟給他以過分的難堪。同難中人，有的因為他捨棄了其他的同僚部屬飛渝，說他獨善其身，而不斷的加以冷嘲熱諷。甚至有人在法庭上的供辭，一切都諉責於佛海，自稱所以參加汪政權，是為佛海用手槍所逼成，過去所做的事，又都說是奉了佛海的命令。我敢說佛海從未強逼過一個人參加汪政權的，否則如潘××如賈××等，談得不合，就任其半道中止，毫不為難。如吳開先早為甕中之鱉，且百計讓他遠走高飛。其他的人，當汪政權盛時，鑽頭覓縫，事唯恐不成，官唯恐不大。即有些不失為可用之才的，一經表示婉謝，佛海總說士各有志，不要去勉強他們。這時一切諉過於佛海，他雖不怕擔當許多的枝枝節節，但在心理上總不能了無感觸。

所使他最傷心的是他一向認為最親最信的楊惺華與羅君強，對他從當面指罵而至覿面不交一語。他們會白著眼、橫著眉向佛海說：「都是你害了我！」他們兩人的竟至如此，這是太令人難以置信的事實。楊惺華是她夫人楊淑慧的胞弟，交大土木系畢業，一向在內地做建路造橋的測繪工作，生活得很清苦，隨了佛海於民國二十八年抵滬時，年紀還不過二十六七歲，他為佛海管理經濟，佛海因他年紀輕，總說他是小孩子，而惺華也向以孩子自居，「哥哥、哥哥」地叫得異常親熱，一切奉命唯謹。佛海有時天真地問別人，「惺華這小孩子怎樣？」人們因為是他的內弟，秉疏不間親之義，也異口同聲的說他年少有為。於是佛海由懷疑而深信了，推心置腹，委他做財政部的總務司長，做中央信託公司的總經理。他好貨而又好色，這六年中著實享受過不少的福，而平時也以恩人視佛海。佛海飛渝時，到了這生死關頭，且還帶了他同去，足以見得佛海的心理上對他親到什麼程度。

至於羅君強從學生時代就受佛海的提攜，以他一個大同大學與大夏大學都讀得未曾畢業的人，把他栽培得戰前為總政治部的主任秘書、為海寧縣長、為南昌行營秘書、為行政院秘書。汪政權中，為部長、為省長，那時他當著佛海的面是一味恭順，背著他的身是驕蹇萬狀。他恨不得包辦佛海的一切，也為佛海樹了無數的敵，人們不滿於佛海的，大都由於君強的開罪，對陶希聖就是一例；與李士群又是一例。他平常老著面皮對人說，他與佛海，就是曾左。佛海居然相信他「忠實」而「廉潔」，關於後一點，在他猶在存亡莫卜之時，我不想說什麼了。記得當他由空洞的「邊疆委員會委員長」發表為「司法行政部長」時，他高興得有些忘形了，竟然向我說：「以前我只知隨周先生為進退，現在我對汪先生有了知遇之感，以後唯汪先生的馬首是瞻了。」

佛海是自命用人不疑的人，他就相信君強操守的廉潔，與對他的忠誠。而到了獄中，如此親者信者的面目且畢露，他如夢初醒，追悔莫及，刺激既深，還會有什麼生趣？以他一個久病之軀，能經得起幾多身體上精神上的折磨，當他在五十初度時吟出了「身歷興亡感慨多」的詩句以後，病了，病了，而且這一回是致命的絕症了！

一六九、廿八天慘叫口鼻中血痕

周佛海何以不病於特赦之前；反病於特赦之後？則以特赦令只免其一死，自分前途之命運已定，終身將永無重見天日之時，一年多強自打起的精神，掙扎到最後，此際乃於絕望中不復能支持，氣一洩，從精神的打擊，而影響到軀殼的崩潰。

勝利前他的「通謀本國」，本是知其不可為而為之，原為盡其在我，不存一絲徼倖之想。既曾經對我說過：張學良的遭遇，就是他的榜樣，最後呈蔣先生的一封私函中，更有：「俟最後勝利之來臨；甘願受鈞座之嚴懲，斧鉞所加，死且瞑目」之語，他這時真是置死生於度外。而最後勝利終於來臨了！當局對他，好似恩寵備至，他既陶醉於蔣氏讀其私函後為之雪涕之傳言，以為前情可恃。而委令皇皇，復錫新命，付以維護京滬之重責，亦不啻為承認其反正之證明。軍統局長戴笠在滬時之密室私談，必有承諾。專機送渝，亦且以為政府曲庇有心。這不期而來的際會，讓他忽然滋長了偷生免禍之念。儘管在重慶幽居時不免於終朝忐忑，而仍然寄望於過去密電中所傳來的溫辭。

所以，儘管他再由重慶押解到南京，儘管昔日共事諸人如陳公博、如梁鴻志、如梅思平、如繆斌、如褚民誼等，已先後身殉。而他還以為或可獨邀恩遇，因此還能保持著一股旺盛之氣，與病魔相搏鬥。尤其在首都高等法院受鞫時，南京市民的趕赴聽審的，數以萬計，旁聽券爭領一空，使法庭上坐無隙地，迫得法院特裝擴音機而通院外，以便利無數市民能在街頭傾聽到他在庭上的供辭。市民觀審的心理，不像在看一個「大漢奸」最後的結局；而似在考驗一個號稱法治國家的能否持法維平。

他最後一次審判是在民國三十五年的十月二十一日，那天他穿了一件灰綢的長袍，手裡挾著一大疊文件，態度鎮靜，他自己所作最後辯論，歷時竟達三小時之久，且不時為聽審市民的掌聲所打斷。

他說到：「請到庭的市民為我作證，當年被指為『偽組織』統治下南京的物價與治安情形，較之勝利後的今天現狀如何？」全庭報以一片掌聲。他又把策應大反攻時，所佈置與配備的兵力，加以詳細說明，認為沒有原子彈而實行反攻，政府不知將如何地倚重他？勝利以後他如不為國家，不為地方，只為自己的話，則憑他一念之間，東南半壁又豈是今天的局面？

佛海殊無愧為蔣氏多年的近侍，循理說法，侃侃陳辭，供未畢，而掌聲又大作。政府認為可殺的「漢奸」，而人民乃給以同情與鼓勵，但這樣對佛海並沒有一絲好處。他是一生搞政治的人，而於此生死關頭之際，忘記了政治上的是非功罪，豈真會憑什麼公道人心！從開庭到宣判這期間，他竟另外有了一番陶醉。因為他認為家屬的到處磕頭請托，必然會有人肯向當局仗義執言。一百五十根的金條，也應當能發生一些法外的效力。人民在聽審時所表現的同情，或許讓法官能有一些考慮。此外蔣氏讀信時的淚影，軍委會堆積如山的檔案，許多人證在法庭上的證言，在在對他有利。

陳公博、陳璧君、褚民誼等從辯論終結到宣告判決，法官們好像成竹在胸，所定的日期只是短短幾天，而佛海十月二十一日開庭至十一月七日判決，歷時竟達半月有餘，大約是以他在汪政權中那樣重要的一個人，而與蔣氏過去關係又是那樣密切的一個人，主審者不敢擅專，大有可能是欲向層峰請示。他想得太多太好了，但幻想終屬幻想，宣判之日，庭長趙琛、主任推事金世鼎、陪席推事葛之覃升座宣讀主文，還是認為罪大惡極，判以死刑！

據說：在向最高法院聲請覆判以後，家屬已經事前獲得了消息，不能平反，不邀末減，仍將維持原判。他在接讀家書時，看到了自己未來的命運，始知欲求為張學良之續而不可得，悔恨交縈，忽然眼前一片漆黑，對紙上的字跡竟至全難辨認，他用一隻顫抖的手，將家書授給同室的人代為誦讀，他聽完了就默然而倒。這時，他明白了兔死狗烹，畢竟是千古一轍！

最初佛海是心臟症復發，慢慢的變成為其他疾病的併發症，牢獄裡一個囚犯的抱恙，本來算不得什麼大事。他自己也到了哀莫大於心死的地步，就一任他的病況一天一天地加劇。在特赦以前，他是被禁押在看守所，還是幾個人同一囚室，先後與盛幼盦、盧英、馬驥良等同室過。

三十六年三月二十六日國民政府恩施格外，把特赦改死刑為無期徒刑後，案已確定，就於四月四日，移解首都監獄，獨居一室，從此更乏人對他照顧了。在病勢惡化中，同難的人也看到情形有些不對，勸他趕緊醫治，他總嘆口氣說：「我太相信了政府，而我太對不起那麼多朋友，還是早點死了的好。」

病勢就於遷延下越來越沉重，前後約有一年的時期，已經變得形銷骨立。至民國卅七年的初春，漸趨於絕望之境。當局倒特別為他指定了陸軍醫院的郭院長為他診治。連政府的軍醫也認為如繼續幽囚，在醫藥與設備等一切處於如此缺乏的狀態下，生命將無法挽救。

佛海的家屬，在接見時自然也知道了這麼危急的情況，日夕在外四處奔走，要求保外治療。按理，依照法律，囚犯患病非保外治療顯難痊癒者，一定應當准予交保（刑事訴訟法第一百十四條第三款，又監獄行刑法第五十九條第一項），即依人情而論，既然蔣氏有讓他再休息一兩年後可以回來的諾言，也有再度施恩的可能，而楊淑慧盡了她最大的努力，用盡了一切人情上的請托，都絲毫未能稍動當局之心。

佛海與死神經過了將近一年的掙扎，已到了油盡火滅的階段，在他死前的一兩個月，變得既不能睡，亦不能坐。他把被褥疊高起來，就日夜俯伏在這上面，喘息著、呻吟著。最後周身痛楚，經過了二十八晝夜不停地慘呼號叫，至死前的六七日，因為全身的肌肉已經銷盡。郭院長為他施行肌肉注射時，以臀部只剩得一層寬弛的皮，不得不改在大腿的後肉為他勉強注射。甚至已經為他注射過了，而佛海竟茫然不覺，還連問醫生針打過了沒有。到了此時，佛海身體上的感覺也已完全喪失，病入膏肓，連郭醫生也為之搖頭嘆息，毫不諱飾地告訴獄中人，周先生已經危在旦夕了。延至民國三十七年的二月，終算他受盡了兩年半的折磨，以五十二歲的中年，就這樣靜靜地死在南京老虎橋的囚室之中。死後，同難的人發覺佛海的口鼻等處，有流血現象。他致命的病源是心臟，即使有其他併發症，又何至慘怖一至於此？這委實太使人難以索解了！我想佛海是不會瞑目的。

記得他那次大病之後，曾寫過一篇文章交給「古今」雜誌與「平報」發表，內容完全敘述他那次的病況。結尾的一段大意說：古人所謂大難不死，必有後福，其實並不盡然。他引用了一段廣東的民間故事，說有一次某縣洪水為災，一村的人都被淹斃了，獨有一老翁因攀登樹巔，未遭滅頂，於是大家都以大難不死，必有後福相祝頌，誰知過了一年，他上茅廁大解，失足下墮糞坑中，因年老力衰，無力自拔，乃不死於清流，反而淹斃於糞窟。他文末更慨嘆地說：「我這次的病已處絕望之境，而意外地告痊了，但局面如此，不讓我壽終正寢，恐怕未必是福兆吧，我尚不知將來何處是我的死所呢？」

他那篇文章是交給我去發表的，我當場看了一遍，至最後一段，覺得他病既好了，又何必再作如此悲觀的論調，認為不但語出不祥，而且也太覺氣短，曾力勸他加以刪除。而他當時還認為是我迷信，苦笑著向我道：「一切我們只能盡人事以待天命，不幸處身在這樣的環境中，而又擔任著這樣尷尬的角色，日本與重慶，反正總有一面不會放過我們的，我文中的這幾句話，有感而發，並不全是無的放矢。」當時我是瞭解他的心境的，於是不再多言，就讓他全文發表，這一篇還收入在他所著的《往矣集》中。誰知一語成讖，而他不病死於四年前安適的家中，而終於病死於四年後淒涼的牢內。大難不死，也真是如他所說的未必定有後福！

佛海也不能不算是一個人才，否則他歷事蔣汪，何能如此獲得兩鉅頭的信任？他前後侍從了蔣氏十有二年，久參密勿，在蔣氏左右，陳布雷與他，應推為當代兩枝健筆，在民十六至二十八年之間，蔣氏的重要文告，幾乎都出自這兩人之手，以後雖離渝隨汪，以他過去與汪氏毫無淵源之人，而汪氏對他言聽計從，在那樣艱苦的環境中，而能夠應付裕如。我所看見佛海所有政治上的決策，以及人事上的安排，凡有簽呈，汪氏照例親筆批「如擬」一字樣，佛海之對汪氏，不僅有知遇之隆，且有知己之感。而他自汪政權之建立，更無日不思全面和平之實現，俾蔣汪再度攜手，以收拾這殘破的山河。

他於民國三十年前與蔣氏的有無默契，雖不敢懸揣，而三十年以後的密電來往，終朝不絕，佛海在汪政權中的任何措施，幾無不向重慶事先請命，而當局於勝利之後，似乎把這一切全部抹煞了。不過，為什麼要赦？既赦了，為什麼不讓他生還？而政府只知避「通奸」之嫌，任令一個有為的人：瘐斃獄室。佛海是否真是辜負了國家、辜負了蔣先生呢？蓋棺也未必就算論定吧！

一七〇、兩輛客貨車數十名家丁

佛海逝世的消息，翌日刊載在報上，我那時刑期未滿，在牢獄中看報才知道這噩耗。我與他有二十餘年的交誼，在汪政權六年的時間中，他之對我，更可說是推心置腹，既從未有疾言厲色相加，而有時在私室之內，我反而時以直言詰難，他非但不以為忤，而且與我心平氣和地於研討之後，立即幡然改圖。這樣做朋友且不易，更何況在政治圈內？人生難得者知己，當其撒手塵寰之際，安得不使我有腹痛之情？我的刑滿釋放，本離他的死期只一月有餘，我還在打算一經出獄，立即赴京探問，誰知緣慳一面，就此永隔人天。在報上看到了他的噩耗，回想到從前我所耳聞目擊的一切，更使我興了人間何世之感。

我出獄三四個月以後，是民國三十七年的秋季，佛海定期卜葬，我特地由滬趕往南京。他西流灣的住宅，早已在「王侯宅第皆新主」的情況下，不知作了那一位達官的私邸了。周太太在成賢街後面一所陳舊的民房中借了兩間破爛的房間，前面的起居室中設了他的靈位，後面是她的臥室，陳設簡陋，一派的淒涼景象！短短三年，再也想不到這就是烜赫一時周佛海覆巢後的家了。我向他的肖像行了禮，周太太一面哭，一面為我訴說了這三年來的經過。她看到她丈夫的朋友，居然又活著回來了，自然更增加了她的一份傷感。我只呆呆地望著她，竟不知怎樣用言語來對她慰藉。

南京是我太熟悉的地方，那裡有著我的許多朋友，更有過我一手辛苦經營的事業。民國十七年與十八年，我先後曾經擔任過陳立夫主辦的「京報」，繼羅時實而為採訪主任。在閻馮戰爭時代，中央日報因需要派往平漢線的隨軍記者，又奉陳立夫之命而承乏採訪主任，都曾有過短期的勾留。汪政權建立以後，我先在那裡辦了一張「中報」，又創辦了一家南京興業銀行，我更必需不時去南京照料。這次刑滿歸來，為送佛海之葬而重蒞斯土，面目全非，本已有隔世之慨。

最使我感喟的有兩件事，我忽然踅到過去常去的「三新池」洗澡，而一群侍役看到我又復生還，以驚喜的表情來歡迎我，聽到此來是為了送佛海之葬，一致對佛海說出了無數悼惜的話。他們身處在勝利後的環境中，而竟意外地還在懷戀「偽組織」的一切。當我洗完離去之時，他們一致說賬已代我付過了，是他們憐憫我破家之後的貧窮？還是對「漢奸」竟會另有一番親切？這一份人世間的溫暖，使我感動得幾乎下淚。

出來路經中華路，那裡是我手建的南京興業銀行的大廈所在，當然此時已易主多年了。而我那天經過那裡時，門口有人正在工作，我上去一看，原來大廈興建時，門口有一塊石碑，我是立石者，上面自然刻著我的名字：「立石者董事長×××」，而石匠的工作，卻正在鑿去我的名字。為什麼竟那樣湊巧呢？好像特地選擇了此日此時，專為鑿給我看似的。鑿石的工匠，又那會想到旁立的一個人，就是石上的我。從前看到詠別人的「起高樓，樓坍了！」尚且那樣地傷感，我自已面對著如此場面，那時心裡所感到的滋味，自然更可想而知。如我一個渺小的人身經世變，且復如此，又何怪周太太那樣地悲傷欲絕了。

佛海卜葬的一天，更是淒涼萬狀。他過去是蔣氏的親信、蔣氏左右的紅人，此刻勝利重回，滿朝朱紫，也儘是他當年的老友。而今天到了老友黃土埋身的時候，誰還會想到這當年的舊侶，敢去靈前一弔？政治上無形的威脅，甚至竟毀滅了五倫中的友情。即使有人有詣奠之心，又誰敢作蒙嫌之舉？同志的勇氣，還不如聽審的市民。

佛海的靈柩是寄放在一處佛寺中，那天只雇了兩輛大汽車，一輛是運貨的卡車，一輛是南京載客的公共汽車。運貨車上裝了佛海的棺柩，親朋遠避，只剩所有佛海京滬兩處公館中的副官侍役，此時雖早已星散，都改投到別處服務，而全部數十名，此日卻整整齊齊地請了假，遠道趕來，向他們的舊主人致最後之敬禮。他們就團團圍在運貨車上的棺柩之旁，還像對佛海生前那樣地小心衛護，柩前也寥落地只放著我所送的一枚大花圈。那輛公共汽車上面，家屬之外，昔日親友故舊就是我、「中央儲備銀行」的總務處副處長石順淵，以及「財政部次長」陳之碩的夫人。當兩輛大車在通衢行使時，誰也不知道這是周佛海的葬禮，誰也不曾特別投以一瞥。

車子停到了南京郊外的永安公墓，靜悄悄地數名扛夫，把棺柩慢慢地送入了墓穴，那時萬籟俱寂，四野蕭條，只有周太大的悲慟聲，秋風初動，震撼著四周的樹木聲。大家圍著墓穴，眼睜睜看到佛海的下葬。他生前的聲容笑貌，他當年的苦心孤詣，使我感不絕於心。墓穴中石灰只裝得半滿，周太太為了劫後艱難，連這區區小費也靳惜了。棺木入土，就潦草地封閉了墓穴。一個曾經為國家盡過力的人，就這樣長眠於地下，而且將永遠帶給他以一個「漢奸」的惡名。但是佛海應該可以瞑目了！且不說什麼遺愛在民，元首的皇皇特赦，市民的盈庭掌聲，還不夠補償你六年中的蒙垢受辱嗎？

佛海在湖南原籍本有髮妻，生死不明。元配為他生有一子一女，子一向在抗戰區軍隊中工作，與佛海已久不通音訊。女亦已適人，在勝利的前一年，由湘來滬，依父以居，搬家後即不知所往。續娶楊淑慧，本出湖南世家，其父楊卓茂，為留美前輩，還是我在上海市商會任職時的同事。民國十年，佛海由日本來滬出席中國共產黨第一次代表大會時，兩人由邂逅而熱戀，那時佛海不但是一個窮學生，而且原籍還有妻子，她家長反對他們的結合，而淑慧不顧一切出奔偕赴日本，親操井臼。

她也生有一子一女，子幼海，勝利後鑒於父親的遭遇，以一時的憤激而遠赴蘇北，加入中共。因為參加了曾任「上海市公安局長」楊帆的一系，中共進駐上海後，曾任公安局下面的經濟組長。在一九五一年中共「三反五反」時，上海部份的饒漱石、潘漢年、楊帆等遭到整肅，幼海也多年已不知蹤跡。他娶了交際花施丹蘋，一度夫婦都表示得十分「積極」。女慧海，與吳頌皐之子離婚後，改嫁給一個在美商保險公司做事的廣東人，我只知道他的英文名是Winston陳，前數年在港，現在已到了星洲去。此外佛海與筱玲紅還生有一女，在日本與一個日婦生有一名女孩，是託他的好友岡田與伊籐照顧的，現在應該都早已成長了。

當我於一九五〇年離滬來港前，還不時到周太太南陽路賃居的一所小公寓去，她那時已經病了，飽經患難，憂傷成疾之外，生計也已陷於拮据。或許為了佛海之故，憤國民黨之無情，而又幻想於佛海為中共的最早發起人，因此與中共方面頗有來往。那時中共正需要熟手，認為佛海方面或許有幾個專門人才，就經過她的推薦，借用了不少汪系舊人，其間如戴靄廬（中儲滬行經理）、戴英夫（原名鵬天，清黨前為中共江蘇省委，汪政權時代任教育部次長、上海市教育局長等職）、劉星晨（浙江財政廳長）等，都曾正式為中共工作。她還不斷寫信給毛澤東、周恩來等，希望赴北平一談，而覆信總被婉拒。

國民黨把她抄了家，獨有愚園路柳林別業的一所房屋，是陳調元送給佛海的，竟漏未籍沒，而周太太又自動獻給了中共。中共發佈新聞時，直稱「查周逆佛海，為著名漢奸，通國皆知，……」等語，周太太如此的求榮反辱，我對她「喪家之犬」求自保的心境，卻寄以無限同情。這幾年消息不通，據說她已經又被逐出了南陽路的小公寓，而且以貧病交迫而去世了，但願這是海外東坡之謠。

當我還留滬時有過這樣一段經過。有一天我方去看周大太閒談，有一位穿著「人民裝」的人來訪，一問是奉了「上海市長」陳毅之命，因為中共要修黨史，而對於民國十年在上海白爾部路漁陽里舉行第一次代表大會，後以法捕房的搜捕，而逃往嘉興泛舟開會的情形，已經無人能詳道其顛末，佛海寫過那次會議的詳情，刊在他生前所著的《往矣集》上，因此毛澤東來電索取。而周太太手頭已無存書。因為《往矣集》後來是我為他出版的，我家中還留著僅有的一本，就取來交給來人帶走了。想不到佛海生前對於國民黨，僅留得一本《三民主義理論的體系》，而對於共產黨，則是這一篇最重要的黨史了，人已云亡，一切又何關於他的身後？

【附錄】

汪精衛晚年詩詞

汪氏晚年詩詞，係錄自「雙照樓詩詞稿」。其長公子孟晉，前數年曾在港刊印其全稿，分貽親友。此篇所錄，凡詩詞共六十五題，內詩五十一題，詞十四題。起自民國二十八年六月由越赴滬時「舟夜」之作，迄於其病劇輟筆，蓋皆為汪政府時代所作也。其中詩，「六十生日口占」以下，詞，「百子令」以下，均成於民國三十年後。言為心聲，觀此，或足以稍覘汪氏當年之心境乎？

舟夜

二十八年六月

臥聽鐘聲報夜深，海天殘夢渺難尋。
柁樓欹仄風仍惡，鐙塔微茫月半陰。
良友漸隨千劫盡，神州重見百年沉！
淒然不作零丁嘆，檢點生平未盡心。

夜泊

雨底孤篷夢乍回，蘋花香傍水田開。
浪聲恬適知風定，雲意空靈識月來。
囂蛤吠人如有恃，饕蚊繞鬢若無猜。
尋思物我相忘理，演雅當年費盡才。

不寐

憂患滔滔到枕邊，心光鐙影照難眠。
夢迴龍戰玄黃地，坐曉雞鳴風雨天。
不盡波瀾思往事，如含瓦石愧前賢。
郊原仍作青春色，酖毒山川亦可憐。

張孝達廣雅堂集金陵雜詠有云：兵力無如劉宋強，勵精圖治是蕭梁，緣何不享百年祚？酖毒山川是建康。其然，豈其然乎？

久旱既而得雨

夢回涼意入鐙檠，向曉千家曳屐聲。
雲腳四垂天漠漠，獨看新綠雨中明。

夏夕

萬葉空靈受月光，隔林徐度水風長。
平鋪一簟天階上，消受人間片晌涼。

去臘微雪後至立春七日始得大雪適又為上元後一日也詩以紀之

辛巳初春

立春七日雪盈途，時過猶能澤萬枯。
引領幾疑天雨粟，驚心真已米如珠。
花前雁後思何限，月色鐙光景未殊。
最是老梅能耐冷，朝來添得幾分腴。

冰如手書陽明先生答聶文蔚書及余所作述懷詩合為長卷繫之以辭因題其後，時為中華民國三十年四月二十四日，距同讀傳習錄時已三十三年，距作述懷詩時已三十二年矣。

我生失學無所能，不望為釜望為薪。
曾將炊飯作淺譬，所恨未得飽斯民。
三十三年叢患難，餘生還見滄桑換。
心似勞薪漸作灰，身如破釜仍教爨。
多君黽勉證同心，撫事傷時殆不任。
縱橫憂患今方始，敢說操危慮亦深。

六月十四日為方君瑛姊忌辰，舟中獨坐愴然於懷並念曾仲鳴弟

又向天涯剩此身，飛來明月果何因？
孤懸破碎山河影，苦照蕭條羈旅人。
南去北來如夢夢，生離死別太頻頻。
年年此淚真無用，路遠難回墓草春。

冰如以盧子樞所畫長卷見贈因題其後

幼讀淵明詩，每作山林想。北江幽絕處，一舸數來往。
他年任耕稼，於此得片壤。閒來取書讀，便在羲皇上。
弱冠攖世變，此幾不敢望。崎嶇塵土中，舉步即羅網。
偶逢佳山水，耳目始一放。磋跎將六十，人事益搶攘。
登臨久已廢，歸夢餘惝怳。蟄居不出户，自詭因鞅掌。
屋梁風雨夕，白首空自仰。孟光有深意，把卷邀共賞。
青山千萬疊，茅屋著三兩。苕苕俯洲渚，翳翳傍林莽。
依依見樵跡，隱隱聽漁唱。蒼茫煙水外，天地忽開朗。
川原相秀發，雲日同澹蕩。有如歷三峽，山盡見夷曠。
揚帆泝曲江，晚翠接朝爽。誰歟香光筆，墨意清且暢。
喚起兒時事，高詠眾山響。附手成啞然，畫餅真可餉。

為榆生題吳湖帆畫竹冊

颯然英氣出蕭森，尺幅中存萬里心。
供向齋頭同寶劍，聽他風雨作龍吟。

初秋偶成

玉樓銀漢兩無塵，一雨能令宇宙新。
草本漸含秋氣息，川原初拓月精神。
放懷已忘今何世，顧影方知孑（一作剩）此身。
愈近天明人愈寂，雞聲迢遞不嫌頻。

豁盦出示易水送別圖中有予舊日題字，並有榆生釋戡兩詞家新作，把覽之餘萬感交集，率題長句二首

酒市酣歌共慨慷，況茲揮手上河梁。
懷才蓋聶身偏隱，授命於期目尚張。
落落死生原一瞬，悠悠成敗亦何常！
漸離築繼荆卿劍，博浪椎興人未亡。
少壯今成兩鬢霜，畫圖重對益傍徨。
生慚鄭國延韓命，死羨汪錡作魯殤。
有限山河供墮甑，無多涕淚泣亡羊。
相期更聚神州鐵，鑄出金城萬里長。

八月二日乘飛機至廣州留七日別去飛機中作三絕句寄冰如

一鶴遙從萬里歸，劫餘城郭倍依依。煙雲休作空濛態，淚眼元知入望微。
才作孤鴻海上來，飛飛又去越王台。山川重秀非無策，共葆丹心不使灰。
年年地北與天南，憂患人間已熟諳。未敢相逢期一笑，且將共苦當同甘。

海上

風雨縱橫欲四更，映空初見月華明。
重懸玉宇瓊樓影，盡息金戈鐵馬聲。
險阻艱難餘白髮，河清人壽望蒼生。
愁懷起落還如海，卻羨輕帆自在行。

秋夜即事

月輪冉冉御天風，萬瓦新霜皎皎同。
樹影滿庭人不語，秋聲只在碧空中。

辛巳除夕寄榆生

梅花如故人，間歲輒一來。來時披素心，雪月同皚皚。
水仙性狷潔，亦傍南枝開。忍寒故相待，豈意春風迴。

菊

菊以隱逸稱，殆未得其似。志潔而行芳，靈均差可擬。
生也不逢時，落葉滿天地。枝弱不勝花，凜凜中有恃。
繁霜作鍛煉，侵曉色逾美。忍寒向西風，略見平生志。
一花經九秋，未肯便憔悴。殘英在枝頭，抱香終不墜。
寒梅初破萼，已值堅冰至。相逢應一笑，異代有同契。

六十生日口占

六十年無一事成，不須悲慨不須驚。
尚存一息人間世，種種還如今日生。

看花絕句

冰霜禁受不相猜，笑向東風把臂來。
為使年年春似海，萬花齊落復齊開。

癸未中秋作此示冰如

幼時嬉戲慈親側，最愛中秋慶佳節。遶庭拍手唱新詞，大餅團團似明月。
今年兩遂含飴願，對月開樽翁六一。坐聞咿啞為忻然，卻憶兒時淚橫臆。月兮月兮！
我生與爾長相從，有影必共光必同。周旋朔漠千堆雪，流轉南溟萬里風。
悲歡離合無重數，喜爾清光總如故。屹然照此白髮翁，鐵骨冰心不相忤。
芙蓉花影今宵多，依然壁上蔓藤蘿。不辭痛飲醉顏酡，卻顧恐被孟光訶。

春暮登北極閣

近檻波光照我襟。棲霞牛首遠中尋。湖山自鬱英雄氣，原隰終興急難心。
風定落紅依故砌，雨餘高綠發新林。低徊未忍褰衣去，坐待冰蟾破夕陰。

白芍藥花

薌澤丹鉛總莫加，轉於狷潔見風華。
嫌名若不嗔唐突，合上徽稱綽約花。

題畫 方君壁作任重致遠圖

負山於背重千鈞，足趾沾泥衣著塵。
跋涉艱難君莫嘆，獨行踽踽又何人？

壬午中秋夜作

明月有大度，於物無不容。妍醜雖萬殊，納之清光中。
江山既輝媚，塵土亦清空。花木既明瑟，灌莽亦蔥曨。
城郭千萬家，關山千萬重。縞潔揚其暉，緇磷汨其蹤。
化瑕以為瑜，無異亦無同。玉宇在人間，悠哉此一逢。
孰云秋已半？春氣何沖融。願言生六翮，浩蕩揚仁風。

題畫　方君璧作黃山雲海圖

松籟蕭騷響上頭，下看人世晚悠悠。
千巖萬壑如波浪，欲放乘風一葉舟。

偶成

新綠涵春雨，微寒一院生。
日光動啼鳥，清絕是初晴。

方君璧妹自北戴河海濱書來云海波蕩月狀如搖籃引申其語作為此詩

海波如搖籃，皓月如睡兒。籃搖睡更穩，偃仰隨所之。
凝碧清且柔，湛若盤中飴。微風作吹息，漾漾生銀漪。
疇昔喻素娥，有類母中慈。今也兒中孝，形影長不離。
青天靜無言，周遭如幔帷。殷勤與將護，勿遣朝寒欺。

讀史

竊油燈鼠貪無止，飽血帷蚊重不飛。
千古殉財如一轍，然臍還羨董公肥。

石頭城晚眺

廢堞荒壕落葉深，寒潮咽石響俱沈。
一聲牧笛斜陽裡，萬壑千巖盡紫金。

為曼昭題江天笠屐圖

笠屐翛然似放翁，江天魚鳥亦從容。
盤空黑羽頻捎月，躍水頳鱗欲化虹。
別浦燈光深樹裡，歸舟人語淡煙中。
畫圖但溯兒時樂，嗟爾披吟淚滿胸。

重光大使屬題三潭印月圖卷

水色澹而空，月光皎以潔。水月忽相遇，天地共澄澈。
一月落千波，千波各一月。空靈極動盪，涵泳歸靜寂。
我心亦如水，印月了無跡。願持澹泊姿，共勵貞明節。

惺兒畫牽驢圖戲題其右

驢為哲學家，負重無不可。四足已蹩躠，一背仍磊砢。
怡然逢孺子，引手釋所荷。牽曳就芻秣，目動兩頤朵。
長勞得少息，此樂吾亦頗。泉聲如引睡，芳草隨所臥。

書所見

網密蛛肥踞畫簷，兩獒爭骨殿門前。
瓶花妥帖爐香靜，始信禪房別有天。

臘梅

后山詩句古今傳，我更拈花一惘然。
古色最宜邀凍石，孤標只合耦冰仙。
淡黃月色無風夜，凝碧池光欲雪天。
著此數枝更清絕，不辭耐冷立階前。
（廣東通志：蠟石一名凍石；群芳譜：水仙單瓣者，名冰仙。）

偶成

雨後春泥已下鋤，一庭芳穢有乘除。
爐灰爆得花生米，便與兒童說子虛。

即景

月光水色化處無，月是冰心水玉壺。
化到竹林更清絕，竿竿都是碧琳腴。

三月二十六日別廣州飛機中作此寄恂兒

秦淮綠柳未抽芽，南海紅棉已著花。
四野春光融作水，千山朝氣蔚成霞。
老牛含笑看新犢，雛鳥多情哺倦鴉。
乍喜相逢還惜別，卻愁風雨阻行槎。

三十二年三月二十三日，在廣州鳴崧紀念學校植樹，樹多木棉及桂。仲鳴歿於三月二十一日，次高歿於八月二十二日，適當兩樹花時也。

兩手把樹枝，兩淚滴樹根。故人不可見，見樹如見人。
木棉花殷紅，桂花皎以潔。想見故人心，如火亦如雪。
花飛還復開，葉落還復生。有如故人心，萬古常青青。
故人心何在？乃在人心裡。相愛復相親，故人良未死。
樹人望成才，樹木望成林。收拾舊山河，勿負故人心！
故人若歸來，臨風聞此曲。願山益以青，願水益以綠。

雜詩

文章有萬變，導源惟一清。欲致雲海奇，先求空水澄。
澼之不厭純。淬之不厭精。未能去荒穢，安在儲菁英。
星月有昭質，蕩蕩行空青。虛中乃翕受，冰雪發其瑩。
非儉不能仁，非廉不能明。政事亦如此，感慨淚縱橫。

即事

風咽瓶笙茗熟初，硯池花落惜香餘。
青燈不礙明蟾影，雙照樓中夜讀書。

滿江紅

驀地西風。吹起我亂愁千疊。空凝望。故人已矣。青燐碧血。
魂夢不堪關塞闊。瘡痍漸覺乾坤窄。便劫灰冷盡萬千年。情猶熱。
煙斂處，鍾山赤。雨過後。秦淮碧。似哀江南賦。淚痕重濕。
邦殄更無身可贖。時危未許心能白。但一成一旅起從頭。無遺力。

讀陶詩

愚觀贈羊長史詩，知陶公於劉裕之收復關河，不能無拳拳之念。然終於廢然意沮者，以裕之所為，不過自創其子孫帝王萬世之業。充此一念，患得患失，必無所不至。陶公胸次有伯夷之清，孟子所謂行一不義，殺一不辜，而得天下不為者，其攢眉而去，亦固其所。史但稱自以曾祖晉室宰輔云云，似未足以盡陶公。而諸家評注，惟知著眼於此，可為一嘆！裕之手翦燕秦，固快人意，然以汲汲於帝制自為之故，功業不終，致成南北朝擾攘之局。是則全謝山之推崇宋武，亦不免有所偏也。因作此詩。

寄奴人中龍，崛起自布衣。伯仲視劉季，功更在攘夷。
嗟哉大道隱，天下遂為私。坐令耿介士，棄之忽如遺。
錢溪始自勵，彭澤終言歸。豈為恥折腰？恥與素心違。
世無管夷吾，左衽誠可悲！若無魯仲連，何以張國維？

夜坐竹林中作

露葉風枝密復疏，碧琳腴映玉蟾蜍。
含光弄影知何意，伴我林間夜讀書。

飛行機中偶作

蒼天近咫尺，風日清且曠。
白雲如蓮花，開滿碧海上。

飛機中作 時為十二月二十日月將望故云然

重雲覆海下茫茫，上是晴空色正蒼。
中有控鸞人一笑，東西日月恰相望。

菊花絕句

一體兼眾芳，極妍與盡態。惟有金石心，凛凛常不改。

梅花絕句

梅花有素心，雪月同一色。照徹長夜中，遂令天下白。

二十餘年前，嘗自江西建昌縣驛，徒步往拓林村訪四姊，侵曉行夜半始達，留一日以小舟歸，沿途山水清峭，意殊樂之，欲作詩，久未就，癸未夏夕，苦熱枕上忽得之錄如左。

天明下艇辭田家，雙棹紓折穿蒹葭。忽從小汊出江面，灩灩玉境開秋華。
建昌山水夙秀峭，盥沐風露逾柔嘉。波遠白帆點初日，天空綠樹明朝霞。
澄漪絕底作碧色，俯視可辨石與沙。雲居縹緲在天半，倒影入水清而葩。
昨宵苦熱體流汗，嚥漱未畢寒齒牙。欣然腹餒思朝食，小舟相值多魚蝦。
十錢買得徑尺鱖，和以豉汁參薑芽。青蔬白米久已備，尚有村釀名橙花。
回頭煙樹乍明滅，柘林村與人俱遐。卅年骨肉一相見，苦淚在眼猶麻茶。
須臾酒香飯亦熟，鷗鷺探首聲啞啞。

即事

日光猛烈水風涼，水畔山頭百仞強。
度壑穿林無限好，萬松香會萬荷香。

首。

重九日登北極閣，讀元遺山詞，至「故國江山如畫，醉來忘卻興亡」，悲不絕於心，亦作一

朝中措

城樓百尺倚空蒼。雁背正低翔。
滿地蕭蕭落葉。黃花留住斜陽。
闌干拍徧。心頭塊壘。眼底風光。
為問青山綠水。能禁幾度興亡。

金縷曲

綠遍池塘草。（用梅影書屋詞句）更連宵。淒其風雨。萬紅都渺。
寡婦孤兒無窮淚。算有青山知道。
早染出龍眠畫稾。一片春波流日影。過長橋又把平堤繞。看新塚。添多少。
故人落落心相照。嘆而今。生離死別。總尋常了。
馬革裹屍仍未返。空向墓門憑弔。
只破碎山河難料。我亦瘡痍今滿體。忍須臾一見欃槍掃。逢地下。兩含笑。

竹

修竹竿竿綠到根，下為流水上為雲。
茅亭更在深深處，只有書聲略可聞。

飛機中作

拂耳飛星若有聲，俛看足底月華生。
山林城廓濛濛地，惟有長川一道明。

虞美人

空粱曾是營巢處。零落年時侶。
天南地北幾經過。到眼殘山剩水已無多。
夜深案牘明鐙火。閣筆淒然我。
故人熱血不空流。挽作天河一為洗神州。

邁陂塘

二十九年十一月一日，晚飯時，家人忽以杯酒相屬，問之始知為五年前，余為賊所斫不死而設，也因賦此詞。

嘆等閒。春秋換了。鐙前雙鬢非故。艱難留得餘生在。
才識餘生更苦。休重溯。算刻骨傷痕。未是傷心處。酒闌爾汝。
問搔首長吁。支頤默坐。家國竟何補。鴻飛意。豈有金丸能懼。
翛翛猶剩毛羽。誓窮心力迴天地。未覺道途修阻。君試數。
有多少故人。血作江流去。中庭踽踽。聽殘葉枝頭。霜風獨戰。猶似喚邪許。

滿江紅

庚辰中秋

一點冰蟾。便做出十分秋色。光滿處。家家愁冪。一時都揭。
世上難逢乾淨土。天心終見重輪月。嘆桑田滄海亦何常。圓遠缺。
雁陣杳。蛩聲咽。天寥闊。人蕭瑟。剩無邊衰草。苦縈戰骨。
挹取九霄風露冷。滌來萬里關河潔。看分光流影入疏巢。烏頭白。

虞美人

庚辰重陽前三日，方君璧妹在南京書肆中，得滿城風雨，近重陽圖蓋，前歲旅居漢皐時，懸之齋壁者為題二詞於其右。

周遭風雨城如斗。悽愴江潭柳。昔時曾此見依依。爭遺如今憔悴不成絲。
等閒歷了滄桑劫。楓葉明於血。卻憐畫筆太纏綿。妝點山容水色似當年。
秋來雕盡青山色，我亦添頭白。獨行踽踽已堪悲。況是天荆地棘欲何歸。
閉門不作登高計。也攬茱萸涕。誰云壯士不生還。看取築聲椎影滿人間。

木蘭花慢

君有輟弦之戚賦某詞見示依調慰之

人生何所似。似渴驥。湧奔泉。嘆一曲清泓。無窮況味。甘苦鹹酸。
幾番。醉醒未了。早滔滔哀樂迫中年。俠骨英雄結納。情場兒女纏綿。
蕭然。落日照烽煙。夜枕綠沈眠。又孤夢初回。淋鈴淒韻。和入驚弦。
鐙前。尚留倩影。對丹心華髮耿相憐。離合從來一瞬。至情無間人天。

憶舊遊　落葉

嘆護林心事。付與東流。一往淒清。無限留連意。奈驚飆不管。催化青萍。已分去潮俱渺。回汐又重經。有出水根寒。挐空枝老。同訴飄零。天心正搖落。算菊芳蘭秀。不是春榮。槭槭蕭蕭裡。要滄桑換了。秋始無聲。伴得落紅歸去。流水有餘馨。儘歲暮天寒。冰霜追逐千萬程。

浣溪沙　廣州家園中作

英石岧岧俛畫闌。觀音竹映小盆山。餘生還得故園看。橄欖青於饑者面。木棉紅似戰時瘢。尚存一息未應閒。

郊行即事

平原芳草綠初酣，馬足踟躕未忍探。
最是日明風又靜。梈花如雪燭天南。

金縷曲

三十年六月二十三日，余晤宮崎夫人於日本東京，承以民報時代照片見貽，蓋丙午之秋革命軍在萍鄉醴陵失敗後，余將偕黃克強赴廣州謀再舉，行前一日在民報社庭園內所攝，克強倚樹而坐，宮崎夫人之姊氏立於其左，余立於其後，在余之右者為林時塽，再右為魯易，為章太炎，為何天炯，凡七人今存者余一人而已，把覽之餘萬感交集，為題金縷曲一闋，護林殘葉辭忍枝時塽，詩句斷指謂克強也。

小聚秋聲裏。近黃昏籬花搖暝。庭柯彫翠。
殘葉辭枝良未忍。耿耿護林心事。
正嗚咽風蕭易水。三十六年真電掣。
賸畫圖相對渾如寐。誰與攬。澄清轡。
故人各了平生志。早一坏黃花嶽麓。
心魂相倚。為問當時存者幾。落落一人而已。
又華髮星星如此。賸水殘山嗟滿目。
便相逢勿下新亭淚，為投筆。歌斷指。

水調歌頭

辛巳中秋寄冰如

一片舊時月。流影入中庭。問天於世何意。歲歲眼常青。天上瓊樓皎潔。人世金甌殘缺。兩兩苦相形。拂衣舍之去。攲枕聽長更。飫孤光。似冰雪。夜泠泠。銀河清淺。怎載得如許飄萍。鴻雁北來還去。烏鵲南飛又止。無處不零丁。何辭千里遠。共此一窗明。

百子令

連日熱甚，夜不成寐，既望月出布簟，階上臥觀，久之遂得酣睡至於天明，賦此為謝。

悶沈沈地。忽飛來明月。萬花齊醒。香氣因風成百和。瑟瑟動搖清影。歷亂茅茨。尋常草樹。也入空靈境。四圍寂寂。浩歌宜在松頂。堪笑玉潔垣娥。獨清未辦。與眾生同病。賴有一丸靈藥在。化作冷波千頃。蜀犬收聲。吳牛止喘。美睡從吾領。夢回蛙鼓。廣寒仙樂同聽。

周佛海獄中遺詩四十四首（附自序）

自序

余於十八九歲在中學時略學作詩，未入門徑也。二十歲赴日本留學，以後三十年不彈此調矣。自看守所移居監獄後，長日無事，輒將感想所及，抒為吟詠，自鳴天籟耳，謂之為詩，不敢當也。

民國三十五年五月廿一日生前廿七日記。

憶上海故居二首

滿園春色競芳菲，淺草如茵柳似絲，
燕子不知人事易。雙雙猶向舊巢飛。
小樓半角掛斜陽，綠柳紅花映碧窗，
四壁圖書消永晝。一回追憶一神傷。

春夜

那堪伏枕聽鵑聲，寂莫春宵怨恨深，
好夢乍回魂欲斷，半窗明月照孤衾。

感懷

敵騎縱橫閃電飛，倉皇無計挽危機，
投身虎穴欲擒虎，成敗安能定是非？

夜夢淑慧以寄

孤臣孽子心空費，救死扶傾事最辛，
我為蒼生君為我，二人一樣義忘身。

偶成

清議安能辯是非，宋明往事最堪悲！
荆公貶去袁熊死，運祚從知已暗移。

鵲噪

星晨寥落曉煙昏，徹耳窗前鵲語喧，
遮莫連朝傳喜訊，慰情無奈只空言。

懷公博思平二首

水流花謝太匆匆，往事如煙夢亦空，
地下相逢應共笑，成仁畢竟是成功。
握別原知再見難，人間天上劇辛酸，
秦淮河柳台城月，閱盡興亡忍獨看。

在渝聞淑慧在滬被禁

異地同時作楚囚，雲天望斷恨悠悠。
癡心欲化嘉陵水，流到春申好聚頭。

憶西流灣故居四首

暮靄蒼茫夕照料：炊煙縷縷萬人家。
四圍山色紅如血，獨立高樓看晚霞。
青草池塘綠柳堤，淡煙漠漠草萋萋，
庭花也改人非舊，故向東風怨別離。
柳映池塘竹映窗，月華依舊白如霜。
深宵步月人何在？空負殘花院角香。
月明人靜柳絲垂，徹耳蛙聲仍舊時。
底事連宵鳴不住，傷心欲喚主人歸。

偕妻兒幽居渝郊嘉陵江畔

山草萋萋山鳥飛，鄉居雖好意多違。
親朋遠隔音書斷，妻子同羈事業非。
滿目瘡痍悲浩劫，連天烽火欲安歸？
國憂家難渾無賴，愁對嘉陵送落暉。

羈渝感事

巫峽雲垂霧氣橫，閉門獨坐倍傷情。
驚心舊友成新鬼，徹耳呼聲變怨聲。
披髮徒勞投火宅。捫膺幸未誤蒼生。
是非成敗渾無據，付與巴山月夜評。

送內子自渝飛滬

前途風浪惡，驟別更魂消。
家室皆分散，天涯共寂寥。
憑欄溫舊夢，對月立中宵。
明日驚相顧，關山萬里遙。

與楚僧同羈一室作此以贈

風雨同舟憶昔年，艱危共濟滬江邊。
羈居今日逢重聚，明月滿窗抵足眠。

獄中五十初度四首

驚心獄裡逢初度，放眼江湖百事殊。已分今生成隔世，竟於絕路轉通途。
嶙峋傲骨非新我，慷慨襟懷仍故吾。更喜鐵肩猶健在，留將負重度崎嶇。

人天俯仰都無愧，萬里凌霄入網羅。眾口縱能淆黑白，千秋終可辨真訛。
心存忠厚愆尤少，身歷興亡感慨多。莫道更生當慶幸，茫茫身世盡風波。

半百韶光夢裡過，文章事業嘆蹉跎。讀書深愧專精少，報國寧辭險阻多。
兩字恩仇勞辨別，一生肝膽漫消磨。丹心未死身長寄，豈屑書空喚奈何。

濟困原知瀕自困，一身憂患本尋常。關山戰激悲烽火，野草愁多望曙光。
愧對妻兒生計苦，敢嫌朋舊世情涼。重生今又逢初度，漫話滄桑對夕陽。

六月十五寄內子

去年今日巴東別，豈料想逢老虎橋，
忍淚殷勤相慰問，夕陽無語樹蕭蕭。

謝蘇青女士新作二首

新書勞贈意殷勤，妙筆生花思絕群。
冷暖不因成敗易，時宜未合獨憐君。
淒涼身世似秋蓬，歷盡艱辛感慨同。
亂世是非渾莫定，漫將毀譽付流東。

望月

斗室閒無賴，舉頭望遠輝。
天如窺井小，月似逐雲飛。
對影愁來日，傷時惜逝機。
年荒兼世亂，惆悵意多違。

內子由滬返京來見

小別兼旬亦苦思，堂前偶語復分飛。
憐君心血消磨盡，劫後殘家獨護持。

初夏

轉眼槐風又楝風，韶光來去太匆匆。
無情晴雨農時失，隔夜炎涼世味同。
運甓何心期致用，問天有意但書空。
燕忙鶯老渾閒事，深巷沉沉似禁中。

食枇杷思羈渝時情狀

四月枇杷三月鮮，去年千里費相思。
繫囚也是江南好，春水一篙翠滿枝。

感懷並謝牙醫洪範宇

半世都從劫裡過，草間偷活意如何？
利生有意成功少，醫國無方感慨多。
多得齒牙徒餔啜，忍教意志坐消磨。
臨餐輒憶君情重，未至迎風廢嘯歌。

內子由滬攜來舊鞋

容貌依稀似舊覩，興亡曾閱也辛酸。
艱難步履勞常共，可作微時故劍看。

生日口占

前年淞滬去年渝，今日都門一罪徒。
居地三遷人兩世，乾坤俯仰舊頭顱。

端陽雜感二首

去年客裡逢佳節，觸景生情旅思增。
底事龍舟遲不發，登山空自望嘉陵。
何處吹來艾酒香？斜風細雨度端陽。
湘纍遺恨留千古，小劫寧須話短長。

劉果齋畫梅為壽並附以詩因步原韻謝之

佳篇讀罷幾尋思，慚愧江頭空折枝。
多謝劉郎珍重意，梅花欲種待明時。

獄中偶成

一片笳聲破寂晨，荒庭滿目盡煙塵。
青山無恙空生翠，芳草多情亦自春。
世上風雲多澒洞，院中歲月遞新陳。
忘機自在桃源洞，莫任煩憂擾此身。

篋中檢出在渝所用蒲扇

千里相逢照石頭，記曾巴蜀共淹留。
煩憂酷暑兩難遣，賴有清風為解愁。

幼兒來京度節

劫後飢驅各一方，端陽小聚敘家常。
覆巢幸喜還全卵，話到滄桑莫斷腸。

哭丁默邨二首

一腔熱血竟成煙，疑夢疑真復愕然。
從此人天慙後死，那堪風雨憶當年。
東南板蕩憑同保，巴蜀幽羈感互憐。
贏得千秋無限恨，孤魂應是化啼鵑。

題劉果齋畫竹石

風前瀟灑聲疑雨，月下依稀影化羊。
變幻無端君莫笑，不徒人世有滄桑。

接見三首

見時欲語事偏多，對面卻忘可奈何！
相視無言情脈脈，一窗人似隔天河。

邦家殄瘁事堪哀，欲語還停恐愴懷。
乍別驀思言未盡，返身遙語暫徘徊。

噓寒問暖意溫柔，話到傷心淚忍流。
獄吏無情催客去，可憐一步一回頭。

汪精衛爲什麼要建立政權?

影佐禎昭遺作

本文作者影佐禎昭,為對汪政權建立最有重大關係之一人。自高宗武秘密渡日,接洽和平起,以迄汪政權之創建,胥為其奔走促成。汪府在滬醞釀時期,一切以影佐為軍部代表而為交涉之對象。陶希聖高宗武攜港發表之「中日基本條約日方草案」,亦為其所提出。戰時任汪政權之最高軍事顧問:實際則為日本在華最大特務機關「梅機關」之首長。太平洋戰爭後期離華任師團長,參加東南亞作戰,一九四八年九月,病死東京。本文為其遺稿之一部份,由其婿谷垣專一,及其任最高軍事顧問時期之秘書倉岡克行整理發表,洵為對汪政權建立經過之第一手資料,因就有關部份迻譯附錄於此,俾供參證。

第一次近衛聲明

在昭和十二年(一九三七年)底和翌年年初之間,日政府曾經把閣議通過的十四項和平條件,

托由德國駐華大使陶德曼出而斡旋。但是，日本政府認為中國國民政府一九三八年一月十四日的答覆缺乏誠意，近衛內閣乃決定於一月十六日發表了「不以蔣介石政權為交涉之對象」的所謂近衛第一次聲明。

聲明的內容說：到現在為止，日本政府一直以國民政府為中國的中央政府，作為尋求和平的對象。現在國民政府既然沒有和平的誠意，就無法期待它作為解決事變的對手。不得不改與中國同憂共識之士相提攜，來處理這個問題。如果國民政府有意改變政策，排斥極端抗日主義份子，和日本攜手的話，當然日本還是希望和它共同建設新東亞。

既然聲明了「不以蔣介石氏所領導的政府為交涉之對象」，那麼怎樣才能趕快收拾事變？這就需要去從長考慮了。而研究的結果，唯一的通路就只有希望中國出現一個有與日本尋求和平的熱誠，同時又孚眾望的新勢力，來同日本的和平主義者，共同造成一個使兩國人民和兩國政府不可抗拒的和平力量。

昭和十三年（一九三八年）春，原任國民政府外交部亞洲司長高宗武和原任亞洲司科長董道寧來到東京，我以參謀本部「支那課長」的資格，同兩人見了面。他們表示此來的目的是：「日本政府既然否認了國民政府，那麼尋求和平就只有求諸蔣氏以外的人了；這個人就捨汪精衛莫屬。汪氏因痛感中日問題有早日解決的必要，曾經主張和平，但國民政府內部不予接納。因而只有從政府外部喚起人民展開和平運動來以求轉變。希望日本政府能夠理解此點。」我為他們專程而來的熱誠所感動，相約和他們為此而協力，並且得到了參謀次長多田（中將）的同意。

日本政府雖然對高宗武的意見沒有表示異議，但對汪氏應如何採取行動也毫無表示。高宗武回去之後，也沒有了消息，我以為這事已經歸於消滅了。這年秋天，因公到上海去的今井武夫（大佐）回來的時候，帶來了高宗武和梅思平共同擬訂的「中日和平條件草案」。陸軍中央部把這個草案根據已往制定的「中日關係調整方針」加以修正。由我和今井於十一月十九日帶到上海，交給高梅兩人，他們又以中國方面的立場，也修正了幾點。

這個和平條件草案和這年十二月二十二日的近衛聲明，形式雖有不同，內容則無大異。高梅二人並提議：「如汪氏按照計畫離開重慶之後，日本政府始可公佈和平條件。」因為這是為了汪氏和平運動順利進行的必要步驟。這些，都由陸軍大臣報告了五相會議。

汪氏從河內到上海

汪氏同意了上海高梅與日方會談的結果，一九三八年十二月十八日離開重慶，二十日到達河內。

近衛（首相）十二月二十二日發表了所謂「近衛三原則」的日支關係調整方針。汪氏為了響應這一聲明，二十九日以豔電致國民黨中央黨部，蔣總裁暨中央執監委員會建議和平，力陳中日和平的必要……。

一九三九年一月一日，中國國民黨決議開除汪氏黨籍，並褫奪其所有職務。隨著重慶的特務也來到了河內，三月二十一日曾仲鳴被暗殺了。日本方面得到汪氏環境危險的消息，五相會議決定派我們到河內去協助汪氏轉到安全地帶。我和犬養健等乘山下汽船株式會社的北光丸，於四月十七日抵達河內，矢野（外務書記官）、伊籐芳男等則已經先期飛來了。

四月十八日，我在河內高朗街汪邸會見了汪氏。汪氏對中日事變的發生和發展表示了惋惜之後，說：「關於中日必須和平的信念，曾不止一次用書面或當面與蔣氏討論過，而蔣氏一則懷疑日本的真意，一則為環境所支配，無法實行和平。」他又接著說：「正在考慮放棄在重慶內部促使蔣氏改變的企圖，改由外部策動重慶轉向的辦法，恰恰從高梅兩人那裡知道了日本的和平方針，我想日本如果真能堅持這一方針，相信未始不能得到輿論的支持。」他又說：「十二月二十二日的近衛聲明，是給和平運動發展的一個最大保證。」

汪氏認為：「留在河內，既危險，且無意義，應以上海為基地，發展和平運動」，他又顧慮到「由河內動身，需要得到越南當局的諒解」，並且「在研究到上海之後，如何開展比原計畫更進一步的方法」。汪氏一再聲言和平運動主旨，是在擴大和組織民眾對和平的要求和力量，從而促使重慶政府轉換抗日政策，並不是要另外成立政府。

汪氏在越南當局諒解和越南保安局員護衛之下，於四月二十五日從加特巴島乘法國輪船出發，二十八日夕刻，在拜亞士灣東北方換乘了北光丸，經由台灣基隆，五月八日抵達上海虹口碼頭。

在這裡，應該把汪氏那時的想法，敘述一下：

「原來的和平運動計畫，是準備以國民黨員為中心組織一個和平團體，用言論來指摘重慶抗日理論的錯誤。宣揚和平是救中國、救東亞的唯一方法。逐步地擴大和平陣營，企圖使重慶轉變方向。但是詳細考慮之下，單憑言論來使重慶政府轉向是極其困難的事。因為和平論固然是為了愛中國，抗日論更是由於愛國精神的激發。但是和平論與賣國論也最易混淆，很難得到一般人的諒解；反之抗日論容易獲得人們的同情，這就只有靠日本公正無私的行動，才能證明和平論的正確。

「不錯，近衛聲明如果能夠十足兌現，重慶政府的抗日理論會失去根據，甚至會順從輿論，傾向和平。但是，問題在怎麼實現近衛聲明。是不是應該改變原來的和平計畫，除以言論督促重慶覺悟之外，建立一個和平政府；從事實上證明中日合作的效果，來喚起民眾輿論加速和平的實現呢？當然，這個和平政府的建立不是以打倒重慶政府為目的，只是為了中止抗戰，促進和平，即使和平政府為必要而備有軍隊，也決不是來與重慶為敵。如果一旦和平實現，不論是否雙方政府合併，或者採取其他形式，我（汪氏）決不過問，斷然引咎下野，以明心跡。」

總之，我確信汪氏的想法，是在建立一個和平政府，以為與日本和平的示範作用，用事實來證明和平論的正確，使一般民眾和重慶政府由傾向和平而導致全面和平。儘管新政府成立後，表面上暫時是與重慶政府相對立的，中國形成了和平和抗戰兩個陣營，但是結果是會合併的，也只有兩者合併才能實現全面和平。這是汪氏和平運動的指導原理。

昭和十五年（一九四〇年）一月十六日，汪氏的和平通電中說：「望蔣先生以國家民生為重……與日本停戰言和，……兆銘與同志等必當與先生戮力同心，以促全國和平之實現……。」這可見汪氏的心境的一斑。

汪氏與板垣會談

這一年六月初旬，汪氏偕周佛海、梅思平、高宗武、董道寧等人，由日方的矢野、清水兩個外務省書記官，犬養健和我，陪同由上海飛到了東京。汪氏一到東京，即與平沼首相會見。平沼首先力言中日在道義上有合作的必要，然後對汪氏挺身努力解決事變的熱情表示敬意。汪氏答稱，為了中日兩國長此相爭的無意義，因而決心努力和平。汪氏認為日本方面對解決事變，不外下述三種方法：一、堅決採取以重慶政府為對象，進行和平的方針；二、或在國民黨之外，找尋在野有志之士為對象，講究和平方策；三、不然就是不問在朝在野，不論是否國民黨，只要是為了兩國的前途而贊成和平的人，大家一起來進行和平，解決事變。汪氏說：如果日本方面認為第三種方法是適當的話，他有決心作為建立和平政府的中心；竭力來達成和平的目的。平沼首相當表示現內閣堅持繼承近衛聲明的精神，贊成汪氏的意見，只要汪氏有這樣的決心，日本方面當絕對的協助。

六月十五日，板垣陸相承平沼首相之命，申述日方的希望和汪氏交換了意見。板垣在會談中為了避免干涉中國內政的印象，措辭上格外慎重。當時雙方會談的要點是：

一、板垣問：「過去一國一黨主義的弊害，可否藉這個機會來清算一下？」汪氏對這點表示贊成，並且說這次組織政府，當網羅國民黨以外的各黨各派和無黨派的人士來參加。

二、板垣提議：「臨時和維新兩個既成政府的人士，已經忍受了許多誹謗來努力中日和平，如果一旦全部取消，在日方覺得過意不去。可否把臨時政府改為政務委員會，維新政府改為經濟委員會，作為局部處理中日關係事項的機構。」汪氏說：「華北遠隔南京，設立一個政務委員會，在某種程度的政務交其辦理固無不可，但是華中沒有設立這個機構的必要。不過對原來維新政府的人士，自當考慮予以安插。」

三、板垣說：「三民主義中的民族、民生主義，許多人解釋以為這就是容共抗日主義。當然，這不是孫中山先生的意思。這次是否可以把這點加以修正，明確地表明中日共同反對共產主義的態度？」汪氏對這點完全表示同意。

四、板垣說：「許多日本人解釋青天白日旗是抗日的標幟，同時日本軍隊在軍事行動上，如果和平政府及其軍隊和抗日政府一樣都用青天白日旗，難免發生意外的情事，作為一個實際問題，可否加以考慮？」汪氏絕對反對這一個說法，但是他答應考慮如何與重慶方面識別的方法。

陳公博獄中遺作——「八年來的回憶」

我這篇回憶是從二十七年離川寫起，是一篇自白，也可以說是汪先生和平運動的簡單實錄。本來在今日大統一時候，我對於保存國家和地方人民元氣的心事已盡，對於汪先生個人的心事已了，是非功罪，可以置而不述。但既然奉命要寫一篇簡述，那麼，對於汪先生的心境，我是不能不說的，不說明汪先生的心境，和平運動就無法說明它的起源。對於我的主張也不能不說的，不說明我的主張，這幾年的經過，便無從說起。對於這幾年來我的工作和心情，也不能不說的，不說明，便不知道這幾年來此間人們的苦悶和掙扎，類於矯飾，而不是坦白的自白。

我也知道，我參加和平運動的經過，由反對而卒之參加，重慶的同志們都很了然，就是不寫，大家都很明白，因此，我決定不諉過，不矯飾，很簡單的寫一篇回憶。不過，我對於汪先生的心事是算了了，然而至今還抱極大的缺憾的，就是我自民國二十年底回到南京以後，總想這次外有日本的侵略，內有共產黨的搗亂，國民黨總不至於再有破裂了罷。若要不破裂，只有從我做起，所以由民國二十一年起，以至汪先生離重慶止，而且一直到現在，我對於黨始終沒有批評過，對於實際政治也沒有批評過，然而還有汪先生離開重慶的一件事，更有組織南京政府的一件事，這是我夢想不到，而引為絕大遺憾的。以下分段說明這幾年來的經過：

一、汪先生的心境

關於汪先生的和平理論，我不打算寫了，汪先生的和平理論，這幾年來有出版的言論集。我要寫的是汪先生由民國二十一年以至民國二十四年，尤其是民國二十五年後的心境。明白了汪先生的心境，便可以知道汪先生主張和平的動機。

汪先生在民國二十一年上海一二八之役是主張抵抗的，在民國二十二年長城古北口之役是主張抵抗的。在二十一年曾因張學良不願意抵抗、而通電邀張學良共同下野，因此出國。在長城古北口之役，又匆匆自海外歸來，共赴國難，那時候，汪先生總以為中國只有抵抗才有辦法，可是也因長城古北口之役最使汪先生所受的刺激太深。因為前方將領回來報告，都說官兵無法戰爭，官兵並非不願戰，實在不能戰，因為我們的火力比敵人的火力距離太遠了，我們官兵並看不見敵人，只是受到敵人炮火的威脅。汪先生聽了這些報告，以後便慢慢有主和的傾向。

汪先生那時不但主持行政院，還且兼了外交部長，我當時大不以為然，在南京的同志也大不以為然。外間的批評都集中於汪先生一人，以為主和的只是汪先生，所以當日許多人都曾勸過汪先生說：上海的淞滬協定為「汪先生」所知的，而塘沽協定是事後才知道的，汪先生也應該分辯一下。汪先生說：「絕不分辯，誰叫我當行政院長？行政院長是要負一切責任的。」汪先生這一句話可以表明他當日的心境。同時他還對我說：「武官是有責任的，他們絕不說不能戰，文官是沒有打仗責任的，他們當然可以唱高調要戰，今日除我說老實話，還有誰人。」我告訴他，外間的批評很是惡劣，我希望汪先生事事慎重。汪先生很憤懣的答覆我：「我死且不懼，何畏乎罵。」我只得默然了。

到了民國二十三年，環境更是一天一天惡劣了，當日的國事，我知道是蔣先生和汪先生共同負責的，然而外間的觀察，顯然已畫分為兩個分野。我也知道汪先生不惜犧牲，願意替國家負責，願意替蔣先生負責。可是按我觀察，國事至是，危險非常，第一，中國要戰，應該舉國一致，中國要和，也應該舉國一致，如果把蔣先生和汪先生認為兩種主張，那麼國內不難明顯的分為和戰兩派，在大難當前，而黨內有兩個不同的見解，可以促成黨的分裂。第二，國內搗亂的份子很多，惟恐國民黨團結，惟恐蔣汪真正合作。有此分野，更易予挑撥者以機會，國的分裂，黨的分裂，是我決不願再見的。那時國內的報紙，對於汪先生攻擊已漸漸明朗化了。例如南京有一家報紙記載日本公使有吉明回國，說汪先生送他到車站，還哭了一場，報上還譏諷汪先生，登了兩首詩，那兩首詩的全文，我已忘記，只記得有兩句：「桃花潭水深千尺，不及汪倫送我情。」我那時真苦悶極了，我不是不愛國，同時我也愛汪先生，極不願汪先生就這樣犧牲了。因此，我又勸汪先生辭職，等到和戰大計決定之後，再負責任，也不為晚。

我正在勸汪先生辭職的時候，倏然聽到一個消息，說汪先生的女兒也反對汪先生兼外交部長。有一晚汪先生夜膳，喝酒微醉，家人又反對他兼外交部，汪先生大哭，說：「現在聰明人誰肯當外交部部長。」我聽了之後，非常難過。同時想起上海一二八之役，陳友仁離職之後，汪先生對我說，蔣先生意思要我做外交部長，我力辭不幹。當時我不幹有兩個理由，第一因為英美報紙久已宣傳我是一個極端左翼份子，那時外交正在緊迫，不能不靠英美幫忙，如果我幹外交部，恐怕和英美隔膜，於中國無利。第二，我的性格最不喜歡應酬，而外交官第一個要件就在應酬，這樣我幹外交部，於公於私都沒有好處。不過，我聽見汪先生這一句聰明人不肯幹外交部的話，立時想起替汪先生分謗，顧不到英美的隔膜和我自己的性格了。第二天我遂見汪先生，提出我願意幹外交部的意思。汪先生說：「現在我幹外交部，就是人家不聽我的話，還得要考慮一下。如果你來幹外交部，恐怕人家連考慮也不會考慮。」我說：「這樣，請汪先生向蔣先生說，我自告奮勇去幹駐日公使怎樣？」汪先生說：「你要替我分謗的心事，我是明白的，可是外交部和駐日公使是一樣的情形。」我聽了之後，更無話可說。

至到民國二十三年下半半，我的確苦悶達於極點，除了一般人攻擊汪先生主和之外，還有些人見了汪先生面時主和，離開汪先生時便主戰，還有些人力勸汪先生不要主和之外，還來見我，要苦勸汪先生不要主和的。其實當時情勢混沌達於極點，戰固然說得太早，但和也無從說起。我勸汪先生以暫退為宜。末後我見汪先生堅持負責，我只好單獨向汪先生提出辭職。可是我每一次辭職，汪先生總不答覆，這樣一直拖至民國二十四年夏天。

民國二十四年夏天，大概是六七月罷，汪先生肝病復發，到上海進醫院了。後來依醫生的勸告，又到青島養病。在八月初旬，我在南京接到汪先生一個電報說：「黃季寬剛由重慶見過蔣先生回到上海，攜帶有對日方案，定於八月五日由滬來青一談。」我於六月五日在南京飛機場等候黃季寬，當天飛至青島，下午同黃季寬一同見汪先生。汪先生那時候病得很消瘦，看了那個方案以後，沒有說什麼話，回頭只對我說：「公博，你是不是還要不幹？」我說：「是的。」汪先生說：「這樣也好。」我聽說「汪先生」允許我不幹，如釋重負，和黃季寬一齊退出來，當夜便與青島市長沈鴻烈痛飲一頓，第二天早夜我和我朋友喝酒，沒有去見汪先生，至第三天中午還是喝酒，汪先生使人來找我了。

我酒還沒有大醒，去到海邊一個別墅見汪先生，這次我面紅耳熱說話的第一次。過去我雖然常和汪先生討論，有時免不了辯論，然而那一天簡直可以算吵起來。事後回想，真不勝悲涼之至，汪先生一見我，便很嚴肅的問我了：「公博，你說不幹，是真的不幹嗎？」我說：「我不願幹，自去年已決其心，那還有假的。」汪先生說：「我病還沒有好，或許今天我的說話是病態的說話，我不獨我要幹下去，我勸你也要幹下去。」我那時真是醉還未醒，我說：「汪先生能否容許我說幾句話？」汪先生說：「當然可以。」我說：「汪先生你說病態的說話，我今日是醉態的說話。現在許多人都罵汪先生是秦檜，我今天就承認秦檜是好人罷，但秦檜是犧牲了，然而無補於南宋之亡。一般人都說汪先生賣國，但賣國還應有代價。像今日的情勢，一日蹙國百里，其誤不止賣國，簡直是送國罷了。我想送國不必你汪精衛送罷。」

汪先生奮然說：「公博，你的話是為汪精衛說的，不是為中國國民說的。人家送國是沒有限度的，我汪精衛送國是有限度的，公博，我已經五十多歲了，你也快到五十歲了。中國要復興，起碼要二十年，不要說我汪精衛看不見，連你陳公博也看不見。日前能夠替國家保存一分元氣以為將來復興地步，多一分是一分，這是我和你的責任。因此不獨我要幹，我勸你也要幹。」汪先生這番話，使得我無話可說。我只好說：「汪先生既然要跳水，難道我好站在旁邊袖手嗎？」我是在八月十日回南京，同時我知道蔣先生將於二十左右回京，可是在十八日我接到汪先生一個電報，說他決定辭職，我禁不得一喜一疑，喜的是汪先生肯辭，疑的是汪先生在青島那時那樣堅決要幹，不到十天又決定辭職。可是我的心情，只求汪先生願意不幹，內中變化的理由，我也不去再問了。

那年十二月汪先生於中央黨部被刺受傷了，更因受傷而出國療治了。我對於汪先生受傷是極痛憤的。汪先生出國一直至西安事變後才匆匆歸國，自西安事變發生後，汪先生更是傾向和平，以為中國對日應該尋出一條和平之路。如果中日兩國戰爭，結果在國際恐怕只便宜了蘇俄，在國內只替共產黨造機會。總括汪先生的心境，他的主和，遠因是受了長城古北口之役的影響，近因是受了西安事變的刺激，或者我個人的觀察還是相信比較別人的觀察為正確。關於汪先生的心境，我寫得似乎太長了，但不詳寫汪先生的心境，便無從說明汪先生主和的癥結。至於後來因主和而離開重慶，那是我始料所不及，並且我前後反對了二十餘小時，還不能阻汪先生的離渝，那更是始料所不及了。

二、和平運動前後和我的主張

如果有人問我，汪先生的和平運動從什麼時候開始的，我實在沒有方法答覆，因為我至今還不知始於何時。在汪先生通知我的時候，我只知盡我的力量反對，無暇探問始於何時。到後來事機已經成熟，我仍是反對，也懶得去探問始於何時。大概是二十七年十一月初罷，時間我已記憶不清，我正在成都籌劃如何訓練黨員，和公開在四川省黨部召集在成都的中學生分期演講「三民主義與科學」，我接到汪先生電報，說參政會開會在即，囑我早一兩天到重慶，本來我在黨裡是被指定為參政會內國民黨黨團的指導員，因此我即起程赴重慶，到達重慶，我還記得是早上去見汪先生的，當時汪先生通知我，對日和平已有端緒。我真像丈二和尚摸不著頭腦，我一句話也不能說，只聽汪先生自己講述。我心想真是太奇怪了，這樣大的事情，為什麼汪先生事前一點也不關照我。常時在座的，我一時也記憶不清，彷彿蔣先生是不知道的，又彷彿說待時機成熟，汪先生還要離重慶的。

我聽了之後，大不謂然，因為那是太反乎我的主張，我當時對汪先生陳述幾個理由：第一是自從國民政府於十四年七月一日在廣州成立，以至北伐成功，中間經過好幾次黨的分裂，好容易在民國二十年底寧粵合作，黨復統一。方今國家多難，不容再破。第二是對外問題，首在全國一致，戰固然要一致，和也要一致。固然在戰爭時候，和戰見解，國內或有不同，但儘管別黨別派不同，而在國民黨內萬不可有兩種主張，否則易為別黨所乘，黨一失敗，國亦不救。第三，日本情形，我絕不熟悉，但由過去幾年交涉而論，日本絕無誠意。日本對中國的要求什麼是他們的限度，我們是沒有方法知道的。對於一個國家，我們不知道他的對我要求至何限度，而卒然言和，是一件絕對危險的事。其他還有許多理由，我現在也記憶不清，要而言之，我固然反對汪先生言和，更反對汪先生離開重慶。

這種辯論到十一時，汪夫人說，你們辯論時間太久了，食過中飯再來談罷。我離開汪公館，便一逕到中南銀行找周佛海，並順便找陶希聖。佛海對我說：「你一定嚇一跳罷？」我說：「怎麼不是呢，這樣大的事情，為什麼到今天汪先生才通知我。」佛海說：「我也對汪先生說過，應該通知公博，可是汪夫人說，公博近來太懶，等到成功再通知他。若是我們都走，他是不能單獨再留的。」佛海的說話這樣，陶希聖也是一樣。我聽見這句話，默然無話可說，只得長嘆一聲：心想，那裡怕我懶，只怕我反對罷了。下午食了午飯，我再見汪先生，力陳不能和，不能走的理由，這樣又辯論到黃昏，我才回旅館。以後我每次見到汪先生都不贊成這個主張，後來汪先生說，這事雖有頭緒，尚無結果，等到將來發展再談罷。

說到此地，我可以說說自民國二十年底至到離開重慶，甚至乎至到今日我的主張了。我的主張說起來是很簡單，就是個人無論如何犧牲，最要緊黨萬不可以再破裂。我還記得在擴大會議失敗之後，我個人到歐洲住了半年，在二十年廣州有非常會議召集，我即沒有過問。到了九月，我想這樣住下去也是不了，倒不如回國試試進行一種黨的團結。歸途剛抵錫蘭的哥倫堡，即聞有瀋陽九一八之變，我還記得當夜在船上做了一首詩：「海上淒清百感生，頻年擾攘未休兵，獨留肝膽對明月，老去方知厭黨爭。」自是決心進行黨的團結，中心總以為黨有辦法，國事才有辦法，否則黨一失敗，國亦隨之而亡，縱然倖而不亡，亦必衰敗。

但要黨團結，先從那裡著手呢？我以為先須從本身著手，因此，我自二十年底回到南京以後，對於實際的政治從來不批評，對於黨也從來不表示意見。老實說，我並不是沒有批評和意見，但是再想想，多一種意見，便多一種糾紛，而且更自己反省，我的意見是不是絕對好的，就是好，是不是能行的。倘不是絕對的好，那更不必說，倘好而不能行也不必說，我為謀黨的統一和團結，先不必期之別人，還是先求之自己。我心中所祈求的，黨萬不容再分裂，蔣先生和汪先生千萬須合作到底，這是我在二十年底回南京後以至今日的一貫主張。

而且當日國家實在也太危險了，中日問題時刻都有立刻戰爭可能，軍需工業，中國還談不到，而且也不能一促而幾。但中國每年缺乏食米一千六百萬擔怎麼辦？每年缺乏麵粉二千萬擔怎麼辦？民國二十一年中國棉花產量只得七百萬擔怎麼辦？中國一有戰事，衣食均缺，真可不戰而屈。這都是我的實業部職權範圍，我應該埋頭於解決這些問題。黨的問題，我為團結，我且讓其他同志幹去。

我對黨務求團結，不但我在實業部四年如此，就是我離開實業部後也是如此。我還記得我離開實業部後，張岳軍先生曾奉蔣先生之命徵求我同意做義大利大使，我堅辭不就。固然我的母親太老，我不願離開她，同時我深怕離國太遠，而汪先生又離國治療，易為造謠者製造謠言的機會，黨內的謠言一生，結果有時非意料所及。我離實業部以至八一三事變，始終未離南京一步，這是我為力求黨內團結的苦衷，當時或者沒有人會瞭解的。

在民國二十七年我們退到漢口時候，黨的統一呼聲又起。我記得有一次陳立夫和陳辭修兩先生來德明飯店看我，陳辭修先生說，過去黨的糾紛，我們三個人都應該負責任。我笑說，在民國二十一年以前，可以說我應該負兩分責任，在二十一年以後，我絕不負任何責任。立夫先生也說，這幾年來公博先生實在沒有責任。黨的統一是我極端贊成的，不必等到二十七年，我在二十一年已經開始以靜默的態度而等時機的來臨了。其實在我歷年的回憶，在每次糾紛當中，我都不是居於發動地位，而結果每一次都變成首要。例如十六年寧漢分立，我在南昌主張國府和總司令部遷漢，當時我知道共黨並沒有多大力量，總想以國府與總司令部同時遷漢，可以鎮壓下去，但後來畢竟引起寧漢的分立。在十八年自革命評論停版以後，到了歐洲，本想作久居之計，後來汪先生和汪夫人促我回國，遂有張桂軍之役和擴大會議。至今回憶，自己也覺有些不可思議。我敘述這些經過，我並非諉過，更並非卸責，因敘述之便，不禁引起這麼的感想。

至二十七年的十一月底罷，時間我已記憶不清了，我又接汪先生從重慶來一個電報，叫我立刻至重慶。我到重慶時，汪先生告訴我，中日和平已經成熟，近衛已表示了幾個原則，一、承認滿洲國，二、內蒙共同防共，三、華北經濟合作，四、取消租界及領事裁判權，五、相互不賠款。中國如答應，則日本於兩年內撤兵。

我對於第四第五兩原則沒有意見外，其餘第一第二第三等原則都不贊同，尤其不贊成的是汪先生離開重慶。我的最大原則是「黨不可分，國必統一」，黨的分裂痛苦我已受夠了。我們要救國才組織黨，今黨不斷分裂，救國更從何談起。汪先生說，中國的國力已不能再戰了，非設法和平不可了。我在重慶主和，人家必誤會以為是政府的主張，這是於政府不利的，我若離開重慶，則是我個人的主張，如交涉有好的條件，然後政府才接受。而且，假使敵人再攻重慶，我們便要亡國，我們難道袖手以待亡國嗎？現在我們已無路再退，再退只有退西北，我們結果必為共產黨的俘虜。常時我已辯無可辯，我說，我在二十六年底奉蔣先生之命至歐洲，當時原可以不必急急歸國，當日很多人在歐美多藉口辦理外交或採購物資，逍遙海外，以待世變，我不忍各同志在國內掙扎苦鬥，故願同甘共苦，匆匆求歸。我的志願如此，我寧願真到了這個時期，一同犧牲算了。汪先生說，我們革命黨死何足懼，難道眼前看幾千萬的老百姓也跟著我們同死嗎？汪夫人這時說，「好了，我們一定走的，你不走時，一個人留在此地好了。」我們辯論，到了此時，已無法可辯。我也無法可阻汪先生離渝。至於以後怎樣，我不得不再考慮。

汪先生是決定於十二月二十左右離渝了，我回成都以後，苦悶達於極度，第一想到我不隨汪先生走，不難人家看作我個人在內地作汪先生內應的工作，就是不這樣看法，我也不忍眼看各人在我面前大罵汪先生。第二想到我若跟汪先生走罷，數年來我苦心孤詣，隱忍自重以求黨的統一的苦衷都盡付流水。第三，我更想到倘然是和平成功，東北是丟了，內蒙共同防共也等於丟了，所謂華北經濟合作也等於共有，於中國前途絕無好處。自回成都以後，每夜都不能合眼，我只有最後一個希望，即離川以後，以個人的努力，阻止汪先生組織政府，更希望黨對汪先生的制裁能夠緩和，減少汪先生的衝動，這樣我可以從容努力。如果汪先生能夠中途中止他的行動，這是旦夕所祈求的。時日已記不清楚，大概在十二月十三四日左右，汪先生派一個副官來成都通知我，叫我務於十八日到昆明，我因天氣關係，延至二十日始由成都飛雲南，但汪先生已前一日赴河內。到了河內，我寫了一封信呈蔣先生，託張岳軍和朱騮先兩先生轉呈，中間略述我的主張。並盼黨能對汪先生寬大，使我得盡最後的努力。

在河內住了幾天，近衛聲明已發出，汪先生起草一個答覆，交周海佛，陶希聖，和我三個人帶去香港發表，是即所謂豔電。我臨行之時，力勸汪先生不要離河內，並且不要和日本人來往，以示無他。我回到香港以後，心想我的心願已了，只求汪先生不要再有行動，或者可以得重慶各同志的諒解。

中央黨部終於二十八年一月一日對汪先生下令處分了，末後更有曾仲鳴之死，我想我勸汪先生不要離開河內的主張怕又會中變了。我那時悲觀達於極度，想請汪先生不要離開河內恐怕不能實現了。我那時真是感覺人微言輕。以我和汪先生二十年的關係，不能阻止他離渝，以六年來苦心孤詣以求黨的團結統一而敗於一旦，我尚有何話可說。恰值我的母親病重，我遂閉門不出，更不表示意見。不久聽見汪先生赴滬了，而且更聽見汪先生要到日本了，我忍不住打一個電報給汪先生，那個電文我已不存，我只記得大意，說以先生的地位萬不宜赴日，並且最後一句話說得很嚴重的，「先生如此，何以面國人。」汪先生覆我一電，說「弟為愛國愛人民而赴日，有何不可以面國人？而且在此國家敗亡之時，更不計及個人地位。」我接到這個電報，又只有長嘆而已。

大概是二十八年夏末罷，汪先生到了廣州，叫我到廣州一行，並且派人對我說，他和日本已定有一種君子協定，他不求我贊成，只希望一見以便討論。我到了廣州住了兩三天，汪先生出示中日的君子協定，現在內容我也記不清，大致和近衛聲明及後來的中日基本條約差不多，我終認為不滿，以為非中國所能接受。

不久，上海召集幹部會議，邀我和何炳賢出席，我決定不去，只是何炳賢赴滬，我囑咐他最要緊是阻止「汪先生」組織政府，其餘善後問題，我再設法挽救。其後何炳賢的確極力反對組織政府，並且和當日出席的人起了非常激烈的辯論。我當日有一種癡想，以為我什麼都不參加，或者汪先生不致於組織政府。那裡知道以我個人之力，阻不了汪先生的決心，更不能排除當日的群議呢！

到了十二月，汪先生又要我到上海一行，說中日基本條約的草約已開始討論，如果我不到上海，以後就是反對也來不及。我想這或者是一個關鍵罷，如果我逐一反對，那麼組織政府可以延擱，以後就要和平也可以等到全國一致才舉行，因此我又到上海住了半個月。那裡知道我到上海時候，所謂基本條約已討論了一半，因此我知道汪先生是不必等我來才討論了。我在上海住了半個月，只是和須賀辯論些海軍問題，這都是無關宏旨的虛話，我再無心逗留，終於十二月底又回到香港。在將離開上海的幾天，一夜汪先生請我吃飯，我碰見影佐禎昭。我說：「這那裡是基本條約，簡直日本要控制中國罷了。」影佐答覆我說：「在目前不能說日本沒有這個意思。」飯後，我把影佐的話報告汪先生，並希望汪先生慎重。汪先生忿然說：「我們偏不使日本控制中國。」

三、南京政府的組織和我決定的原則

我是二十八年十二月三十日到香港的，當我在上海的時候，已經見有組織政府的消息。可是汪先生始終沒有談起，只是從旁聽說某人預備做什麼部，某人預備做什麼部而已，我反正不願與聞，就不願與聞到底，我心想趕快離開上海再說。同時我希望重慶急急出一個辦法，我不是因為汪先生要組織政府，要重慶不能不及早謀和，而是重慶最好有一種表示，使上海一般人們不至急於出以積極行動。可是回香港以後，我沒有辦法通知重慶，在香港誰人可以代表重慶，我是不知道的。

我在二十七年到歐洲時候，曾攜張岳軍先生一本「群密」，在八月時已知道不適用了。正在焦急之中，在二十九年一月的初三或初五罷，陶希聖和高宗武兩位早上忽然來訪我了，我吃了一驚，問他們為什麼來香港。他們說我上船之後，他們也隔一兩日便走了。他們兩人當時並沒有說什麼，只說他們走後，汪先生便要找我了。我當時實在驚詫不已，找不到什麼話可談，等到第二天再找他們時，一個也找不著，我那時實在不知高陶二位的意見。在滬時候，他們對於佛海不滿意，說佛海許多閒話，我是知道的，至於對基本條約不滿意，我始終沒有機會聽到。直至後來他們公開發佈基本條約初稿，我才恍然大悟。對基本條約不明白的，但為什麼不對我說呢？不贊成汪先生組織政府，也為什麼不早對我說呢？

汪先生畢竟赴青島舉行會談了，在事前我是毫無所聞，不過至今回想，就是事前有所聞也毫無用處，那時似乎箭已離位，扣弓無益。我心想汪先生實在太危險了，在一般和運的份子，我所稍為諗熟的只有周佛海和陶希聖兩人。佛海是我在民國十年認識，其後因職務的不同，不但談話很少，就是見面也很少。至於希聖是比較熟稔的，現在已和高宗武脫離。在上海汪先生左右的，我實在找不出一個熟人。汪先生脾氣易於衝動，我是知道的，如果逕情直行，對於汪先生的前途，對於中國的前途，我真抱莫大的憂慮。

如是又延至三月初旬，汪夫人又來邀我到上海，我問汪夫人是不是要組織政府。汪夫人說你對於這點贊成或反對，請你到上海對汪先生說。我還記得在我臨行之前數夕，曾和錢新之杜月笙兩先生見一次面，他們問我是否要到上海，我率直答覆：「是的。」他們託我最好勸汪先生不要組織「政府」，我說當然要勸汪先生，同時我表示我實在對高陶兩位不滿，倘然他們早些對我明白表示，或者合三人之力，可以阻止汪先生。末後我仍希望他們兩位轉達蔣先生有無更好的辦法，使我得以從中盡我最後的努力。

我是在三月十四日到上海的，比到上海時候，還都南京一切都準備好了，我簡直無法開口，我知道勸也沒有用的，不過勸雖無用，也不能不勸。汪先生說政府再不組織，只有宣布和平運動失敗，人也全散了。我知道事已至此，挽救是無法了，今後只有從事補救的一法了。當時我向汪先生提出兩點，第一點，戰由蔣先生戰，和亦當由蔣先生和，南京地位只好處在一個中間交涉的地位。換一句話說，南京極力向日本交涉，得到最優的條件，通知重慶，務必全國一致，然後乃和。第二點，南京對於日本在中國作戰，應當極力阻止，尤其萬勿命令所轄的軍隊參加作戰，以免由外患而轉變成為內戰的方式。這兩點意見，汪先生極為贊成，並且說我這些意見就是他的意見。

汪先生允許我的提議，並且要我幹行政院，我堅辭不幹，轉而就立法院。我當時極願以閒散之身，使得心胸稍稍寧靜，徐謀補救，使國家和黨復歸於統一。至於我本身又該怎樣呢，我自己也決定應該做的幾件事：

第一是反對中日基本條約。在基本條約簽定以前和在簽定以後，我都一直反對。二十九年底算是正式簽定了，在正式討論的時候，汪先生叫我參加討論，我堅辭不肯，因為我知道要修改只是文字上的事。如果我參加討論，那麼簽定以後，我再不好反對，我要保留反對的地位，所以不肯參加。在簽定後，阿部信行大將其時是駐南京的大使，他問我基本條約會不會發生影響。我說：「絕對不會發生影響，因為，第一，所謂基本條約，顧名思義，應該謀中日兩國友好的百年大計，照這樣條約的內容，連停戰協定都夠不上，更談不上基本。第二，照近衛聲明，口口聲聲說東亞新秩序，但基本條約內容無一條不是舊秩序，而且是舊秩序中最壞的惡例。不過這個條約固然發生了不好影響，也不會發生惡影響。」阿部問這是何解？我說，「一般現象已經壞極了，大家都已對日本不諒解，這個條約不過是對日不諒解中一個證明而已。」其後無論本多，重光來任大使，我都這樣反對。三十一年和東條英機見面，也是一樣反對，並且對任何各界人士，我都這樣解釋和宣傳。直至三十二年底，才把所謂中日基本條約廢止。

第二是反對華北特殊化。在基本條約中，華北中日經濟合作，只是那麼一句話，但事實上何止合作，簡直是獨立。在二十九年三月底，我得到美聯社一個消息，說北平興亞院的森岡很怕南京政府還都，影響到北方，曾秘密電東京，主張華北應當採取永久半獨立的狀態。我在二十九年五月以答禮的名義赴東京，首先對米內內閣總理和有田內務大臣提出質問，而且更對近衛文麿質問。米內和有田極力否認，而近衛則因已下野，說是否有此事，他以不在其位，毫不知情。然而事實上，華北何止獨立，簡直是一個國家。舉凡政治，軍事，經濟，金融，交通，無一而非獨立，尤其特殊中之特殊的，是南京和北平的文書交涉和一切接洽，都要經日本的手。

我在三十一年又寫了一篇文章登在日本雜誌，題目是「告日本國民」，當中一段攻擊華北特殊化，並說我們絕無南北之見，要中國南北分立的不是中國，只是日本罷了。因為那時，日本宣傳說中國的南北見解不同，似乎華北的特殊化是出於中國北方的要求，而不是日本故意使其分立，所以我有這麼一篇公開的言論。華北獨立，一直至基本條約廢止之後，及日本採取所謂對華新政策，才慢慢有統一的傾向，然而也只是到傾向為止，因為日本軍人把持於上，商人把持於下，至日本投降時候，還保存一種特殊的狀態。

第三是提倡民族主義。南京政府還都之後，三民主義重復在淪陷區內公開宣傳了，我尤其極力提倡民族主義，我深怕人民習慣於日本統治，更怕軍人習慣於日本支配，使得我國永遠不能翻身。我對汪先生提議重復設立政治訓練部，我的用意，因為在南京政府還都時候一個兵都沒有，所有的僅有任援道的綏靖軍，和日本利用完了的謀略部隊。這些部隊在廿六年底即歸日本軍隊支配，到二十九年初已有兩年多。日本所謂謀略部隊，只求他們不對日本放槍，其他事情日本是不問的。因此思想龐雜，紀律廢弛，我深怕他們貽害人民，尤其怕他們傾向日本，則國家將貽無窮之患。因此我把各部隊軍官抽調來京訓練，灌輸他們以民族思想，提倡不可靠人，更鼓勵他們以國家自由獨立的精神，勿為外人利用。我就用在成都時對中學生演講的「三民主義與科學」作藍本，另外寫一本「政治工作須知」，最注重「負責任，求知識，守尊嚴」；我所謂守尊嚴，固然一個軍人，一個國民不能驕傲，同時更不能卑屈。我當時實在看不慣有些人對日本那樣卑屈的態度，我不獨引以為國民之恥，更恐怕由此墮落而使民心不能自拔。

第四是提倡廉潔政治。我最引為恥辱的是民國二十三四年，聽到日本批評中國無一公忠體國之人，同時我更反省到，中國之受外侮，常因政治不修而起。我感悟到四書有句話：「人必自侮而後人侮之，家必自毀而後人毀之，國必自伐而後人伐之。」因此我想，我不來則已，既來應當示日本人中國並不是沒有公忠體國之人。以此首倡廉潔政治，而為人表率。而且我更標出四句格言：「復興中國，從做人起，建樹人格，從立志起。」我以為不會做人，也無從救國，國家雖然喪敗，如果人人能夠立志做人，不以和平為發財的門徑，或者中國還有出頭的一天。不過我承認失敗了，我雖然這樣標榜，而且在上海實際上幹了四年，對僚屬發生不了很大的影響，貪污還是層見疊出。社會也發生不了影響，奢侈淫靡還是茫無止境。人們都如食狂藥，似世界末日將至，能夠享樂一天算一天，什麼是中國的危險，他們似乎不在乎，怎樣才可以使中國復興，他們更以為不干他們的事。這是使我非常之痛心的。

南京政府五年半中，可以說無日不與日本鬥爭。除了和日本力爭和平條件之外，在政治上，爭行政的自由和統一，在軍事上，爭軍事上的獨立和脫離日本的束縛，在經濟上，爭取物資的保存和國家人民的元氣的保存。至於具體事實，我因為沒有檔案在手邊，而且太長而瑣碎，只好問各部門的負責者了。我還記得去年有人對我說，「和平運動是失敗了」，我說，「南京這幾年中對日本就沒有和平過，無日不在那裡鬥爭，和日本的總軍部鬥爭，和日本大使館鬥爭，更和東京政府鬥爭。」既然沒有和平過，那麼更談不上失敗。至於全面和平更談不上，這都是五年半的事實。

四、敵性的南京和危險的南京

我所謂敵性的南京，是日本人眼中的南京，我所謂危險的南京，是我眼中的南京。現在我分兩段略述如下：

（甲）敵性的南京

日本人對於汪先生是相當尊敬的，同時也認為南京是含有敵性的。因為汪先生有汪先生的理想，而日本人有日本人的見解。汪先生的理想：以為我以誠待人，人總是有良心的，也會感格的，近衛既然聲明日本並無滅亡中國之心，那麼日本在華軍民也是一樣的，因此日本應當讓南京統一南北，使南京得到行政上的自由；使南京得以建樹強有力的軍隊以保持和平區的治安；使南京支配一切經濟以保持國家人民的元氣；使南京可以自由處置貪官污吏；使人民可以安居樂業，數年以來的戰爭痛苦可以稍得蘇息；使南京自己可以保護人民，排除日本憲兵的非法逮捕以保存人民的生命。而日本的見解那就大不同了，許多軍隊和官吏曾受日本支持的，他們不得不繼續支持，至於貪污與否與日本無關，有時或者因為貪污，他們才更容易利用。至於南北對立，更是他們奪取物資的機會。軍隊不必強有力，只須能夠做到日本人的步哨為已足，南京政府軍隊有了力量，總有一天會聯合重慶反攻日軍。

日軍是以戰養戰，物資在所必需。倘然由南京支配，南京一定不肯儘量供給日本的需要。南京是和重慶休戚相關的，對重慶份子，南京必然掩護，就足妨害日本的安全，凡此種種，都是汪先生的理想，和日本的見解完全對立。日本在二十九年乃至三十年，還企圖南京能夠進行全面和平，及後慢慢承認南京為有敵性的政府。幾年以來，除對汪先生表示尊重之外，又發出一種批評，說「重慶是武裝抗戰，南京是和平抗戰。」因為視南京為敵性政府，對於政治，以前採的一種半干涉的態度，不復再打算解除。對於軍隊的調動，故意拖延，使南京無集中軍力的機會。對於經濟，以辦理統制應由民間辦理為名，要求南京在上海成立各種統制委員會，而實際上由日人把持處置。

除了各種束縛以外，更發出南京毫無力量的宣傳，由於這種宣傳，對於各地方政府以及物資處置，更採取一種脫離運動。照我的觀察，假使日本的軍事不失敗得那樣快，南京政府的存在也很成一個問題，倘若美軍登陸，南京的部隊無疑會先給日軍繳械。

（乙）危險的南京

去年，即三十三年三四月間，是南京最危險的時期，也是中國全局最危險的時期。因為東條內閣末期，東京已有和共產黨妥協的動議，我們且接到日本參謀本部有派人赴延安商議的情報。在中國方面，有許多當地的日本軍已實際和共產軍默契。例如蘇北清鄉計畫，日軍事前先期通知新四軍和八路軍。日軍和新四軍實行交換物資了。新四軍首領陳毅負傷，由日本憲兵護送至上海療治。共產黨的代表在上海公然活動，且公然住在滄洲飯店。大使館的書記官池田，以托羅斯基派名義為掩護，出而為共產黨宣傳。谷正之大使公然對我說：共產黨並不壞，其政治且較重慶和南京為進步。

汪先生於三月二日赴日本治病，把軍事委我負責，把行政院委佛海負責。我既然負軍事上的責任，我不得不替中國的前途打算，不得不替地方治安打算，尤其不得不為中國統一後打算。因此我決心如果日本一定和共產黨妥協，只有和日本破裂。同時我得到一個情報，說共產黨決定以蘇北的阜寧為第二根據地，這樣，東南經日軍破壞之後，更要經共產黨一次蹂躪，我實在對不起國家，並且不能履行離重慶後呈蔣先生信內「國必統一，黨不可分」的諾言，因此我一面決定一種軍事計畫，並一面召集各將領在南京會議。

日本的態度曖昧如此，而南京的軍事情形又怎樣呢？除了任援道的第一方面軍分佈於蘇浙皖各不相聯外，蘇北的李長江舊部和原有的部隊，自經項致莊改編以後成立兩軍，這些部隊以分防的關係，沒有方法訓練和教育，而且械彈缺乏，配備不完。我打開地圖一看，我們沒有一個隊伍不給共產黨包圍，而警衛第一、二、三三個師，除了第一師劉啟雄留守南京以外，日本總以分防為詞，不讓我們集中。至於三個師的內容，配備，比其他各師較優，一三兩師的軍官多數是軍校學生，雖然反共的意識堅強，但是待遇方面因為不是地方部隊，無特別的津貼，也較各師為薄，以是逃兵很多，兵額不足。我經過很長的時間考慮，暫時北以隴海路為限，南以錢塘江為限，先作一個防共區域的準備。因此同時將蘇北、江蘇、浙江三省長官更迭，將江蘇交任援道，將蘇北交孫良誠，將浙江交項致莊，企圖將這個地帶保持住，使東南得一個安全地域，一旦有事，不致淪於匪手。

當日我召集各將領會議，我曾聲明：為中國的前途，為未來的統一，我不能不做這個打算。重慶贊成聯合剿共，我們也剿共，重慶不贊成剿共，我們也剿共。日本不和共產黨妥協我們也剿共，就是日本和共產黨妥協，我們也剿共，我是不惜因為剿共問題和日本反臉的。常時我曾提出（一）

由河南調孫良誠的部隊到蘇北，增厚蘇北的兵力。（二）將蘇北三個師調浙江，因浙江除第一方面軍程萬軍一師外，沒有其他隊伍。（三）集中第一方面軍防守京滬線。（四）以上海交稅警團和保安隊。（五）將警衛三個師集中於南京，清剿茅山匪區，打破共產黨三山一湖的計畫，並防止共黨渡江之路。

我這計畫是在三十三年四月提出，而孫良誠的部隊於十二月才完全到達蘇北。因為孫良誠的部隊是駐在河南，而調動河南隊伍，必須和華北日軍部商量，東一拖延，西一阻撓，竟費了八個月的光陰，才能完成一部分計畫，中間猶幸東條內閣倒台，日本和共產黨妥協的計畫又告停頓，否則今日之南京及東南三角地帶成何狀況，我是無法去懸想的。可是因為日本的種種障礙，共產軍已得自由來往渡江，浙江各地的共產軍曾一時非常猖獗，攻陷天目，威脅於潛、玉山，莫不由此。如果當日沒有日軍那樣障礙，或者可以早遏亂萌，也未可料的。

至於吳化文部隊由山東調駐安徽，還是今年的事。起初我想將吳化文調隴海，而將張嵐峰調安徽，末後也因日本的障礙，沒有實行。除了軍隊佈置以外，最缺乏是子彈問題，日本是從來限制我們部隊的子彈的，南京修械所是沒有辦法了，無煙藥是買不到了，我只好囑咐各軍自行設法購買和製造，最好是不要讓日軍知道，以免又發生掣肘的事情。其次更密囑各軍於中央部隊聯合剿共時，設法密送械彈過來，使得增厚剿共的戰鬥力。其餘我專候中央部隊的反應，使東南各地於日本退兵時，不致淪入匪手，致對統一又多一重障礙。

以上所述的軍事佈置，都是事實，我今日不是以為還有功可言，更不是以共產黨問題為投機的題目，政府可以詢問各軍，都可以知道我的佈置和主張。

五、汪先生逝世以至日本投降

汪先生終於三十三年十一月十日不治逝世了！我一方面非常悲慟；一方面更想到我對汪先生的心事已了，但怎樣可以結束這個局面以使國復歸於統一呢？南京政府不是我一個人主張就可以解散的，立刻解散一定受到日本的脅害，同時也沒有別的機關可以維持治安，如果東南一亂，我仍舊對不起國家，仍舊不能達到中國順利統一的理想，因此我不肯就主席職務，只以代理名義維持，等待國家的統一。同時於十二月二十日我發佈聲明，宣言「南京國民政府自還都以來，自始即無與重慶為敵之心」，更強調聲明「黨不可分，國必統一」。我這個聲明是表示我幾年來的思想，並且回應我離四川後呈蔣先生的那封信。當時南京仍在日軍挾持之下，我不憚率直地表明南京無與重慶為敵之心，而南京政府真是各黨各派無黨無派合作的，我也不憚明白表示黨不可分的理論。我並不是今日要敘述我的勇氣和決心，這只是八年以來的一貫主張，到了我可以發言的時期，應該披肝瀝膽與人以共見。

佈置是差不多了，主張也表示過了，所苦的，我不能和蔣先生通消息。原來我本有兩個電台，一個是我自己設立的，在上海開納路七十四號，那電台設於三十一年下半年，是供給蔣先生侍從室劉百川用的，那呼號是GWAZ，XZWW，IXY。我從來沒有直接消息報告蔣先生，因為總感到關於日本普通的情報自然有人報告，關於日本謀和事件，總以這些條件我自己都不滿意，那能告訴蔣先生。至於關於個人問題，只有等候蔣先生的命令，我無自己表示的必要。其次一個電台是戴雨農先生底下的陳中平的，那個電台有一次為上海日本憲兵破獲，把人全部捕去了，我出面保釋，並要求交回電台，叫陳中平繼續設立，那電台呼號是QSF，AVL，EQB，JYO，GDT，JOH，VGQ。後來陳中平因為恐憲兵監視，或作或輟，多數電報都送往浦東。自我就任代理主席，劉百川早回內地，第一個電台已經日本憲兵干涉了幾次，終於把電台封閉了。剩下陳中平的電台，據說沒有和蔣先生通信的密碼，那時我竟沒有辦法，只好企圖蔣先生有人到京滬，可以使我表明我的心境，和在此地的佈置。

我還記得我見過幾個人。一位是何世楨先生，一位是顧寶安先生，一位是兩路黨部負責人（姓名我已忘記，可以問傅式說），一位是胡鄂公先生，一位是趙冰谷先生，我都託他們把我的心情和佈置轉達蔣先生。我告訴他們，我對汪先生心事已了，責任已完，現在此間，正候蔣先生指示辦法，至於防共，我已盡我的力量，大致東南不致有什麼問題，將來無論如何，我絕不會割據，我絕對服從蔣先生，我極盼望黨能團結而國復歸於統一。何世楨先生是駐上海的，其餘各人或者回去內地，或者自己去內地的，我並且鄭重告訴顧寶安先生，請他轉告立夫先生，在可能時呈明蔣先生，派一位相常重要人來滬，這樣可以直接聯絡，直接通電。可是至到我離京之時，我依舊沒辦法和蔣先生通消息。

不過軍事方面已和顧墨三和何柱國兩位取得聯絡，大概今年五六月間，有一位姓楊的湘人（名字我也忘記，可以問趙尊嶽），奉陶廣軍長之命來見我商量，軍事合作，共同剿共。我和佛海商議之後，派陸軍部督練處處長張海帆和陶先生的代表到浙江，張海帆不但見了陶軍長，並見過顧墨三先生，顧先生還派高級參謀柏良來滬商議具體問題。我立刻叫參謀次長祝晴川至滬，和柏先生商訂軍事共同行動幾個綱領。後來我回京之後，聽說柏先生又因道路不通，逗留杭州，到日本投降的時候，他已回達浙江沒有，我不知道。除共同剿共問題，我曾和柏良談起日本問題，我主張不必在日本本土登陸，只在台灣登陸，日本即會屈服。在台灣登陸犧牲較少，而成功則一，柏先生主張我派一代表往見蔣先生，可是我實在沒有一個熟人可派，只請柏先生轉告顧先生，請他代達我的意見。

何柱國的代表吳樹滋也來南京見我了，並攜有何先生一封信，說奉蔣先生之命來聯絡剿共的。那位吳先生是林柏生介紹的，我囑軍令部次長楊振和吳先生接洽，何先生並要求我派蚌埠綏靖公署參謀長郭爾珍和他接洽，可是郭爾珍患病未行。我後來到蚌埠，還催郭爾珍前往，並親手寫了一封信給何先生。我叫楊振在南京設立一個電台和何柱國先生通電，並曾囑張嵐峰和何柱國先生見一面，商議軍事問題。

軍事合作正在進行，日本投降了。以往的事，不過因敘述之便，簡單說一個大略。以下還簡說我的心情，然後說到南京政府解散後一段故事。我自到南京，除前述幾個原則之外，我決定第一不批評抗戰，更不願誹謗蔣先生，我總覺抗戰是應該的，和平是不得已的，我是贊成蔣先生的主張的。因為和平到了南京，目睹日本的種種行動，我更感覺有抗戰的必要。我還記得，內地有人出來，傳說南京的人們以為「抗戰愈烈，和平愈有辦法」，這種傳言，並不是謠言，的確是事實，也是南京的見解和主張。第二，我手寫文章不曾稱過日本為友邦，因為我不認日本為朋友，大家覆按過去幾年我寫的文章，就可以知道我的心境。第三，不請重慶的同志和部隊參加和運，我總以為我到此地是我和汪先生的私人關係，我是來補救的，是準備受苦的，我自己已是受苦，我更不願拖其他同志受苦。至於部隊，除了後來因聯合剿共之外，我始終沒有和一個內地的長官交通過，因為我不願拆散抗戰陣營，尤其不願以一個師長或一個團長受日本一個尉官指揮監視，我不願和留在重慶一個同志或部隊通過信，或者希望他們出來，除非同志已經出來，那我只好給他找一件工作，這可以查考的。第四，凡是重慶同志有被日軍逮捕的，除非我不知道，或者出乎我力量之外，否則必定設法保釋。我不是藉此以見諒同志，而是援黨不可分之義，實行我的主張。第五，凡是被俘的軍官，我都贊助汪先生設法安置，我總覺得內地軍官的民族意識和反共思想比其他雜湊的隊伍強烈的多，中國不幸而敗，可以作復興中國之基，幸而戰勝，則這部分軍隊終可為國之用。第六，在上海範圍之內，尤其在去年十一月以後，我對於重慶的情報人員極力掩護，並同意於各地軍政人員和中央人員交通。

至於傳達日本和平條件，我只有兩次，兩次都託一位朱文熊先生往內地報告。第一次大概在前年底，時間記不清。比較具體的是去年小磯內閣登台以後，由柴山陸軍次官攜來五條，內容我已有些模糊了，大致是中日對等和平，日本立刻全面撤兵，中國在和平後可以中立。我以為這些都不相干，最要緊是可以談東北問題，撤銷滿州國。柴山答覆可以討論，我認為比較具體，所以和佛海商量，又託朱先生往重慶一行。朱先生是商人，與政治無關。朱先生是在汪先生逝世前動身的，到今年夏天才回上海，問日本有無更進一步的表示，那時已過了舊金山會議了。我勸日本大使谷正之最好日本託重慶調停，谷正之不敢作主，要報告東京。後來我在今年八月底到日本，才於報上得到消息，日本擬派近衛赴俄，託俄國調停。我當時主張由中國出面調停，以為可以增強中國的地位，增加中國的發言權，並且將來收復東北不致有其他意外，不料日本倒信蘇聯而蔑視我的提議，大概日本還以為日蘇有互不侵犯條約的關係，而且在德蘇戰事正猛烈時候，日本不動，總以為蘇聯可以幫她的忙罷。

六、南京政府解散和赴日歸來的經過

日本於八月十五日公佈投降消息，日皇和鈴木內閣總理廣播投降，南京政府也決於十六日宣布解散。南京最危險的時期是在十一日至十三日那幾天，因為南部陸軍大臣在十三日還發佈繼續作戰命令，並勉勵官兵努力作戰，而在南京的日本總軍部態度始終不明。我那幾天分頭和軍部及大使館接洽，以為中日感情如果要恢復，如果我們更要為中日兩國前途計，應該服從日政府命令投降，並且千萬勿在此時更在中國留一惡劣印象，使中日感情萬劫不復。我當時所最憂慮的有兩件事，一件事是日軍繼續作戰，如果日軍不顧一切，那麼中國一半地方必會糜爛不堪，人民傷亡更加慘重。一件事是日軍和共產黨聯合，成為長期內戰。因為日軍部許久就散出謠言，萬一無路可走，只有和延安攜手。

一直至八月十四日，情形已比較安定，谷正之曾勸岡村，說投降已是不免，但日本能夠協助中國復興，使中國能為東亞領袖，則東亞尚有前途，而日本也可以依中國自存，這也是一種事實，這也是一個偉大的理想。到十四日谷正之正式來見，說明日本投降已沒有問題，軍部的今井少將，海軍的少川少將也分別來見。報告日軍決以最大誠意履行投降條件，並表示一切設備都不破壞，俾得換取中國的好感，以留將來中日合作之基，至此我才放心。

十六日早上，佛海也由上海來京，下午舉行會議，宣布南京政府解散並發佈宣言，勗各將領以統一為重，不得有軌外行為，更不得意圖割據，宣言的全文已登在報紙，並即夜廣播，請大家去查考，我手邊也沒有這種原稿了。同時因為辦理各部門的結束是要有機關的，於是成立一個南京臨時政務委員會；維持各地治安也要機關的，於是將以前的軍事委員會改為治安委員會。

我連夜草了一個電報報告蔣先生，說明南京政府業已解散，並報告蔣先生幾件事，那個電文我已沒有存稿，大致第一件是說明日軍投降沒有問題，不過集中是需要時間，由小隊歸中隊，中隊歸大隊，集中於杭州，上海，南京，徐州，聽候繳械歸國，希望中國勿迫之太急，免生意外。第二件是日軍決定不再對共產軍作戰，因為岡村說共產黨也是中國的部隊，是與重慶軍隊無別的，也是戰勝國的部隊，除非共產軍襲擊，否則日本必定退讓，我特別請中央注意。第三件報告宣城已為新四軍佔領，蕪湖被圍，六合告急，南京岌岌可危。大意如此，並乞指示機宜。這個電報是寫了，可是沒有密碼，更以電台叫不通，十七日下午我才交何世楨先生轉譯電呈蔣先生的。

南京政府解散的那夜，京滬行動總隊發動了，我在下午六時接有報告，說周鎬擬於是夜行動佔領各機關，我只知周鎬是佛海推薦為軍事委員會的科長，後又推薦為無錫行政專員。我打一個電話給佛海說，在此時治安是第一要緊，南京一亂，恐無法收拾，勸他勸周鎬不要隨時舉動，等候蔣先生派人來接收各機關，以免南京混亂。佛海說已派人找周鎬勸告了。不久警察總監李謳一又來報告說：周鎬已張貼告示，著銀行不能提款，其他還有幾條，都可以搖動治安的，並揭一張告示來見。我叫謳一去見佛海，請示辦法，因為我那時已解除一切職務，所以臨時政務委員會，治安委員會，只是臨時機關，就是指揮部署也只能指揮原有機關，對於行動總隊，我是無法處理。我又電話問佛海，佛海說找不到周鎬。

到了十一時，軍官學校又來電話，說有人至軍官學校演說，要接收學校。這樣四方八面報告，使我無法處理。如果要鎮壓，必至立刻衝突，以致剛在日本投降以後，同室操戈。如果不鎮壓，眼看南京立刻成了混亂狀態。我徘徊至天明，我想，支持南京殘局是佛海和我共同負責的，佛海既無意見，想或者另有辦法，我可以趁這個時候卸責了。拂曉時，軍官學校又來電話，說是否讓人接收。我立刻答覆，倘然於國家統一有好處，於地方治安有好處，就聽候接收罷。到了十七日八九時，說蕭叔宣受傷，趙尊嶽、吳頌皋及其他許多人都已被捕。我只好回到西康路辦公室聽候事態的發展，我託人約周鎬和祝晴川於十一時來一談，我想接收機關沒有什麼大問題，但南京治安一切善後，我倒想知道他們的辦法。等到十一時，兩人都不來。我決定三件事，一再不打聽消息，二不向日本人要求援助，三靜坐辦公室內等候逮捕。這樣在辦公室內屹坐，一直至十二時半才回家。

到了下午兩點鐘，軍校全體員生都武裝到西康路了。當時我還以為他們奉命來要我表示態度，或是來逮捕我的。我一問才知道他們不肯改編，而是來請示的。我集合了學生的代表，問他們有何要求，並且告訴他們在中國大統一的時候，應該服從蔣委員長。他們說他們絕對服從蔣委員長，但不願受不知那裡來的人收編。我只好向他們安慰，答應去電蔣先生，請示辦法。同時佛海派人送來一信，說已由日軍部小笠原出面調停，周鎬已停止行動，此事已告一段落。然而這次行動之後，南京真是一日數驚，新街口新四軍散發傳單了，四郊的新四軍也蠢動了。南京秩序，我只好勉強維持。十七日下午五時後才會見佛海，我和他兩個人打了一個電報報告蔣先生，請即派大員來京維持，以免紛亂，佛海終於十九日上午又匆匆的回上海去了。

任援道在十四日以前曾兩次派人來京，說已就蔣先生委任的先遣軍總司令，維持京滬路及南京治安。我極盼他早日來京，商量一個辦法，不知任先生從那裡聽來謠言，說我在南京集中兵力反抗，所以他原定十六日和佛海同來的，到時也不來，並且在蘇州車站對佛海說：「公博要幹，那我是不能去的。」我想想真是奇怪，我於去年十一月已發佈聲明，「黨不可分，國必統一」，為什麼援道還有這種懷疑。而且日本有一百多萬的軍隊力量都投降了，我難道擁這些殘破部隊來反抗中央嗎？我深深自嘆，數年來的心情，而被人誤會至此，真是無話可說。我在十六日見援道不至，和佛海連名去電促其來京，恰巧援道也派他的軍長徐樸誠來探聽消息，我把我的心情告訴徐樸誠，並囑其轉致援道立刻來京一行，共商維持治安辦法。

任援道於十八日下午到京的，可是局面又僵了，

第一，岡村說沒有蔣先生的正式通知，不承認有先遣軍可以執行職務。

第二，警衛師劉啟雄不願受援道的改編。

第三，海軍不願編入先遣軍，要等候蔣先生的命令。

我那時的地位已處於萬難之境，南京治安是要維持的，治安委員會的地位是不夠指揮的，軍校學生住在西康路不肯撤退，正等蔣先生的後命。江北疊次告急，無兵可調，眼見南京感受極大的威脅。行動總隊還要行動的消息每日還有這種情報。我還能指揮的，僅有軍校一千餘學生，憲兵，和警察，倘然南京一旦有警，我是無法可對國家的，只有盡我個人之力維持罷。我又草了一個電報報告蔣先生，說明以上情形，那電報是借市黨部許志遠的密碼打的，那個電稿我已不在手中，大概說明援道不便指揮劉啟雄，盼示機宜。海軍最好仍暫以凌霄主持，等候交代，軍校請蔣先生自兼校長，候蔣先生到時再行解決。

最後想到我本身問題，國家能夠統一，能夠勝利，這是我數年來夢寐求之之事。蔣先生如果以我過去數年之事為有罪，我應該束身歸罪。如果置數年之事於不問，而認我終是統一的障礙，也請蔣先生定罪。因此我決定留京待罪，聽候蔣先生命令。但任援道先生到京以後，告訴我許多消息，說蔣先生是對我諒解的，因此我不宜留京，若滯留南京，反使蔣先生處置兩難。任先生直接勸我兩次，間接託人勸我兩次，當時我無法能得蔣先生的真意，而能通電的據說只有任先生。任先生還說蔣先生要我離京是不會來電，而且不好來電的，但我還是等候蔣先生命令，而且我一離京，治安是否發生問題，殊不敢必，我非候至有人來京，我不好輕易離開。

到二十四日今井少將已由芷江見了何敬之先生回京，報告赴芷江經過，並說，冷欣副參謀長將於二十六日抵京，中央部隊將於二十七日由飛機輸送抵京，何總司令可於三十日抵京，這樣負責有人，我可以暫時離京了。在國家大統一的千載一時之機，我怎麼可以使蔣先生為難，而且二十四日任援道還帶張海帆來見，海帆勸我急於放手，我想還有什麼手可放，因此在二十四日下午五時，與日本使館接洽，借中華航空公司的飛機於二十五日離京。當時預定或飛青島，等候海船赴日，或飛日本京都，沒有決定，因航空已發生種種障礙了。

臨行之前，我曾呈蔣先生一函，說明我的心情，並謂「鈞座一有命令，公博當出而自首」，那封信很長，並沒有留稿，但回京之後，曾問蕭毅肅參謀長，他說已經見過，那麼蔣先生一定也見到了。我那封信是留交淺海和岡田兩顧問轉致何敬之先生和王東丞先生的，我把那封信交淺海和岡田，是我不知我離京之後，南京再有何人留京。日軍是等候繳械，不致走的，所以我託了他們。此外留一函給任援道和胡毓坤，要他們維持治安，因為他們都是治安委員會的副委員長。我再留一函給冷副參謀長，有云：「望兄之來有如望歲」，請他召集原有軍警機關，維持治安。我預料我二十五日離京，冷副參謀長二十六日抵京，南京治安便沒問題，我也可以放心卸責了。

於此，我附帶說明幾件事：第一，我離南京是不是放棄責任？我記得何世楨先生在八月十六日到南京，攜有顧墨三先生的一個電報，是給周佛海、丁默邨、羅君強、任援道和我五個人的。那電報據說是侍從室打給他轉的，因日本投降，叫我們協同國軍繳日軍的械，可是那個電報並沒有命令叫我維持南京治安之責。同時另外有一電報是命佛海維持上海，委任援道為先遣軍總司令維持京滬線及南京治安。援道已受命維持南京不必說，警衛第一師劉啟雄也已接援道的通知為先遣軍第一路指揮，既負責有人，我再不能負責了。

我呈蔣先生兩個電報，一個是報告南京政府解散及日軍動態情形，一個是報告警衛第一師第二第三師，海軍，及軍校情形，中間免不了有所條陳，是亟盼指示的。除第一個電報何世楨先生代發，我恐怕輾轉遲到，後來因重慶和南京電台已叫通，兩個電報一起都借市黨部許志遠的密碼再發，及後又以電告的密碼再發（重慶電台和南京電台約好暫以總理遺囑做密碼），可是截至二十四日，我得不到蔣先生或侍從室的密電或指示。不過我因為任援道還未能執行先遣軍的職務，依舊勉強維持。

這九日以來，真是筋疲力竭，寢食不安。幸而據今井報告，冷副參謀長可於二十六日到了，中央部隊也可於二十七日到了，我在二十四日下午還召集憲兵和首腦，會議治安，這樣我自問已盡了我個人應盡之力，而且我不但顧到南京治安，並且顧到各地治安。

我深怕各軍還有疑慮到沒有保障，我於二十前後打了一個通電給龐炳勳、孫良誠、張嵐峰、吳化文、孫殿英、郝鵬舉，勉勵他們，並囑咐他們接受中央命令，維持地方，同時我更廣播，叫各軍接到蔣先生委任的，應該立刻接受和服從，沒有接到委任的，請他們直接電呈蔣先生請示，這個廣播詞也登在各報，都可以覆按。這樣佈置完畢，我才準備離京。

第二，我為什麼赴日呢？因為當日京滬謠傳我還要擁兵反抗，援道疑我固不必說，而且援道對我說已有人報告蔣先生，蔣先生並說「公博斷不至此」，可見有人報告我擁兵自衛是真的了。我要離京，最近的不外揚州、蚌埠、徐州，那三個地方都有南京前轄的部隊，豈不又要發生謠言，使我無從自明。我想青島是沒有南京部隊的，日本是打敗仗的國家，國軍就要進駐的，這總可以免去擁兵反抗的嫌疑了。

第三，我要聲明的，這次同行的有五六人之多，或者外間又會謠傳有一種結黨的行動。其原因為林柏生和陳君慧在那天（十四日）中午，兩個人的狗同時被人毒死了，這事太過於離奇，令各人不由得不發生恐怖，他們都願意受合法的裁判，而不顧受恐怖的威脅，所以一併暫離，而且我當時也曾聲明，何時蔣先生有命，即何時回來，所以大家同去，大家也同返。

二十五日離京，飛機以天氣關係，一直飛日本米子。事前毫無聯絡，到了米子才找旅館，三日後，東京外務省才派吉川科長來見。我當日表明我到日本只是暫居，何時蔣先生有命，即行歸國，並不要求日本任何保護。九月初旬離米子赴京都，住在金閣寺，大概是中旬的十八九日，外務省大野局長來見，說何總司令有一個備忘錄給岡村，說我自殺是假的，要日本護送歸國，日本政府已指示岡村答覆，說陳公博是愛國的，絕不反對政府，希望中國重行考慮。我當時答覆大野，我愛國不愛國，自有國人公評，日本無代為辯護之必要，可是我引為駭詫的，我已留呈蔣先生一函，為什麼有我自殺的謠傳；只要命令我即自首，更何必要備忘錄。我問大野，我留呈蔣先生一函究竟淺海和岡田已交何總司令沒有，他說不知道，我託他打電報問岡村，俟得消息然後歸國。九月廿四日早大野又來，說我那封信到了十九日才由岡村交何總司令，至於何以延誤，他不知道，並說了許多道歉話。他並說何總司令曾派鈕處長見岡村，依舊希望我歸國自首。我立時草了一個電報叫他回東京拍發，我又恐怕密碼有錯，自抄一份電文，和致何總司令一封信，交他寄南京，因他說最近將有交通機可以到京滬各地。我現在把函電文稿抄錄於下：

南京何總司令敬之兄勛鑒，並請轉呈蔣主席鈞鑒。公博於八月二十五日離京之前，曾留呈一函，想達鈞覽。數年鬱鬱之私，一旦得達，殊快所懷。公博原決留京待罪，只以當日傳聞，有請公博宜早離京滬，庶免鈞座處置困難，以故對於京中善後事宜，處理完畢，即匆遽離京。此行決非逃罪，故留呈函中，曾有鈞座若有命令，即行出而自首之語。頃聞本月九日總司令部對於公博之事，有一備忘錄送致岡村，二十日復派鈕處長傳達鈞意，輾轉傳遞，今始得悉。公博能回國自首，本為日夕祈禱以求。今既出鈞意，歸心更急。惟交通困阻，船機不通，伏望能派一中國飛機至日，俾得早日回國待罪。區區之忱，尚希明鑒。陳公博叩，有。

敬之總司令吾兄勛鑒：

八月二十五日於離京之前，曾呈蔣先生一函，託兄及東丞兄轉呈，內容想已達覽。弟之離京，決非逃罪，只以當日傳聞，謂弟再留京滬，將使蔣先生處置困難，因是不得已匆遽離京，以待後命。頃聞總司令部對弟歸國之事，曾有備忘錄送致岡村，復派鈕處長傳達尊意，弟決本留呈蔣先生函中原意，歸國自首，惟有一事請兄代弟轉達者，當日來東，本非夙願，惟無論暫居國內何地，皆有軍隊，深懼予人口實，造作蜚語。蔣先生之意既明，弟歸心更急，最好能由國內派一中國飛機來日，俾得早日成行，此種請求，或為逾分，然區區之心，度亦為兄所深諒。再者：本月二十五日，弟為自首事，曾有一電致兄，並請轉呈蔣先生，恐電報梗阻，文意或有不明，茲再抄錄一份，尚乞轉呈為禱。專此即請勛祺，弟陳公博謹啓，九月二十五日。

託大野拍了這封電報，發了這封信以後，渺無消息，直至九月三十日夜間，外務省駐京都的辦事人山本來說，已接外務省的長途電話，說中國飛機已到米子。因於十月一日夜間乘火車到米子，翌日下午擬於米子動身，因為風雨所阻，在福岡又住一晚，在十月三日回京。抵京以後，又聽到兩個離奇的消息，一個謠言說我自殺是收買新聞記者故意放出的，一個謠言是我曾和一個共產黨叫做馬隆的接洽過。第一個謠言實在太不知我的心情，我一生就沒有收買過新聞記者，而且自殺是一種消極的反抗。

實在說，汪先生逝世後，我對於汪先生的心事是了了，而對蔣先生的心事還未了，我所謂未了，是怎樣可以表示擁護統一和服從蔣先生。固然蔣先生用不著我擁護，但我終不願有任何反抗的痕跡。自寧漢分裂以後，或者蔣先生對我有誤解，我不免對蔣先生也有誤解，但自二十九年到南京以後，身受公私的痛苦，深知以往黨的糾紛，並非我想的那麼單純，非身受其痛者不能自知，所以我決定找一個機會向蔣先生有所表示和自見。在中國千載一時的大統一時候，我應該束身受罪，任何處置，我甘受無詞。我是自命主張「黨不可分，國必統一」的，而有反抗行為，那麼共產黨破壞統一，更使中央難於處置。至對於死生，我早已付之度外。當二十九年來京，赤手空拳在敵人的勢力下要保護人民，要保護物資，隨時隨地可以死，不過以死而反抗蔣先生我是不為的。

我離京時曾留呈蔣先生一函，說若以過去數年為有罪，請蔣先生處置，就不以過去數年為罪，而認我是為將來統一的障礙，也請蔣先生處置，這是我一種對蔣先生心事未了的心情，這是我的一種見解。至於說我和馬隆接洽，任援道先生更對人說他化了二百萬才買到這個證據。我自十六年分共之後，即沒有和共黨來往，前年我曾草過一篇「我與共產黨」一文，登在「古今」雜誌，可以參考。馬隆是怎樣一個人，我不知道，共產黨有無馬隆其人，我更不知道。空穴來風，是丹非素，謠諑之來，我真不知什麼原因和怎麼一回事。

在日本一個月，所得的材料也不少，尤其在日軍投降後的動態，更值得我們注意。我們於十月三日抵京，在五日曾做一個簡單的報告，托何總司令轉呈蔣先生，因我想將來受處分是一件事，而我是一個國民，有向蔣先生報告日本情況的義務又是一件事。現在把那報告抄在下面：

蔣先生鈞鑒：

八月二十五日留呈一函，九月自首有電，諒達鈞鑒。茲將居日一月以來親察所得，擇要報告，或於將來對日政策，可供採納。

（一）美國在華盛頓公佈交麥克阿瑟執行處理日本方針，中有只利用日皇及現政府，而不一定支持日皇及現政府之語，則美國政策，至為明顯。惟公博觀察，日本皇室有一千餘年之歷史，自明治維新以來，人民迷信已久。恐集體革命須期之第二代，而非目前可以一促即成。目前日本自降服之後，舉國秩序尚大致安堵，軍閥經已剷除，而社會尚無新生之力量可以繼起，我國對日宜注意此點，不知鈞意如何？

（二）日本降服之後，其政策絕對傾向美國，而感情則絕對傾向我國，以為日本已無力量，極盼我國成為實際之東亞領袖國家，不但可以使日本有靠，並可使東亞地位有一轉機，其意正誠，可謂舉國朝野一致，不但日本本土如此，即在華之投降將領，亦復如此。惟日本國力已微，舉措均感不便，例如對英之外交，本有淵源，今亦猶疑不敢進行，因對某一聯合國（按指中、英、美、蘇等國，非現在之國際機構之聯合國）表示親善，深慮其他一國不滿，中國有四萬萬五千萬人口，苟加上七千萬之日人懷誠，於中國前途有更大裨益，至於如何運用，則鈞座已有成竹在胸矣。

（三）聯軍初進駐日本之時，日本政府對於赤化非常恐怖，恐美國極端提倡民主主義，或足煽動共產氣焰。最近聯軍總部曾秘密通知日政府，令其嚴防赤化，日本政府始告放心，此係近衛文麿親對公博所言，諒為事實，亦殊可注意。（公博居日一月來，未嘗與日政府要人往來。上月底近衛以母喪弔於京都，而公博亦決定十月一日離京都歸國，於十月一日上午始允一見，合併陳明。）

（四）現在日本政府決履行波士坦宣言，朝野均具誠意，惟其中尚有若干距離，聯合國所希望，要日本履行該宣言最大之限度，而日本以國力太微，希望實行該宣言之最小程度。因此距離，此後內閣將不斷更迭。聞吉田已有組織過渡內閣之議，將來日本內閣不斷更動，政府當然長在動盪之中，是否可以因此惹起向上之革命，抑因此而惹起反動，對中國孰為有利，深望鈞座預為考慮。

（五）日本國情，自降服後有相當之轉變。舉國上下，絕不矯飾，皆自省自責。全國報紙即在美軍統制之前，亦公然承認錯誤，譴責軍閥，並登載日本在外之暴行。使全國婦孺皆知愧怍。其餘，政府命令全國一致遵守，曾無異言。中間雖有一度八月十五日警衛師事件，然迅即平伏。公博對此，覺殊出意表，故對今後之日本，亦似不宜輕視，亟應定一政策。

右所報告，皆是在日所得。至於內政，公博不敢妄有所陳，然亦不敢以待罪之身壅於上聞，謹此報告，萬請鈞安。

陳公博，十月五日

關於日本問題，我可以不再說，不過我實在不能已於言，呈蔣先生的信還是很簡單，可是我們不可不加以注意，日本有兩個極大的難關：一個是每年缺乏食米三千萬擔，一個是將來解除武裝的軍人回國都失了業，於政治社會都有極大的威脅。

除以上兩大問題以外，日本的組織力和教育科學仍是不能漠視，麥克阿瑟元帥經發表談話，說「不使日本國力伸張於本土外，日本已不能成一強國。但就以本土範圍而論，無論你想也罷，不想也罷，日本終不失為東亞領袖。」我聽他這句話，心中有無窮的感想，我們現在講復興，日本也在講復興，但結果誰的收效快，我是有些不寒而慄的。日本如果成功比我們快，我們至少精神上很受一種威脅，日本如果不成功，又增加了中國的負擔，並且間接必受其累，這真是一個論理學上兩難之論，我深盼蔣先生對日早定一個政策。

七、結論

平情而論，南京政府組織以後，對於國家和人民的元氣保存不少，這是事實。可是無論如何，我終不以為然，我不願汪先生離開重慶，不願眼看汪先生犧牲，更不願汪先生受人批評，更不願蔣先生與汪先生有裂痕致為別黨所乘，這是我個人的心情。而汪先生認為我的理由是單為汪精衛而不是為中華民國的，但是為汪先生也罷，為中華民國也罷，我就是這樣，不但民國二十七年如此，就是二十七年以至汪先生逝世也是如此。

汪先生現在逝世了。他的理想，我是不忍埋沒的，他總以為中日兩國是鄰國，終不能永遠打仗，應該找一個機會和平，他總以為中國力不能抵抗，只求日本無滅亡中國之意，不妨講和平。他總以為中國共產黨要煽動中日戰爭以收漁人之利，因此更應該求和平。他總以為日本總說中國沒有誠意，我現在表示極大的誠意，這樣可以成立中日間的真正和平。中日能夠真正和平，我汪精衛是任何犧牲在所不惜的。中國能夠多保存一分元氣以為國家復興之基，我汪精衛就是受人家唾罵也是甘受的。可是理想常與現實相反的，我不承認日本無滅亡中國之心，可是他無滅亡中國的力量，並且無滅亡中國的勇氣。無滅亡中國的力量是大家所知道的，至於無滅亡中國的勇氣，就因為日本的文化。大部份的日人除了以武力自驕之外，心中總有日本文化胎息於中國的思想，因此不由得起了對於中國有一種說不出的和潛伏的敬畏之心。不過不滅亡中國是一件事，而要控制中國又是一件事，有了控制中國的心，無論汪先生的理想如何遠大，誠意如何真摯，總是格格不入。而且日本是還要戰爭的，在中日事變沒有結束以前，仍然以軍事為第一，因為軍事第一，軍需也第一，任憑你的理論如何遠大，日本還是搜括物資，壓迫民眾。

南京和日本無日不在鬥爭之中，「中日協力」是一個鬥爭的代名詞，日本所謂對南京協力就是干涉，而南京所謂對日本協力就是爭取。其初南京以中日合作為號召，日日向日本爭回中國物資，末後太平洋戰爭起後，更以參戰名義，日日向日本爭回中國的物資。收回租界，撤銷治外法權，取消辛丑駐兵條約，都是南京向日本鬥爭中的一種表現。至於各部門的鬥爭，看各部的檔案，可以知其大要。鬥爭一天天的尖銳化，末後日本已採孤立南京，轉而為直接壓迫民間的政策，所謂商統會，米糧統制委員會，棉紗布統制委員會等等，都是日本孤立南京一種奇妙方法。我認汪先生的理想失敗了，以前我在廿八年十二月，也曾勸過汪先生在中國軍閥的軍隊佔據的地方，尚且不能實行我們的理想，何況外國軍隊佔領的地方，而可以實行我們的理想。無如汪先生有他的理想，有他的勇氣，總以為精誠所至，金石為開，以為日本總會覺悟，而且已慢慢的覺悟，他總有辦法。

淪陷區的人民對日本痛惡極了，我此次在日本還看過日本報紙一篇社評，說日本失敗的原因，和平區內的人民不信任日本比較抗戰區更甚，這真是一針見血之論，不過覺悟太晚了。南京不止對日鬥爭失敗，本身的行政也是失敗。除了任免本身的官吏比較自由外，各省的長官任免是須當地日軍同意的，各縣的長官任免是須各省的聯絡部徵求軍隊的同意，因此各地有些不肖官吏只知有聯絡部，不復知有政府，無論如何，貪官污吏驕兵悍將，一有日人支持，不要想懲辦他們。而日本反日宣傳，說南京政府怎樣沒有力量，時時都在那裡鼓吹改組。物資是在日本人手中，金融是在日本人手中，交通也在日本人手中。這樣南京是失敗了，然而還是鬥爭，一直至解散為止。自然如我文所述，自有南京，國家和人民的元氣保存不少；但保存至何程度，我卻不好妄為臆測。此外，軍隊被日軍監視很嚴，特工更可由日本用一個某機關直接支配。二十九年和三十年我因為特工綱紀太過敗壞，並且影響及於一般政治，報告汪先生應該注意。汪先生也曾太息過說：「你今天還以為特工是我們自己的嗎？」汪先生這一句話，實在非常痛憤。

日本失敗，在日本自己批評說沒有大政治家。在我看來，自從二二六事變以後雖有善者，已無如何，因為權已下移，人各驕縱，日本的皇室不敢過問，而政府只好遷就軍人，而所謂軍人權皆不在將官，而在佐官階級。這一般佐官，對於政治是不懂的，經驗是沒有的，理想是盲動的，意氣是固執的，因為這般驕橫的官佐，日本就這樣失敗，而中國就給這般驕橫的官佐弄得個天翻地覆！

汪政權重要人事表

（左表錄自戰後國民政府所印行之年鑑，極多錯漏，以別無舊籍可資核對，姑先附刊於此。）

●中國國民黨（第六屆）中央執監委員會

主席——汪兆銘。

秘書長——褚民誼。

執行委員會常務委員——陳公博、周佛海、梅思平、林柏生、丁默邨、焦瑩、何世楨。

（按何世楨被發表後拒絕參加）

執行委員——劉郁芬、楊揆一、陳耀祖、陳群、葉蓬、鮑文樾、傅式說、鄭大章、樊仲雲、金章、陳春圃、汪曼雲、李士群、陳君慧、彭年、唐惠民、蔡洪田、羅君強、王敏中、繆斌、韓清健、李聖五、戴英夫、顧繼武、袁殊、徐天深、周作人、徐蘇中、劉仰山、金家鳳、申聽禪、胡蘭成、陳伯藩、馬典如、石星川、陳孚木、夏奇峰、孔憲鏗。

候補執行委員——何炳賢、凌憲文、陳昌祖、林之江、李景武、李浩駒、林汝珩、酈啟東、章正範、奚則文、湯澄波、胡澤吾、戴策、馬嘯天、楊惺華、馮節、翦建午、曹宗蔭、金雄白、黃大中、張克昌、李凱臣。

監察委員會常務委員——褚民誼、陳璧君、傅侗、張永福、顧忠琛。

監察委員——恩克巴圖、克興額、葛敬恩、蕭叔宣、陳披荊、王天木、陳中孚、任援道、朱樸、周廷勛、劉雲、陳維遠、陳沭修、黃香谷、艾魯瞻、周學昌、盧英、湯良禮、梅哲之、李謳一。

候補監察委員——張憲之、陳允文、蕭恩承、汪翰章、武仙卿、周隆庠、茅子明、王漢良、陳濟成、蘇成德、劉培緒、唐啟元、耿嘉基、楊傑、廖家楠。

●國民黨中央黨部

組織部部長——陳春圃。

副部長——戴英夫。

宣傳部部長——林柏生。

副部長——馬典如、馮節。

社會部部長——陳濟成。

副部長——顧繼武、汪曼雲。

中央政治會議

主席——汪兆銘

中國國民黨中央執行委員會代表——陳公博、周佛海、褚民誼、梅思平、林柏生、丁默邨、曾醒、李聖五、葉蓬、劉郁芬。

臨時政府代表——王克敏、王揖唐、齊燮元、朱深、殷同。

維新政府代表——梁鴻志、溫宗堯、陳群、任援道、高冠吾。

國家社會黨代表——諸青來、李祖虞。

國家青年黨代表——趙毓松、張英華。

蒙古聯合自治政府代表——卓特巴扎布、陳玉銘。

社會賢達——趙正平、楊毓恂、岑德廣、趙尊嶽。

額外參加者，武漢政權代表——何佩鎔。

廣東政權代表——彭東原。

中央政治委員會

中政會主席——汪兆銘（中國國民黨中央執行委員會主席）。

當然委員——汪兆銘（行政院長）、陳公博（立法院長）、溫宗堯（司法院長）、梁鴻志

（監察院長）、江亢虎（考試院長）、王揖唐（華北政務委員會委員長）。

指定委員——周佛海、褚民誼、陳璧君、梅思平、陳群、林柏生、劉郁芬、任援道、焦瑩、陳君慧、陳耀祖、李聖五、葉蓬、丁默邨、傅式說、楊揆一、鮑文樾、蕭叔宣、李士群。

延聘委員——齊燮元、朱深、卓特巴扎布、殷同、高冠吾、趙正平、繆斌、趙毓松、諸青來、趙叔雍、岑德廣、王克敏。

當然列席委員——周佛海（行政院副院長）、諸青來（立法院副院長）、朱履龢（司法院副院長）、顧忠琛（監察院副院長）、繆斌（考試院副院長）。

秘書長——周佛海（兼）。

副秘書長——陳春圃、羅君強。

●中央政治委員會專門委員會

（一）法制專門委員會

主任委員——梅思平、副主任委員——金雄白。

（二）內政專門委員會

主任委員——陳群、副主任委員——蘇成德。

（三）外交專門委員會

主任委員——吳頌皋、副主任委員——張顯之。

（四）軍事專門委員會

主任委員——鮑文樾、副主任委員——凌霄。

（五）財政專門委員會

主任委員——陳之碩、副主任委員——梅哲之。

（六）經濟專門委員會

主任委員——陳君慧、副主任委員——何炳賢。

（七）交通專門委員會

主任委員——李祖虞、副主任委員——陳伯藩。

（八）教育專門委員會

主任委員——黎世衡、副主任委員——劉雲。

（九）社會事業專門委員會

主任委員——金家鳳、副主任委員——翦建午。

●國民政府

主席——汪兆銘。

委員——張永福、傅侗、董康、王克敏、張英華、趙正平、楊壽楣、倪道烺、廖恩壽。

文官處文官長——徐蘇中。
參軍處參軍長——唐蟒。

●軍事委員會

委員長——汪兆銘。
常務委員——陳公博、周佛海、劉郁芬、齊爕元、鮑文樾、楊揆一、任援道、葉蓬、蕭叔宣、孫良誠。
委員——陳群、唐蟒、丁默邨、凌霄、門致中、胡毓坤、李謳一、陳維遠、劉培緒、鄭大章、申振剛、孫祥夫、金壽良、盧英、富雙英、陳文釗。
總參謀長——劉郁芬、副參謀總長——黃自強、許建廷。
經理監督署總監——何炳賢。
陸軍編練總監公署總監——葉蓬、參謀長——富雙英。
參贊武官公署武官長——郝鵬舉、副武官長——蘇繼森。
陸軍部部長——鮑文樾、次長——鄭大章。
海軍部部長——任援道、次長——招桂章。
南京要港司令——尹祚乾
中央海軍學校校長——姜西園。

水路測量局局長——葉可松。
威海衛基地部司令——鮑一民。
航空署長——姚錫九。
調查統計部部長——李士群、政務次長——楊傑、常務次長——夏仲明。
政治警衛總署署長——馬嘯天。
委員長蘇北行營主任——臧卓、參謀長——郝鵬舉。
廣州綏靖公署主任——陳耀祖、參謀長——鄭洸薫。
政部訓練部部長——鍾福之。
開封綏靖主任公署主任——孫良誠。
蘇豫邊區綏靖總司令——胡坤毓、副司令——張嵐峰、參謀長——潘伯豪。
閩粵邊區綏靖總司令——黃大偉。
蘇皖邊區綏靖總司令——楊仲華。

●中央陸軍

陸軍第一方面軍總司令——任援道、陸軍第一師師長——徐樸誠（杭州）、陸軍第二師師長——何燮柱（常熟）、陸軍第三師師長——黃其興（蘇州）、陸軍第四師師長——熊育衡（南京）、陸軍第五師師長——程萬軍（湖州）、陸軍第六師師長——沈席儒（蚌埠）、陸軍第七師師長——王占林（盧州）、陸軍第二十師師長——方頤、陸軍第二十三師師長——路朝元。

第一集團軍總司令——李長江（泰州）、第二軍軍長——劉培緒。

警衛師師長——鄭大章。

陸軍第二方面軍總司令——孫良誠。

●清鄉委員會

委員長——汪兆銘、副委員長——陳公博、周佛海。

委員——陳群、梅思平、鮑文樾、任援道、楊揆一、趙正平、林柏生、李聖五、丁默邨、趙毓松、羅君強。

秘書長——李士群、副秘書長——汪曼雲。

汪政權的開場與收場(中)【經典新版】

作者：朱子家
發行人：陳曉林
出版所：風雲時代出版股份有限公司
地址：10576台北市民生東路五段178號7樓之3
電話：(02) 2756-0949
傳真：(02) 2765-3799
執行主編：朱墨菲
美術設計：吳宗潔
行銷企劃：林安莉
業務總監：張瑋鳳

初版日期：2020年11月
ISBN：978-986-352-899-9

風雲書網：http://www.eastbooks.com.tw
官方部落格：http://eastbooks.pixnet.net/blog
Facebook：http://www.facebook.com/h7560949
E-mail：h7560949@ms15.hinet.net
劃撥帳號：12043291
戶名：風雲時代出版股份有限公司

風雲發行所：33373桃園市龜山區公西村2鄰復興街304巷96號
電話：(03) 318-1378
傳真：(03) 318-1378
法律顧問：永然法律事務所 李永然律師
　　　　　北辰著作權事務所 蕭雄淋律師

行政院新聞局局版台業字第3595號 營利事業統一編號22759935

定價：380元

國家圖書館出版品預行編目資料

汪政權的開場與收場 / 朱子家著. -- 經典新版. -- 臺北市：風雲時代, 2020.10　冊；　公分

ISBN 978-986-352-899-9 (中冊：平裝).--
1.汪精衛 2.傳記 3.中華民國史

628.594　　　　109013699